Mozarts Vokalmusik

Wolfgang Amadeus Mozart als Mitglied der Accademia filarmonica von Bologna und Ritter des päpstlichen Ordens vom Goldenen Sporn. Zeitgenössische Kopie nach einem anonymen Gemälde von 1777. Bologna, Liceo Musicale

Reclams Musikführer
Wolfgang Amadeus Mozart

Band 2: Vokalmusik

Von Arnold Werner-Jensen

Mit 190 Notenbeispielen und 20 Abbildungen

Philipp Reclam jun. Stuttgart

Für Karin

Satz: Reclam, Ditzingen
Druck: Wilhelm Röck, Weinsberg
Buchbinderische Verarbeitung: C. Fikentscher, Darmstadt
Printed in Germany 1990
Umschlaggestaltung: Reichert Buchgestaltung Stuttgart
Noten: la mà de guido, Sabadell (Barcelona)
RECLAM ist ein eingetragenes Warenzeichen
der Philipp Reclam jun. GmbH & Co., Stuttgart
ISBN 3-15-010360-6

Inhalt

Anhang

Vorbemerkung

In diesem zweiten Band werden alle geistlichen und weltlichen Vokalwerke von W. A. Mozart vorgestellt. Die Ausführungen wären in der vorliegenden Gestalt nicht möglich gewesen, wenn es nicht wegweisende und grundlegende wissenschaftliche Arbeiten gäbe: Unter ihnen sollen als besonders hilfreich und unentbehrlich zum einen die Neue Mozart-Ausgabe, zum andern Stefan Kunzes ausführliche Monographie über »Mozarts Opern« (vgl. die Literaturhinweise S. 327) dankbar hervorgehoben werden.

Wolf. Amad. Mozart

Mozarts Vokalmusik

Messen

Mit Ausnahme der unvollendeten c-Moll-Messe (KV 427) schrieb Mozart alle seine Messen in den Salzburger Jahren bis 1780 (KV 337), also in seiner Dienstzeit beim Fürsterzbischof. Ähnlich wie im Falle anderer Gattungen (Violinkonzerte) gab es danach keinen Anlaß oder Auftrag mehr, und so endete die Reihe der Messen bereits elf Jahre vor seinem frühen Tod, wenn man vom unvollendeten Requiem (KV 626) absieht.

Mozart komponierte zwei Arten von Messen: die Missa brevis und die Missa solemnis. Die Missa brevis ist, wie ihr Name »kurze Messe« besagt, bedeutend kürzer und knapper gehalten, die Solostimmen treten nur episodisch aus dem Chorsatz hervor, ihr Orchester ist klein (Streicher, außer in KV 49, ohne Bratschen, Orgel als Generalbaßinstrument), und viele Einzelabschnitte sind, nur durch Doppelstriche getrennt, in enger Folge aneinandergereiht. Die Kürze war gefordert, weil diese Messen innerhalb eines normalen Sonntagsgottesdienstes aufgeführt wurden; außerdem gab es eindeutige Richtlinien, daß die Messen eine bestimmte Länge nicht überschreiten durften. So wurde der Text auch (fast) nicht wiederholt, und um Zeit einzusparen, kam es gelegentlich zur sogenannten Polytextur, d. h. der Gleichzeitigkeit von zwei Textpassagen, auf Kosten der Verständlichkeit. Ein Charakteristikum der für Salzburg bestimmten Kirchenmusik ist neben den fehlenden Bratschen auch das Colla-parte-Mitgehen von drei Posaunen mit Alt, Tenor und Baß des Chores. Zum Orchesterbaß ist auch das zumeist nicht gesondert notierte Fagott zu rechnen, und zum Generalbaß gehörte selbstverständlich immer die Orgel, die gelegentlich auch konzertant eingesetzt wurde, etwa in KV 259 (s. S. 22 f.).

Die Missa solemnis dagegen, die »festliche Messe«, war für hohe kirchliche Feiertage bestimmt und dementsprechend in allen Belangen reicher ausgestattet: Ihr Orchester wurde durch verschiedene Bläserfarben und Pauken erweitert, und die ganze Komposition war ausgedehnter, ausführlicher und auch bedeutend kontrastreicher. Während in der Missa brevis die Solostimmen mit in den Chorablauf integriert wurden, kam es in der Missa solemnis zum farbigen Wechsel größerer solistischer und chorischer Passagen, die sich auch stilistisch voneinander unterschieden. Charakteristisch für diese festliche Form der Messe ist

das oft unvermittelte, fast opernhaft dramatische Nebeneinander von archaisierendem Imitationsstil – üblich damals vor allem im Gloria und im Credo – und von konzertant-symphonischem Stil in der Art der modernen Sinfonia und des Solokonzertes.
Manche der großen Arien könnte man mühelos »uminstrumentieren« zu einem Konzertsatz, etwa für Violine und Orchester. Diese lebensfrohe Seite der Mozartschen Kirchenmusik hat dann vor allem im 19. Jahrhundert und bis weit ins 20. Jahrhundert hinein zum Vorwurf der Verweltlichung, der Veroperung der Messe geführt. Alfred Einstein weist darauf hin, daß »Mozarts Katholizismus« durchaus »mit den jubilierenden Kirchen des Rokokostils in Südbayern und Ober- und Niederösterreich« verglichen werden sollte, denen man kaum Frömmigkeit absprechen könne, und daß auch »die Bewunderung für die [angeblich so strenge] Kirchenmusik der Palestrinazeit auf einem historischen Irrtum beruhte«, da sie ebenfalls »der weltlichen nur allzu ähnlich und aus demselben Geiste geflossen« sei (Einstein, S. 334).

Mozarts erste **Missa brevis G-Dur (KV 49)** dürfte 1768 in Wien entstanden sein. Sie zeigt in aller exemplarischen Deutlichkeit bereits die gedrängte Konzentriertheit des Brevis-Typus: Das imitierende Kyrie ist ganze 37 Takte lang. Das Gloria reiht Solostimmen und Chor im überwiegend homophonen Satz aneinander und endet mit einer imitierenden Passage. Im Credo zeigen sich deutliche Ansätze im Bemühen um musikalische Textausdeutung, etwa in den Abwärtstonleitern des »descendit« oder in den chromatisierenden Imitationen des »passus«; und das »Crucifixus« erklingt deutlich im barocken Kreuzsymbol seiner Tonfigur:

Es folgt eine Baß-Arie (»Et in Spiritum Sanctum«); »Et vitam venturi« ist eine Fugenexposition ohne nachfolgende Fuge. – Das Sanctus ist ein mehrfach gegliederter Chorsatz, das »Benedictus« ein zartes Solo-Quartett, ausnahmsweise mit etlichen Textwiederholungen. – Das Agnus Dei erklingt als chromatisch verhangenes e-Moll-*Adagio* des Chores, und fast beschwingt endet die Messe mit dem $^3/_8$-*Allegro* des »Dona nobis pacem« und mit einer überraschenden Subdominant Tonika-Abschlußwendung.

Eine Missa solemnis ist das **c-Moll**-Werk **KV 139**, dessen Entstehungszeit zu mancherlei wissenschaftlichen Nachforschungen Anlaß gegeben hat, ohne daß man bisher Genaueres als »zwischen Herbst 1768 und Mitte 1769« sagen könnte. Es ist immerhin möglich, daß wir hier die sogenannte »Waisenhaus-Messe« vor uns haben, so bezeichnet wegen ihrer Bestimmung für die Einweihung der Wiener Waisenhauskirche. Dieses Werk mit seiner differenzierten Anlage und seiner größeren Orchesterbesetzung (zwei Oboen, vier Trompeten, zwei Pauken, drei Posaunen) bietet manches überraschende, kompositorisch frühreife Detail: Das Kyrie beginnt mit einigen geradezu rhapsodisch ausdrucksvollen Chortakten, in taktweisem Wechsel von Fermatenausrufen und instrumentalen Gesten:

Es geht bald in ein $^{3}/_{4}$-*Allegro* über und wendet sich dabei schon ins festliche C-Dur. Der Mittelteil »Christe eleison« ist ein solistisches F-Dur-*Andante*. – Das Gloria beginnt mit dem homophon leuchtenden Chor, gefolgt vom solistischen Frauenstimmenduett »Laudamus te« (*Andante*), dem wenig später, nach dem chorischen »Gratias«, als Pendant das Männerstimmenduett »Domine Deus« (*Andante*) folgt. Ein eindrucksvolles Tongemälde ist dann das »Qui tollis«, als f-Moll-*Adagio* mit seinem leicht chromatisch gefärbten homophonen Chorsatz vor erregt in Triolenrepetitionen vibrierendem Streicherteppich. Das »Quoniam« wird zur streicherbegleiteten, eher symphonisch-heiteren Sopran-Arie (*Allegro*), gefolgt von einer Chorfuge (»Cum Sancto Spirito«). – Das Credo beginnt mit einem strahlend homophonen C-Dur-Chorsatz, fortgesetzt vom Duett der Frauenstimmen in freundlich wiegendem Parallelgesang (*Andante*, $^{6}/_{8}$). Nach c-Moll kehren wir zurück im chorischen »Crucifixus« mit seinen mahnenden Trompetenfanfaren; das »Et resurrexit« wird durch eine jubilierende Sopran-Koloratur eingeleitet. Nach dem schmeichelnden Ruhepunkt der Tenor-Arie

»Et in Spiritum Sanctum« (*Andante*) wird bald als kontrapunktischer Kontrast die chorische Schluß-Doppelfuge »Et vitam venturi« erreicht. – Sehr effektvoll ist der starke Solo-Tutti-Kontrast im Benedictus zwischen der kantablen Sopranlinie und dem »Hosanna«-deklamierenden Chor. Das Agnus Dei findet für den einleitenden *Adagio*-Teil noch einmal beschwörend nach c-Moll zurück, bevor die Messe beschwingt im C-Dur des $^3/_4$-*Allegros* (»Dona nobis pacem«) ausklingt.

Die **Missa brevis KV 65** steht in der ungewöhnlichen Tonart **d-Moll** des späteren Requiem-Torsos; sie wurde 1769 zur feierlichen Eröffnung des 40stündigen Fastengebetes in der Salzburger Universitätskirche komponiert. Die Tonart und auch manches kompositorische Detail dieser kurzen Messe weisen deutlich auf ihre Zweckbestimmung für die beginnende Fastenzeit hin. Besonders originell ist das Schluß-Fugenthema »Et vitam venturi« des Credos mit seinen zweimaligen Ansätzen:

Das nachfolgende Sanctus greift in den Violinen dann begleitend dieses Achtelmotiv noch einmal auf und verschränkt jeweils zwei Chorstimmen synkopisch miteinander:

Das Benedictus, von dem es noch drei frühere Fassungen gibt, wird zum anrührenden emotionalen Höhepunkt als kunstvolles, chromatisch gefärbtes Duett von Sopran- und Alt-Solo. Auch hier klingt zu Beginn noch einmal jenes Achtelmotiv aus der »Et vitam«-Fuga an:

Die **»Dominicus-Messe« C-Dur (KV 66)** trägt ihren Beinamen nach Mozarts Jugendfreund Cajetan Hagenauer, der unter dem Ordensnamen Dominicus Benediktiner-Mönch geworden war und am 15. Oktober 1769 in der Salzburger Peterskirche seine erste Messe zelebrierte. Für dieses Hochamt schrieb Mozart seine Komposition und auch das zugehörige Offertorium (KV 117, vgl. S. 53). Dem feierlich-repräsentativen Anlaß angemessen, handelt es sich um eine Missa solemnis, in der sich ein gleichsam offizieller und immer wieder auch ein ausgeprägt persönlicher Tonfall ergänzen, bisweilen fast ein wenig naiv in der melodischen Erfindung und ihrer Ausformung – Einstein (S. 340) weist beispielsweise auf den »walzerhaften Eintritt des Solos im Kyrie« hin, der hier durch die nachklappenden Streicherakkorde zustande kommt. Schwerpunkte des Werkes sind etwa das Frauenstimmenduett im Gloria, »Laudamus te« (*Andante grazioso*), mit seiner zarten Flötenregistrierung des Orchesters; das Tenorsolo zum »Domine Deus« (*un poco andante*) mit seiner diffizilen, Triolen und Sechzehntel gegeneinandersetzenden Streicherbegleitung, die sich zusätzlich noch mit den Achteln der Solostimme verschränken;

auch der homophone g-Moll-Chorsatz des »Qui tollis« (*un poco adagio*) mit seinen dynamisch akzentuierten, ostinaten absteigenden Violinfiguren. Ein geradezu klassisch archaisches Thema hat die sich vom Baß aus auftürmende relativ kurze Chorfuge »Cum Sancto Spiritu«, die in zwei Engführungen endet. – Im »Et incarnatus est« des Credos (*Adagio*) werden die Solostimmen jeweils paarweise imitatorisch gegeneinander geführt, was einen überraschend strengen Charakter ergibt. Das kurze »Crucifixus« ist ein düsterer c-Moll-Chorsatz von großartiger Wucht und Monumentalität.

Alfred Einstein sonderte die **Missa brevis G-Dur (KV 140)** noch als unecht aus; neuere Forschungen haben ihre Authentizität jedoch erwiesen. Irritierend war immer ihre stilistische Eigentümlichkeit als sogenannte »Pastoralmesse«, die Mozart sonst nie pflegte; hier hat das zu einem eher epigonalen Werk geführt, das insgesamt recht unprätentiös und liedhaft-schlicht wirkt. In der Neuen Mozart-Ausgabe wird im einzelnen nachgewiesen, daß Mozart in einigen Sätzen auf bereits vorliegende eigene (weltliche) Kompositionen zurückgegriffen hat. Hieraus ergibt sich auch die ungefähre Datierung auf »Salzburg 1773«.

Die Messe **C-Dur (KV 167)** trägt ausnahmsweise eine Widmung: »in honorem Sanctissimae Trinitatis« (zu Ehren der allerheiligsten Dreifaltigkeit); sie ist auf den Juni 1773 datiert und möglicherweise am Trinitatis-Sonntag (5. Juni) uraufgeführt worden. Sie ist ungewöhnlicherweise eine reine Chormesse ohne Solostimmen, insgesamt von prächtiger, aber ein wenig sachlicher, unpersönlicher Wirkung. Dabei hat Mozart sie formal sehr bewußt durchstrukturiert: So ist beispielsweise das einleitende Kyrie (*Allegro*) ein symphonischer Sonatensatz, dessen Reprise verkürzt ist, während das nachfolgende Gloria (*Allegro*) sogar ein in allen Teilen voll durchgeführter Sonatensatz ist. Die gleichsam »objektive« Tendenz des Werkes, der sich offensichtlich auch die Themenerfindung unterordnet, kommt in Abschnitten wie dem Agnus Dei als lapidarem C-Dur-*Adagio* besonders deutlich zur Geltung:

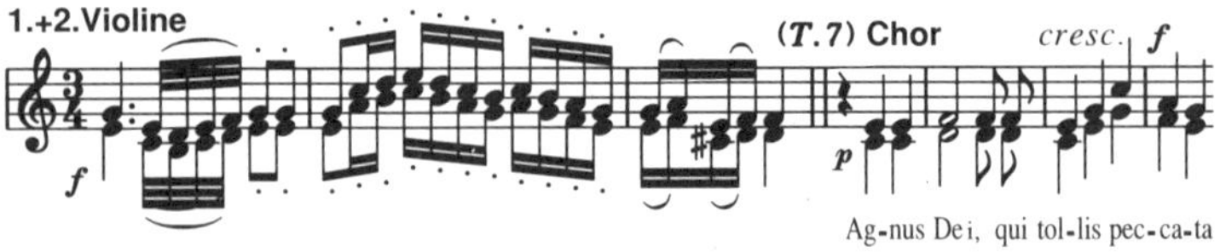

Die **Missa brevis F-Dur (KV 192)** entstand im Juni 1774. Sie heißt gelegentlich auch »Kleine Credo-Messe« wegen des formgliedernd in den Ablauf des Credo-Satzes eingebauten »Credo«-Themas, das insgesamt zwölfmal wiederholt wird

und den Satz zum ausgebauten freien Rondo macht. Diese lapidare Viertonfolge ist gregorianischen Ursprungs, und man erkennt darin zugleich das Kernmotiv des Finalsatzes aus der »Jupiter-Symphonie« (KV 551). So rundet sich hier ein meisterhaftes formales Gebilde von bezwingender Logik und Geschlossenheit, eine Charakteristik, die insgesamt auf das ganze konzentriert-knappe Werk zutrifft. Diese gesammelte Ernsthaftigkeit prägt auch Teile wie das A g n u s D e i (d-Moll), das außer dem K y r i e als einziges ein kurzes Instrumentalvorspiel aufweist:

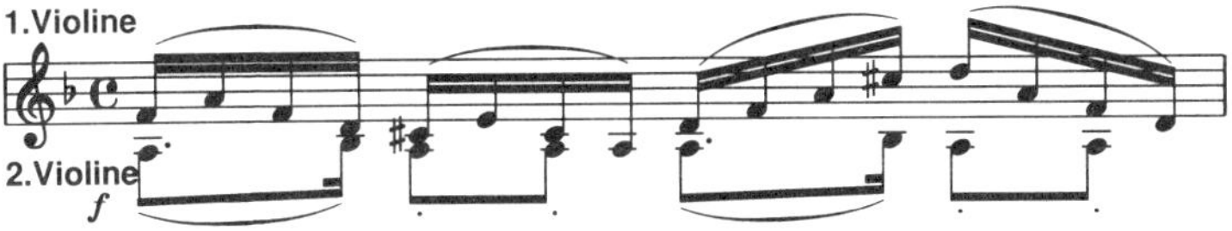

Noch knapper gehalten ist dann die **Missa brevis in D-Dur (KV 194),** die völlig ohne Instrumental-Einleitungen auskommt und die auf den 8. August 1774 datiert ist. Sie wurde als erste Messe Mozarts auch gedruckt. Insgesamt wirkt dieses Werk, bei aller Konzentriertheit der Anlage, nicht so kontrapunktisch und formal ambitioniert, dafür in manchen Passagen eher emotional engagiert. Auffällig ist die Häufigkeit von Moll-Passagen: beim C r e d o im kurzen h-Moll des »Et incarnatus est« (*Andante moderato*) über seinem chromatisch absinkenden Baß,

und im »Et in Spiritum Sanctum« (e-Moll); aber auch vorher, innerhalb des G l o r i a (»Quoniam«) und später im h-Moll des A g n u s D e i.

Bei längeren Werkreihen der gleichen Gattung liebt die musikalische Öffentlichkeit schmückende Beinamen, die der Unterscheidung dienen, wie z. B. bei Haydns Symphonien. Allerdings führen diese meist programmatisch klingenden Titel die Hörerwartung oft in die Irre, weil sie sich häufig auf ein winziges und unwesentliches Kompositionsdetail beziehen, statt charakterisierend auf das ganze Werk. So ist es auch der Messe **C-Dur (KV 220)** ergangen, die im Volksmund **Spatzenmesse** heißt, wegen einer kleinen wiederholten Vorschlagfigur der Violinen im »Sanctus« und im »Hosanna« (Einstein bezieht den Namen dagegen auf die Begleitung im »Credo«). Das Werk dürfte 1775 / Anfang 1776 entstanden sein und ist keine reine Brevis-Messe, sondern eine Mischform, die einigen Glanz der Solemnis-Messe mit einbezieht: Ihr Grundton ist durchaus festlich, und das Orchester wurde um Pauken und Trompeten erweitert. Geblieben ist ihr die formale Konzentration und Knappheit, die den Solostimmen keine größeren Einzelpassagen gestattet und sie in das Chorgefüge mehr oder weniger einbindet. – Insgesamt handelt es sich gewiß um eine eilige Routine-Arbeit ohne besondere Inspiriertheit der melodischen oder harmonischen Erfindung. Mozart hält sich auch erkennbar an die fürsterzbischöfliche Direktive, doch möglichst ausgeführte Fugen zu vermeiden und auch dem Sologesang keinen großen Spielraum zu gewähren. Auf diese Weise entstand eine Komposition ohne erkennbare satztechnisch-kontrapunktische Ambitionen und ohne großen emotionalen Tiefgang. Immerhin ist das Kyrie als Sonatensatz geformt, und sein Anfangsmotiv kehrt als zyklische Klammer in den letzten Takten des Agnus Dei wieder:

Die **C-Dur-Messe (KV 262)** ist als »Missa longa« von der Hand Vater Leopolds auf dem Autograph bezeichnet worden. Anlaß und Entstehung liegen weitgehend im dunkeln, man vermutet 1776 als Kompositionsjahr; eine Aufführung des Werkes am 7. April 1776 im Salzburger Dom ist belegt. Es handelt sich jedenfalls um eine besonders prächtige, wirkungsvolle Messe, würdig eines herausgehobenen kirchlichen Festtages, vielleicht der Priesterweihe des Grafen Ignaz Josef von Spaur 1776? (Als andere mögliche »Spaur-Messen« fungieren KV 257 oder 258.)

Das Orchester beherrscht weite Teile der Komposition so sehr, daß der Chor gelegentlich fast in den Hintergrund zu treten scheint. So ist gleich das Kyrie ein ausgebauter symphonischer Sonatensatz; es kommt, trotz aller Längenausdehnungen mancher Abschnitte, jedoch nicht zu eigenständigen Solopartien (Arien oder Duetten), so daß diese Messe – obwohl »longa« genannt – kaum Solemnis-Charakteristik aufweist. Gloria und Credo enden jeweils mit kunstvollen Chorfugen: im »Gloria« wird das Thema sogleich von zwei Kontrapunkten begleitet. Dieser ausgeprägt artifiziellen Seite stehen Stellen tiefen Ausdrucks gegenüber: etwa das g-Moll-*Andante* des »Qui tollis« mit seinen feinen dynamischen Abstufungen und dem schluchzenden »miserere«,

das ein ostinates punktiertes Violinmotiv (b) begleitet; oder im »Credo« das streng imitatorisch angelegte, zunächst solistisch, dann chorisch eng am Text allen inhaltlichen Nuancen folgende »Et incarnatus est« (*Adagio ma non troppo*). – Das würdevoll feierliche Sanctus (*Andantino*), das Benedictus und »Hosanna« sind kunstvoll miteinander verschränkt, unter dem gemeinsamen Dach des Andantino-Tempos kontrastieren hier effektvoll solistische Kantabilität und gleichmäßiges chorisches Deklamieren. – Das »Dona nobis pacem« des Agnus Dei weicht ausnahmsweise vom üblichen beschwingten $^3/_4$-Takt ab. Es ist motivisch geprägt durch eine kleine, wiederholte Motivgeste, die zunächst in den ersten Violinen gegen das monotone Chorthema im Baß gesetzt und dann in den Chortenor übernommen und in der Baßstimme gleichzeitig gespiegelt wird – ein Kabinettstückchen auf allerengstem Raum:

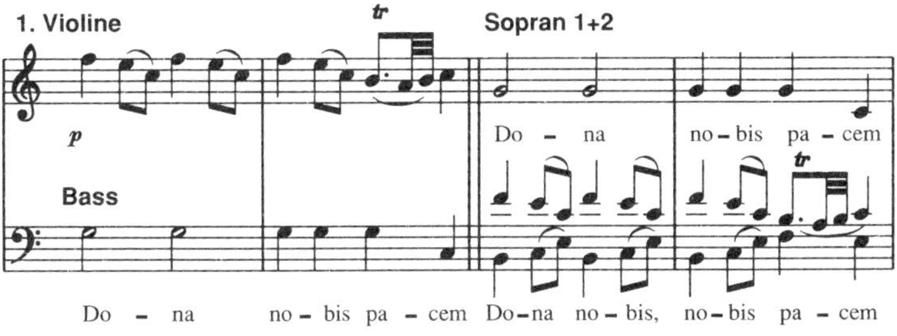

Alfred Einstein, der dieser Messe Zwiespältigkeit, fehlende Wärme und gar Leere bescheinigt, ist sicher nicht beizupflichten.

Die drei nächsten Messen, KV 257, 258, 259, wurden bisher alle in den kurzen Zeitraum von November bis Dezember 1776 datiert; inzwischen hat die Wissenschaft, gestützt u. a. auf das Kriterium des Autographenschriftbildes von der Hand Mozarts, Zweifel daran angemeldet, so daß man vorsichtiger formuliert: entstanden zwischen 1775 und 1777. Daraus folgt auch die begründete Vermutung, KV 257 sei später als KV 258 und 259 entstanden.
Die erste, **KV 257 in C-Dur**, ist eine Missa solemnis, genannt **»Credo-Messe«**. Auffallend ist das Fehlen aller opernhaften, »weltlichen« Stilmerkmale, aller Arien, auch aller Fugen. »Zieht man die große c-moll-Messe KV 427 [. . .] zum Vergleich heran, offenbart KV 257 keine Zwischenstufe in der Entwicklung des Mozartschen Personalstils, sondern manifestiert den lokalen Salzburger Messetypus in der genialen Abwandlung Mozarts« (Walter Senn in der Neuen Mozart-Ausgabe).
Auch in dieser Messe ist, wie in ihren Vorgängerinnen, das Orchester phantasievoll und abwechslungsreich behandelt, wie sich bereits im Kyrie nach wenigen Takten am Einsatz der beiden Oboen zeigt (Beginn des *Allegros*); beim Chor alternieren mit großer Souveränität die homophonen mit den polyphonen Passagen, gehen nahtlos ineinander über, ohne jedoch zu regelrechten Fugen zu führen.
Das Gloria bildet in monumentaler Größe eine durchkomponierte Einheit, innerhalb deren Grenzen jedoch subtil differenziert ist. Das wird besonders deutlich beim Einsatz der Solostimmen (»Domine Deus«, Takt 33 ff.), wenn die beiden Violinen ihre durchsichtigen Staccato-Passagen und gleich darauf fein verzahnte Sechzehntelfiguren als Hintergrund für den Quartettsatz beisteuern:

Das Prinzip, einen übergreifenden musikalischen Sinnzusammenhang auch dadurch herzustellen, daß in der Orchesterbegleitung ein einzelner motivischer Gedanke ständig harmonisch flexibel gereiht wird, hat Mozart später in seinen großen Buffo-Opern zur Perfektion gesteigert; hier aber ist es bereits vorhanden: Im weiteren Verlauf des Satzes beherrscht eine Trillerfigur mit aufspringender Abschlußnote 24 Takte lang (Takt 57–80) das Geschehen im Orchester (»Qui tollis«):

So ergibt sich, den Sinngehalt des Textes ausdeutend, Differenzierung innerhalb der geschlossenen musikalischen Form.
Das Credo beginnt mit vier Unisono-Ausrufen des Chores, zwei davon erklingen als Echo;

und dieser Ruf ertönt dann immer wieder gliedernd, fast leitmotivisch, im Satzverlauf. Darauf bezieht sich der Beiname »Credo-Messe« (s. auch S. 16, KV 192). Zur Dreiteiligkeit rundet sich das monumentale »Credo« (282 Takte) durch seinen siciliano-artigen a-Moll-Mittelteil (»Et incarnatus«, *Andante*, $^6/_8$), der ganz verinnerlicht und in subtiler Chromatik vom Solo-Quartett eingeleitet wird.
Das Benedictus ist ein überraschend lebhafter und geradezu fröhlicher *Allegro*-Satz, dem sich textbedingt die Wiederholung des »Hosanna«-Chores anschließt. – Das Agnus Dei ist bogenförmig angelegt (ABCBA) und unterstreicht damit durch seine musikalische Anlage besonders deutlich die liturgische Reihung, zweimal erscheint das »Miserere«, dreimal das »Agnus«, jedoch in zwei verschiedenen melodischen Ausprägungen; das abschließende ausgedehnte »Dona nobis pacem« (*Allegro vivace*) knüpft erkennbar an die »Miserere«-Wendung an und rundet auf diese Weise die Form ab; diese Tonfolge beendet dann auch Satz und ganze Messe in zweimaliger eindringlicher Piano-Deklamation.

Wie **KV 258** zum gelegentlich verwendeten Beinamen »Piccolomini-Messe« kam, ist ungeklärt; **»Spaur-Messe«** heißt sie nach dem schon erwähnten Grafen Spaur (s. S. 18). KV 258 und **KV 259 (Orgelsolo-Messe)** stehen beide ebenfalls in C-Dur und sind nun »Missae breves et solemnes«, also kurze Messen in aufwendigerem festlichem Stil. Eine direkte Gegenüberstellung ihrer Sätze offenbart Gemeinsamkeiten und Unterschiede. In KV 258 beginnt das Kyrie ohne Umweg mit dem Choreinsatz, in KV 259 gibt es ein viertaktiges Vorspiel, dafür ist dieses Kyrie mit seinen 29 Takten wesentlich kürzer (gegenüber 68 Takten). Die Gliederung des Gloria in solistische und chorische Passagen ist in beiden Messen fast identisch, und auch die Proportionen sind ähnlich, bei gleichem Tempo (*Allegro*), aber verschiedenem Takt (4/4 gegenüber 3/4) – ein gewisses Maß an Typisierung ist gerade in diesen Teilen der Messe üblich gewesen.

Im Credo differieren – gerade umgekehrt – wieder die Taktarten (3/4 und 4/4); in KV 259 fehlen die Anfangsworte »Credo in unum Deum«, die ja der Priester anstimmt, und der Satz beginnt gleich mit »Patrem omnipotentem«. Das »Et incarnatus est« wird in KV 258 zum a-Moll-*Adagio*, eingeleitet vom Solo-Sopran mit einer in kreisenden Halbtonschritten flehenden Melodiegebärde:

In KV 259 (*Andante*, C-Dur) beginnt sogleich das Solo-Quartett, und der Chor setzt schon bei »Crucifixus« ein, nicht erst bei »passus«. Die textillustrierende Komponente des »Et resurrexit« (*Allegro*) ist dann in KV 258 ungleich plastischer als in KV 259:

Majestätisch und mit punktiertem Begleitrhythmus ertönen die ersten Takte des Sanctus in beiden Messen (*Andante maestoso* / *Adagio maestoso*), und in beiden Fällen schließt sich nach wenigen Takten ein Alla-breve-*Allegro* des Chores an, in gleicher rhythmischer Wortdeklamation; allerdings ist das »Hosanna« dann in KV 258 imitatorisch gefügt, während es in KV 259 in lapidarer Homophonie erklingt.

Beim Benedictus gibt es charakteristische Unterschiede: In KV 258 ist es ein temperamentvoller Satz (*Allegro* ¢) im schnellen, oft doppelchörig wirkenden Tutti-Solo-Wechsel vor bewegter Triolenfiguration

der Violinen. In KV 259 wird die Orgel solistisch konzertant eingesetzt (*Allegro vivace*, 3/4) – daher der Beiname »Orgelsolo-Messe« –, und die vier Solostimmen werden durchgehend im Quartettsatz geführt. Das jeweils abschließende »Hosanna« ist nur in KV 258 ein (verkürzter) Rückgriff auf das vorausgehende »Hosanna«, während es in KV 259 eine ferne 3/4-Takt-Variante des ersten »Hosanna«-Teils ist.
Unterschiede kennzeichnen auch das Agnus Dei: In KV 258 beginnt es im strahlenden C-Dur-Tutti (*Adagio*) und wendet sich erst beim Einsatz des Solo-Quartetts kurzzeitig nach c-Moll. Das »Dona nobis pacem« schließt sich innerhalb des gleichen Tempo- und Taktrahmens in Sechzehntel-Arabesken an; in KV 259 ist es zweiteilig: zunächst als *Adagio* mit einem kantablen Melodiebogen der ersten Violinen über den gezupften übrigen Streichern, sodann vom Solo-Sopran, später vom Solo-Alt intoniert und vom Chor beantwortet. Nach einer Fermate beginnt als »Finalsatz« (*Allegro*, 3/4) das »Dona nobis pacem«.

Die Salzburger **Missa brevis B-Dur (KV 275)** schrieb Mozart dem Anschein nach im Sommer oder Herbst 1777. Einstein (S. 356) nennt sie intim, lyrisch, fast privat und bescheinigt ihr die »Herzlichkeit, Kindlichkeit, Liedhaftigkeit der ersten C-Dur-Messe von 1776« (KV 257; vgl. S. 20). Auch der äußere Aufwand ist denkbar bescheiden: Auf Bläser wird völlig verzichtet, es gibt lediglich zwei Violinstimmen und den Baß mit Orgel. Ihr Kyrie ist von lapidarer Kürze und Konzentration, intoniert von zwei Sopran-Solotakten und fortfahrend im ständigen Tutti-Solo-Wechsel. Das Gloria beginnt mit einem einprägsamen chromatischen Abstieg:

die ersten Worte, »Gloria in excelsis Deo« – vom Priester anzustimmen –, sind ausgespart; im weiteren Verlauf kommt es, aus dem homophonen Satz herauswachsend, zu imitatorischen Ansätzen, die auch in die übrigen Teile der Messe auf ganz unauffällige und selbstverständliche Weise integriert sind. Das Sanctus (*Andante*) setzt zunächst als scheinbare Fugenexposition vom Baß zum Sopran hinauf ein, kontrapunktiert von einer markanten kontrastierenden Violinfigur, und wird dann doch gleich wieder homophon. Das zarte Benedictus ist ein Sopran-Solo, gleichsam eine Miniatur-Arie, als Vorspann zum fröhlichen »Hosanna« (*Allegro*, 3/4). Im Agnus Dei wendet sich die Stimmung zur verhaltenen g-Moll-Emphase; trotz Allabreve-*Allegro* bringt das »Dona nobis pacem« danach keinen Schlußjubel; es verklingt mit einem ganztaktigen flehenden pp-Vorhalt des Chores.

Die **C-Dur-Messe (KV 317)** ist neben der unvollendeten c-Moll-Messe KV 427 Mozarts populärstes Werk dieser Gattung; sie ist dies dank ihrer unmittelbaren spontanen Aussagekraft, ihrer so festlich vitalen und doch auch wieder so intimen Ausdrucksvielfalt im kleinen. Sie entstand im März 1779 und trägt bis heute den Namen **»Krönungsmesse«**: Der Überlieferung nach wurde sie zum 20. Juli 1779 geschrieben, für die Feier, die alljährlich zur Erinnerung an die Krönung des Gnadenbildes in der Wallfahrtskirche Maria Plain bei Salzburg stattfand.
Auffällig sind an dieser Messe mehrere Merkmale: zum einen ihre repräsentative Instrumentation mit je zwei Oboen, Hörnern, Trompeten und Pauken sowie Streichern (ohne Bratschen, wie in Salzburg üblich) und Orgel. Dieses Angebot nutzt Mozart vor allem durch den individuellen und ausdrucksvollen Einsatz des Oboenpaares. Außerdem sind nun, anders als in den Vorgängermessen, Solostimmen und Chor deutlicher und konsequenter voneinander geschieden; so ist das Credo in seinen beiden schnellen Rahmenteilen (*Allegro molto*) bis auf eine kurze Passage (»Et in Spiritum Sanctum«) nur chorisch gehalten, während sein *Adagio*-Mittelteil (»Et incarnatus est«) dem Solo-Quartett vorbehalten bleibt, vor dem Hintergrund der herabsteigenden gedämpften Violinfigurationen und zarten Oboeneinwürfe. Am Ende des »Credo«, beim »Amen«, greift Mozart auf die imitatorisch dichte Passage des »descendit« zurück.
Das ausgedehnte Gloria (*Allegro con spirito*, $^2/_4$) ist ein veritabler effektvoller Sonatensatz im prächtigen orchestralen Gewand: sein Hauptsatz umfaßt bereits mehrere Themenbereiche und gehört fast ganz dem Chor, während der Seitensatz auf der Dominante von den Solisten intoniert wird (Takt 57 ff.); die Durchführung wendet sich sogleich nach g-Moll (»Qui tollis«), wobei es bereits einige Takte zuvor zur Polytextur, zu Textüberschneidungen, kommt; bei »Suscipe« ist f-Moll erreicht, beim letzten »Misere nobis« dann c-Moll, und zum »Quoniam« tritt die vollständige variierte Reprise ein. – Das Benedictus ist ein schwereloses *Allegretto*, dem unmittelbar das »Hosanna« anhängt (*Allegro assai*), in der Mitte noch einmal kurz durch eine »Benedictus«-Reminiszenz unterbrochen. – Zum ausdrucksvollen Höhepunkt wird dann das innige Agnus Dei (*Andante sostenuto*) mit

seinem einleitenden Sopran-Solo, einem ahnungsvollen Vorgriff auf die Arie der Gräfin (»Dove sono«) in »Figaros Hochzeit« (Nr. 20):

Nach einer Dominantfermate erweitert sich der Satz zum Solo-Quartett des »Dona nobis pacem« bei beschleunigtem Grundtempo, und zum abschließenden Choreintritt steigert sich das Tempo ein weiteres Mal stretta-artig ins *Allegro con spirito*. Dieses »Dona nobis« ist übrigens auf dem gleichen melodischen Material aufgebaut wie das *Più andante* im Kyrie (allerdings mit versetztem Taktschwerpunkt), so daß sich auf diese Weise die Großform abrundet:

Mozarts letzte Salzburger Messe ist die **Missa C-Dur (KV 337)**, die im März 1780 entstand. Die übliche Bezeichnung **»solemnis«** trifft nur bedingt zu, denn sie ist trotz ihrer reichen Instrumentierung mit Oboen, Fagotten, Trompeten und Pauken in vielen Teilen knapp und konzentriert wie eine Brevis-Messe. Zu Unrecht steht sie im Schatten der »Krönungsmesse«, denn sie bietet einen durchaus vergleichbaren Reichtum an prägenden Einfällen und hat dabei einen ganz unverwechselbaren, liebenswerten Charakter.

Wiegend, fast schmeichelnd, erklingt das Kyrie im $^3/_4$-Takt, dynamisch ungewöhnlich reich und sorgfältig bezeichnet,

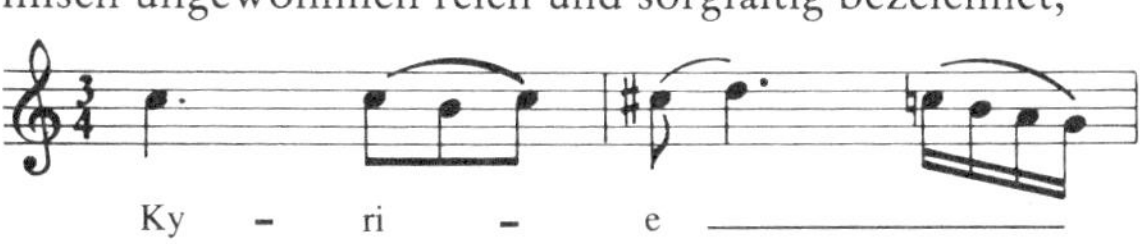

dabei in exemplarischer Brevis-Kürze gehalten. Im Gloria verbindet Mozart bisweilen in ungewöhnlicher Manier zwei Solostimmen mit zwei leise im Hintergrund deklamierenden Chorstimmen (»Domine Deus«), eine Kombination, die sonst nicht zu beobachten ist. Immer wieder faszinierend ist die Meisterschaft, mit der Mozart innerhalb ganz weniger Takte, bei gleichbleibendem Tempo und Takt, radikal die

Stimmung umschlagen lassen kann, wenn es der Text vorgibt, z. B. beim »Miserere / Qui tollis« mit seinen verhangenen harmonischen Schattierungen. Ähnliches geschieht, noch eindringlicher, mitten im Credo, im langsamen Mittelsatz des »Et incarnatus est«, wo die Musik auf einmal fast stillzustehen scheint, wie nach innen gewandt, unisono, auf der Stelle tretend (»Crucifixus«),

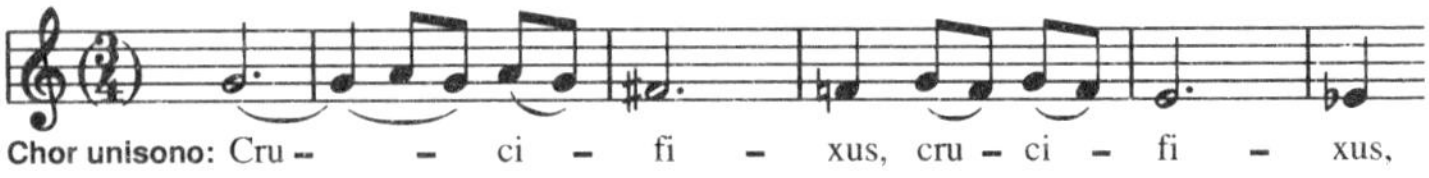

und dabei dissonant geschärft wird (»Passus et sepultus est«).
Das Sanctus ist ein mächtiger, aber nur acht Takte langer *Adagio*-Satz, dem sich »attacca« das »Hosanna« anschließt, eingeleitet von einer innigen Zierlinie des Solo-Soprans und vollendet vom Chor. *Das Benedictus* verblüfft durch seine unerwartete, fast archaische Strenge als imitierender a-Moll-Satz, ein sich vom Baß aus auftürmendes Chorfugato von herber Eindringlichkeit. Und wieder folgt einer jener unnachahmlichen Kunstgriffe, wenn Mozart mit einem einzigen Takt der Solo-Oboen in schlichten Terzenparallelen zur heiteren Stimmung des »Hosanna« zurückleitet.
Das Agnus Dei allerdings paßt kaum in die Missa brevis, denn es verströmt sich in großer Gelassenheit und melodischer Eindringlichkeit. Es ist eine Sopran-Arie mit Koloraturen, die nie zum virtuosen Selbstzweck werden, und wird begleitet von den drei Solo-Instrumenten Oboe, Fagott und Orgel, die, gemeinsam und abwechselnd, zart mit der Solostimme alternieren. Die letzten fünf Takte aber gehören einem leisen Chorsatz von verhaltener Ausdruckskraft. – Das abschließende »Dona nobis pacem« setzt instrumental beschwingt und »weltlich« im flüsternden piano wie der Finalsatz einer Symphonie ein, vergleichbar etwa dem Überraschungseffekt zu Beginn des letzten Satzes der »Pari-

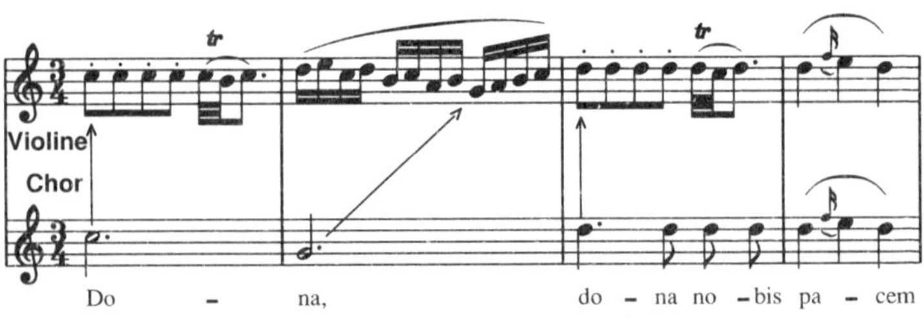

ser Symphonie« (KV 297). Das Orchestervorspiel enthält in den Violinfiguren gleichwohl als Umspielung den lapidaren Chor-Einsatz, vgl. das Notenbeispiel S. 26.
Doch auch hier gibt es wieder unerwartete Momente von großer Eindringlichkeit: etwa den Subito-piano-Trugschluß zum zweiten Einsatz des Solo-Quartetts oder wenig später das plötzliche zweimalige Stehenbleiben des Chores auf »do–na«, »pa–cem«, jeweils aus dem Forte ins Piano verklingend, als kurzen Moment der Besinnung. Mit vier zarten Pianotakten lassen die Solostimmen die Messe ausklingen.

Mozarts vorletzte, die **c-Moll-Messe KV 427**, ist unvollendet wie das Requiem, aber aus anderen Gründen. Abgeschlossen hat Mozart Kyrie, Gloria, Sanctus und Benedictus, zum Credo gibt es einen detaillierten Entwurf, der bis zum Ende des »Et incarnatus« reicht und vor allem in der Instrumentation Lücken aufweist. Vom ursprünglich vorhandenen Sanctus sind später auf ungeklärte Weise Teile verlorengegangen, so daß die erkennbar angelegte Doppelchörigkeit wieder rekonstruiert werden mußte. Die Entstehungsgeschichte der vorhandenen Teile läßt sich mit ziemlicher Gewißheit nachvollziehen: Sie dürften ab Herbst 1782 komponiert worden sein, und sie waren als Einlösung eines Versprechens gemeint, an das Mozart selber in einem Brief an den Vater (vom 4. Januar 1783) erinnert: ». . . ich habe es in meinem herzen wirklich versprochen, und hoffe es auch wirklich zu halten. – meine Frau war als ich es versprach, noch ledig – da ich aber fest entschlossen war sie bald nach ihrer genesung zu heyrathen, so konnte ich es leicht versprechen [. . .]; zum beweis aber der wirklichkeit meines versprechens konnt die Spart von der hälfte einer Messe dienen, welche noch in der besten hoffnung da liegt.«
Offenbar handelte es sich um eine Art Gelöbnis, das im Zusammenhang mit Mozarts Heirat und der geplanten gemeinsamen Reise zum Vater stand. In Salzburg gelangte der Torso dann allem Anschein nach am 25. August 1783 zur Aufführung, in welcher Form, ist jedoch bis heute nicht zu klären gewesen. Möglicherweise ergänzte Mozart die fertigen Teile durch Abschnitte aus eigenen früheren Messen. 1785 verwendete er dann in Wien die Komposition dieser c-Moll-Messe mit anderem Text als Oratorium »Davidde penitente« (vgl. S. 49). Seitdem ist immer wieder der Versuch unternommen worden, das großartige Fragment zu ergänzen, etwa durch Instrumentierung der nicht vollendeten Credo-Abschnitte und durch das Aussetzen eines – ursprünglich vollständig existierenden – doppelchörigen Sanctus.

Auch in der vorliegenden fragmentarischen Fassung wird deutlich, daß Mozart mit dieser Messe andere Ambitionen verfolgte als mit ihren Vorgängerwerken: nichts geringeres nämlich als eine Kantatenmesse von ähnlich monumentaler Größe der Aussage und auch der Ausdehnung wie Bachs h-Moll-Messe. Es ist bekannt, daß Mozart sich in jener Phase seines Lebens intensiv – und bisweilen fast krisenhaft – mit der Kontrapunktik Bachs und Händels auseinandersetzte. Das wohl bedeutendste Ergebnis dieser durch Baron Gottfried van Swieten ausgelösten Studien wurde die c-Moll-Messe.
Das eröffnende Kyrie ist ein großangelegter, sehr einheitlicher und dichter Satz für vierstimmigen Chor und Solo-Sopran; seine ungemein ausdrucksvoll deklamierende motivische Klammer ist das im Dreiklang absteigende und sich dann allmählich chromatisch wieder hinaufschraubende Thema des Orchestervorspiels,

Andante moderato

das nach seinem ausgreifenden Aufstieg über anderthalb Dreiklangsoktaven auch vom Chor aufgegriffen wird. Im Es-Dur-Mittelteil entfaltet sich ein Sopran-Solo mit beseelten Koloraturen, die lediglich gegen Ende ein wenig den spielerischen Charakter der Virtuosität annehmen (»Christe eleison«), leise sekundiert vom Chor. Der dritte Teil knüpft dann wieder am tiefgründigen c-Moll-Anfang an und führt ihn zu strenger polyphoner Verdichtung.
Der Beginn des Gloria bewegt sich am ehesten im Rahmen überlieferter Konventionen, als prächtiger, repräsentativer und kunstvoll imitierender Chorsatz, wenn da nicht die beiden ganz zurückgenommenen Passagen des »Et in terra pax hominibus« wären, die am Ende (»bonae voluntatis«) chromatisch herabsinken und von einer kleinen charakteristischen Violinfigur kontrapunktiert werden, so klingt dieser Anfangssatz dann auch aus.

Kein größerer Gegensatz ist danach vorstellbar als das nachfolgende erste Sopran-Solo (»Laudamus te«, *Allegro aperto*), das in den Konturen eines Sonatensatzes verläuft und in dessen Orchestersatz die ganze Spontaneität und Intensität melodischen Ausdrucks enthalten ist, deren Mozart in jener Phase fähig war:

Dabei täuscht die imitierend einsetzende zweite Violine Kontrapunktik vor, die zunächst nicht eingelöst wird. Im Mittelteil (Durchführung) kommt es dann tatsächlich zu echoartigen Imitationen zwischen Solo-Stimme und Solo-Oboe, die jedoch nicht den mindesten Anschein von Gelehrtheit haben. Die Reprise wächst fast beiläufig im Orchester hinter einem ausgehaltenen c der Stimme hervor. Und es gibt natürlich reichlich Gelegenheit zu brillanten Koloraturen. – Schwer lastend im punktierten Rhythmus kommt dann im Chor das »Gratias« (*Adagio*, $^{4}/_{4}$) daher, direkt über den Einsatz des verminderten Septakkordes nach d-Moll zielend und in a-Moll endend. Das »Domine Deus« ist ein sehr ernsthaftes, trotz aller kontrapunktischen »Gelehrtheit« immer noch musikantisches Duett der beiden Solo-Soprane, die sich ständig mit immer größerer Intensität imitieren und kontrapunktieren – Mozart verzichtete in dieser Messe bewußt auf den Solo-Alt und setzte statt dessen zwei Solo-Soprane ein, um den Effekt des Miteinander-Konzertierens noch mehr herauszustreichen. Sogar die Koloraturen dienen nun nicht mehr der Virtuosität, sondern sind, wie selbstverständlich, in das polyphone Stimmengefüge verwoben. Die Begleitung wird allein in den Streichern ausgeführt. Von monumentaler Größe und fast eherner Wucht ist dann das »Qui tollis« (*Largo* g-Moll, $^{4}/_{4}$), als achtstimmiger Doppelchor angelegt, vor dem unerbittlichen ostinaten Hintergrund des doppelt punktierten Orchester-Rhythmus über chromatisch absinkendem Baß. In dreimaligem mächtigem Anlauf türmen sich die acht Stimmen auf und werden jeweils vom plötzlichen resignierten Zurücksinken ins Piano (»miserere« / »suscipe« / »miserere«) beantwortet – ein Passionssatz von erschütternder Ausdruckskraft und meisterhafter Architektonik zugleich.

Das folgende »Quoniam« (*Allegro* e-Moll, ¢) knüpft in seiner ernsten Grundhaltung und in seiner kontrapunktischen Durchformung an das

»Domine Deus« an; es ist ein Terzett der beiden Solo-Soprane und des Tenors, in strenger, herber Imitatorik durchgeführt und wiederum von fast instrumental anmutenden, unvirtuosen Koloraturen durchzogen. Zugleich scheinen hinter dieser kunstvollen Struktur die Konturen eines Sonatensatzes auf, in dreiteiliger Gliederung: Teil A im harmonischen Gang von der e-Moll-Tonika zur G-Dur-Parallele, Teil B als strenger Imitationssatz über ein neues Thema, das die synkopische Fortsetzung des Hauptgedankens nun gleich zu Beginn betont:

Die Reprise A' erfolgt suggestiv im Unisono der drei Stimmen, fächert sich sogleich wieder auf und führt zu einer geheimnisvollen, in homophoner Flächigkeit gehaltenen chromatischen Passage des Terzetts, voll verhaltener emphatischer fp-Akzente; in schlichter Homophonie verklingen auch die letzten Takte des Vokalensembles (»altissimus«).
Wie ein Portal wölben sich die wenigen *Adagio*-Takte des »Jesu Christe« vor dem Beginn der mächtigen vierstimmigen Fuge des »Cum Sancto Spiritu« mit ihrem markanten Thema in ganzen Noten; dieses wird im weiteren Verlauf enggeführt und als krönender Höhepunkt auch umgekehrt:

Zu dieser quasi a-rhythmischen Themenkontur kontrastieren die häufigen gelösten Chorkoloraturen besonders effektvoll. Mit seinen 196 Takten ist dies sicher einer der kunstvollsten und souveränsten kontrapunktischen Sätze Mozarts.
In überwiegend homophoner kompakter Fünfstimmigkeit schließt sich der festliche Beginn des Credo an; er bildet den wirkungsvollen Kontrast zum »Et incarnatus est«, einer der schönsten, innigsten Sopran-Arien, die Mozart komponiert hat, wie das »Laudamus« (s. S. 29) für Konstanze bestimmt und von ihr auch in Salzburg gesungen. Es ist genaugenommen fast keine Solo-Arie, sondern eher ein filigranes Soloquartett für Sopran, Flöte, Oboe, Fagott und begleitende Streicher, so eng und feingliedrig sind die vier Melodielinien miteinander verwoben,

bis hin zu arabeskenartigen Melismen und gar einer auskomponierten Kadenz »a quattro«. Immer wieder ist – mehr oder weniger vorwurfsvoll – auf den weltlich-sinnlichen Charakter dieser Musik verwiesen worden, und immer wieder kann man nur vergleichend auf andere zeitgenössische Dokumente vor allem der bildenden Kunst verweisen, die ebenso »weltliche« Stilmittel einbeziehen, ohne daß man das Recht hätte, die tief empfundene Religiosität ihrer Schöpfer anzuzweifeln. Sanctus und »Hosanna« sind, im Sinne des vorliegenden Materials von Mozarts Hand, in der Regel zur geplanten Doppelchörigkeit ergänzt worden; als erster übernahm zu Beginn unseres Jahrhunderts Alois Schmitt diese Aufgabe und löste sie mit bemerkenswertem Einfühlungsvermögen. Auch der Musikforscher H. C. Robbins Landon beschäftigte sich mit dem grandiosen Fragment, stützte sich bei seiner Herausgebertätigkeit (Eulenburg-Taschenpartitur) auf Schmitts Arbeit und ergänzte behutsam die fehlende Instrumentation in einigen »Credo«-Abschnitten (etwa bei den Streichern im »Et incarnatus est«).

Requiem d-Moll (KV 626)

Besetzung: 4 Solostimmen, 4stimmiger gemischter Chor und Orchester (2 Bassetthörner, 2 Fagotte, 2 Trompeten, 3 Posaunen, 2 Pauken, Streicher und Orgel).

Zum Werk und seiner Entstehung

Anlaß und Entstehungsgeschichte von Mozarts letzter Komposition haben zu einer derartigen Mystifizierung geführt, daß hier noch einmal in aller Kürze und Sachlichkeit die bekannten und gesicherten Daten und Tatsachen genannt werden sollen: Im Frühsommer des Jahres 1791 erschien bei dem bereits ernsthaft kränkelnden Komponisten jener geheimnisvolle »graue Bote«, der ein Requiem bestellte und als Anzahlung auf das Honorar auch gleich 50 Dukaten hinterließ. Es handelte sich um einen – nicht mehr zweifelsfrei identifizierbaren – Abgesandten jenes Grafen Franz von Walsegg-Stuppach, der es sich als wohlhabender Musikliebhaber zur Gewohnheit gemacht hatte, bei renommierten Komponisten Werke zu bestellen, die er dann als eigene ausgab und aufführte. Das Requiem hatte er als Ehrung für seine im Februar 1791 verstorbene Frau vorgesehen. Es wurde schließlich am 14. Dezember 1793 in Wiener Neustadt unter der Leitung des Grafen gespielt. Zuvor war es am 2. Januar 1793 in Wien zur Uraufführung gekommen.

Mozart schrieb das Requiem in der ihm verbleibenden kurzen Lebensspanne bis zum Tod (5. Dezember 1791), unterbrochen lediglich durch die Arbeiten am »Titus« und an der »Zauberflöte« und behindert durch die fortschreitende Krankheit. Für die unvollendeten Teile hinterließ er zahlreiche Skizzen, die leider verloren sind. Seine Witwe Konstanze betrieb sodann die Vollendung des Torsos, um den Auftrag Walsegg-Stuppachs erfüllen zu können: Sie wandte sich mit ihrem Anliegen an mehrere Komponisten, unter ihnen Joseph Eybler, die aber alle absagten, und überließ die undankbare und eigentlich unlösbare Aufgabe schließlich notgedrungen Mozarts fünfundzwanzigjährigem Schüler Franz Xaver Süßmayr, der kaum in der Lage gewesen sein dürfte, die Rätsel der hinterlassenen Skizzen und Fragmente sinngemäß zu lösen. Dennoch gelang ihm im Laufe des ersten Halbjahres 1792 die Vollendung des Requiems. Und in dieser Süßmayr-Fassung wurde (und wird) das Werk bis heute überwiegend aufgeführt.

In Mozarts eigenhändiger Niederschrift liegen folgende Teile des Requiems vor: vollständig, also fertig instrumentiert, Introitus und Kyrie; in mehr oder weniger unvollständiger Instrumentation, aber im vollständigen Vokalsatz, von der Sequenz das »Dies irae« sowie die Strophen »Tuba mirum«, »Rex tremendae«, »Recordare«, »Confutatis maledictis« (ganz ohne Instrumente); vom »Lacrimosa« die acht Anfangstakte. Vom Offertorium hat Mozart das »Domine Jesu Christe« und »Hostias« abgeschlossen.

Für die Vollendung dieser Sätze gab es also eine Reihe von Anhaltspunkten und Hilfestellungen für Süßmayr und eben die uns heute verlorenen zusätzlichen Skizzen Mozarts. Dennoch mußten genügend Fragezeichen bleiben, denn es war ja möglicherweise aus Mozarts Angaben nicht mit Sicherheit abzulesen, ob etwa die Instrumentationsangaben am Satzbeginn auch wirklich für den jeweils ganzen Satz zu gelten hatten. Hierfür ist das »Tuba mirum« ein gutes Beispiel; manches spricht dagegen, die Soloposaune über so viele Takte weiterzuführen (durch drei Strophen, wenn im Text längst nicht mehr die Rede von der Posaune ist!), wie es Süßmayr zu tun für richtig hielt.

Süßmayrs Anteil ist also mit letzter Sicherheit gar nicht auszumachen, wenn man ihm den Einblick in die hinterlassenen Skizzen Mozarts

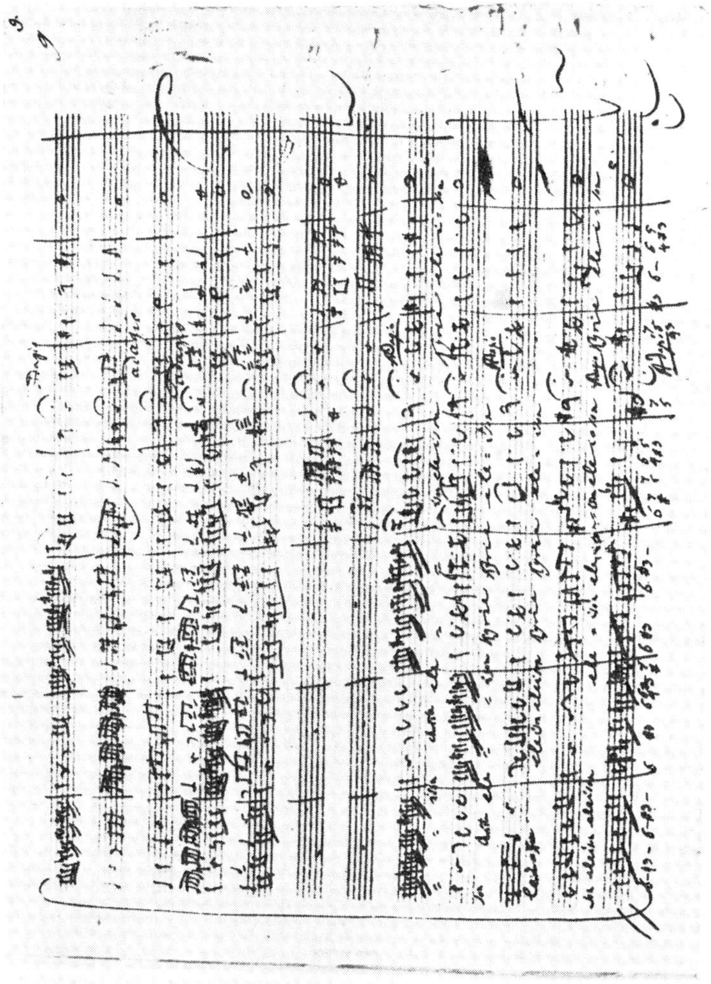

Autograph des Requiems KV 626. Wien, Österreichische Nationalbibliothek. Blatt 9 recto: Schluß des Kyrie

zubilligt. Er vollendete die oben genannten unvollständigen Teile in der Instrumentation und ergänzte vor allem auch das »Lacrimosa« zu einem abgeschlossenen Satz von 30 Takten. – Sanctus und Benedictus mit dem wiederholten »Hosanna« sowie Agnus Dei und »Lux aeterna« (Communio) fügte Süßmayr an, wobei er für den letzten Satz auf Introitus und Kyrie zurückgriff. – Übrigens sind auch die wenigen Ergänzungen durch Joseph Eybler erhalten, die er vorgenommen hatte, bevor er den Auftrag zurückgab; er war nur ein Jahr älter als Süßmayr und bewies in manchen Einzelheiten ein größeres Gespür für Mozarts Eigenart. Manche seiner Hinzufügungen wurden dann von Süßmayr übernommen, nachdem Konstanze ihm den Auftrag übergeben hatte. Im Gegensatz zu ihr, die offenbar beabsichtigte, das ergänzte Requiem als letztes von Mozart selbst abgeschlossenes Werk der Öffentlichkeit zu übergeben, legte Süßmayr großen Wert darauf, seine Ergänzungen kenntlich zu machen – nicht etwa aus Selbstüberschätzung und Anmaßung, sondern im Gegenteil aus Bescheidenheit und Hochachtung vor seinem großen Lehrmeister.

Es ist dann in neuerer Zeit immer wieder einmal der Versuch unternommen worden, das Requiem auf der Grundlage der vorhandenen Quellen und Forschungsergebnisse zu ergänzen und zu Ende zu führen. Hier verdient besonders die Neuinstrumentierung von Franz Beyer (1972) bewundernde Erwähnung; dank ihrer subtilen Qualitäten setzt sie sich bei den Aufführungen und Aufzeichnungen der Gegenwart zunehmend gegen die Süßmayr-Version durch.

Zur Musik

Sein eigentümlich dunkles Timbre erhält das Requiem durch die besondere Art seiner Bläser-»Registrierung«: Zum Streichquartett treten neben dem Fagottpaar zwei Bassetthörner; die üblichen Oboen und Flöten fehlen völlig, die drei Posaunen gehören dagegen traditionsgemäß als Verstärkung der drei tiefen Chorstimmen dazu.

D-Moll ist die Grundtonart herber Schwermut, an das d-Moll-Klavierkonzert (KV 466) gemahnend, und dieser lastende Tonfall wird auch sogleich im *Adagio* des ersten Satzes (Introitus) im Orchestervorspiel angeschlagen, mit synkopisch dem Baß nachklappenden Streicherakkorden und einem imitatorisch sich aufbauenden düsteren Holzbläsersatz:

Nach einem unvermittelten Forte-Aufschrei des posaunenverstärkten Orchesters beginnt der Chor (»Requiem aeternam«) ebenfalls imitatorisch, kontrapunktiert durch das unruhig im Taktgefüge verschobene ostinate Violinmotiv der abspringenden Oktave. Der kontrapunktisch dichte Satz wendet sich jedoch bereits nach sechs Takten nach F-Dur und ins machtvolle homophone Tutti (»et lux perpetua«). Der Solo-Sopran wird sodann von gewundenen Sechzehntelfiguren der Streicher begleitet (»Te decet hymnus«); das folgende Chor-Tutti erhält als Hintergrund ein neues, in gezackter Punktierung auffahrendes Begleitmotiv. Eine abschließende kontrapunktische Verdichtung bringt die Kombination zweier Themen: des Anfangsmotives (»Requiem«) und der biegsamen Sechzehntellinien (»dona eis«), die zuvor die Sopranstimme begleitet hatten.

Das folgende Kyrie setzt umweglos im Chor ein und gestaltet sich als archaisch-ernsthafte Chorfuge über ein Doppelthema, man könnte auch sagen: ein Thema, dem sogleich beim ersten Einsatz sein obligates Kontrasubjekt beigefügt wird:

Im Dies irae entfesselt Mozart alle Leidenschaften, im kompakten d-Moll-Tutti von homophonem Chor und Orchester mit Pauken und Trompeten. Hier erleben wir die direkte Fortführung jener jenseitig drohenden Atmosphäre, die im »Don Giovanni«-Finale noch im weltlichen Rahmen verharrte und die nun im Requiem musikdramatische Vehemenz bruchlos hinüberführt ins Geistliche – wenn man so will, ein früher direkter Vorläufer der hochdramatischen Synthese zwischen Oper und Totenmesse, wie sie erst Verdi gegen Ende des 19. Jahrhunderts gelang. Welcher Emphase Mozarts Tonsprache in seiner Spätzeit fähig war, zeigen die unerbittlichen Kontraste auf engstem Raum beim drohenden »Quantus tremor« der Baßstimme und seiner nachfolgenden Antwort in den drei Oberstimmen (»Dies irae«).

»Tuba mirum« beginnt mit der Posaune des Jüngsten Gerichts, der unbegleiteten Solo-Posaune, die Süßmayr bis zum Einsatz der Altstimme (»Judex«) weitergeführt hat; zunächst imitiert der Solo-Baß die dreiklangbrechende Linie der Posaune und läßt sie in einer Fermate ausklingen. Es folgen aufsteigend Tenor, Alt und Sopran, jeweils melodisch fein abgestimmt dem wechselnden Text angepaßt. Im vierstimmigen Solosatz endet der Teil.

»Rex tremendae« ist ein eherner Chorsatz, dem im Orchester – zunächst im eindringlich hinabsteigenden Unisono, dann vielstimmig verdichtet – der fortlaufende punktierte Sechzehntel-Rhythmus gegenübergestellt wird. Zart und verhalten im Piano endet dieser Teil nach 22 Takten – Kennzeichen dieses Spätwerkes ist auch seine lapidar-umweglose Kürze und Konzentriertheit.

Das »Recordare« – obwohl ohne Tempoangabe sicher ein fließendes Andante-Metrum – wird durch ein etwas längeres Instrumentalvorspiel eingeleitet, in dichter und zugleich inniger Imitation der beiden Bassetthorn-Linien über dem unruhig bewegten Baß und auch im weiteren Verlauf immer wieder durch kurze instrumentale Passagen gegliedert; sein Vokalpart ist den vier Solostimmen vorbehalten, an deren Satz sich Mozarts souveräne Gelassenheit im Umgang mit der Kontrapunktik ablesen läßt: Völlig bruchlos und selbstverständlich gehen polyphone und homophone Abschnitte ineinander über, in wechselnden Gruppierungen und Verklammerungen der Solostimmen.

Im »Confutatis« des Chores alternieren zwei kontrastierende Muster: zunächst das wild auffahrende »Confutatis« der beiden Männerstim-

men mit seinem so ungemein prägnanten, jenseitige Bedrohung symbolisierenden Unisonomotiv in den Streichern (vgl. das Notenbeispiel S. 36), bald danach dann die schwerelose Antwort der beiden Frauenstimmen im zarten violinbegleiteten Piano ohne Baßfundament.

Vom »Lacrimosa« stammen lediglich die ersten acht Takte bis zum ersten Forteausbruch nach mehrtaktigem suggestivem Crescendo (»homo reus«) von Mozart, jedoch ohne die zum Chor hinzugefügten Holzbläserstimmen. Zu diesem Satz hat Maximilian Stadler 1826 die Anmerkung hinterlassen, daß Mozart »hier [...] die Violinen selbst aufgeschrieben« habe, was Süßmayr demnach in Gestalt der inzwischen verlorenen Skizzen vorgelegen haben müßte. Insofern könnte der weitere Verlauf des dreißig Takte langen Satzes zumindest in angedeuteten Umrissen für ihn erkennbar gewesen sein.
Im »Domine Jesu« (Offertorium) herrscht danach zunächst die eher objektive Gebärde der Dreiklangsmelodik vor, ausgehend von g-Moll in ständiger modulatorischer Wendigkeit über B-Dur, c-Moll, As-Dur und b-Moll zurück in die Grundtonart führend und hier dann in ein charakteristisches Fugato mündend (»Quam olim Abrahae«). – »Hostias« ist ein knapp gehaltener weihevoller Chorsatz (*Andante* Es-Dur) in feiner dynamischer Schattierung des durchgehend homophonen Gefüges, nach dem – noch von Mozart der Liturgie gemäß so vorgesehen – das vorangegangene Fugato wiederholt wird. Hier enden die vorhandenen Mozart-Fragmente.
Das Sanctus, zu dem Süßmayr immerhin Skizzen vorgelegen haben könnten, beginnt als D-Dur-*Adagio* des Chores und mündet in den beschwingten $^3/_4$-Takt (*Allegro*) des »Hosanna«, vom Baß aus imitierend hinaufsteigend. Dem Benedictus (*Andante* B-Dur), einem vielgliedrigen Solosatz, läßt Süßmayr noch einmal das gleiche »Hosanna« folgen. – Im durchgehend vierstimmigen Agnus Dei stemmen sich die Sechzehntelfiguren der Violinen nachdrücklich gegen die getragenen Vokal-Linien. – Und im abschließenden »Lux aeterna« griff Süßmayr auf die Anfangsteile Introitus und Kyrie zurück, ohne jedoch das »Requiem aeternam« zu wiederholen, wie es die Liturgie vorsieht. So rundete er dennoch das Werk auf diese Weise zyklisch ab, gewiß eine vertretbare Maßnahme, in Ehrfurcht vor seinem Lehrer und dessen Erbe.

Litaneien

Die Litanei, eine alte christliche Gebetsform, ist ein Bittgesang im Wechsel zwischen Vorbeter und Gemeinde, bestehend aus einer Reihe von Anrufungen; jede einzelne Anrufung ergänzt die Gemeinde mit dem »Ora pro nobis« (»Bitte für uns«). Die Lauretanische Litanei heißt nach dem Marienwallfahrtsort Loreto und wendet sich an die Jungfrau Maria. Seit dem 16. Jahrhundert gibt es besonders viele und eindrucksvolle mehrstimmige Vertonungen. Mozart komponierte in Salzburg vier Litaneien, darunter zweimal die Lauretanische (KV 109 und KV 195). Die beiden anderen (KV 125 und 243) sind Sakraments-Litaneien (Litaniae de venerabili altaris sacramento). Sie dienen dem Lobpreis der Eucharistie und wurden zu Fronleichnam und bei Sakramentsandachten, oft auch in privatem Rahmen, gepflegt.
Mozarts Litaneien folgen musikalisch dem Typus der aus dem 17. Jahrhundert stammenden Kantatenlitanei, die aus einer kontrastreichen Reihe unterschiedlicher Sätze besteht, unter Einbeziehung von Texten des Messekanons. Ähnlich wie in den Messen und Vespern sind Mozarts Partituren in einem Mischstil gehalten, der aus Sätzen im sogenannten »stile antico«, also kontrapunktisch-imitatorisch und repräsentativ, und im »stile moderno«, also konzertant und eher subjektiv, besteht.

Mozarts erste Marien-Litanei, **Litaniae de Beata Maria Virgine (KV 109)**, vom Mai 1771 ist das schlichteste, unaufwendigste von den vier Werken. Sie besteht aus fünf kurzen Sätzen (»Kyrie« B-Dur – »Maria« F-Dur – »Salus informorum« d-Moll – »Regina Angelorum« Es-Dur – »Agnus Dei« B-Dur) und folgt sehr offensichtlich dem Vorbild einer Litanei von Vater Leopold Mozart, der vor allem ein Komponist geistlicher Musik war. Nach dem festlichen ersten Satz (*Allegro*) folgt ein *Andante* ($^{3}/_{4}$), das zunächst nacheinander die vier Solisten zu Wort kommen läßt und ihnen auch, nach einem Chorsatz im Mittelteil, das letzte Wort überläßt. Der dritte Satz ist ein *Adagio*, das nach fünf Takten zum *Allegro* wird, insgesamt nur vierzehn Takte kurz ist und ganz dem Chor vorbehalten bleibt. Als Kontrast folgt ein reiner vierstimmiger Solosatz (*Vivace*) im geradezu ausgelassenen Tonfall der Buffo-Oper:

Das abschließende »Agnus Dei« ist ein *Andante*-Satz, in dem Chor und Soli wie im ganzen Werk lediglich vom Streichorchester (ohne Bratschen) und von drei chorverstärkenden Posaunen begleitet werden.

Auch Mozarts erste Sakraments-Litanei **B-Dur (KV 125)**, vom März 1772, folgt einem väterlichen Vorbild, und man hat im Autograph die Korrekturen Leopolds nachweisen können. Sie ist neunsätzig und wird von einem etwas größeren Orchester mit Flöten, Oboen, Trompeten und Hörnern sowie Bratschen begleitet. Stilistisch klingen in dicsem Werk neben den kirchenmusikalischen Einflüssen auch die Vorbilder der Sinfonia, des Konzerts und der Solo-Arie an. So erinnert das einleitende »Kyrie« in Charakter und formalem Aufbau stark an einen symphonischen Sonatensatz oder auch an einen Konzertsatz: Es hat eine rein instrumentale Exposition mit Haupt- und kontrastierendem Seitensatz,

beide auf der Tonika; der erste machtvolle Chor-Einsatz unterbricht als *Adagio* den formalen Prozeß (vergleichbar etwa dem Ablauf des Kopfsatzes im A-Dur-Violinkonzert, KV 219, wo sich vor die Solo-Exposition ebenfalls sechs Adagio-Takte schieben). Danach beginnt dann – wieder »molto allegro« – die zweite Exposition, nun mit dem Seitensatz, markiert durch ein Alt-Solo, auf der Dominante. Vor die Reprise schieben sich einige »Durchführungs«-Takte im Chorsatz, allerdings harmonisch im Bereich der Dominante verweilend. In der Reprise kehrt der Seitensatz als Sopran-Solo wieder.

Der zweite Satz »Panis vivus« (*Andante* F-Dur), basiert wieder auf dem Sonatensatz-Modell und wendet es nun auf eine ausdrucksvolle und sparsam koloraturenverzierte Sopran-Arie an, vom flötengefärbten Orchester begleitet. Es folgt ein machtvolles d-Moll-*Adagio* für den Chor (»Verbum caro factum«). Ihm schließt sich, im Sinne der farbigen Kontrastdramaturgie, nun ein längeres *Molto allegro* (»Hostia sancta«, B-Dur) im gemischten Soli-Tutti-Satz an, das nahtlos in das »Tremendum« (*Adagio* g-Moll) übergeht, jenen Abschnitt der Litanei, der auch traditionsgemäß in der Vertonung den programmatischen Aspekt betont (Triolen-Tremolo).
»Panis omnipotentia« (*Andante* Es-Dur, $^3/_4$) ist als Tenor-Arie das Pendant zum »Panis vivus«. Nach dem kurzen homophonen, in b-Moll beginnenden Chorsatz des »Viaticum« (*Adagio*) folgt das Riesengebäude der archaisch-strengen »Pignus«-Chorfuge (180 Takte). Das abschließende »Agnus Dei« ist zweigeteilt: zunächst »un poco adagio« als Koloratur-Arie (Sopran), dann übernimmt der Chor die Melodiephrase des Sopran-Anfangs und führt sie zum festlichen Abschluß.

Auch Mozarts zweite Marien-Litanei, **Litaniae Lauretanae (KV 195)** von 1774, hält bewunderungswürdig die Balance zwischen festlich repräsentativem Charakter und einer sowohl innigen als auch konzertanten »weltlicheren« Akzentuierung.
Das »Kyrie« (*Adagio* D-Dur) ist imitatorisch im Tutti-Soli-Wechsel angelegt und geht immer wieder kurzzeitig in homophone Abschnitte über. Das folgende »Sancta Maria« (*Andante* G-Dur) beginnt dann als stilles, verinnerlichtes Gebet mit einem ausgedehnten Sopran-Solo und steigert sich zu großer Ausdruckskraft, indem es die übrigen Solostimmen und auch den Chor hinzuzieht.
Das »Salus infirmorum« (*Adagio*) zeigt bereits durch die Wahl der Tonart h-Moll und durch seine punktierte Rhythmik im Orchester seine tiefernste Grundhaltung an. Die intervallische Führung der Stimmen unterstreicht diese große Ernsthaftigkeit, vor allem beim zweimaligen »ora pro nobis« des Chores, bei dem jeweils zwei Stimmen unisono im Kanon geführt werden und zweimal geradezu suggestiv die Gebärde des Tritonus reihen:

Im anschließenden »Regina Angelorum« (*Allegro con spirito* D-Dur) setzt nach dem Orchestervorspiel zunächst der Chor ein und überläßt dann dem Solo-Tenor mit seinen heiter-weltlichen Koloraturen weite Teile des musikalischen Ablaufes.
Zum Ausdrucksschwerpunkt wird das abschließende »Agnus Dei« (*Adagio* D-Dur): Es wird von einem anderthalbtaktigen Bläservorspiel eingeleitet und lebt dann vom Schmelz der empfindsamen Solo-Arabesken der Sopranstimme, zart von gedämpften Streichern grundiert. Der Chor bringt zunächst einen kurzen imitatorischen Einwurf von großer Intensität und beendet schließlich den Satz. Seine letzten Takte, nach einigen beherrscht ausdrucksstarken Koloraturen, verklingen ganz zurückgenommen im Piano, mit einer innig flehenden herabsinkenden Wendung – ein ungemein origineller und anrührender Schluß für ein zu Unrecht sehr vernachlässigtes Meisterwerk!

Die andere Sakraments-Litanei (**KV 243**), vom März 1776, beginnt quasi im eher offiziellen liturgischen Tonfall, im verhalten leuchtenden Es-Dur (*Andante moderato*); dieser Anfangsteil bildet dann zugleich verkürzt den Abschluß des ganzen Werkes und rundet so den Zyklus auch äußerlich. Dagegen kontrastiert effektvoll das koloraturenreiche Tenor-Solo des folgenden »Panis vivus« (*Allegro aperto* B-Dur), ein regelrechter Konzertsatz mit zwei ein wenig voneinander abweichenden Expositionen, Durchführung und Reprise.
Ein kurzes ernstes Chor-*Largo* (»Verbum caro factum«) leitet über die Dominante g unmittelbar zum nächsten Satz, dem »Hostia sancta« (*Allegro comodo*) mit seinem vokalen Tutti-Solo-Alternieren: kantabel und sanft das Solistenensemble, dagegen kontrastiert machtvoll der Chorsatz. Eine Überleitung der beiden Violinen führt, wie in KV 125, zum wiederum programmatisch mit Tremolo-Effekten und düsterer

Harmonik ausgemalten »Tremendum« (*Adagio*) mit seinem ungemein eindringlich deklamierenden Chor,

dem ständig schaurige Posaunenakzente entgegengesetzt werden.
Den größten Kontrast hierzu bildet danach das weltlich-liebliche Sopran-Solo im »Dulcissimum convivium«, zart vom flötengefärbten Orchester und seinen gedämpften Violinen begleitet; auch das Hörnerpaar wird ganz dezent solistisch eingesetzt.
Im »Viaticum« (*Andante*) sorgt ebenfalls die Instrumentation für die besondere Atmosphäre: Die Streicher zupfen, außer den Bratschen con sordini, und im Hintergrund steuern die drei Posaunen, zwei Hörner und zwei Fagotte die verhangen düstere Mischfarbe bei. Das Vorspiel führt suggestiv über eine chromatische Akkordfolge zum g-Moll-Einsatz des Chor-Sopranes, der in langen Tönen cantus-firmus-artig, nach Art einer Choralbearbeitung, das »Pange lingua« streng liturgisch intoniert – eine fahl und gespenstisch anmutende Szene in der Art der späteren »Don Giovanni«-Klänge.
Ein ganz anderes, aber gleichrangiges Meisterwerk ist danach die mächtige Doppelfuge des »Pignus«, in fast widerspenstiger kontrapunktischer Verzahnung der vier Stimmen, gegen Ende sich polyphon noch verdichtend und schließlich doch in lapidarer Homophonie endend.
Der Schlußsatz (»Agnus Dei«) beginnt konzertant mit Solo-Flöte, Solo-Oboe und dezent im Hintergrund an die solistischen Holzbläser gekoppeltem Solo-Violoncello sowie einem arabeskenreichen Sopran-Solo; er endet mit der stark gekürzten Reprise des Anfangssatzes im Chor, zart mit einer Pianophrase verklingend.

Vespern

Die Vesper, das Abendgebet unter den katholischen »Stundengebeten«, besteht hauptsächlich aus Antiphonen (Wechselgesängen) sowie einer Folge von drei bis fünf Psalmtexten und dem »Magnificat« (Hymnus Marias, s. Luk. 1,46–55). Die meisten Texte wechseln nach Tagen, Festen und Zeiten des Kirchenjahres. Für die Vespergottesdienste in der Kirche gab es eine Reihe repräsentativer Kompositionen, unter denen die beiden Vespern von Mozart einen hohen Rang einnehmen. Die erste von ihnen nennt sich **Vesperae de Dominica (KV 321**, C-Dur, 1779); »Vesper am Sonntag« ist nicht ganz korrekt, denn der Psalm 116 (»Laudate Dominum«) gehört eigentlich nicht in diese Vesper. Korrekt wäre »Vesperae de Confessore« (»an einem Bekennerfest«).
Das Werk ist, ebenso wie sein Schwesterwerk KV 339, für den Salzburger Dom bestimmt; darauf deutet auch die dort übliche und ausdrücklich verlangte Knappheit der Komposition und die Sparsamkeit der Instrumentation mit je zwei Trompeten (Clarini) und Pauken, drei Posaunen und Streichern, aber ohne Holzbläser. Daraus ergibt sich natürlich ein relativ sprödes Klanggewand ohne individuelle Färbungen, denn das Orchester paßt sich im wesentlichen den Stimmen an.
Wie in allen größeren Kirchenkompositionen Mozarts finden wir hier nebeneinander die Strenge des »stile antico« mit seinen kontrapunktischen Imitationskünsten und die Eingängigkeit des eher konzertant-virtuosen »stile moderno«. Die sechs Sätze von KV 321 beginnen und enden in der Grundtonart C-Dur (»Dixit Dominus« und »Magnificat«); dazwischen schieben sich, jeweils als abgeschlossene Sätze, »Confiteor« e-Moll, »Beatus vir« B-Dur, »Laudate pueri« F-Dur, »Laudate Dominum« A-Dur. In zyklischer Hinsicht – obwohl die Sätze durchaus auch einzeln aufgeführt wurden – ergeben sich auf diese Weise harmonische, stilistische und auch große stimmungsmäßige Kontraste.
So steht zu Beginn das gleichsam repräsentativ-offizielle und doch so ausdrucksvolle »Dixit Dominus« mit seinem polyphonen Alternieren von Solo- und Chorstimmen; in den letzten Takten verbirgt sich in der Sopranlinie (»Amen«) das Viernotenmotiv aus dem Finale der »Jupiter-Symphonie« (s. Bd. 1, S. 201, Bsp. a). Dann folgt das e-Moll-»Confi-

teor« im leichtfüßigen *Allegro* ($^3/_4$): Ohne Vorspiel beginnt sogleich das Sopran-Solo, das über weite Strecken dominiert; die übrigen Solostimmen haben eher ergänzende Aufgaben, und die Chor-Einwürfe sind nun überwiegend in kompakter Homophonie gehalten. – Auch »Beatus vir« ist, wie die beiden vorangehenden Teile, ein *Allegro*-Satz im ständigen Tutti-Solo-Wechsel und im nahtlosen Alternieren von Polyphonie und Homophonie. »Laudate pueri« beginnt mit einem strengen vierstimmigen Chorkanon; den größten Gegensatz bedeutet dann das unmittelbar folgende »Laudate Dominum«, wieder ein *Allegro*. Dabei handelt es sich um eine virtuose Sopran-Arie voller Koloraturen, begleitet vom Streichorchester und der immer wieder konzertant eingesetzten Orgel.

Das abschließende »Magnificat« schließlich beginnt mit wenigen gewichtigen *Adagio maestoso*-Takten und mündet in ein *Allegro*, das repräsentativ und spielerisch, kirchlich und weltlich zugleich zu sein scheint, mit fast konzertanten Begleitlinien der Streicher zu den Soloeinsätzen und voll überraschender harmonischer und auch dynamischer Wendungen.

Die **Vesperae solennes de Confessore (KV 339)** entstanden 1780, ebenfalls für Salzburg. Diese Komposition ist insgesamt ein wenig persönlicher angelegt und noch kontrastreicher als KV 321, was sich auch in der weiter gespannten Tonartenabfolge dokumentiert: C-Es-G-D-F-C. Das einleitende »Dixit Dominus« (*Allegro*) ist ein durchgehender, überwiegend homophoner Chorsatz; erst die Doxologie (Lobpreis Gottes) »Gloria Patri et Filio et Spiritui Sancto« ist den Solostimmen zugewiesen. Das »Confiteor« beginnt mit drei Unisono-Takten des Chores und folgt dann flexibel dem liturgischen Text. Ein markant kontrastierendes Satzpaar bilden das »Laudate pueri« als archaisierende vierstimmige Chorfuge über ein Thema mit charakteristisch abspringendem vermindertem Septintervall

Chor und Vierung des Salzburger Doms mit den 1854 entfernten Tribünen für Sänger, Instrumentalisten und 4 Orgeln. Stich von Melchior Khüsell. 1682.

und das zart verinnerlichte »Laudate Dominum« im schwebenden $^{6}/_{8}$-Metrum (*Andante ma un poco sostenuto*):

Bemerkenswert ist hier die mit so sparsamen Mitteln erzeugte »Registrierung« des Klanges: Es führt die erste Violine über sanft bewegter Figuration der zweiten Violine, ergänzt durch den dezenten Kontrapunkt eines solistischen Fagottes (ad libitum). Das Ganze ist eine Sopran-Arie, fast ganz ohne äußeren virtuosen oder gar Koloratureffekt, die in einen abschließenden innigen Chorsatz mündet. Als mächtiger repräsentativer Satz beschließt das »Magnificat«, wiederum als *Allegro* mit einer *Adagio*-Einleitung, diesen ebenso monumentalen wie individuellen Zyklus.

Neben diesen beiden vollständigen Vespern hinterließ Mozart noch zwei Einzelsätze: ein **Dixit Dominus C-Dur** und ein **Magnificat C-Dur** (gemeinsam **KV 193**); diese beiden Ecksätze wurden üblicherweise durch den Choraliter-Vortrag der übrigen Psalmen oder durch fremde Kompositionen ergänzt. Beide Sätze sind im Kirchenstil der Zeit in imitatorischer Kontrapunktik gehalten; der Eintritt des »Gloria Patri« im »Dixit« wird hier durch kurzzeitigen Tempo- und Taktwechsel markiert (*Andante*, $^{3}/_{4}$). Das Kopfthema des »Magnificat« ist wieder eine Vorwegnahme des Finalmottos der »Jupiter-Symphonie«.

Allegro

Geistliche Singspiele und Kantaten

Betulia liberata (KV 118)
(»Das befreite Betulia«)

Azione sacra in zwei Teilen

Libretto: Pietro Metastasio (nach dem apokryphen Buch »Judith« des Alten Testaments).
Personen: *Ozia*, Ältester von Betulia (Tenor); *Giuditta*, Witwe des Manasse (Alt); *Amital*, vornehme israelitische Dame (Sopran); *Achior*, der Ammoniterfürst (Baß); *Cabri* und *Carmi*, Führer des Volkes (Sopran); Einwohner von Betulia (Chor).
Orchesterbesetzung: 2 Flöten, 2 Oboen, 2 Fagotte, 2 Trompeten, 4 Hörner; Streicher.
Gliederung: Ouvertüre d-Moll (Allegro). – Teil I: 6 Arien, 1 Arie mit Chor; Teil II: 6 Arien, 1 Solo mit Chor.

Handlung: Die jüdische Stadt Betulia wird von den Assyrern unter dem grausamen Feldherrn Holofernes belagert. Die eingeschlossenen leidenden Juden machen ihrem Ältesten, Ozia (Osias), Vorwürfe, weil er hartnäckig auf die Hilfe Gottes vertraue, statt sich zu ergeben. Ihre Sprecherin Amital verlangt die Kapitulation; Ozia bittet um fünf Tage Bedenkzeit. Da erscheint Giuditta (Judith), die seit ihres Mannes Tod zurückgezogen gelebt hat. Feurig redet sie dem verzagten Volk ins Gewissen und kündigt die Ausführung eines geheimen Rettungsplanes an. – Achior, der Verbündete der Assyrer, hat inzwischen Holofernes, so wird berichtet, eine gerechte Prüfung des jüdischen Gottesglaubens angeraten; Holofernes, der nur Nebukadnezar als Gott anerkannt sehen will, läßt Achior dafür, an einen Baum gebunden, der Gnade oder Ungnade der Israeliten ausliefern. – Giuditta macht sich, festlich gekleidet und unbewaffnet, auf den Weg zum feindlichen Lager, begleitet nur von ihrer Magd, während Ozia und Achior ein Streitgespräch über die Existenz des einen jüdischen Gottes führen. – Giuditta kehrt zurück: Sie hat Holofernes enthauptet, als sie nach einem berauschenden Gelage allein mit ihm war: zum Beweis zeigt sie seinen abgeschlagenen Kopf. Unter dem Eindruck dieser Tat bekennt sich Achior zum jüdischen Gott, und Amital bereut ihr voreiliges Aufbegehren. – Nun wird bekannt, daß der Tod ihres Feldherrn die Assyrer in panische Angst gejagt hat und daß sie sich auf der Flucht vor den Israeliten gegenseitig umbringen. Alle stimmen das Lob Gottes an – Betulia ist frei!

Die Entstehung der »Betulia liberata« liegt weitgehend im dunkeln. Nur Indizien stützen die Annahme, daß dieses Werk 1771 als Oratorium für den Fürsten Giuseppe Ximenes von Aragon bestimmt war. Bekannt ist lediglich, daß es nicht zum vorgesehenen Zeitpunkt in Padua aufgeführt wurde. 1786 hatte Mozart vor, das Oratorium für eine Wiener Aufführung (die jedoch nicht zustande kam) noch einmal aufzugreifen und es eventuell durch Umarbeitung dem neuen Anlaß anzupassen.

Das erhaltene Autograph zeigt die dezenten Korrekturen des Vaters. Die Musik ist ganz im Stil des damaligen italienischen Oratoriums gehalten und dennoch bereits in vielen Momenten unverkennbar von Mozarts Persönlichkeit geprägt. Das Werk ist zweiteilig und besteht aus einer Reihe von Rezitativen und Arien, ergänzt durch drei Chorsätze. Vor allem die Chöre tragen viel zur Wirkung des Werkes bei. Deren erster erklingt zweimal (Nr. 4/6 »Pietà«) und wird durch eine Solostimme (Ozia) ergänzt. Er beeindruckt in seiner düsteren c-Moll-Monumentalität, mit der er die Verzweiflung des Volkes von Betulia beschwört; Ozias Solo, das ihn einleitet,

wird jeweils vom Pizzicato der Violinen begleitet, während zum Chor Bläser die gestrichenen Violinen ergänzen. Der dritte Chor bildet das wirkungsvolle Finale des Oratoriums (Nr. 16 »Lodi al gran Dio«). Dieses e-Moll-Stück basiert auf der Melodie des »Tonus peregrinus« (seit dem späten Mittelalter der Name eines zusätzlichen Psalmtons neben den acht »gebräuchlichen«),

die der Chor viermal in liturgischer Strenge wiederholt, wozu Giudittas Sologesang effektvoll kontrastiert. Erst im Schluß-*Allegro* wendet sich das Stück nach D-Dur.

Auch in den Rezitativen und Arien finden sich manche überraschenden und originellen Wendungen: etwa im c-Moll-Mittelteil der Arie der Amital (Nr. 3 »Non hai cor«, *Allegro*), wo die beiden Violinstimmen ganz selbständige polyphone Wege gehen:

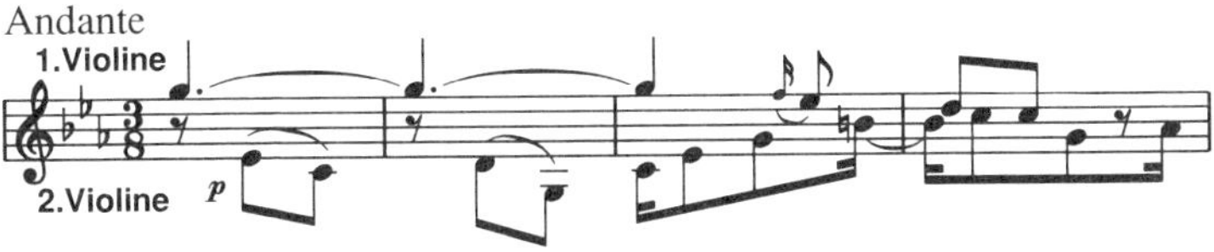

oder auch in den ständigen Tempowechseln zwischen *Andante* (¢) und *Adagio* in der streicherbegleiteten Arie Nr. 14 der Amital (»Con troppa rea viltà«); schließlich auch in einigen ungemein ausdrucksvollen und charakteristischen Accompagnato-Passagen wie den beiden ausgedehnten Rezitativen vor den Arien der Judith. – Die Ouvertüre steht in d-Moll und folgt der üblichen Dreiteiligkeit der italienischen Opernsinfonia mit bemerkenswerten kleinen Abweichungen: Der Anfangsteil (*Allegro*, $^4/_4$) ist monothematisch und motivisch mit dem Schlußabschnitt (*Presto*, $^2/_4$) verknüpft:

dazwischen schiebt sich ein kantabel empfindsames *Andante* ($^3/_4$), ebenfalls in d-Moll – insgesamt eine gelungene Einleitung zur Atmosphäre des Oratoriums.

Davidde penitente (KV 469)
(»David als Büßer«)

Geistliche Kantate

Text: Lorenzo da Ponte (?).
Uraufführung am 13. März 1785 in Wien.
Besetzung: Sopran I und II, Alt, Tenor, Baß (Solostimmen); achtstimmiger gemischter Doppelchor. – 2 Flöten, 2 Klarinetten, 2 Fagotte, 2 Hörner, 2 Trompeten, 3 Posaunen; Pauken, Streichorchester.
Gliederung: 5 Chöre, 3 Arien, 1 Duett, 1 Terzett.

»Davidde penitente« entstand auf Anregung der Wiener Tonkünstler-Sozietät. Vorgesehen war zunächst gewiß eine neue Komposition, doch schlug Mozart bald den bequemeren Weg ein, seinen Torso der c-Moll-

Messe (KV 427) mit einem anderen Text zu versehen und auf diese Weise das Werk auch in Wien bekannt zu machen. Diese Möglichkeit kam ihm insofern sehr gelegen, als er in jener Zeit als Solist und Komponist übermäßig mit Aufträgen eingedeckt war. Zwei Arien (Nr. 6 und Nr. 8), die nur wenige Tage vor der ersten Aufführung am 13. März 1785 in Wien fertig wurden, fügte er dieser »Kontrafaktur«, d. h. der Neutextierung eines vorhandenen Werkes, dem ehemaligen Kyrie und Gloria der c-Moll-Messe hinzu. Neu war außerdem lediglich eine Solokadenz für den Schlußchor. Mozart selber nannte sein Werk »Psalm«, gelegentlich findet man auch die Bezeichnung Oratorium, obwohl keine Handlung zugrunde liegt.

Die neue Tenor-Arie Nr. 6 »A te« (*Andante* B-Dur, 3/4) fügt sich mit ihren vier solistisch geführten ausdrucksvollen Holzbläserlinien – hier treten auch eine Flöte und eine Klarinette hinzu – nahtlos in den stilistischen Umkreis der vorliegenden Stücke ein: Das Vorspiel breitet die farbigen Bläsermelismen zunächst allein aus:

im zweiten Teil (*Allegro*) bilden die vier Bläsersoli ein dichtes Melodiengeflecht als Hintergrund für die Solostimme. Die Sopran-Arie Nr. 8 ist ein düsteres c-Moll-Stück, in dem das Orchester das im Text angesprochene tiefe Dunkel (»Tra l'oscure ombre funestre«) malt – auch die Stimme beteiligt sich lautmalerisch an den auffahrenden Zweiunddreißigstel-Tonleitern:

Das anschließende *Allegro* wendet sich dann nach D-Dur und verlangt der Stimme virtuose Koloraturen ab. Die beiden Neukompositionen stärken also eher die koloristische und konzertante Seite des Werkes als seine archaisierend-kontrapunktische.

Die Schuldigkeit des ersten Gebots (KV 35)

Erster Teil eines geistlichen Singspiels

Text: Ignaz Anton Weiser (1701–85).
Personen: Christgeist (Tenor), Gerechtigkeit (Tenor), Weltgeist (Sopran), Barmherzigkeit (Sopran), Christ (Tenor).
Gliederung: Sinfonia (Allegro C-Dur, $^4/_4$). – 7 Arien, 1 Terzett.

Dieses geistliche Singspiel, eine Allegorie über den Christen zwischen »Weltgeist« und »Christgeist«, komponierte Mozart wohl Anfang 1767; eine Aufführung am 12. März 1767 in Salzburg ist gesichert. Die Partitur zeigt die üblichen Retuschen des Vaters. Möglicherweise lag ein Auftrag des Fürsterzbischofs Sigismund von Schrattenbach mit verteilten Aufgaben vor: Michael Haydn übernahm nämlich den zweiten, Anton Cajetan Adelgasser den dritten Teil des Singspiels; beide Kompositionen sind verschollen.
Zu Beginn steht eine »Sinfonia« als Ouvertüre, ein kleiner Sonatensatz mit vertauschter Reihenfolge der Themen in der Reprise. Es folgen sieben Arien mit Rezitativen, die trotz jugendlich-naiver Schlichtheit manche Überraschung bieten: zum Beispiel das chromatische Thema der Arie des Christgeist »Mit Jammer muß ich schauen« (Nr. 1), das nach zwei Takten imitierend in die Bratsche wandert:

Der *Andante*-Mittelteil bringt dann recht deutliche programmatische Tonmalerei im Orchester zu den »ausgebrochenen Flüssen, die schäumend sich ergießen«. Der Hang zur Programmatik prägt auch die Arie Nr. 2, in der »Ein ergrimmter Löwe brüllet« – er deutet sich in der ostinaten Begleitfigur der zweiten Violine an:

Grabmusik (KV 42)

Kantate zum Heiligen Grab Christi (Deutsche Passionskantate)

> Besetzung: Sopran, Baß, gemischter Chor. – 2 Oboen, 2 Hörner, Streicher.
> Gliederung: 2 Arien mit Rezitativen, 1 Duett, 1 Chor.

Die kleine geistliche Kantate entstand zur Karwoche 1767, den Chor komponierte Mozart möglicherweise erst in den Jahren 1773–76. Man vermutet, es könne sich hier um die Aufgabe handeln, zu welcher der Erzbischof Mozart in Klausur schickte, um nachzuprüfen, was es mit der jugendlichen Genialität des Knaben denn wirklich auf sich habe. Die Musik war zur Aufführung in einer Salzburger Kirche bestimmt, vor einem Altar, der das Heilige Grab darstellte. Sie besteht aus zwei Arien – lautmalerisch programmatisch die erste, in D-Dur, für Baß (»Felsen krachen«, »Brüllt ihr Donner«), voller Tremoli, auffahrender Tonleitern und dynamischer Gegensätze, in g-Moll die zweite, für Sopran – sowie einem abschließenden Es-Dur-Duett.

Die **Arie** für Sopran, Streichorchester und Orgel **»Kommet her, ihr frechen Sünder« (KV 146)**, war wohl als Einlage für ein deutsches Oratorium bestimmt; sie stammt vom Frühjahr 1779 und ist liedartig in drei gleichen Strophen angelegt.

Bearbeitung von Georg Friedrich Händels Oratorium »Der Messias« KV 572: Im März 1789 bearbeitete Mozart für den Baron Gottfried van Swieten Händels »Messias« und führte das Werk in dieser Fassung dann auch zweimal (am 6. März und 7. April) beim Grafen Esterhazy auf. Mozarts Bearbeitung beschränkt sich im wesentlichen auf eine partielle Neuinstrumentierung, im Sinne einer klanglichen Anreicherung aus dem Geist der neuen Epoche; an einigen Stellen (Arien) griff er auch kürzend ein.

Offertorien, Motetten und kleinere geistliche Vokalwerke

Neben den Messen, Litaneien und Vespern sind eine Reihe kleinerer Vokalkompositionen von Mozart überliefert. Es handelt sich um Offertorien, Motetten, Antiphonen, einen Psalm und ein Tedeum, alle aus den Jahren 1766 bis 1779, mit Ausnahme des »Ave verum corpus« von 1791. Etwa die Hälfte der Werke sind in Salzburg geschrieben worden, die anderen überwiegend auf Reisen in Italien.

Ein kleines **Offertorium »Scande coeli limina« (KV 34)**, das vermutlich 1766/67 im bayerischen Kloster Seeon entstanden ist, stellt ein Dokument jugendlicher Frühreife dar; es ist zweiteilig: auf eine streicherbegleitete Sopran-Arie folgt nach einer Dominantfermate ein archaisch imitierender vierstimmiger Chorsatz, zu dem Trompeten und Pauken hinzutreten.

Ebenfalls zweiteilig, aber nur chorisch angelegt, ist das **Offertorium »Veni Sancte Spiritus« (KV 47**; Wien 1768). Symphonischen Duktus zeigt dagegen das dreisätzige **Offertorium »Benedictus sit Deus« (KV 117)** vom Spätherbst 1768 (Wien), das die Messe KV 66 (s. S. 15) ergänzte; zwei Chorsätze, deren erster in der Anlage einem Sinfoniesatz nahekommt, umrahmen eine koloraturreiche Sopran-Arie (*Andante*). In den Schlußsatz verarbeitete Mozart als kontrastierendes Gegenthema die Psalm-Melodie des »Psalmum dicite nomini«, des 8. gregorianischen Psalmtones, während die dem Satz zugrundeliegenden Textausschnitte dem 65. Psalm entstammen. – Die Echtheit des **»Te Deum laudamus«** für gemischten Chor und kleines Orchester **(KV 141)**, das vermutlich vor Ende 1769 in Salzburg entstand, war lange angezweifelt worden, gilt nun aber als gesichert. Es zeigt sich stilistisch deutlich von Michael Haydn beeinflußt; die vier Abschnitte *Allegro* ($^4/_4$) – *Adagio* ($^4/_4$) – *Allegro* ($^3/_4$ und ¢) gehen unmittelbar ineinander über, den Beschluß bildet eine Doppelfuge, die in einer vierfachen Engführung gipfelt und danach in homophonem Satz endet.

Die Reihe der in Italien ab 1769 komponierten Werke beginnt mit (Secco-)**Rezitativ und Arie für Sopran »Ergo interest« – »Quaere**

superna« **(KV 143)**, wie eine Opernarie anmutend, ein Dokument der modischen italienischen Kirchenmusik, ein triolisch bewegtes *Andante* ($^{3}/_{4}$) voller Koloraturen. – Das **»Miserere« a-Moll (KV 85)** entstand wie das **»Quaerite primum regnum Dei«** **(KV 86)** in Bologna (1770) als Prüfungsaufgabe für die »Accademia filarmonica« – beide im strengen kontrapunktischen A-capella-Satz in der Art von Padre Martini (1706 bis 1784) gesetzt. – Zu geistlichen Kanons s. S. 67.

Wieder aus Salzburg (Mai 1771) stammt das vierteilige **»Regina Coeli« C-Dur (KV 108)**, mit zwei ausnahmsweise einmal nicht imitierenden Chorsätzen, die zwei Sopran-Soli umrahmen: ein *Tempo moderato* für Solostimme und nun deutlich imitierend gesetzten Chor, begleitet vom flötengefärbten Orchester, sowie ein nach innen gekehrtes, ausdrucksstarkes *Adagio un poco andante* in a-Moll für Sopran und begleitende Streicher:

Auch im temperamentvollen »Final«-Satz (*Allegro*) erklingt noch einmal die Solostimme mit ihren Koloraturen; dahinter sind die Konturen eines Sonatensatzes zu erkennen. Aus der gleichen Zeit (Frühsommer 1771) stammt das vielgliedrige, aber einsätzige **Offertorium »Inter natos mulierum«** **(KV 72)** für Chor und Orchester. Das zweite **»Regina Coeli«**, in B-Dur **(KV 127)**, schrieb Mozart genau ein Jahr später in Salzburg (1772). Es folgt dem gleichen Formverlauf mit zwei rahmenden Chorsätzen, die meisterlich durchgearbeitet sind in ihrem ausgewogenen Wechsel zwischen imitierenden und homophonen Passagen, sowie einem ausgedehnten, chorbegleiteten Sopran-Solo im Zentrum (*Andante*, $^{3}/_{4}$). Dieses geht nahtlos in ein Es-Dur-*Adagio* über, das dem Solo-Sopran allein überlassen ist; die Solokoloraturen werden sehr zart vom Duett der begleitenden Violonstimmen ergänzt.

Mit Recht erfreut sich die Solo-**Motette »Exsultate, jubilate«** **(KV 165**, F-Dur) als jugendlicher Geniestreich größter Beliebtheit, die offenkundig vor allem auf den sinnenfrohen diesseitigen Tonfall dieser Musik zurückzuführen ist, weniger jedoch auf ihre zweifelsfreie kirchliche Zweckbestimmung. Sie ist zugleich ein exemplarisches Dokument für jenen charakteristischen konzertanten Kirchenmusikstil, der auch alle größeren geistlichen Werke Mozarts in entscheidenden Teilen prägt.

Komponiert wurde das Werk 1773 in Mailand für den Kastraten Venanzio Rauzzini. Mozart greift hier auf die Tradition der barocken italienischen Solo-Motette zurück; formal ist das Modell der Sinfonia maßgebend: Zwei lebhafte Sätze (*Allegro*) umrahmen ein empfindsames *Andante*, die Sopranstimme wird (auch) als virtuoses Soloinstrument behandelt. Das sparsam besetzte Orchester (je zwei Oboen und Hörner zu den Streichern, Orgel) spielt vor allem im Kopfsatz jenes typische »singende Allegro«, wie wir es etwa auch aus den drei bekannten »Salzburger Sinfonien« Mozarts (KV 136–138) kennen:

mit einer einleitenden Orchester-Exposition, die zwei selbständige Themen präsentiert. Bewunderungswürdig ist die überlegte Dosierung der virtuosen Koloraturen, die in perfekter Balance zu den übrigen Abschnitten eingefügt sind. Das empfindsame *Andante* setzt nach kurzem Secco-Rezitativ in der oberen großen Terz A-Dur ein und ist ganz auf den vollen Streicherklang beschränkt, der melodischen Reichtum von betörender Intensität bereits im Vorspiel ausbreitet; das zweite Thema (b) fällt überraschenderweise den Bratschen zu, während die Violinen seufzend begleiten:

Der Satz mündet direkt ins ausgelassene Finale ($^2/_4$), ein jubelndes »Alleluja« – im Mittelteil kommt es zwischen der Singstimme und den beiden Oboen sogar zu einem reizvollen kleinen Echoeffekt!

Relativ schlicht gehalten ist danach das **Offertorium »Sub tuum praesidium«** (**KV 198**, *Allegro* d-Moll) für zwei Soprane (Salzburg 1774 oder später), ein zartes Duett, das ganz auf äußere Virtuosität verzichtet. Das **Offertorium »Misericordias Domini«** (**KV 222**) ist dagegen ein kunstvolles Gefüge (158 Takte) im vierstimmigen gemischten Satz, entstanden Anfang 1775 auf Anregung des Bayerischen Kurfürsten; Mozart schickte Padre Martini eine Kopie nach Bologna, und der äußerte sich sehr lobend. Die formale Gliederung des Stückes entspricht der Anordnung der beiden Textabschnitte: elfmal erklingt variiert in homophoner Vierstimmigkeit das »Misericordias Domini«, gefolgt von der imitatorisch aufgefächerten Passage »cantabo in aeternam«, alles in reicher, phantasievoller, harmonischer und auch dynamischer Schattierung, begleitet vom Streicherensemble.

Wieder ein Jahr später (im Sommer 1777) entstand in Salzburg das nächste **Offertorium, »Venite populi«** für zwei Chöre (**KV 260**, *Allegro* D-Dur), ebenfalls ein ambitioniertes Gebilde voll kontrapunktischer Künste: zwei polyphone *Allegro*-Sätze umrahmen ein homophones *Adagio* ($^3/_4$); in allen drei Sätzen sind die Möglichkeiten zweier alternierender Chöre geschickt ausgenutzt.

Es folgen zwei Stücke über die Jungfrau Maria in gleicher Tonart und gleicher formaler Anlage: **Offertorium »Alma Dei creatoris« (KV 277)** und **Graduale »Sancta Maria, mater Dei« (KV 273**, beide F-Dur, beide Herbst 1777), im ersten alternieren Sopran-Solo und Chor, das zweite ist im durchgehend homophonen vierstimmigen Chorsatz gehalten.

Ein weiteres **»Regina Coeli« (KV 276**, *Allegro* C-Dur) schrieb Mozart wohl 1779 in Salzburg; die genaueren Umstände sind unbekannt. Es ist für Solostimmen, Chor und Orchester (mit Trompeten und Pauken sowie zwei Oboen) komponiert und ist als ein einziger großartiger, klangprächtiger Satz konzipiert, im ständigen kunstvollen Wechsel von Solo und Tutti, von Polyphonie und Homophonie, so daß sich trotz der Länge von immerhin 156 Takten sehr ausgewogene Proportionen ergeben.

Das **»Ave verum corpus« (KV 618**, D-Dur) schließlich wurde zu einem der populärsten Werke Mozarts; die Motette entstand am 17. oder 18. Juni 1791 in Baden bei Wien und ist im schlichten vierstimmigen Chorsatz mit zart begleitenden Streichern gehalten. Sie bezieht ihre unwiderstehliche Wirkung aus der verhaltenen Innigkeit ihrer Melodik und aus ihrer dezent chromatisch angereicherten Harmonik, bei überwiegend homophoner Anlage des perfekt ausbalancierten Chorsatzes.

Einige wenige kleinere geistliche Werke sind inzwischen entweder als nicht von Mozart entlarvt oder verschollen; als zweifelhaft sind die beiden »**Tantum ergo**« (**KV 142** und **197**) anzusehen, die auch nicht genau datierbar sind.

Weltliche Kantaten

Unter den Freimaurer-Kompositionen Mozarts finden sich neben reinen Instrumentalwerken auch mehrere einzelne Vokalwerke und drei Kantaten. **»Die Maurerfreude« (KV 471**, Es-Dur, Text von Franz Petran) ist als erste in Wien am 20. April 1785 vollendet und am 24. April zu Ehren des Logenvorstehers Ignaz von Born aufgeführt worden. Sie ist dreiteilig: Zu Beginn steht eine ausgedehnte Arie für Tenor und Orchester auf einen selbstverständlich freimaurerischen Text (»Sehen, wie dem starren Forscherauge die Natur ihr Antlitz nach und nach enthüllet ...«); formal ist sie als zweiteiliger Sonatensatz ohne Durchführung angelegt und, anders als in den Solo-Arien der geistlichen Werke, völlig ohne Koloratur; statt dessen kommt es gelegentlich zu charakteristischen Holzbläsereinwürfen (Oboe und Klarinette). Die Komposition mündet in ein kurzes Rezitativ, das sogleich in ein Accompagnato übergeht, verhangen in g-Moll beginnend und sich allmählich wieder – zum »Triumph der Maurer« – nach Es-Dur klärend. Dieser Triumph wird sodann im lebensfrohen Abschlußgesang mit Tenor-Solo und Männerchor verherrlicht (»Drum singet und jauchzet, ihr Brüder ...«, *Molto allegro*).

Die nächste, die »Kleine deutsche Kantate« **»Die ihr des unermeßlichen Weltalls Schöpfer ehrt« (KV 619**, C-Dur), wurde im Juli 1791 in Wien vollendet. Hier wird die Singstimme lediglich vom Klavier begleitet. Es ist nicht festgelegt, ob sie vom Sopran oder Tenor ausgeführt werden soll, doch deutet die Bestimmung für die Männerloge der Freimaurer natürlich auf Tenor. Die Komposition hat Züge eines routinierten Gelegenheitswerkes, das Mozart auf Wunsch des Hamburger Kaufmanns und Freimaurers Franz Heinrich Ziegenhagen, des Textdichters, komponierte. Der pathetische Text wird abschnittweise vertont, wobei die Teile direkt ineinander übergehen, jeweils durch Tempowechsel markiert sind und durch kurze rezitativische Passagen unterbrochen werden. Der Klavierpart mutet bisweilen klavierauszughaft an, man glaubt die gemeinten Orchesterfarben zu ahnen.

Wenig später, am 15. November 1791, beendet Mozart schließlich die Freimaurer-Kantate **»Laut verkünde unsre Freude« (KV 623**, C-Dur) für Solostimmen und dreistimmigen Männerchor, nach Versen von E. Schikaneder. Ein marschartiger Beginn (»Laut verkünde unsre Freude«) zeigt Soli und Chor alternierend; ein Tenor-Rezitativ führt zu einer Arie (»Dieser Gottheit Allmacht ruhet ...«, *Andante* C-Dur). Es folgen ein Duett für Tenor und Baß (»Lange sollen diese Mauern ...«, *Andante* F-Dur, $^3/_8$) und die Wiederholung des Anfangs-Chores. Insgesamt haben diese Kantaten viel deutlicher die Züge von Gelegenheitskompositionen als die vergleichbaren hochkarätigen Instrumentalwerke für Freimaurer.

Eine weitere Kantate, **»Dir, Seele des Weltalls« (KV 429),** ist nur als fragmentarische Partiturskizze überliefert, die im wesentlichen eine Gesangslinie und dazu meist nur die erste Violine und die Baßstimme enthält.

Lieder

Das Kunstlied, anders gesagt: Klavierlied ist als Gattung eine Domäne der deutschen Romantiker und begleitet das ganze 19. Jahrhundert – von Schubert über Schumann, Brahms und Wolf bis zu Richard Strauss an der Schwelle zum 20. Jahrhundert. Doch hat es im 18. Jahrhundert Vorläufer und Wegbereiter gegeben, deren letzter und wichtigster gewiß Ludwig van Beethoven war.

Mozarts Klavierlieder aus den reichlich zwei Jahrzehnten zwischen 1768 und 1791 haben alle den Charakter liebenswürdiger Gelegenheits- und Gebrauchsmusik, angeregt jeweils durch private oder auch offiziellere Anlässe mehr als durch Aufträge, schnell und flüchtig – wie aus dem Augenblick heraus – notiert. Den vielfältigen und im einzelnen zumeist nicht rekonstruierbaren Entstehungsumständen entsprechend reihen sich diese Stückchen mosaikartig zu einer kleinen Sammlung.

Die neue Mozart-Gesamtausgabe veröffentlichte 1963 in einem Sammelband 30 Lieder als gesicherte Kompositionen von Wolfgang Amadeus Mozart. Unter ihnen ist das früheste *An die Freude* (»Freude, Königin der Weisen«, KV 53) vom November 1768, das noch in der Tradition des Generalbaßliedes steht, des barocken Sololiedes mit bezifferter Baßstimme. Vier weitere Titel entstanden in den 70er Jahren, nämlich die Miniatur (15 Takte) *Wie unglücklich bin ich nit* (KV 147; 1772) und der kaum längere *Lobgesang auf die feierliche Johannisloge* (»O heiliges Band«, KV 148) für eine Singstimme und einstimmigen Chor, der refrainartig die letzten vier Takte übernimmt. Die beiden folgenden Lieder (»Arietten«) sind zugleich die einzigen auf französische Texte: *Oiseaux, si tous les ans* (KV 307; 1777) und *Dans un bois solitaire* (KV 308; 1777/78), in Mannheim für eine Tochter des Flötisten Wendling geschrieben. Das erste überrascht durch seine behutsam den Text (eine Klage über den Verlust der Sonne und mit ihr der Liebe) ausdeutende, gleichsam durchkomponierte Klavierbegleitung, das zweite durch seine Länge und seine feingliedrig variative Ausgestaltung der fünf Strophen über die unerfüllte Sehnsucht eines von Amors Pfeil Getroffenen.

Die *Zufriedenheit* (»Was frag ich viel nach Geld und Gut«, KV 349; Ende 1780 / Anfang 1781) liegt in zwei Fassungen als Klavier- und als Mandolinenlied vor, wobei die letztere zweifellos die zartere und origi-

Autograph des Liedes »Das Veilchen« KV 476. London, Privatbesitz

nellere darstellt. An seine Seite gehört das zweite reine Mandolinenlied *Komm, liebe Zither, komm* (KV 351).
Es folgen drei schlichte Strophenlieder auf Texte von Johann Timotheus Hermes: *An die Hoffnung* (»Ich würd' auf meinem Pfad«, KV 390), *An die Einsamkeit* (»Sei du mein Trost«, KV 391) und *Verdankt sei es dem Glanz der Großen* (KV 392). – Das *Lied zur Gesellenreise* (»Die ihr einem neuen Grade«, KV 468) ist eine Freimaurerkomposition, mit Orgel- oder Klavierbegleitung; Mozart schrieb es wohl für die Beförderung seines Vaters innerhalb des Logenrituals (März 1785). – Die nächsten drei Nummern bilden eine kleine Gruppe nach Texten von Christian Felix Weiße; Mozart komponierte sie alle am 7. Mai 1785 in Wien: *Der Zauberer* (»Ihr Mädchen, flieht Damöten ja!«, KV 472), *Die Zufriedenheit* (KV 473) auf den Text »Wie sanft, wie ruhig fühl' ich hier«, und *Die betrogene Welt* (»Der reiche Tor«, KV 474). Von ihnen haben das zweite und dritte jeweils ein ausgewachsenes Klaviervorspiel, welches die Melodie der Singstimme mehr oder weniger ausgeziert vorwegnimmt. – *Das Veilchen* (KV 476), nach einem Goethe-Gedicht (»Ein Veilchen auf der Wiese stand«), ist zweifellos Mozarts populärstes Klavierlied, es datiert vom 8. Juni 1785 (Wien). Und diese Vertonung bedeutet auch einen erkennbaren Fortschritt in der noch jungen Gattung: Die drei Strophen werden mit neuer Beweglichkeit individuell ausgedeutet, vor allem durch die Biegsamkeit der empfindsamen Melodik, aber auch durch die fein ziselierte Begleitung mit ihren angedeuteten programmatischen Textbezügen: Staccato-Sechzehntel zum »leichten Schritt« der Schäferin und ein kantables Zwischenspiel, korrespondierend mit ihrem Gesang, zweite Strophe im klagenden Moll; die dritte Strophe mit ihrem kleinen dramatischen Höhepunkt, dem Sterben des Veilchens unter dem Tritt der Schäferin, weicht gar ins Rezitativische aus. Am Schluß des Liedes erlaubt sich Mozart einen kleinen wirkungsvollen Eingriff in Goethes Gedicht, indem er ihm den rezitativischen Stoßseufzer »Das arme Veilchen!« und dazu noch das gleichsam ganz private Fazit »Es war ein herzigs Veilchen!« anfügt.
Schlicht mit untergeordneter Begleitung ist dagegen das *Lied der Freiheit* (»Wer unter eines Mädchens Hand«, KV 506; Ende 1785) angelegt.
Die beiden deutschen Kirchenlieder *O Gotteslamm* und *Als aus Ägypten* (beide zusammen als KV 343), vermutlich von 1787, haben einen bezifferten Baß und sind vielleicht im Zusammenhang mit der Einführung eines neuen einfachen Gesangbuches durch Mozarts Salzburger Dienstherrn, den Fürsterzbischof Colloredo, zu sehen.
Parodistischen Anklang hat Friedrich Hagedorns *Die Alte* (»Zu meiner

Zeit«, KV 517; 1787) mit der originalen Vortragsanweisung »Ein bißchen durch die Nase«, altertümelnd in Generalbaßmanier niedergeschrieben. – Ebenfalls im Mai 1787 entstanden die drei folgenden Titel: zunächst Christian Felix Weißes schlichte *Verschweigung* (»Sobald Damoetas Chloen sieht«, KV 518), das ausgedehnte Moll-*Lied der Trennung* (»Die Engel Gottes weinen«, KV 519) mit seinen 18 (!) gleichen Strophen, von denen sich lediglich die sechzehnte und siebzehnte unterscheiden; auch in KV 520 *Als Luise die Briefe ihres ungetreuen Liebhabers verbrannte* (nach Gabriele von Baumberg: »Erzeugt von heißer Phantasie«) geht es, wie in KV 519, wieder um eine Luise, wieder in Moll und mit neuer Selbständigkeit des Klavierbaß-Parts im Mittelteil – er übernimmt die punktiert aufstrebende Dreiklangsbrechung aus Vor- und Nachspiel:

Die ausgedehnte *Abendempfindung an Laura* (KV 523), auf einen Text Johann Heinrich Campes, ist ein Lied der Empfindsamkeit (»Abend ist's, die Sonne ist verschwunden«) mit zart wiegender Begleitung und mit Moll-Eintrübungen und kleinen chromatischen Färbungen. Eine Kostbarkeit ist der zarte Liebesgesang *An Chloë* (»Wenn die Lieb' aus deinen blauen . . . Augen«, KV 524) vom Juni 1787; allerdings würde ein vollständiger Vortrag aller 13 Strophen Johann Georg Jacobis doch ermüden. Ebenfalls vielstrophig, von kindlich schlichter Naivität, ist das belangslos hübsche *Lied auf des kleinen Friedrichs Geburtstag* (»Es war einmal, ihr Leute«, KV 529; November 1787), nach Johann Eberhard Friedrich Schall. Das *Traumbild* (»Wo bist du, Bild« von Ludwig Hölty; KV 530) vom 6. November 1787 ist ein schlichtes Strophenlied im empfindsam wiegenden $^6/_8$-Metrum, gegliedert durch zärtliche Triolengirlanden des Klaviers im Zwischen- und Nachspiel.
Strophenlieder sind auch alle restlichen Titel: *Die kleine Spinnerin* (»Was spinnst du? fragte Nachbars Fritz«, KV 531, 1787) und das *Lied beim Auszug in das Feld* (KV 552; 1788) mit seiner stilisiert martialischen Begleitung (Vor- und Nachspiel). Volksliedhafte Berühmtheit errang die *Sehnsucht nach dem Frühling* (»Komm, lieber Mai, und mache die Bäume wieder grün«, KV 596; 1791, Text von Christian Adolf Overbeck), dessen Thema Mozart im Finale seines letzten Klavierkonzertes (KV 595) verwendete. *Der Frühling* (KV 597) und *Das Kinderspiel* (KV 598) beenden im Januar 1791 in schlichter Vielstrophigkeit die Reihe der Klavierlieder.

Mehrstimmige Gesänge

Neben Klavierliedern und Kanons gibt es in Mozarts Œuvre noch eine kleine heterogene Gruppe von mehrstimmigen Gesängen mit und ohne Instrumentalbegleitung, die keiner der übrigen Gattungen der Vokalmusik zuzurechnen und die alle mehr oder weniger unterhaltende Gelegenheitswerke sind.
Unter ihnen muß man natürlich die beiden schlichten Freimaurerlieder KV 483 *Zerfließet heut', geliebte Brüder* und KV 484 *Ihr unsre neuen Leiter* für Solostimme, dreistimmigen Chor und Orgelbegleitung (wohl Dezember 1785) Mozarts Logenkompositionen zurechnen; beide dürften anläßlich der Josephinischen Freimaurer-Reform von 1785 entstanden sein, als nämlich aus den ursprünglich acht Wiener Logen durch angeordnete Fusion drei neue, größere wurden.
Ein Einzelgänger, wegen seines (englischen) Textes eigentlich der geistlichen Musik angehörend, ist der frühe vierstimmige A-cappella-Chor *God is our refuge* (KV 20), ein knappes, imitatorisch einsetzendes Psalmenlied von gerade 24 Takten, geschrieben in London 1765. Das Autograph dieser Kostprobe des Neunjährigen liegt heute noch im British Museum, dem es Leopold Mozart seinerzeit schenkte, und es verrät die Probleme des Knaben mit der korrekten Textunterlegung.

Das *Bandel-Terzett* (»Liebes Manndel, wo ist's Bandel?«, KV 441; 1783?) ist recht populär geworden, offenbar in spontaner Eingebung niedergeschrieben, als Mozart beim Ankleiden jenes kleine »Bandel« vermißte und darüber sogleich ein Liedchen zu improvisieren begann, unter Mitwirkung seiner Frau Konstanze und des anwesenden Freundes Gottfried von Jacquin. Der Wiener Mundarttext stammt von Mozart selber und ist sicher als eine Art Parodie auf den Vorstadtdialekt zu verstehen. Zwei Violinen, Viola und Baß begleiten spielerisch die kleine, fein ausgearbeitete dialogisierende Szene zwischen Sopran (Konstanze), Tenor (Mozart) und Baß (Jacquin).

Zum »Bandel-Terzett« gibt es sogar eine eigene kleine private Rezeptionsgeschichte, an der sich die Beliebtheit des Werkchens ablesen läßt: Mozart selber erwähnt es in einem Brief aus Prag (15. Januar 1787), und Konstanze ließ es postum bei Breitkopf und Härtel drucken.
Das ebenfalls recht bekannte Quartett *Caro mio Druck und Schluck* (KV Anh. 5) ist ein Fragment, denn Reprise und Begleitung fehlen; der Text ist wiederum vom Komponisten selber, der hier eine parodistische Abschiedsszene verfaßt hat.
Etwas Besonderes sind ohne Zweifel die sechs Notturni: *Luci care, luci belle* (KV 346), *Ecco quel fiero istante* (KV 436), *Mi lagnerò tacendo* (KV 437), *Se lontan, ben mio, tu sei* (KV 438), *Due pupille amabili* (KV 439), alle von 1783, und *Più non si trovano* (KV 549) von 1788. Auch sie entstammen dem freundschaftlich gesellschaftlichen Umgang der Mozarts mit der Familie Jacquin, und die Wissenschaft hat bis heute nicht eindeutig klären können, ob wirklich alle sechs Notturni von Mozart selber sind oder ob zumindest die Singstimmen nicht doch von Gottfried von Jacquin stammen, wie ein Vermerk auf einer erhaltenen frühen Partiturkopie angibt. Zweifelsfrei gesichert ist lediglich KV 549.
Diese kostbaren Miniaturen gehören dem stilistischen Umfeld mancher Bläserserenaden und -divertimenti der späteren 80er Jahre an und fallen außerdem durch ihre ebenso aparte wie ungewöhnliche Instrumentierung auf: Zu den jeweils drei Singstimmen treten viermal je drei Bassetthörner und zweimal je zwei Klarinetten und ein Bassetthorn hinzu. Die Texte sind italienisch. Vier von ihnen hat der berühmte Librettist Pietro Metastasio, Autor u. a. der »Clemenza di Tito«, verfaßt. KV 549 heißt in Mozarts eigenem Werkverzeichnis übrigens »Canzonette«.

Kanons

Der Kanon ist die strengste Form der Polyphonie: die konsequente Nachahmung einer Stimme durch eine oder mehrere zeitversetzte Antwortstimmen, entweder in Einklang (Oktave) oder in einem bestimmten anderen Intervall-Abstand, entweder im gleichen Rhythmus oder in Verkleinerung (Diminution) oder Vergrößerung (Augmentation).
Mozart setzte sich mit diesem überlieferten Prinzip des Kontrapunktes zeit seines Lebens auseinander: Auf der einen Seite verwendet er es im

Zusammenhang größerer Kompositionen als Steigerungsmittel, etwa als dramaturgischen Kulminationspunkt am Ende von »Così fan tutte«, kurz vor der Katastrophe der Wiederkehr der Geliebten, oder innerhalb größerer geistlicher Vokalwerke.
Andererseits hinterließ er eine Reihe von Miniaturkanons vorwiegend vokaler Art, a cappella zu singen und aus mancherlei Gelegenheit heraus eher beiläufig entstanden, oft voll liebenswürdigem oder auch grobem Humor. Über die geläufigen 16 Kanons hinaus gibt es aus Mozarts Feder einige weitere (KV 73i, 562a–c), die zwar textlos überliefert sind, deren Notierung – soweit im Autograph vorhanden – gleichwohl oft auf vokale Aufführung hindeutet. Und die meisten von ihnen sind denn auch mit nachträglich unterlegten Texten veröffentlicht worden. Zu manchen Stücken existieren auch recht aufschlußreiche Skizzen, die einen der eher seltenen Einblicke in Mozarts Werkstatt gewähren.

Einige der kleinen Vokalkanons haben sich bis heute im Liedgut des Laiengesanges ihren Stammplatz erhalten, allerdings nicht immer in der originalen Textfassung, wie das drastisch-derbe Beispiel von *Leck mich im Arsch* (KV 231; Wien 1782?). In die gleiche Richtung, freilich viel subtiler verborgen, geht die Textierung von *Difficile lectu mihi mars* (KV 559; 1788), wo die sinnlose Aneinanderreihung von lateinischen Vokabeln bei mundartlich-ungenauer Aussprache sogleich zur Freude aller Mitwirkenden ebenfalls die »Götz«-Aufforderung ergibt.

Auch das so populäre *Bona nox* (KV 561; 1788) fiel zunächst einer prüden Zensur zum Opfer: Der Verlag Breitkopf und Härtel unterlegte ihm einen völlig neuen Text. Und zumindest die Schweinereien gegen Ende sind noch heutzutage nur in abgemilderter Version überliefert. – Weitere unterhaltende Spielereien von gleichwohl hoher musikalischer Kunstfertigkeit sind uns geläufig: Der Kanon auf Mozarts Schüler Jakob Freystädtler, in dem auf offensichtliche, biographisch belegbare Vorfälle Bezug genommen wird (*Lieber Freistädtler*, KV 232; 1787?) – Mozarts Neigung, Späße auf Kosten guter Bekannter zu machen, ist hinlänglich bekannt, man denke nur an seinen Umgang mit dem Hornisten Joseph Leutgeb! Auch der Kanon *O du eselhafter Martin* (KV 560 bzw. 559a: *O du eselhafter Peierl*) gehört hierher. Er ist in zwei verschiedenen Fassungen überliefert.

Andererseits gibt es auch durchaus ernsthafte und kunstvoll-ausdrucksvolle Kanons, vorwiegend auf lateinisch-liturgische, aber auch auf italienische Texte: Ein *Kyrie* (KV 89) von 1770 dürfte auf der ersten Italien-Reise in Rom entstanden sein und spiegelt die kontrapunktischen Einflüsse wider, denen sich Mozart bei seinen dortigen Studien ausgesetzt sah, so abstrakt und schulbuchmäßig mutet diese Musik an. Das *Alleluja* (KV 553) von 1788 basiert auf der gregorianischen »Alleluja«-Intonation aus der Liturgie des Karsamstags. Ein Kanon ist auch das zarte vierstimmige *Ave Maria* (KV 554), das Mozart am gleichen Tag wie das *Alleluja* in sein Werkverzeichnis eintrug (2. September 1788). Die beiden italienischsprachigen, Liebeskummer ausdrückenden Kanons *Lacrimoso son'io* (KV 555) und *Nascoso è il mio sol* (KV 557) haben das gleiche Datum und zeichnen sich beide durch ihre elegisch seufzende Moll-Stimmung aus. »Lacrimoso« mit fast passionsähnlicher Trauergebärde:

»Nascoso« in f-Moll mit seinen schmerzlich wiederholten kleinen Sekunden zu Beginn und einer chromatisch absteigenden Melodieführung als Ausdruck des Weinens (»Piangete«) und des Schmerzes (»il mio duol«):

Arien

Sein Leben lang hat Mozart Arien für Solostimmen und Orchester komponiert, entweder als Einzelwerke für bestimmte, oft nicht überlieferte Anlässe, häufig aber auch als Einlagen für fremde oder auch eigene Opern (die Ergänzungen eigener Opern werden jeweils im Zusammenhang mit dem betreffenden Werk vorgestellt).
Die lange Reihe beginnt im Jahr 1765 mit seiner ersten Vokalkomposition auf der London-Reise (KV 21), und sie endet mit der vom Solo-Kontrabaß begleiteten Baß-Arie KV 612 aus dem letzten Lebensjahr. Auffällig ist das eindeutige Überwiegen der Sopran-Arien: es sind ganze 28 Titel; mit deutlichem Abstand folgen die beiden Männerstimmen mit acht (Tenor) und sieben (Baß). Daneben gibt es lediglich eine einzige Alt-Arie (KV 255), ferner noch je ein Terzett (KV 480) und Quartett (KV 479) mit Orchester.
Diese Arien bilden keine homogene Gruppe im Sinne einer Gattung, vielmehr muß man unterscheiden: Einerseits handelt es sich um Buffa- und Seria-Arien sowie vereinzelte deutschsprachige Nummern für die Bühne, die zum Teil als Gelegenheitskompositionen – durchaus nicht im abwertenden Sinne –, für die aktuelle Aufführung einer zeitgenössischen Oper entstanden; andererseits geht es um reine Konzert-Arien, die nur zur Aufführung im konzertanten Rahmen gedacht waren. Im übrigen ist vielen der Stücke anzumerken, daß sie für eine bestimmte Sängerpersönlichkeit und oft ausdrücklich auf deren Bestellung hin geschrieben wurden, abgestimmt auf ihre individuellen Fähigkeiten, Stärken (und auch Grenzen); Mozart schrieb bekanntlich seine Musik nahezu ausschließlich auf Bestellung und aus gegebenem Anlaß.
Typisch für die jeweilige Gattung, auf die jede einzelne Arie bezogen war, ist in der Seria und in der Buffa der eher statische, in sich ruhende, ausgeprägt konzertante Charakter der Soloszene mit ihrer Präsentation und Deklamation der Affekte, deutlich abgehoben vom umgebenden Gang der Handlung (in den Rezitativen); Singspiele oder auch reine Schauspiele wiederum wurden Anlaß zu sogenannten »Einlagen«, eingeschobenen Solonummern.
Als reine Jugendwerke mit allen Anzeichen des Lernens und Nacheiferns sind die Arien zwischen **KV 21** und **KV 74b** zu betrachten, die überwiegend Texte des kaiserlichen Hofpoeten und Opernlibrettisten

Pietro Metastasio vertonen. Die erhaltenen Autographen von der Hand des Kindes Wolfgang oder auch die Abschriften des Vaters Leopold legen beredtes Zeugnis von diesem Werkstattcharakter ab, denn sie wimmeln von Korrekturen, nachträglichen Ergänzungen und Übermalungen ursprünglicher Bleistiftnoten mit Tinte. In den meisten Fällen ist der helfende und stützende Anteil des väterlichen Lehrers nicht mehr zu ermitteln; ein besonders anschauliches Beispiel dieses familiären pädagogischen Arbeitsprozesses liefert das Manuskript von **KV 78, »Per pietà, bell' idol mio«**, für Sopran.
Zwei dieser frühen Arien sind sogenannte »Licenze«, d. h. einem Bühnengeschehen angehängte Gesangsnummern, die mehr oder weniger allegorisch dem fürstlichen Auftraggeber oder Dienstherrn huldigen. Manchmal wurde dazu ein Chor eingesetzt. Zum Inhalt der dieser Arie vorausgehenden Opera seria besteht kein Zusammenhang, häufig stellte man sogar für die »Licenza« ein separates Bühnenbild auf. Solche »Licenze« also sind die Tenor-Arie **»Or che il dover« (KV 36)**, komponiert zum Gedenktag der Konsekration von Mozarts Dienstherrn, Erzbischof Sigismund von Schrattenbach, am 21. Dezember 1766, sowie die Sopran-Arie **»A Berenice« (KV 70)**, aufgeführt zum Geburtstag des Erzbischofs an einem 28. Februar der Jahre 1767, 1768 oder 1769. In KV 70 findet sich übrigens eine Passage, die in ihrer Anschaulichkeit auf andere bedeutendere Beispiele gleicher Thematik vorausweist, etwa auf den berühmten Sonnenaufgang in Haydns Oratorium »Die Schöpfung«. Bei Mozart singt die Solostimme:

Ungewöhnlich ist die Besetzung von **»Cara, se le mie pene«** für Sopran und vier solistisch geführte Instrumente (zwei Hörner, Violine und Viola) sowie Generalbaß (ohne KV-Nr.; vermutlich Salzburg 1769).
Von den 15 italienischen Arien, die Leopold Mozart in sein Verzeichnis der Werke seines Sohnes eintrug, sind 11 verlorengegangen. Unter den erhaltenen Arien ist **KV 77 »Misero pargoletto«** bemerkenswert, weil sie ein äußerst umfangreiches (130 Takte!), dramatisches Accompagnato-Rezitativ »Misero me« enthält. Die erhaltenen vier italienischen Titel sind zugleich die letzten Arien vor einer längeren Schaffenspause in dieser Gattung (KV 88 und 77 in Mailand, KV 82 und 83 in Rom auf der ersten Italien-Reise 1770/71 entstanden).

Mit drei Arien – zwei für Tenor (**»Si mostra la sorte« KV 209**, und **»Con ossequio, con rispetto« KV 210**, und eine für Sopran (**KV 217**, Oktober 1775) – beginnt dann die Chronologie der Meisterwerke, es sind drei Buffo-Arien. Sie zeigen im begrenzten Rahmen dieser relativ knappen und anspruchslosen Form bereits den kommenden Könner im Umgang mit Singstimme und Orchester. Die Orchesterbesetzung ist übrigens einstweilen immer noch die gleiche wie in den vorangegangenen Jugendwerken und gleichsam von standardisierter Sparsamkeit: neben dem Streichquartett, dessen Baß-Stimme in der Regel ein Fagott ad libitum hinzugefügt wurde, nur zwei klangfüllende Hörner und entweder ein Oboen- oder ein Flötenpaar.

KV 217 »Voi avete un cor fedele« ist übrigens ein Vorläufer aller späteren Soubretten-Arien (von Blondchen in der »Entführung« bis Despina in »Così«), eine neckisch-spöttische Buffo-Szene auf einen Goldoni-Text, in der das Dienstmädchen Zwiesprache mit ihrem Liebhaber hält: Ein *Andantino grazioso* wechselt rondoartig mehrmals mit einem munteren *Allegro*-Teil ab, der manche Koloraturen enthält. Mozart schrieb die Arie als Einlage in Baldassare Galuppis Opera buffa »Le Nozze di Dorina« nach Goldoni.

Ein knappes Jahr später, im September 1776, entstehen in Salzburg wiederum zwei Arien, deren erste die Chronologie der Konzert-Arien bei Mozart eröffnete, die nicht als Einlage für eine andere Oper oder für ein Schauspiel konzipiert, sondern für den Konzertsaal geschrieben wurden. Es ist durch briefliche Äußerungen des Komponisten belegt, daß Mozart bei der Arbeit immer die besonderen Fähigkeiten (und natürlich auch Grenzen) einer Sängerin oder eines Sängers bedachte. Für die Textwahl solcher Konzertstücke war übrigens auch ausschlaggebend, daß die Vorlagen den Sängern möglichst schon bekannt und geläufig sein sollten – ein Argument der Bequemlichkeit also!

Das erste dieser Stücke aus dem Jahr 1776 ist Rezitativ und Arie **»Ombra felice« – »Io ti lascio« (KV 255)**, geschrieben für einen Kastraten mit Alt-Stimme (Francesco Fortini), zugleich Mozarts einzige Alt-Arie außerhalb seiner Opern überhaupt! Das erste Wort »Ombra« (Schatten) weist zugleich auf die Tradition der sogenannten Ombra-Szenen des 18. Jahrhunderts innerhalb der Opera seria: Abschied von der toten Geliebten. Hier liegt insofern eine Variante vor, als es sich »nur« um einen endgültigen Abschied von einer gefangenen Geliebten handelt. Mozart vertonte dabei eine Vorlage, die vor ihm bereits Johann Christian Bach verwendet hatte, und er erweist seinem bewunderten Vorbild Reverenz durch ein variiertes Zitat aus dessen Arie:

Die Rondoform der Arie ist anschaulich an den alternierenden Tempogegensätzen *Andante moderato* und *Allegro assai* nachzuvollziehen.

Die Tenor-Arie **KV 256 »Clarice cara mia sposa«** ist die Ausnahme unter allen folgenden Arien, die der Seria gelten. Sie bezieht sich nämlich auf die gleiche Opera buffa von Niccolò Piccini »L'Astratto ovvero Il giocatore fortunato«, für die Mozart bereits im Jahr davor, 1775, die Tenor-Arie KV 210 (s. S. 70) als Einlage geschrieben hatte. Originell und einzigartig ist die Tempo- und Charakterangabe zu Beginn von KV 256: »In tempo comodo d'un gran ciarlone« – im bequemen Tempo eines großen Schwätzers! Und diese Schwatzhaftigkeit dokumentiert sich denn auch musikalisch in ständigem triolischem Plappern der Singstimme und ihrer Begleitung. Im Verlauf der Arie finden sich kurze Rezitativ-Einwürfe des Don Timoteo, eben jener handelnden Person, für die KV 210 komponiert worden war: Timoteo ist ein alter geiziger Kavalier und Vater zweier Töchter, denen »Capitano« Faccenda (Wichtigtuer) zum Schein den Hof macht, um seinem Bruder Leandro auf diese Weise mit einem Ablenkungsmanöver behilflich zu sein, denn der möchte das Mädchen Laurinda erringen, was Timoteo bisher leider verweigert hat. Zu dieser Arie haben sich aufschlußreiche Skizzen erhalten.

KV 272, Rezitativ und Arie **»Ah, lo previdi!« – »Ah, t'invola agl'occhi, miei«** für Sopran und Orchester, leitet sodann die lückenlose Reihe der kommenden Seria-Arien ein; das Werk entstand in Salzburg, im August 1777. Man merkt ihm an, daß es für eine der größten Sopranistinnen der Mozart-Zeit komponiert worden ist, für Josepha Duschek, die sich in jenem Sommer in Salzburg aufhielt. Es handelt sich um eine Szene der Andromeda aus Giovanni Paisiellos gleichnamiger Oper (1774), die hier ein tragisches Los beklagt – Liebesleid um Perseus, von dem ihr soeben berichtet worden ist, daß er sich selber töten wolle, aus Gram darüber, daß Andromedas Vater sich ihrer Vereinigung widersetze. Die vielgestaltige und musikalisch ungemein abwechslungsreiche Szene gibt der Sängerin Gelegenheit, alle Register ihres Könnens zu ziehen, zwischen geläufiger Virtuosität, tragischer Ausdruckskraft und zarter Kantabilität, vor allem in der abschließenden »Cavatina« (*Andantino*) mit gedämpfter Streicherbegleitung und solistisch geführter Oboe, die mit der Sopranstimme alterniert und sie manchmal imitiert.

Vielfältige musikalische Kontakte brachten Mozart auf seiner großen Reise 1778 Anregung auch zur Komposition von Konzert-Arien. Die beiden Werke **KV 294 (»Alcandro, lo confesso« – »Non so, d'onde viene«)** und **KV 295** gehören vom Anlaß her zusammen, denn auch die erste der beiden Arien war ursprünglich für eine Tenorstimme geplant gewesen. Über ihre Entstehung gibt ein Brief des Komponisten vom 28. Februar 1778 an Vater Leopold detailliert Auskunft: »ich habe auch [...] die aria [...]: die so schön vom [Johann Christian] Bach componirt ist, gemacht, aus der ursach, weil ich die vom Bach so gut kenne, weil sie mir so gefällt, und immer in ohren ist; denn ich hab versuchen wollen, ob ich nicht ungeacht diesen allen im stande bin, eine Aria zu machen, die derselben vom Bach gar nicht gleicht? – – sie sieht ihr auch gar nicht, gar nicht gleich.« Und dann schildert Mozart, wie unter der Hand beim Arbeiten aus der Tenor-Arie eine Sopran-Arie für die so verehrte Aloysia Weber, die Schwester von Konstanze, heranreifte. Sie trug das neue Werk auch sogleich am 12. März in einem Konzert Cannabichs in Mannheim vor und erzielte damit für sich und den Komponisten einen großen Erfolg. Die Arie liegt übrigens im Autograph vor, und dieses enthält neben interessanten Skizzenabschnitten auch noch eine ausgezierte Fassung des ersten Arien-Abschnittes (*Andante sostenuto*), so daß uns hier ein äußerst wertvoller Hinweis zur damaligen Aufführungspraxis von Gesangspartien erhalten geblieben ist. – Die Handlung der Gesangsszene entnahm Mozart einer seinerzeit bekannten Vorlage, der »Olimpiade« von Pietro Metastasio. Die handelnde Person ist, gemäß dem ursprünglichen Plan einer Tenor-Arie, ein Mann: König Clistene begegnet seinem Sohn Licida, den er jedoch nicht kennt und der in ihm unerklärliche bewegende Gefühle auslöst, obwohl man ihm gerade mitgeteilt hat, daß Licida auf ihn einen Mordanschlag ausgeführt haben soll. König Clistene vertraut sich nun verwirrt seinem Freund Alcandro an. Mozart ließ die Handlung unangetastet und änderte lediglich einzelne Wörter von männlich in weiblich (»stessa« statt »stesso« u. ä.). Ein kleines empfindsames Accompagnato-Rezitativ leitet zur Arie über, deren zarter *Andante*-Teil einen bewegten Mittelabschnitt (*Allegro agitato*) umrahmt, der den Strom der Gefühle in des Königs Brust wirkungsvoll zum Ausdruck bringt. Erstmalig setzt Mozart,

unter dem Eindruck des großartigen Mannheimer Orchesters, nun auch ein Klarinettenpaar ein, dessen warme Klangfarbe behutsam in die Orchesterpalette eingefügt wird.
Die zweite Arie, **KV 295 »Se al labbro mio non credi« – »Il cor dolente«** blieb einem Tenor zugeordnet, nämlich Anton Raaff, einem der, wenn man es so ausdrücken will, Sängerstars der Mozart-Zeit; er war der Idomeneo in der Münchner Uraufführung der gleichnamigen Oper. Mozart äußerte in einem Brief an den Vater (28. Februar 1778) Hochachtung vor dem berühmten Tenoristen, den er sogar zur Mitarbeit an der Arie aufforderte; zu guter Letzt sah sich Mozart ihm zuliebe zu einer energischen Kürzung der fertigen Komposition veranlaßt – Raaff war nicht mehr der Jüngste und offensichtlich nicht bereit, sich allzusehr anzustrengen. Diese nachträglichen Kürzungen gehen deutlich aus dem zusammengestrichenen und partienweise überklebten Autograph hervor. Die Szene bezieht sich auf den Handlungskontext des ersten Aktes von Johann Adolf Hasses »Artaserse« und bringt Arbaces (vergebliche) Bemühungen zum Ausdruck, seiner Geliebten seine Unschuld glaubhaft zu machen, denn sie hält ihn für einen Königsmörder. – In ihrer vollständigen Fassung ist die Arie sehr lang: Ein ausgedehnter *Adagio*-Abschnitt (B-Dur, ¢) umschließt einen tänzerisch belebten Mittelteil in der Paralleltonart g-Moll ($^3/_8$), in dem alle Bläser des reich besetzten Orchesters (je zwei Flöten, Oboen, Fagotte und Hörner) schweigen. Auffällig ist, daß Mozart bis dahin in fast allen Arien auf Pauken verzichtete, eine Ausnahme bildet KV 36.

In der Chronologie folgen nun Rezitativ und Arie **»Basta, vincesti« – »Ah non lasciarmi« (KV 295a**; 1778), komponiert für Dorothea Wendling, die Frau des Flötisten Johann Baptist Wendling und spätere erste Ilia im »Idomeneo«, zu jener Zeit Primadonna in Mannheim. Das Rezitativ dieser Szene aus Metastasios »Didone abbandonata« ist kurz und

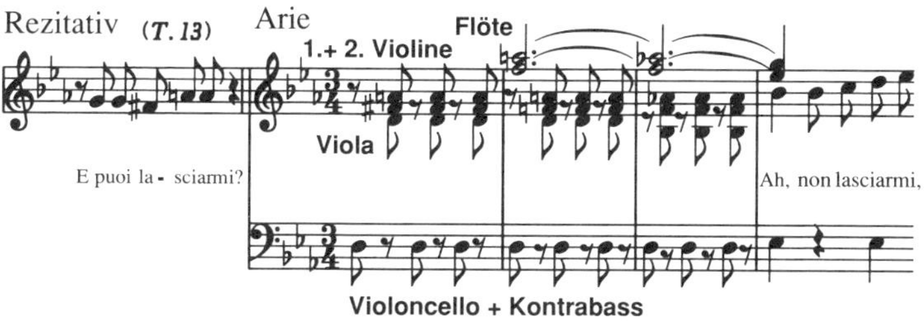

durch eine dreimalige zärtliche Streichermelodie gegliedert. Ungewöhnlich ist sodann der Einstieg in die Arie, denn ihre ersten drei Takte stellen nicht wie gewohnt ein Vorspiel dar, sondern vermitteln chromatisch zwischen dem letzten D-Dur-Akkord des Rezitativs und der Grundtonart Es-Dur im vierten Takt zum Einsatz der Solostimme: vgl. das Notenbeispiel S. 73. Auffällig ist auch die getrennte Notierung der beiden Fagotte, deren erstes häufig mit den ersten Violinen geht und so das eigene Timbre dieser Orchesterpartitur prägt. Die Arie, in der Dido den Aeneas anfleht, sie nicht zu verlassen, ist kurz und wird in der Mitte durch vier Rezitativtakte gegliedert. Als aparten Schlußeffekt läßt Mozart die Streicher erst in den letzten elf Takten die bis hierher vorgeschriebenen Dämpfer abnehmen, ganz ähnlich wie am Ende des langsamen Satzes der A-Dur-Symphonie KV 201. Und die Sekunden, die von den Spielern benötigt werden, um die Dämpfer zu entfernen, füllt ein zweimaliges kleines gliederndes Bläsersignal:

Die nächste Soloszene, **KV 316 »Popoli di Tessaglia« – »Io non chiedo, eterni Dei«**, ist wiederum für die verehrte und – vergebens – umworbene Aloysia Weber komponiert worden. Mozart begann mit der Arbeit daran in Paris und beendete sie erst in München im Januar 1779. Zu Beginn (c-Moll) steht hier wiederum ein ausgedehntes, ausdrucksvoll klagendes »Recitativo accompagnato«, voller flehender Bläsereinwürfe, unruhevoller Begleitmotive, chromatischer Färbungen und immer wiederkehrender Seufzermotive:

Alceste beklagt hier den bevorstehenden Tod ihres Mannes, des Königs Admet; es handelt sich um eine Einlage für Christoph Willibald Glucks

Oper »Alceste«. Die folgende Arie besticht durch den nuancierten solistischen Einsatz von Oboe und Fagott, korrespondierend mit der Singstimme, auch durch die stupende Virtuosität des Singstimmen-Einsatzes. Die Szene wurde der jugendlichen Aloysia Weber »auf den Leib geschneidert« und gestattete ihr die Entfaltung ihres gesamten ungewöhnlichen Könnens, sowohl im verhalteneren *Andantino sostenuto e cantabile* wie vor allem im anschließenden *Allegro assai* mit geläufigen, bis zum dreigestrichenen g hinaufreichenden Koloraturen – ein überaus effektvolles und zugleich musikalisch ausgefeiltes Kabinettstückchen!

Eine einzelne deutschsprachige Arie, **KV 365a »Warum, o Liebe« – »Zittre, töricht Herz«**, schrieb Mozart während seines Münchner Aufenthaltes als Einlage für Carlo Gozzis Komödie »Die zwei schlaflosen Nächte«, mit welcher der Theaterimpressario, Schauspieler und Librettist Emanuel Schikaneder und seine Truppe am 1. Dezember 1780 in Salzburg gastierten. Dies ist demnach die erste Zusammenarbeit beider gewesen, lange vor der Wiener »Zauberflöte«. Leider ist die Arie verschollen.

Die beiden folgenden Sopran-Arien (KV 368 und 369) schrieb Mozart 1781 in München; sie entstammen demnach dem Umkreis des »Idomeneo«. Bei **KV 368 »Ma, che vi fece, o stelle« – »Sperai vicino il lido«** griff Mozart auf Metastasios »Demofoonte« zurück: Timante äußert hier sein Entsetzen über die Pläne seines (angeblichen) Vaters Demofoonte, ihn mit der phrygischen Prinzessin Creusa zu verheiraten, obwohl er doch längst insgeheim mit Dircea die Ehe eingegangen ist. Auf ein knapp gehaltenes bläserloses Rezitativ folgt eine lange, abwechslungsreich gebaute Arie: zunächst ein einleitendes *Andantino*, dem sich der hochvirtuose, koloraturenreiche *Allegro*-Hauptteil anschließt; wenige Rezitativ-Takte unterbrechen den temperamentvollen Ablauf, ohne der Sängerin eine Atempause zu gönnen, denn es gibt sogleich die veränderte Wiederaufnahme des *Andantino*-Teils, dem dann noch einmal, einschließlich einer vokalen Schlußkadenz, das *Allegro* folgt.

Immer paßte Mozart die Bläserbesetzung individuell der Vorlage an: während er in KV 368 in der Arie je ein Flöten-, Fagott- und Hörnerpaar einsetzte, verzichtete er in der nächsten Arie (**KV 369 »Misera, dove son!« – »Ah, non son'io che parlo«**) auf die Notierung von Fagotten und damit auf deren zumindest partiell eigenständige Führung. Ein

Autograph der Arie »Misera, dove son!« KV 369, mit der Widmung an Josepha Gräfin Paumgarten und dem Datum »München, 8. März 1781«. München, Bayerische Staatsbibliothek

weiterer Unterschied zum Schwesterwerk liegt in der größeren Ausdehnung des Rezitativs, in dessen Verlauf Fulvia sich ihrem Schmerz über den angeblichen Tod ihres geliebten Ezio hingibt und sich Vorwürfe über die große Schuld ihres Vaters macht, der gegen Ezio intrigiert hat. Die nachfolgende zweiteilige Arie verleiht ihrem Gram und ihrer Verzweiflung beredten Ausdruck; im ersten *Andante sostenuto* werden die Bläser lediglich koloristisch eingesetzt, während das musikalische Geschehen sich in den Violinen abspielt. Umweglos, ohne instrumentales Vorspiel, setzt die Singstimme ein, eine abschließende Koloratur führt zum leidenschaftlichen *Allegro*, drängend über pochendem Tonika-Orgelpunkt:

Rezitativ und Arie **»Ah, questo seno deh vieni« – »Or che il cielo« (KV 374)** entstanden in Wien, wohin Mozart seinem ungeliebten Dienstherrn, Bischof Colloredo, befehlsgemäß gefolgt war, und wurde am 8. April 1781 von dem Kastraten Francesco Ceccarelli zum erstenmal öffentlich vorgetragen. Der Text der Szene entstammt einer Oper von Giovanni Paisiello (»Sismano nel Mogol«): Zeïra hat soeben von ihrem Geliebten Siface erfahren, daß er den König von Persien, Sismano, besiegt hat, und äußert nun Erleichterung, Dankbarkeit und Glück über die Schicksalswendung. Das kurze Rezitativ verzichtet ganz auf die Bläser. Das folgende *Rondeaux* (*Allegretto*) bezieht sodann Oboen und Hörner mit ein, wobei jedoch nur die Holzblasinstrumente gelegentliche solistische Einwürfe beisteuern. Im erhaltenen Autograph findet sich übrigens eine variierte und erweiterte Fassung der Takte 177–180 – einer der kostbaren Einblicke in Mozarts »Werkstatt!«

Als Mozart an der »Entführung aus dem Serail« arbeitete, schrieb er auch eine einzelne Sopran-Arie **»Nehmt meinen Dank«** (**KV 383**), die (deshalb?) einen deutschen Text hat; das überlieferte Datum »10. 4. 82« auf dem (verschollenen) Autograph erlaubt sogar, eine Beziehung zu dem gleichzeitig entstandenen Quartett Nr. 16 vom Ende des ersten Aktes in der »Entführung« zu erkennen. Und diese Verbindung bestätigt sich überraschend auch musikalisch, wie bereits Hermann Abert in seiner Mozart-Biographie nachgewiesen hat:

Die genaueren Umstände der Entstehung sind jedoch nur noch gerüchtweise bekannt; immerhin deutet die Aussage des Textes auf eine Huldigungskomposition. Musikalisch ist die Arie zugleich liedhaft schlicht und doch in subtiler instrumentaler Farbigkeit gehalten: Die Streicher zupfen über weite Strecken hin eine Quasi-Gitarrenbegleitung, und über ihnen treten je eine Flöte, eine Oboe und ein Fagott solistisch in einen engen farbigen und melodischen Kontakt zur Singstimme, die bei der Uraufführung möglicherweise von Mozarts Schwägerin Aloysia Lange (geb. Weber) vorgetragen wurde.

Rezitativ und Rondo **»Mia speranza adorata« – »Ah, non sai, qual pena« (KV 416)** vom 8. Januar 1783 ist wieder eine Seria-Szene, bezogen auf die Oper »Zemira« von Pasquale Anfossi und ebenfalls Aloysia Lange gewidmet. Die Sängerin trug die Arie zweimal sehr erfolgreich in zwei öffentlichen Konzerten vor, darunter Mozarts eigene Akademie im Burgtheater am 23. März 1783. (Die sogenannten Akademien waren meist Konzerte auf Abonnements- oder Subskriptionsbasis.) Die Szene zeigt uns Gandarte, den Bräutigam der Zemira, in einer verzweifelten Lage: Sie sind beide vom mongolischen Kaiser Akbar gefangen worden, und der möchte nun Zemira heiraten, andernfalls droht ihnen der Tod. Gandarte rät Zemira, Akbar zu erhören, und nimmt Abschied von der Geliebten. – Zu Beginn steht ein Rezitativ, dem Mozart nachträglich eine sanft klagende Solo-Oboe hinzugefügt hat, wie das erhaltene Autograph erkennen läßt. Und man sieht in Mozarts Handschrift weitere Korrekturen: Die Arie stand zuerst im $^4/_4$-Takt; durch Unterteilung wurde aus den notierten Takten dann jedoch das $^2/_4$-Metrum, das wiederum zu *Andante* den Zusatz »sostenuto« erforderlich machte:

Das Tempo steigert sich allmählich abschnittweise über *più andante* zum *Allegro assai*, in das noch einmal ein kurzes Zitat des Anfangs-*Andantes* eingeschoben wird, bevor die Solistin abschließend reichlich Gelegenheit erhält, ihre Koloraturkünste vorzuführen.

Die nächsten drei Arien (KV 418, 419, 420) gehören zusammen; sie waren als Einlagen vorgesehen für die Wiener Erstaufführung der Buffo-Oper »Il curioso indiscreto« von Pasquale Anfossi (30. Juni 1783), eines jener zahllosen Dokumente einer überreichen zeitgenössischen Opernproduktion, die heute zum allergrößten Teil völlig vergessen ist und aus der sich manche Titel paradoxerweise nur deshalb bis heute erhalten haben, weil Mozart sie einer Einlage gewürdigt hat. Es handelt sich hier um zwei Arien für Sopran und eine Tenor-Arie; zwei von ihnen – KV 418 und 420 – verwenden Texte des (bisher) unbekannten Librettisten der Oper, KV 419 basiert als »echte« Einlage auf einem fremden (ebenfalls unbekannten) Text. Zwei der drei Titel waren für Mozarts Schwägerin Aloysia Lange bestimmt, einer für den Tenor Valentin Adamberger (KV 420), der jedoch seine Einlage in der Wiener Aufführung dann nicht sang. Mozart äußert sich hierzu brieflich (2. Juli 1783) an seinen Vater: »Adamberger [...] begieng die dummheit und sagt – [... –] um zu zeigen das Adamberg schon seinen Ruhm in Wienn hat, und nicht nöthig hat sich erst durch für ihn geschriebne Musique Ehre zu machen, so wird er singen was darinn steht, und sein lebtage keine arie mehr einlegen. – was war der erfolg davon? – das, daß er gar nicht gefiel«. Prominente Sänger liebten es, sich mit einer eigens für sie komponierten Einlage-Arie zu produzieren, und sie dokumentierten damit zugleich öffentlich ihren Rang als Primadonna oder Primo Uomo – Adamberger trat hier sozusagen einen negativen Beweis an!

KV 418 »Vorrei spiegarvi, oh Dio!« – »Ah, conte, partite« besteht aus zwei Teilen: einem längeren poetischen *Adagio*-Abschnitt mit gezupfter Streicherbegleitung, con sordino gespielten Einwürfen der ersten Violine und einer empfindsamen Solo-Oboe

sowie einem sich am Schluß zur Stretta steigernden *Allegro*. Die Handlung: Der Graf di Ripaverde macht Clorinda im Auftrag seines Freundes, des Marchese Calandro, zum Schein den Hof, um ihre Treue auf die Probe zu stellen. Wider Erwarten hat der Graf Erfolg, und Clorinda gesteht nun in der Arie sich und dem Grafen ihre erwachende Liebe ein, zugleich aber schickt sie ihn verwirrt fort.
Die zweite Arie, **KV 419 »No, no, che non sei capace«**, nimmt dann Bezug auf eine spätere Situation der verwirrenden Lustspielhandlung: Inzwischen beschwert sich der Graf eifersüchtig beim Marchese über Clorinda. Es kommt zu einer Aussprache zwischen dem Grafen und Clorinda, in deren Verlauf sich alles klärt, doch Clorinda ist jetzt ihrerseits wütend und enttäuscht über die Verdächtigungen ihres Geliebten – diese Gefühle drückt sie in der Arie aus. Der aufgebrachten Stimmung entsprechend setzt der Gesang auch umweglos, ohne Vorspiel ein; das Grundtempo ist von Beginn an ein *Allegro* und steigert sich gegen Ende, bei auffahrenden Koloraturen der Singstimme, zum *Allegro assai*. Pauken und Trompeten reichern als »Lärminstrumente« den Orchestersatz an.
KV 420 »Per pietà, non ricercate«, das von Adamberger für entbehrlich gehaltene Einlage-Rondo, ist eine Eifersuchtsszene des Grafen mit allen Verwünschungen und Gefühlsausbrüchen, die dazugehören; verhalten im ¢-*Andante* beginnend, dann im gesteigerten *Allegro assai*, das sich nach einigen Fermatentakten sogar effektvoll des dichten Streichertremolos bedient, um die ganze Erregung des Grafen auszudrücken (»che mi venga a consolar, ...«).

Rezitativ und Arie **»Misero! o sogno!« – »Aura, che intorno« (KV 431)** dürften Ende 1783 wieder für den Tenor Valentin Adamberger geschrieben worden sein, der sie vielleicht Ende Dezember in einem Wiener Konzert öffentlich vortrug. Im übrigen aber kennt man weder den Textdichter noch das Werk – wohl eine Seria-Oper –, auf das diese Szene bezogen war. Es handelt sich hier um einen Klagegesang über die verlorene Geliebte, Geister der Unterwelt werden beschworen – eine typische »Ombra«-Szene nach altem Seria-Ritual, zugleich aber auch mehr als nur eine beiläufige musikalische Pflichtübung. So ist das Rezitativ wieder einmal – gegen den Zeitgebrauch – durch Bläserfarben angereichert; vor allem im zweiten, auf das einleitende *Adagio* folgenden *Andante con moto* besticht die solistisch-selbständige Führung von Flöte und Fagott, deren polyphone Linien wirkungsvoll zu den auf- und absteigenden Tonfiguren der beiden Violinstimmen kontrastieren:

In der Arie setzt die Singstimme bereits nach einem einzigen, die Begleitung intonierenden Takt ein, und in diesem ersten Teil (*Andante sostenuto*) halten sich die Bläser zunächst auffällig zurück; erst nach drei ausschwingenden Fermatentakten (Takt 36 ff.) verselbständigen sie sich. Auch der zweite, lebhafte Teil (*Allegro assai*) ist recht ausgedehnt und steckt voller synkopischer Unruhe und Sechzehntel-Tremoli der Streicher. Auffällig ist eine Unisono-Passage von Sänger und Streichern gegen Ende (»non spero consiglio«). – In dieser Lebensphase gibt es bei Mozart genaugenommen keine Gelegenheitswerke mehr – auch ein eher beiläufiger Routineanlaß führt zu einem kleinen ausgefeilten Meisterwerk sui generis!

Die nächste Seria-Szene, Rezitativ und Arie **»Così dunque tradisci« – »Aspri rimorsi atroci« (KV 432)**, ist zugleich Mozarts erste Arie für Baß-Stimme. Sie bezieht sich wieder auf einen Text Pietro Metastasios aus dessen »Temistocle«: Sebaste, der Vertraute des Königs Serses (Xerxes), ist aufs höchste aufgebracht über einen Verrat, den des Königs Geliebte, Rossane, begangen hat. Das vorangestellte Rezitativ wird durch seinen ständigen punktierten Streicherrhythmus geprägt; die Arie selber setzt dann sogleich in düsterem f-Moll ein; ihre Streicherbegleitung vibriert durchgehend bis kurz vor Schluß in triolischen Tonwiederholungen – tönendes Symbol innerer Erregung. Immer wieder und für Mozart in seltener Häufigkeit markieren dynamische Akzente und Crescendi die Musik, und die Holzbläserstimmen stemmen sich imitatorisch gegen die Unruhe der Streicherklänge. Erst in den letzten Takten wendet sich die Bewegung zum geraden Metrum und scheint wie ermattet im Piano in sich zusammenzusinken – eine faszinierende Partitur von höchst theatralischem Effekt!

Für Datierung und Anlaß (Opern-Einlage oder Konzert-Arie?) gibt es keine völlig gesicherten Angaben; die Wissenschaft stellt quasi im Indizienbeweis fest: Komposition auf jeden Fall vor Anfang 1784, möglicherweise für den ersten Darsteller des Osmin in der »Entführung aus dem Serail«, Ludwig Fischer.

Nur als Partiturentwurf mit notierter Singstimme und Baß liegt die Arie **KV 433 »Männer suchen stets zu naschen«** (F-Dur, Textdichter unbekannt) vor, entstanden angeblich 1783 in Wien.

Die nächsten beiden Vokalnummern des Werkverzeichnisses stellen eine Besonderheit unter den Titeln dieser Werkgruppe dar: Es sind die einzigen orchesterbegleiteten Vokalensembles von Mozart. Beide Kompositionen, das Quartett **KV 479 (»Dite almeno«)** und das Terzett **KV 480 (»Mandina amabile«)**, entstanden im November 1785 als Einlage für Francesco Bianchis Buffa »La villanella rapita«, die am 28. November im Wiener Burgtheater über die Bühne ging. Der unbekannte Textdichter dieser Szenen – man vermutet in ihm Lorenzo da Ponte – arrangierte hier zwei Secco-Rezitative zum musikalischen Ensemble. KV 479 beginnt als Terzett und erweitert sich handlungsbedingt erst im zweiten Teil zum Quartett (*Allegro assai*). – Beide Szenen stehen im Zusammenhang miteinander; das Bauernmädchen Mandina und der Bauer Pippo werden in ihrem Glück durch die Nachstellungen des Grafen gestört. Im Terzett (KV 480), das als Duett beginnt, wirbt dieser um die recht naive Mandina und schenkt ihr sogar Geld, da stört der empört hinzukommende Bräutigam Pippo die amourösen Bemühungen des Grafen. Im Quartett (KV 479) treffen wir Mandinas Vater Biagio gemeinsam mit Pippo im Schloß des Grafen, wohin Mandina mit Hilfe eines Schlaftrunks entführt worden ist. Vater und Bräutigam wissen davon nichts und drohen deshalb der ebenso unwissenden und

verdutzten Mandina mit der Verstoßung. Der Auftritt des Grafen krönt das Durcheinander.
In beiden Ensembles darf man Vorboten von Mozarts kommender Meisterschaft im Ensembleschreiben erblicken, wie sie wenig später in »Figaros Hochzeit« in aller Vollkommenheit sichtbar wurde (Mozart arbeitete bereits an dieser Oper, als er die beiden Ensembles schrieb). Die Stimmen sind über weite Strecken individuell geführt, und der Orchestersatz illustriert äußerst lebendig und wendig die wechselnden Handlungssituationen, durch charakteristische wiederkehrende Motive und Themen und unter sorgsam abgewogener Verwendung der Bläserfarben – im Orchester sind jetzt auch Klarinetten eingesetzt. Beide Ensembles, vor allem das große Quartett, sind effektvoll auf eine Schlußsteigerung hin angelegt, wobei das Terzett dennoch überraschend im Pianissimo verklingt. Bedauerlich, daß die beiden Stücke wegen der Mehrfachbesetzung fast nie aufgeführt werden!

In unmittelbarer Nachbarschaft zur »Prager Symphonie« KV 504 entstanden Rezitativ und Rondo **KV 505 »Ch'io mi scordi di te?« – »Non temer, amato bene«** für Sopran. Der Charakter einer reinen Konzert-Arie wird hier eindeutig dokumentiert durch den Einsatz eines Soloklaviers; Mozart schrieb das Werk für Nancy Storace, die Schwester seines Schülers und Freundes Stephen Storace, und (möglicherweise) für sich selbst. Die aus einer italienischen Familie stammende Engländerin wirkte seit 1784 als Primadonna in Wien und wurde die erste Susanna im »Figaro«. Der Rondo-Text lag bereits Mozarts Einfügung KV 490 zum »Idomeneo« (Anfang des zweiten Aktes) zugrunde, die anläßlich einer konzertanten Wiener Privataufführung der Oper (13. März 1786) vorgenommen worden war, hat also Giambattista Varesco zum Autor. Allerdings wurde KV 505 von der Storace vermutlich in einer Akademie am 23. Februar 1787 gesungen, und diese Komposition entstand kurz zuvor, am 26. Dezember 1786, also nicht für die erwähnte Wiener Aufführung vom März 1786. In der Szene verkörpert die Sängerin den Prinzen Idamante; er versucht seine Geliebte Ilia zu beruhigen, nachdem sie ihm vorgehalten hat, er liebe die trojanische Königstochter Elektra. Das Rezitativ hebt ganz deklamatorisch und noch ohne Klavier an:

und beschleunigt sich alsbald zum *Allegro assai*. Das nachfolgende Rondo fügt dann der Solostimme das zusätzlich solistisch geführte Klavier hinzu, in der Art der reifen Klavierkonzerte subtil in den Orchestersatz eingebettet und mit der Singstimme konzertant wetteifernd – ein anspruchsvolles Werk vor allem für die Sängerin. Auch dieses von Einfällen funkelnde Meisterwerk wird wegen seiner Besetzungsproblematik im Konzertleben sträflich vernachlässigt; dabei müßte die aparte Kombination von Sopran, Tasteninstrument und klarinettengefärbtem Orchester ihm eine Sonderstellung unter allen Solo-Arien sichern.

Am 21. März 1787 gab der Sänger Ludwig Fischer (Baß) in Wien eine Akademie, an deren Ende er die Szene **»Alcandro, lo confesso« – »Non so, d'onde viene« (KV 512)** vortrug, die ihm Mozart für diesen Anlaß komponiert hatte. Basis war ein Text aus Metastasios »Olimpiade«, der bereits etliche Jahre zuvor einer anderen Mozart-Arie, damals für Sopran (KV 294), zugrunde gelegen hatte (vgl. S. 72): König Clistene äußert seine ihm noch unbegreiflichen Gefühle der Zuneigung zu Licida, von dem er nicht weiß, daß dieser sein eigener Sohn ist. Musikalisch haben die beiden Vertonungen aus verschiedenen Lebensabschnitten Mozarts nichts miteinander zu tun: Ein markanter Unisono-Anstieg gliedert mehrfach das vorangestellte Rezitativ; es folgt eine *Andante*-Arie (₵) mit einem leicht im Tempo und vor allem im Metrum (*Allegretto*, $^6/_8$) kontrastierenden beschleunigten Mittelteil. Auffällig ist, daß eine kleine melodische Gebärde vom Anfang des Rezitativs dann auch als verbindende Klammer in der Arie wiederkehrt:

Koloraturen geben dem Bassisten gegen Ende Gelegenheit, stimmliche Virtuosität zu demonstrieren.

Ebenfalls für Baß geschrieben und, wie KV 512, eine Konzert-Arie, ist **KV 513 »Mentre ti lascio, o figlia«**, auf einen Text aus Giovanni Paisiellos »La disfatta di Dario«. Da Mozart sie für den befreundeten Naturwissenschaftler Gottfried von Jacquin komponierte, sind die gesangstechnischen Anforderungen deutlich geringer als an den »Profi« Fischer in KV 512. Darunter leidet allerdings nicht der musikalische Wert der Komposition, die aus zwei Teilen besteht: einem ausdrucksvollen *Lar-*

ghetto und einem *Allegro* (¢); in beiden Abschnitten prägen die warmen Farben des Klarinettenpaares den Orchesterklang, und auch die beiden Hörner steuern nicht nur harmonische Liegetöne bei, sondern beteiligen sich mehrmals substantiell am musikalischen Geschehen, indem sie sich mit den Klarinetten oder den Streichern mischen, im *Allegro* (Takt 139 ff.)

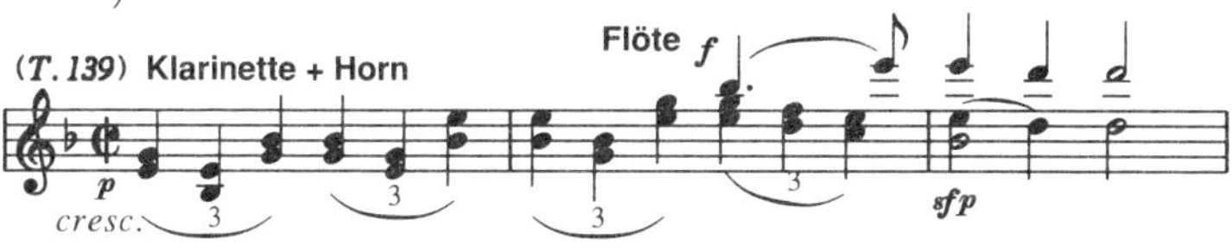

und im *Più allegro* (Takt 177 ff.). Die Handlung der Arie: Der Perserkönig Darius verabschiedet sich von seiner Tochter Statira; sie liebt Alexander, der soeben Darius vernichtend geschlagen hat.

Mozarts Beziehung zu der Sängerin Josepha Duschek war stets eng und herzlich. So schrieb er für sie, gleich nach der ersten Prager Aufführung des »Don Gioavanni« (29. Oktober 1787), Rezitativ und Arie **»Bella mia fiamma, addio« – »Resta, o cara« (KV 528)**. Der Anlaß der Entstehung liegt bis heute im dunkeln, von Mozarts Sohn stammt die anekdotische Überlieferung, die Arie sei gleichsam als »Test« für die Fähigkeiten der Sängerin gemeint gewesen; in der Tat ist die Partie mit mancherlei Schwierigkeiten gespickt, allerdings hätte Mozart einen solchen Test kaum nötig gehabt, denn er kannte die Duschek bereits seit langem (vgl. S. 71). Zu Beginn steht ein eigentümlich polyphones, versponnen eingeleitetes Rezitativ, und im ersten Teil (*Andante*) der Arie, einer Klage des Königs Titano über die Trennung von seiner Geliebten Proserpina, geht die Harmonik recht verschlungene, wirkungsvoll auf den Text bezogene Wege. Im anschließenden *Allegro* (¢) steigert sich der Schmerz dann zu stürmischen Ausbrüchen der Leidenschaft, die Melodielinie schraubt sich Ton für Ton in der Skala empor und wieder hinab:

Textquelle war die Festa teatrale »Cerere placata« von Niccolò Jomelli.

Zum letzten Mal komponierte Mozart für seine vormals angebetete Schwägerin Aloysia Lange eine Arie im März 1788: **»Ah se in ciel, benigne stelle« (KV 538)** – auf eine Textsituation aus Metastasios »L'Eroe cinese«: Sireno (wieder eine Hosenrolle) klagt sein Leid über die wegen politischer Rücksichten erzwungene Trennung von Lisinga. Umweglos, ohne Rezitativ, setzt die Arie (*Allegro*) mit einem glanzvollen Orchestervorspiel ein, und die Solistin erhält alsbald genügend Gelegenheit, ihr virtuoses Können unter Beweis zu stellen, vor allem in ausgedehnten Koloraturen – alles in allem ein ungemein konzertant gehaltenes, dabei eher ein wenig äußerlich-prächtiges Musikstück, geeignet zur Demonstration der Stimmgewalt!

»Ich möchte wohl der Kaiser sein« (KV 539) für Baß und Orchester ist ein Kuriosum unter Mozarts Arien, ein »deutsches Kriegslied«, in Strophenform für die Akademie eines Schauspielers in der Wiener Leopoldstadt geschrieben. Die Komposition ist dem Anlaß und dem sängerisch geringen Anspruch gemäß volksliedhaft schlicht und unaufwendig gehalten, wenngleich das Orchester, dank Becken und großer Trommel, kriegerische Effekte erzeugt, wohldosiert in Vor- und Nachspiel.

»Un bacio di mano« (KV 541) ist dagegen wieder eine »richtige« Arie für Baß und Orchester, als erste einer Reihe von Einlage-Kompositionen in fremde Buffo-Opern geschrieben auf einen Text aus »Le gelosie fortunate« von Pasquale Anfossi im Mai 1788; Francesco Albertarelli sang sie bei der Wiener Erstaufführung der Oper am 2. Juni 1788. Mozart nennt das Stück »Ariette«, entsprechend dem Charakter und der geringen Ausdehnung dieser eingängig schlichten Musik, die ohne Vorspiel den Solisten sogleich im zweiten Takt einsetzen läßt, in leichtem Parlando des reifen Mozartschen Buffo-Stiles. Und ab Takt 17 nimmt die Komposition Ton für Ton – erst instrumental, dann vokal – das dritte Thema aus dem ersten Satz der »Jupiter-Symphonie« vorweg, die nur wenige Wochen später entstand:

(T. 21)

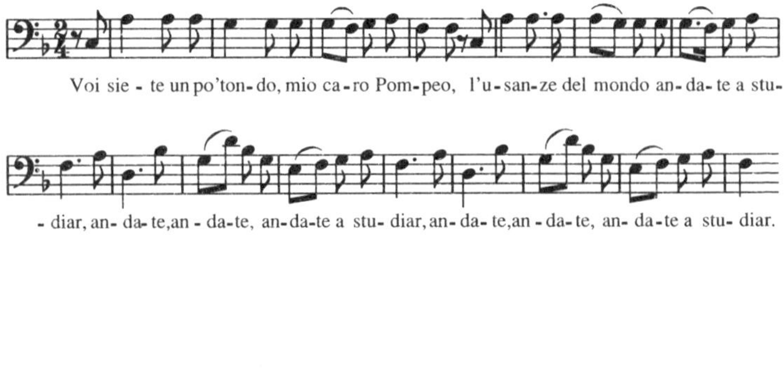

Der Text dieser Einlage stammt möglicherweise von da Ponte: Monsieur Girò erteilt Don Pompeo gleichsam Nachhilfeunterricht in guten Umgangsformen, vorzüglich in der Applizierung des »bacio di mano«, des Handkusses.

Louise Villeneuve, die Sängerin, die als erste die Dorabella in »Così fan tutte« verkörpern sollte, erhielt von Mozart drei Arien gewidmet. Sie sang die erste von ihnen, **»Alma grande e nobil core« (KV 578)** als Einlage einer Buffa von Domenico Cimarosa (»I due baroni di Brocca Azzurra«) im September 1789 in Wien. Die Arie ist Höhepunkt einer charakteristischen Buffa-Szene voller Intrigen und Eifersucht – Laura drückt einer Rivalin gegenüber Verachtung aus und wendet sich im übrigen wütend und rachelüstern an ihren untreuen Bräutigam. Und so klingt auch die Musik dieser bezaubernden Szene: temperamentvoll und bisweilen aufgebracht, jedoch keinesfalls tragisch, als Charakterbild einer energischen und entrüsteten Dame in einer komischen Oper. Wie ein Motto eröffnet das Orchester unisono den ersten *Allegro*-Teil:

im zweiten Teil steigert sich die Bewegung strettahaft zum *Allegro assai*, bleibt aber im gleichen Metrum.

Die zweite Arie für Louise Villeneuve ist **»Chi sà, chi sà, qual sia« (KV 582)** für die Buffo-Oper »Il burbero di buon cor« von Vicente Martin y Soler, die am 9. November 1789 im Wiener Burgtheater aufgeführt wurde; die dritte Arie, **»Vado, ma dove? – oh Dei!« (KV 583)**, für die Villeneuve entstand zum gleichen Anlaß, jeweils vermutlich mit Texten von Lorenzo da Ponte, der auch Librettist der Soler-Oper war.

KV 582 ist eine Solo-Szene der Lucilla, die sich Gedanken über das rätselhafte Verhalten ihres Gatten macht, denn er hat ihr soeben unerklärlicherweise verboten, sich in seine Familienangelegenheiten einzumischen. Mozart machte aus dieser harmlosen kleinen Szene melancholischen Selbstmitleids ein feinsinniges Musikstück voll abgestufter, solistisch eingesetzter Holzbläserklänge (*Andante* ¢) – Klarinetten (in c!) und Fagottpaar werden immer wieder mit dem Gesang alternierend oder ihn auch selbständig begleitend eingesetzt:

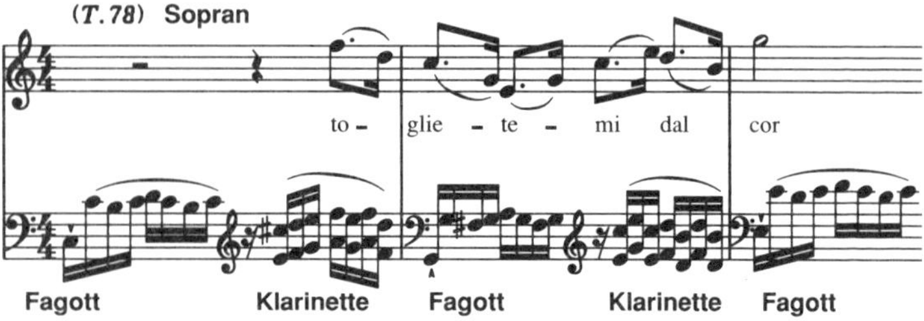

Auch in **KV 583** hat Lucilla Grund, sich über eine unglückliche Situation zu beklagen: ihr Mann hat sich hoch verschuldet, wofür seine Familie zu unrecht Lucilla verantwortlich macht. In der Arie offenbart sie ihren ganzen Jammer und hält doch an ihrer Liebe zu ihrem Mann fest. Das Stück ist zweiteilig: Zunächst erklingt ein *Allegro* im geraden Takt, dann schließt sich ein zartes, geruhsames Menuett (*Andante sostenuto*) an, und wieder, wie in KV 583 und eher noch stärker, dominiert die warme Klanglichkeit des (Es-)Klarinettenpaares mit ausdrucksvollen Kantilenen – die Atmosphäre von »Così fan tutte« ist auch hier wieder eingefangen!

Die Arie **»Per questa bella mano« (KV 612)** ist nicht nur für den Baß-Sänger ein Paradestück. Da Mozart, wie wir sahen, die besonderen Fähigkeiten der Solisten liebevoll zu berücksichtigen suchte, schrieb er hier auch den instrumentalen Solopart einem Meister seines (ungewohnten) Faches auf den Leib: dem seinerzeit berühmten Kontrabaß-Virtuosen Friedrich Pischelberger aus dem Orchester des Wiener Freihaus-Theaters von Emanuel Schikaneder. Pischelberger war offenbar ein Akrobat auf seinem Instrument, sieht man, was Mozart alles von ihm verlangt. Selbst wenn man weiß, daß der Kontrabaß eine Oktave tiefer spielt, als er notiert wird, ist ein solches Passagenwerk (im Violinschlüssel!) doch recht ungewöhnlich; es dürfte von den meisten Kollegen Pischelbergers als Zumutung und als unausführbar empfunden worden sein, vgl. das Notenbeispiel S. 89.
Ob das Stück für eine Buffo-Oper als Einlage vorgesehen war, ist nur zu vermuten. Der Bassist Franz Xaver Gerl, für den die Gesangsstimme verfaßt worden ist, war Mozarts erster Sarastro in der »Zauberflöte« und zuvor bereits ein bekannter und beliebter Osmin in der »Entführung«. Die Form der Arie ist zweiteilig: auf das $^6/_8$-*Andante* folgt ein $^4/_4$-*Allegro* mit mehreren Fermaten und *Adagio*-Einschüben. Alfred Ein-

stein wies mit Recht auf den leicht parodistischen Charakter der ganzen Komposition hin, der sich aus der Zuordnung dieser Liebesszene zu einem Bassisten und der etwas aufdringlichen Garnierung durch den dominierenden Kontrabaß ergibt.

Schließlich gibt es am Ende der langen Reihe noch eine Arie für Baß und Orchester **»Io ti lascio, oh cara, addio« (KV-Anh. 245/621a)**, deren Echtheit seit langem umstritten ist: Schon Mozarts Witwe Konstanze hielt sie für eine Komposition Gottfried von Jacquins. In die Neue Mozart-Ausgabe hingegen wurde sie 1972 aufgenommen aufgrund des (unvollständig) vorliegenden Autographs, das auf Mozarts Autorschaft zu deuten scheint. Auch die Datierung ist ungewiß; Indizien und Sekundärquellen weisen nach Prag und auf das Jahr 1791; es könnte sich aber auch um eine bisher nicht identifizierte Arie von 1787 handeln, von der Mozart in Briefen aus Prag spricht. Der Textdichter ist nicht bekannt. Die Vorlage ist eine der beliebten und häufigen Abschiedsszenen, ein Es-Dur-*Adagio* im reinen Streicherklang, ohne jede Bläserfärbung.

Opern

Mozart war der bedeutendste Opernkomponist seines Jahrhunderts. Mindestens fünf seiner musikdramatischen Werke bestimmen bis heute die Spielpläne aller internationalen Opernhäuser: »Die Entführung aus dem Serail«, »Le Nozze di Figaro«, »Don Giovanni«, »Così fan tutte« und »Die Zauberflöte«; »Idomeneo« schließt allmählich zur Reihe dieser Meisterwerke auf, wenn auch noch mit Abstand in der Aufführungs-Häufigkeit; »La clemenza di Tito«, seine letzte Oper, ist auch die letzte in dieser Statistik.

Alle Opernwerke Mozarts stehen ihrem Formtypus nach in einer historischen Tradition, in den drei Gattungen der Opera seria, der Opera buffa und des Deutschen Singspiels.

Dem heutigen Publikum sind die historischen Gattungsgrenzen und -unterschiede kaum bewußt und auch weitgehend gleichgültig. Allenfalls begegnet man diesem – als akademisch angesehenen – Abgrenzungsproblem auf eher unbequeme Weise, wenn nämlich die italienischen Buffo- und Seria-Opern in der Originalsprache gegeben werden, einem durchaus zwiespältigen Trend unserer Zeit folgend; man ärgert sich dann über die unverständlichen Secco-Rezitative, deren Verständnis doch eigentlich für den Gang der Handlung so wichtig ist.

Mozart allerdings war sich dieser drei Gattungen und ihrer Eigentümlichkeiten und Bedingungen sehr bewußt, lebte und komponierte er doch sozusagen an der Wegscheide zwischen ihnen. In allen drei Stilbereichen setzte er markante Akzente, für einen davon, das Deutsche Singspiel, wurde er zum wichtigsten und folgenreichsten Geburtshelfer. Der Opera buffa verhalf er mit drei Opern zu einem nie wieder erreichten Höhepunkt; und die in Tradition und Überalterung erstarrte Seria adelte er am Ende ihres Lebens mit einigen individuellen Glanzlichtern, ohne ihren Tod verhindern zu können.

Die O p e r a s e r i a, die »ernste Oper«, stammt wie die Opera buffa aus Italien und fand ihre Ausprägung, nach Anfängen in Venedig und Florenz, vor allem in Neapel durch Komponisten wie Alessandro Scarlatti (1660–1725), Alessandro Stradella (1644–1682), Nicola Porpora (1686–1768) und Giovanni Battista Pergolesi (1710–36); später, in der sogenannten Zweiten Neapolitanischen Schule, vor allem durch den gebürtigen Hamburger Johann Adolf Hasse (1699–1783) sowie durch

Niccolò Jomelli (1714–74); dann auch durch Christoph Willibald Gluck (1714–87). Hinzu kommt Johann Christian Bach (1735–82), dessen von italienischem Melos geprägter eingängiger Stil von großem Einfluß auf Mozart werden sollte.

Die Inhalte der Seria entstammten meist der antiken Mythologie, die mit deutlicher Tendenz zur Stilisierung und Idealisierung umgesetzt wurde. Ihr wichtigster Librettist und zugleich Theoretiker war Pietro Metastasio (1698–1782), der sich häufig auf klassische französische Dramen des Sprechtheaters stützte. Hauptsächlich unter seinem Einfluß verlor die Musik gegenüber dem Text an Bedeutung: Sie gliederte sich in eine stereotype Kette von oft recht beziehungslos eingefügten Arien in Dacapo-Form (ABA'), denen häufig ein ausgedehntes Accompagnato-Rezitativ (mit Orchester) vorangestellt war und deren Reprise (A') der Sänger auszierte. Dialoge gab es in Gestalt langer schematisierter Secco-Rezitative, die lediglich vom Cembalo sparsam gestützt wurden.

An diese Tradition der Neapolitaner knüpfte Mozart an; er lernte sie auf seinen Italienreisen gründlich kennen. Er komponierte sieben Opere serie, unter denen vor allem »Idomeneo« hervorzuheben ist. Bei der Gliederung nach Arien und Rezitativen haben die Arien eher statischen, kontemplativen Charakter, sie stellen Seelenzustände der handelnden Personen dar, während die Handlung in den Secco-Rezitativen voranschreitet. Ensembles waren bis dahin äußerst selten – in dieser Hinsicht weitete Mozart die Gattungsgrenzen gerade im »Idomeneo« merklich aus, auch durch den phantasievollen Einsatz des Chores. »Idomeneo« stellt Mozarts wichtigsten und persönlichsten Beitrag zur Opera seria dar. In »La clemenza di Tito« dagegen lähmte ihn spürbar das undramatische Libretto, und er stand unter beträchtlichem Zeitdruck bei der Komposition.

Die Wurzeln der Opera buffa, der »komischen Oper«, lassen sich bis ins 17. Jahrhundert zurückverfolgen. Von Italien gehen zu Beginn des 18. Jahrhunderts die entscheidenden Impulse aus; es gibt zwei Formen: das selbständige komische und volkstümliche Intermezzo innerhalb der Opera seria und andererseits gleichzeitig die alleinstehende Opera buffa – beide mit offensichtlicher Beziehung zur Commedia dell'arte und mit einer ausgeprägt volkstümlichen, aus dem Alltag gewonnenen Spielhandlung. Wichtige Komponisten der Gattung waren Leonardo Vinci (1690–1730), Nicola Porpora (1686–1768), Niccolò Piccini (1728 bis 1800), Pasquale Anfossi (1727–97), Giovanni Paisiello (1740–1816) und vor allem der frühvollendete und frühverstorbene Giovanni Battista Pergolesi (»La serva padrona«, 1733).

Die Opera buffa gliederte sich in geschlossene Musiknummern (Arien und, zunehmend wichtig, Ensembles) und Rezitative. In der zweiten Hälfte des 18. Jahrhunderts überflügelte die Buffa in der Publikumsgunst die Seria. Vor allem unter Mozarts Einfluß entwickelte sie sich allmählich von der italienischen Volkstümlichkeit hin zur anspruchsvollen »Komödie mit Musik«, voll psychologisierender Zwischentöne und mit sorgfältiger Charakterzeichnung, wobei das Gewicht der Musik gegenüber dem Text logischerweise wuchs.

Mozart schrieb insgesamt fünf Opere buffe und führte die Gattung mit seinen drei italienischen Meisteropern auf ihren Höhepunkt. Seine wichtigste Leistung ist sicher die Ausformung des ausgedehnten vielgliedrigen Solo-Ensembles (vor allem im »Figaro«). Die Gestalt der Arien wandelte sich zu individuelleren, bisweilen liedförmig schlichten Gebilden (Cavatina), unter Verzicht auf Koloraturenschmuck und ausgezierte Reprisen.

Das Deutsche Singspiel entwickelte sich in der ersten Hälfte des 18. Jahrhunderts in Nord- und Mitteldeutschland und war durch liedhafte Musikstücke und gesprochene Dialoge gekennzeichnet; eines ihrer Vorbilder war »The Beggar's Opera« (1728) von Johann Christoph Pepusch und John Gay. Wichtige Komponisten waren Johann Adam Hiller (1728–1804), Georg Benda (1722–95) und Christian Gottlob Neefe (1748–98). Zunächst handelte es sich eher um Theaterstücke der Sprechbühne mit eingefügten volkstümlichen Liedern; ihr wichtigstes Kennzeichen blieb der gesprochene deutsche Text. Eine Variante entstand in Wien, vor allem aufgrund eines Dekretes Kaiser Josephs II. zur Gründung eines Wiener Nationalsingspiels (1778). Hier ist auch Mozarts Schaffen angesiedelt, der insgesamt fünf Singspiele hinterließ: »Bastien und Bastienne« (1768), die unvollendete »Zaide« (1779/80), »Die Entführung aus dem Serail« (1781/82), die ›Komödie mit Musik‹ »Der Schauspieldirektor« (1786) und die ›deutsche Oper‹ »Die Zauberflöte« (1791). Auch die Schauspielmusik zu »Thamos, König von Ägypten« ist in diesen Umkreis einzuordnen. Mozarts Beiträge zum Deutschen Singspiel verleihen dem musikalischen Anteil höheres Gewicht, insbesondere durch seine Kunst der Personencharakteristik, durch die seine Hauptpersonen über eine bloße Rollentypisierung hinaus individuelle Züge erhielten (Buffopaar: Papageno – Papagena; seriöses, lyrisches Paar: Tamino – Pamina; Baßbuffo: Osmin usw.). Die Spannweite der Arien ist größer als in der Opera buffa und vor allem der Opera seria: Neben schlichten volkstümlichen Liedern (Papageno) ste-

Das Münchner Hoftheater. Stich von Valerian Funck nach François Cuvilliés d. Ä. 1771

hen bisweilen auch große Arien mit deutlichen stilistischen Anleihen bei der Opera seria (Königin der Nacht).

Dem heutigen Repertoiregebrauch folgend, ordnen wir die Opern chronologisch nach ihrer Entstehung. – Die Personennamen lauten im italienischen Libretto oft recht anders als in der deutschen Fassung. Hier sind im jeweiligen Opern-»Vorspann« unter der Rubrik Personen die italienischen Namen *kursiv* gesetzt; die Handlung bringt meist die üblichen deutschen Entsprechungen. – Die Musiknummern tragen die Ziffern der NAW (vgl. die Literaturhinweise).

Apollo und Hyazinth (KV 38)
(»Apollo et Hyacinthus seu Hyacinthi Metamorphosis«)

Lateinische Komödie

Libretto: Rufinus Widl (nach Ovid und anderen antiken Autoren).
Uraufführung am 13. Mai 1767 in Salzburg.
Personen: *Oebalus*, König von Lakedaemon (Tenor); *Melia*, seine Tochter (Sopran); *Hyacinthus*, sein Sohn (Sopran); *Apollo* (Alt); *Zephyrus*, Freund des Hyacinthus (Alt); zwei Priester Apollos (Baß).
Orchesterbesetzung: 2 Oboen, 2 Hörner; Streicher, Generalbaß.
Gliederung: Prologus (Intrada D-Dur, Allegro), 1 Chor mit Solo, 2 Arien. – Chorus primus: 2 Arien, 1 Duett; Chorus secundus: 1 Arie, 1 Duett, 1 Terzett.

Handlung: König Oebalus opfert gemeinsam mit seinen Kindern Melia und Hyazinth dem Apollo, doch der weist das Opfer mit Blitz und Donner zurück. Überraschend erscheint der Gott selber den Ratlosen in Gestalt eines asylsuchenden Hirten, auf der Flucht vor Zeus. Bald wird klar, daß Apollo es auf das Mädchen Melia abgesehen hat, und sie ist auch bereit, den »Hirten« zu erhören. Unterdessen ist Hyazinth beim Spiel von einem Diskus tödlich getroffen worden; Zephyr behauptet, Apollo habe ihn erschlagen, aber es stellt sich heraus, daß er selbst der eifersüchtige Täter war, wie der Vater den letzten Worten seines sterbenden Sohnes entnehmen kann. Und Apollo selber berichtet Melia die grausame Wahrheit; zur Strafe wird Zephyr in einen Wind verwandelt. Zunächst aber glaubt Melia dem »Hirten« nicht und verweist ihn des Landes. Erst der Vater überzeugt sie von der Wahrheit und von der Identität des Mörders. Da kehrt Apollo zurück. Er verwandelt die Leiche ihres Bruders in ein blühendes Hyazinthenbeet; das Mißtrauen und den Zorn von Oebalus und Melia verzeihend, reicht er Melia die Hand zur Ehe.

Zum Werk und seiner Entstehung

Im Jahre 1767 entstand dieser erste Versuch einer Oper, daheim in Salzburg, wo Mozart ein knappes Jahr zwischen zwei großen Reisen in relativer Ruhe verbrachte. Den Auftrag erhielt der Elfjährige von der Salzburger Universität: Er sollte für eine der großen traditionellen Schüleraufführungen des Benediktinischen Universitätsgymnasiums zum Schuljahresende ein Werk komponieren. Als »Intermedium« inmitten der lateinischen Tragödie »Clementia Croesi« von Pater Rufinus Widl war diese kleine Oper über Apollo und Hyazinth – ohne Titel – vorgesehen. Das Libretto in lateinischer Sprache verfaßte der gleiche Pater Widl. Leopold Mozart gab dem Stück später in seinem Verzeichnis der Jugendwerke seines Sohnes den Titel. Bei der Aufführung waren Sprechstück und Oper auf komplizierte Weise miteinander verknüpft: Auf den »Prolog« der Oper folgten zwei Akte des Theaterstücks, dritter und vierter Akt wurden von den beiden Opernteilen (Chorus I und II) umrahmt. Die Handlung der Oper war durch das Motiv der Freundestötung mit dem Schauspiel über Krösus verknüpft.
König Oebalus wurde von einer Männerstimme (ein Student), alle übrigen Rollen von Knaben (zwischen 12 und 18 Jahren) ausgeführt. Aus dem Autograph der Oper geht hervor, daß Vater Leopold zumindest tatkräftig beratend zur Seite gestanden hat. Die Rezitative sind zwar in jambischen Trimeter-Versen gehalten, Mozart aber vertonte sie als Prosa.
Musikalisch verraten die beiden Teile des Werkes die Handschrift des lernenden kindlichen Komponisten. Sie sind in eine Folge von eher knappen Solonummern und Secco-Rezitativen gegliedert. Ungewöhnlich umfangreich ist einzig das Duett Nr. 6 Melia – Apollo, und der Chorus II beginnt ausnahmsweise mit einem Accompagnato-Rezitativ. Unter den Arien zeigt die Nr. 5 des Zephyrus zarte Empfindsamkeit vor allem auch in der Orchesterbegleitung; in der Arie Nr. 7 des Oebalus finden sich sogar einige programmatische, die Erregtheit des Textes ausdeutende Ansätze im Orchester. Insgesamt ist die Melodik kleinräumig motivisch gegliedert, noch ohne die späteren, so charakteristischen weiten Bögen Mozarts.

Bastien und Bastienne (KV 50)

Singspiel

Libretto: Friedrich Wilhelm Weiskern, Johann H. F. Müller und Johann Andreas Schachtner.
Uraufführung 1768 in Wien (?)
Personen: *Bastienne*, eine Schäferin (Sopran); *Bastien*, ihr Geliebter (Tenor); *Colas*, ein vermeintlicher Zauberer (Baß); Schäfer und Schäferinnen (Chor).
Orchesterbesetzung: 2 Flöten, 2 Oboen, 2 Fagotte, 2 Hörner; Streicher und Continuo.
Gliederung: Intrada (Allegro G-Dur, $^3/_4$). – 11 Arien, 2 Duette (und 1 Duett-Arioso), 1 Terzett.

Handlung: Bastienne trauert dem Geliebten nach, der sie verlassen hat, und sucht Rat bei Colas, der sich als Zauberer und Wahrsager ausgibt. Colas weiß in der Tat einen Rat: Da Bastien in Wirklichkeit nicht untreu, sondern nur durch die Aufmerksamkeiten einer edlen Dame ein wenig abgelenkt sei, solle Bastienne das Wesen dieses Schloßfräuleins nachahmen, sich kokett geben und so tun, als würde sie sich aus Bastien nicht sehr viel machen. Bastien, der reumütig zur Schäferin zurückkehren will, wendet sich ebenfalls an Colas, mit der Bitte, ihm Bastienne »zurückzuzaubern«. Der verkündet ihm, seine Geliebte sei nun genauso untreu, findet sich aber bereit, durch zauberkräftige Vermittlung die (in der Nähe wartende) Bastienne sogleich erscheinen zu lassen. Im folgenden Streitgespräch des Schäferpaares spielt sie die Spröde, bis sich die beiden glücklich versöhnen und dem weisen Colas Dank sagen für seine Künste.

Zum Werk und seiner Entstehung

»Bastien und Bastienne« ist Mozarts erstes deutsches Singspiel, als Vorläufer der »Entführung« und der »Zauberflöte« ebenso früh und jugendlich-genial im Erahnen der gattungstypischen Möglichkeiten wie die im gleichen Jahr 1768 entstandene Buffa »La finta semplice«. Allerdings näherte sich Mozart hier, anders als bei der Opera buffa, einem Genre, das noch neu und unverbraucht war, dessen Möglichkeiten auch noch weitgehend unausgeschöpft waren.
Das Libretto basiert auf Jean-Jacques Rousseaus beliebtem, 1752 uraufgeführtem Liederspiel »Le Devin du village« (»Der Dorfwahrsager«), das Mozart später, während seines Paris-Aufenthaltes 1778, gesehen haben könnte, vielleicht sogar in einer Parodie von Harry de Guerville sowie Charles-Simon Favart und Madame Favart (der Schauspielerin

und Komödiendichterin), als »Les amours de Bastien et Bastienne«; diese Textfassung wurde 1755–63 auch in Wien gespielt, in einer Übersetzung und Bearbeitung von Weiskern und Müller, die ein Freund der Mozarts, Schachtner, dann für den jungen Komponisten noch einmal bearbeitet hat. Die genaueren Umstände der Komposition sind nicht bekannt. Es ist anzunehmen, daß Mozart die Partitur 1767 in Salzburg begann und 1768 in Wien vollendete. Für eine Wiener Aufführung im Hause des berühmt-berüchtigten Magnetiseurs und Musikfreunds Dr. Anton Mesmer (desselben, der in »Così fan tutte« parodiert wird) spricht einiges, sie ist aber nicht gesichert.
Über »Bastien und Bastienne« heißt es bei Stefan Kunze: »Es gelang ein durch und durch vollendetes, überzeugendes Ganzes, in dem die Qualität des Vollendeten in Mozarts Musik zum ersten Mal zwingend zutage trat. Der besondere Zauber dieser Vollendung aber liegt wohl darin, daß sie das Gesicht einer selbstvergessenen Kindheit trägt. Aus ›Bastien und Bastienne‹ spricht nicht mehr die Stimme eines von der Idee der Rückkehr zur Natur begeisterten Philosophen, sondern die beglückende Stimme eines (allerdings unendlich geweckten) Kindes, ja der Kindheit schlechthin. Und was könnte mehr Gewähr für die menschliche Natur bieten als eben die Ursprünglichkeit des Kindes? Dabei ist, wie sich versteht, die Musik des Zwölfjährigen alles andere als ›kindlich‹« (»Mozarts Opern«, S. 37).
Alle Nummern dieser »Deutschen Operette« sind knapp und konzentriert und fangen doch in wenigen Takten prägnant das Wesentliche ein. Dabei ist es frappierend, wie sehr sich der Tonfall dieser Musik – ihrer melodischen Eingebungen – von jenen der Opera buffa unterscheidet: Er ist im besten Sinn volkstümlich, ohne jemals banal zu wirken, dabei von umwegloser melodischer Offenheit und Eindringlichkeit, wie wir es dann auch etwa an Papagenos Liedern in der »Zauberflöte« bewundern. Beispiele hierfür sind die beiden Arien der Bastienne Nr. 2

Andante

Tempo grazioso

und Nr. 5. Von den Dialogen hat Mozart übrigens nur einen Teil als Rezitative vertont (bis vor Duett Nr. 7), die restlichen blieben unkomponiert. – Komisch gestelztes c-Moll-Pathos bietet dagegen die »Zauber-Arie« des Colas (Nr. 10):

Die kleine Ouvertüre, Intrada genannt, ist monothematisch und befaßt sich nur mit jenem Dreiklangsthema,

das später zum Hauptthema des ersten Satzes von Beethovens »Eroica« werden sollte, freilich noch ohne dessen charakteristische chromatische Abwärtswendung im vierten Takt.

La finta semplice (KV 51)
(»Die verstellte Einfalt«)

Dramma giocoso in drei Akten

Libretto: Marco Coltellini nach einer Komödie von Carlo Goldoni. Uraufführung wahrscheinlich 1769 in Salzburg.
Personen: *Rosina*, ungarische Baronesse, Schwester von Fracasso (Sopran); *Don Cassandro*, Cremoneser Gutsbesitzer (Baß); *Don Polidoro*, sein jüngerer reicher Bruder (Tenor); *Giacinta*, beider Schwester (Sopran); *Ninetta*, Kammerzofe (Sopran); *Fracasso*, Kommandant einer bei Cremona stationierten ungarischen Truppe, Bruder von Rosina (Tenor); *Simone*, sein Sergeant (Baß).
Orchesterbesetzung: 2 Flöten, 2 Oboen, 2 Englischhörner, 2 Fagotte, 2 Hörner, 2 Jagdhörner; Streicher.
Gliederung: Ouvertüre (Sinfonia). – Akt I: 9 Arien, 1 Chor und Finale (Ensemble); Akt II: 8 Arien, 1 Duett und Finale (Ensemble); Akt III: 4 Arien und Finale (Ensemble).

Handlung: Cassandro und Polidoro sind Junggesellen: der eine als erklärter Weiberfeind, der überdies geizig ist, der andere gegen seinen Willen unter dem Einfluß seines Bruders, denn Polidoro ist genaugenommen eher ein Schürzenjäger. In ihre Schwester Giacinta ist der ungarische Hauptmann Fracasso verliebt, sein Sergeant Simone in deren Zofe Ninetta. Um zum Ziel zu gelangen, schlägt Ninetta vor, die wunderlichen Brüder verliebt zu machen. Da gerade der Besuch der Baronesse Rosina, der Schwester Fracassos, angesagt ist, soll sie die Verführerin spielen, was sie auch sogleich mit Spaß und Raffinesse übernimmt.
Nun beginnt ein turbulentes Spiel um Liebe, Eifersucht und Geld, voller Intrigen und Listen, in dessen Verlauf es Rosina tatsächlich gelingt, beide Brüder verliebt zu machen. Sie bringt Cassandro dazu, ihr einen wertvollen Ring zu überlassen, mit dem sie ihn fortan unter Druck setzt, denn er trennt sich zu ungern von Wertgegenständen. Polidoro erweist sich insgesamt als der plumpere und aufdringlichere, so daß sich Rosina schon recht bald Cassandro zuwendet, ohne es jedoch zunächst zu verraten. So werben beide um sie, es kommt sogar zu einem handfesten Duell zwischen Cassandro und Fracasso, wobei Rosina Cassandro rettet.
Ein letzter Trick bringt dann die Lösung: Giacinta reißt zum Schein mit allen Wertgegenständen der Brüder aus, und Ninetta flieht ebenfalls. So müssen der Hauptmann und sein Sergeant die beiden »Diebinnen« zurückholen. Als alle wieder versammelt sind, dürfen die beiden Paare natürlich heiraten – so erleichtert sind die Brüder darüber, daß sie ihre Schätze wiederhaben. Rosina reicht Cassandro die Hand, nicht ohne Polidoro noch schnell einen letzten Streich zu spielen.

Zum Werk und seiner Entstehung

Mozarts erste Opera buffa entstand 1768, auf Anregung Kaiser Josephs II., wobei der Wiener Hofopernintendant Giuseppe Afflisio das Libretto vermittelte; genau sind die Umstände, unter denen dieses Werk geboren wurde, bisher nicht geklärt. Auf jeden Fall war Leopold Mozart, der tatkräftig an der Vollendung mitwirkte, der Überzeugung, es sei nun an der Zeit, daß Wolfgang sich auf dem Gebiet der Oper einen Namen mache. Eine Aufführung kam dann jedoch in Wien nicht zustande, obwohl sogar während der Komposition schon Kontakt zu den vorgesehenen Sängern bestand. In seinen Briefen berichtet Leopold Mozart detailliert über Intrigen, die (angeblich?) die Oper zu Fall brachten. Eine spätere Aufführung 1769 in Salzburg ist wahrscheinlich, aber nicht gesichert.
»La finta semplice« ist das Werk eines Zwölfjährigen und als solches ein unbegreifliches Wunder der Musikgeschichte, denn bei allem Verhaftetsein in den bereits traditionellen Bahnen der Buffa ist diese Partitur

ein Geniestreich, mit zahllosen versteckten und offenkundigen Hinweisen auf Mozarts kommende Meisterschaft auf dem Gebiet der Opera buffa. Ein Glücksfall war natürlich, daß ihm hier ein zündendes Libretto vorlag, das nach einer Vorlage von Goldoni gearbeitet war, voll sprühender Einfälle und Überraschungen.
Als Ouvertüre übernahm Mozart mit einigen Änderungen seine Symphonie KV 45, die er schon im Januar des Jahres 1768 komponiert hatte, also noch ohne Beziehung zur nachfolgenden Oper. Sie ist dreiteilig, eine typische italienische Sinfonia. Es ist unverkennbar, daß bereits in diesem Opern-Frühwerk die einzelnen Personen einen charakteristischen Tonfall haben, was weit vorausweist auf Pendants in späteren Meisteropern: Rosina, als eigentliche Hauptperson, auf die (gleichnamige) Gräfin im »Figaro«, eine Figur voll liebenswürdigem Charme und Spielwitz, ausgestattet mit blühender Kantabilität und farbig leuchtender Instrumentation – hier als Beispiel der Anfang ihrer Arie Nr. 9 mit solistischer Oboe und der charakteristischen Farbe je eines Englischhorns und des Jagdhörnerpaares:

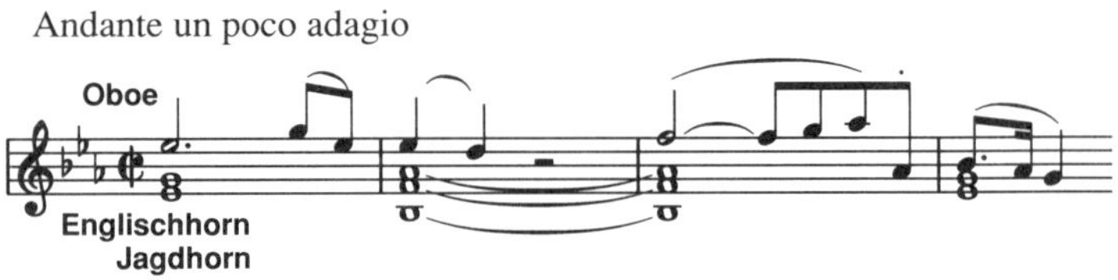

Giacinta mag als Vorläuferin von Dorabella in »Così fan tutte« gelten, Ninetta als frühe Zofenstudie vor Despina und Zerlina, Simone als Wegweiser zu Leporello. (Die Arie des Polidoro Nr. 7 »Cosa ha mai la donna« – »Was hat nur diese Frau«, wurde übrigens aus Mozarts geistlichem Singspiel »Die Schuldigkeit des ersten Gebots«, KV 35, übernommen und als »Parodie« neu textiert.)
Mozarts Theatersinn dokumentiert sich in einigen herrlich lebendigen Szenen, etwa der parodistischen Duellszene, einem Standardmotiv aus der Requisitenkammer der Opera buffa, oder in den handfest witzigen, anspielungsreichen Verführungsszenen zwischen Rosina und den beiden Brüdern.

Mitridate, re di Ponto (KV 87)
(»Mithridates, König von Pontus«)

Opera seria in drei Akten

Libretto: Vittorio Amadeo Cigna-Santi (1725–85), nach Racines Tragödie »Mithridate« von 1673.
Uraufführung am 26. Dezember 1770 in Mailand.
Personen: *Mitridate*, König von Pontus (Tenor); *Aspasia*, seine Geliebte (Sopran); *Sifare*, sein Sohn, Liebhaber der Aspasia (Sopran); *Farnace*, erstgeborener Sohn des Mitridate (Alt); *Ismene*, Tochter des Königs der Parther und Geliebte des Farnace (Sopran); *Marzio*, römischer Tribun und Freund des Farnace (Tenor); *Arbate*, Gouverneur von Ninfea (Sopran).
Ort und Zeit der Handlung: Pontischer Königshof, 1. Jh. v. Chr.
Orchesterbesetzung: 2 Flöten, 2 Oboen, 2 Fagotte, 2 Hörner, 2 Trompeten; Streicher.
Gliederung: Ouvertüre (Allegro D-Dur, $^4/_4$; Andante grazioso A-Dur, $^2/_4$; Presto D-Dur, $^3/_8$). – Akt I: 9 Arien, 1 Marsch; Akt II: 7 Arien, 1 Duett; Akt III: 6 Arien, 1 Chor.

Handlung: Beide Söhne des Königs, Sifare und Farnace, lieben die bereits zur Königin proklamierte Aspasia, die sich zwar an ihr Versprechen gegenüber Mitridate gebunden fühlt, insgeheim aber Sifare liebt. Bereits totgesagt, kehrt Mitridate unerwartet von einem Feldzug heim. In seiner Begleitung ist Ismene, von der sich Farnace abgewandt hat. Dennoch beharrt Mitridate auf ihrer Heirat. Nach und nach hört er, was sich in seiner Abwesenheit angebahnt hat. Farnace wird wegen eines Komplotts mit den Römern eingekerkert. Ihm droht ebenso eine harte Strafe wie seinem Bruder Sifare, von dessen Liebe zu Aspasia der König dank einer List erfährt.
Ismene versucht Mitridate zur Milde zu bewegen; ein römischer Angriff ruft ihn wieder zu den Waffen. Sifare hindert Aspasia am Selbstmord. Marzio befreit Farnace aus dem Kerker, doch Farnace schreckt vor weiterem Betrug gegen den Vater zurück und beginnt seine Taten zu bereuen. Im Feld hat sich Mitridate in seiner Enttäuschung selbst eine tödliche Verwundung beigebracht. Zurückgekehrt läßt er Gnade walten: Sifare erhält die Hand Aspasias und die Herrscherwürde, Farnace die erbetene Verzeihung. So kann er glücklich sterben.

Zum Werk und seiner Entstehung

Am 12. März 1770 erhielt Mozart in Mailand den Auftrag, für das Teatro Regio-Ducal der Stadt eine Oper zu komponieren, die Weihnachten 1770 aufgeführt werden sollte. Erst am 27. Juli bekam er das

Libretto, das bereits 1767 in der Vertonung Quirino Gasparinis in Turin aufgeführt worden war. Mozart begann die Arbeit Ende September mit den Rezitativen, denn die mußten als erste vorliegen und einstudiert werden. Zur anschließenden Komposition der Arien war seine Anwesenheit in Mailand vertraglich festgelegt worden, er hatte sie, dem Brauch der Zeit folgend, den Sängern »auf den Leib zu komponieren«. Die vielen Schwierigkeiten, die sich im Umgang mit den Sängern und mit der Mailänder Musikszene ergaben, hat Leopold Mozart in seinen Briefen nach Salzburg dokumentiert. Darüber hinaus legen die zahlreichen Skizzen und verworfenen Fassungen einzelner Arien Zeugnis ab von den Mühen der Entstehung. Die Proben begannen Anfang Dezember, und die Uraufführung fand am 26. Dezember statt – die Zustimmung des Publikums war überwältigend und bedeutete für Mozart einen großen persönlichen Erfolg.

Die Ouvertüre folgt dem alten dreiteiligen Seria-Muster mit drei kontrastierenden Sätzen: der erste ein rauschendes *Allegro*, der zweite ein tänzerisches *Andante grazioso* der Streicher mit darangekoppelten Flöten über gezupftem Baß, der dritte ein motivisch-kleinteilig dahineilendes *Presto*. Im übrigen reiht die Oper in typischer Seria-Manier Arien und Rezitative aneinander. Doch unter ihnen gibt es einige frühgeniale Höhepunkte, so die Solo-Szene der Aspasia (Nr. 21 »Ah ben ne fui presaga«), eine Es-Dur-Cavatina, eingebettet in ein ausdrucksvolles »Recitativo accompagnato«, voll expressiver Melodiebögen mit großem Intervall-Ambitus; auch Sifares folgende leidenschaftliche c-Moll-Arie (Nr. 22 »Se il rigor«), in der das Orchester den erregten Gesang mit unruhigen Synkopen, Tremoli und Staccato-Achteln begleitet, und schließlich Aspasias hochbedeutende erste Arie (Nr. 4 »Nel sen mi palpita«): hier breitet sie den ganzen inneren Zwiespalt aus, in den sie die beiden unterschiedlichen Brüder und deren Vater Mitridate gestürzt haben – ein früher Leidenschaftsausbruch in Mozarts persönlichster

Tonart g-Moll, voller Orchestertremoli und in der Singstimme erregt deklamierend, vgl. das Notenbeispiel S. 102. Die beiden Arien des Sifare und der Aspasia im zweiten Akt (Nr. 13 und 14) mit ihren Rezitativen bilden eine ungemein ausdrucksvolle, groß angelegte Liebesszene; in Sifares Arie erklingt ein solistisch eingesetztes Horn.

Ascanio in Alba (KV 111)

Serenata teatrale in zwei Akten

Libretto: Giuseppe Parini (1729–99).
Uraufführung am 17. Oktober 1771 in Mailand.
Personen: *Venere*, die Göttin Venus (Sopran); *Ascanio*, ihr Sohn (Mezzosopran); *Silvia*, eine Nymphe (Sopran); *Aceste*, Priester der Venus (Tenor); *Fauno*, Anführer der Hirten (Sopran); Genien (gemischter Chor), Hirten (Männerchor), Hirtinnen (Frauenchor).
Orchesterbesetzung: 2 Flöten, 2 Oboen, 2 Hörner, 2 Trompeten; Pauken, Streicher und Generalbaß sowie 2 »Serpenti« (wahrscheinlich Englischhörner in gewundener Form).
Gliederung: Ouvertüre (Allegro assai, D-Dur). – Teil I: 8 Arien, 3 Chöre (mehrfach wiederholt), Tanz der Grazien; Teil II: 6 Arien, 1 Terzett, 4 Chöre (mehrfach wiederholt).

Handlung: Venus eröffnet ihrem Sohn, daß sie ihm die Nymphe Silvia zur Frau bestimmt habe. Zu diesem Zweck hatte bereits Amor in Ascanios Gestalt Silvias Liebe entzünden müssen. Silvia ahnt nicht, daß der namenlose Jüngling aus ihren Träumen der Sohn der Venus ist. Ascanio darf seine künftige Gattin, für die er entflammt, sehen, aber sich ihr noch nicht zu erkennen geben. Venus läßt vor aller Augen die Stadt Alba entstehen – aus Baumstämmen werden durch eine zauberische symbolische Verwandlung die Säulen der künftigen Bauwerke. Ascanio soll in Alba herrschen. Unter den Hirten versteckt, wird er Zeuge, wie gehorsam Silvia, entgegen ihren Empfindungen, die Weisung der Göttin annimmt, Ascanio, einen vermeintlich anderen als ihren Geliebten, zu heiraten. Selbst als Ascanio ihr entgegentritt und sie in ihm den Jüngling ihrer Traumgesichte erkennt, so daß ihr ganzer Zwiespalt offenkundig wird, bleibt sie fest – die Prüfung ist bestanden, und Venus führt sie mit Ascanio glücklich zusammen.

Zum Werk und seiner Entstehung

Der Auftrag zu »Ascanio in Alba« erreichte Mozart in Italien. Kaiserin Maria Theresia bestellte diese »Serenata teatrale« für die Hochzeitsfeier ihres Sohnes, des Erzherzogs Ferdinand, mit der Prinzessin Maria Beatrice d'Este, einer Tochter des Fürsten von Modena, im Oktober 1771 in Mailand. Daher die Wahl des Themas: Venus symbolisiert die Kaiserin Maria Theresia, mit Ascanio und Silvia ist das kaiserlich-fürstliche Brautpaar gemeint. Mozart erhielt das Libretto des in Wien erfolgreichen italienischen Dichters Giuseppe Parini Ende August 1771. Er machte sich unverzüglich an die Arbeit und schrieb als erstes, entgegen späterer Gepflogenheit, die Ouvertüre. Gegen Ende September war die Arbeit bereits abgeschlossen, so daß die Proben beginnen konnten, die bis zum 14. Oktober dauerten. Und am 17. Oktober, zwei Tage nach der fürstlichen Hochzeit im Mailänder Dom, fand die Uraufführung im herzoglichen Theater unter großem Beifall statt, einen Tag nach der konkurrierenden Festaufführung von Johann Adolf Hasses Oper »Il ruggiero ovvero l'eroica gratitudine«.
Die Oper – im traditionellen Stil der Opera seria – gliedert sich in zwei Teile (Akte) mit insgesamt 33 Musiknummern, wobei allerdings die Mehrzahl der Chöre teilweise mehrfach wiederholt wird. Ein Ballett zu dieser Oper ist bis auf die Generalbaßstimme verloren. – Der erste Teil wird durch ein Instrumentalstück (*Andante grazioso*) eingeleitet, zu dem Grazien tanzen sollen. Der Stil der Musik ist dem repräsentativen Gattungsstil wie dem festlichen Anlaß einer höfischen Galaveranstaltung angemessen. Allerdings gibt es immer wieder auch Momente der Verinnerlichung und des gefühlvollen Verweilens, besonders deutlich in der Cavatina (Nr. 17) der Silvia, einem zarten Es-Dur-Andante:

In einigen weiteren Arien gibt es kontrastierende ruhige Mittelteile, z. B. in der anderen großen Arie der Silvia (Nr. 19), wo sich zwischen

die beiden bewegten Außenteile ein *Andante grazioso* im $^{3}/_{8}$-Takt einfügt. Die zweite Ascanio-Arie (Nr. 16) wechselt gar mehrfach kontrastierend Metrum, Tempo und Ausdruck (*Adagio* ¢, *Allegro* $^{4}/_{4}$, *Andante* $^{6}/_{8}$). Für Ascanios dritte Arie (Nr. 25) schreibt Mozart den Einsatz von zwei »Serpenti« vor, bei denen es sich allem Anschein nach um Englischhörner in gewundener Form handelt.
Die Ouvertüre ist wie ein Sonatensatz ohne Durchführung gebaut (*Allegro assai*, $^{4}/_{4}$).

Anstelle einer Durchführung taucht für wenige Takte, als Verbindungsglied zur Reprise, ein neuer Gedanke in der Dominante auf.

Il sogno di Scipione (KV 126)
(»Der Traum des Scipio«)

Azione teatrale

Libretto: Pietro Metastasio (1698–1782), in Anklang an »Somnium Scipionis« aus Cicero, »De re publica«.
Personen: *Scipione*, römischer Feldherr (Tenor); *Costanza*, die Göttin der Beständigkeit (Sopran); *Fortuna*, die Göttin des blinden Glücks (Sopran); *Publio*, Adoptivgroßvater des Scipione (Tenor); *Emilio*, Vater des Scipione (Tenor); Chor der Helden.
Orchesterbesetzung: 2 Flöten, 2 Oboen, 2 Fagotte, 2 Trompeten; Pauken, Streicher.
Gliederung: Ouvertüre (Allegro moderato; Andante D-Dur). – 9 Arien, ein Chor; Licenza I/II: 2 Arien (Sopran), 1 Chor.

Handlung: Dem römischen Feldherrn und Konsul Scipione – gemeint ist Publius Cornelius Scipio d. J. (gest. 129 v. Chr.) – erscheinen im Traum die Göttinnen der Beständigkeit und des Glücks und stellen sich ihm vor: Eine von ihnen möge er als Gefährtin für seinen künftigen Lebensweg erwählen. Sie lassen ihm seinen Adoptivgroßvater Publio (d. i. Scipio d. Ä.), den Bezwinger Afrikas, und seinen Vater Emilio (d. i. L. Aemilius Paullus) erscheinen zum Beweis, daß er sich im »Himmelstempel« befinde. Beglückt äußert Scipio den Wunsch, bei ihnen zu bleiben. Doch seine Zeit auf Erden ist noch nicht um, und man drängt ihn zur Wahl der Göttin; einen Rat wollen ihm die beiden Alten dabei nicht geben. Scipio entscheidet sich für die Beständigkeit, gegen das Glück. Fortuna ist erzürnt und droht mit Unglück. Scipio aber erwacht – die Allegorie, ein typisch barockes Huldigungsgedicht auf die herrscherliche Weisheit, ist erfüllt.

Zum Werk und seiner Entstehung

Die Umstände der Entstehung sind beim »Traum des Scipio« nur indizienweise und bruchstückhaft erhellt. Neuere Forschungen haben ergeben, daß das Werk wohl schon zwischen April und August 1771, nicht erst 1772 entstanden ist und daß es allem Anschein nach im Jahre 1772 nicht zur Aufführung gelangte. Ursprünglich war die Komposition dem Erzbischof Sigismund von Schrattenbach, wohl zu dessen 50. Jubiläum der Priesterweihe im Januar 1772, zugedacht gewesen; er starb jedoch Ende des Jahres 1771. So wurde sie seinem Nachfolger Colloredo gewidmet, wie aus der Anrede im ersten Rezitativ der »Licenza« hervorgeht. (Eine Licenza ist ein Epilog zu einem Bühnenwerk, als Einlage, in der eine vornehme Persönlichkeit geehrt wurde. Sie bestand in der Regel aus Rezitativ und Arie sowie einem abschließenden Chor. Im vorliegenden Fall gibt es zwei Kompositions-Varianten, von denen eine wohl erst im Frühjahr 1772 entstanden sein dürfte.)

Die Eigentümlichkeit dieses Jugendwerkes von Mozart beruht auf seinem Charakter als »Traumspiel«, dem deshalb – und auch wegen seiner Herkunft vom Typus der barocken allegorischen, eher statischen Rappresentatione – jede Dramatik, jede bühnenwirksame Konfliktzuspitzung fehlt. Die Musik folgt dem vorgegebenen Muster der Opera seria in einer Reihung von Arien ohne Ensembles, unterbrochen lediglich durch Secco-Rezitative. Nur innerhalb des letzten Rezitativs vor der Licenza schiebt Mozart ausnahmsweise ein Accompagnato-Rezitativ ein, in dem auf programmatisch-stilisierte Weise mit Pauken und Trompeten Blitz und Donner simuliert werden. In den Arien wendet sich Mozart vom strengen Dacapo-Prinzip ab und bevorzugt überwiegend die Form der Wiederholung »dal segno«, also nur eines Teils von Abschnitt A. Dagegen folgen die beiden Fassungen der Licenza-Arien der variierten Zweiteiligkeit (AA').

Die D-Dur-Ouvertüre ist nur zweiteilig: auf ein *Allegro moderato* folgt als langsamer Abschnitt ein 3/4-*Andante*, das dann, statt des eigentlich üblichen schnellen dritten Teils, direkt in das erste Rezitativ überleitet:

Lucio Silla (KV 135)

Dramma per musica in 3 Akten

Libretto: Giovanni de Gamerra (1743–1803).
Uraufführung am 26. Dezember 1772 in Mailand.
Personen: Lucio *Silla*, römischer Diktator (Tenor); *Cecilio*, geächteter Senator (Tenor); *Giunia*, Cecilios Braut, Tochter des Gaius Marius, der Sillas Gegner im Bürgerkrieg war (Sopran); Lucio *Cinna*, römischer Patrizier, Freund Cecilios und heimlicher Gegner Sillas (Sopran); *Celia*, Sillas Schwester (Sopran); *Aufidio*, ein Tribun, Freund Sillas (Tenor); Wachen, Senatoren, Vornehme, Soldaten, Volk (Chor).
Ort und Zeit der Handlung: Rom, in den Jahren nach der Erhebung des Lucius Cornelius Sulla zum Diktator (82 v. Chr.).
Orchesterbesetzung: 2 Flöten, 2 Oboen, 2 Fagotte, 2 Hörner, 2 Trompeten, 2 Pauken; Streicher, Generalbaß.
Gliederung: Ouvertüre (Molto allegro D-Dur, 4/4; Andante A-Dur, 2/4; Molto allegro D-Dur, 3/8). – Akt I: 5 Arien, 1 Duett, 1 Chor; Akt II: 9 Arien, 1 Terzett, 1 Chor; Akt III: 4 Arien, Finale mit Chor.

Handlung: 1. Akt. Cecilio wurde von Silla (gemeint ist L. Cornelius Sulla) verbannt, seine Braut Giunia hält ihn für tot. Silla will sie zwingen, ihn zu heiraten. Heimlich treffen sich der zurückgekehrte Cecilio und Giunia und versichern sich ihrer Liebe. – 2. Akt. Silla droht, Giunia mit dem Tod zu bestrafen, wenn sie ihn nicht erhört; zunächst will er sie noch heute zur öffentlichen Verlobung zwingen; seine Schwester Celia soll Cinna heiraten, den sie heimlich liebt. – Cecilio ist inzwischen zum Mord am Tyrannen entschlossen. – Cinna rät Giunia, Silla zum Schein zu erhören und ihn dann des Nachts im Bett zu erschlagen; sie weigert sich, deshalb plant er selber den Mord. Um Giunias Widerstand zu brechen, präsentiert Silla sie dem Senat und dem Volk als seine Braut; sie verweigert sich wieder empört und droht, sich zu erdolchen. Da treten Cecilio und Cinna mit gezückten Schwertern auf. Cinna hindert Cecilio zum Schein am

Tyrannenmord. Giunia will ihren Geliebten retten und bittet ihn, sich zu ergeben. Er wird ins Gefängnis geworfen. – 3. Akt. Cinna möchte Cecilio und Giunia retten; Celia soll ihren Bruder zur Umkehr bewegen, als Lohn bietet er ihr seine Hand. Cecilio und Giunia treffen sich im Gefängnis zum letzten Lebewohl. Zur großen Überraschung aller läßt nun Silla Gnade walten: Giunia darf Cecilio heiraten, alle Verbannten dürfen heimkehren, er verzeiht auch Cinna, gibt ihm seine Schwester Celia zur Gattin und verzichtet selber zugunsten der Republik auf die Herrschaft. Die Römer preisen die Huld ihres großmütigen Silla.

Zum Werk und seiner Entstehung

Im März 1771 erhielt Mozart in Verona den Auftrag zur Komposition einer Oper für das Mailänder Teatro Regio-Ducal zur Karnevalssaison 1773 – eine weitere hohe Ehre für den Fünfzehnjährigen, der mit seinem »Mitridate« bereits 1770 an gleicher Stelle beeindruckt hatte. Die Bezeichnung »Karnevalssaison« muß aus heutiger Sicht mißverständlich erscheinen; gemeint ist eher eine allgemeine, zeitlich begrenzte und auf die Karnevalswochen fixierte Wintersaison der Oper. Daher gelangten Werke aller Art zur Aufführung, also sowohl Buffo- wie vor allem Seria-Opern. Das – von Metastasio überarbeitete – Libretto verfaßte der Mailänder Theaterdichter Giovanni de Gamerra (1743–1803), der 1775 als Hofdichter nach Wien überwechselte. Seine Neigung galt dem »Opernspektakel«, mit Balletten, Chören und massivem Einsatz der Theatertechnik. Die Handlung der Oper basiert in den Grundzügen auf der Lebensbeschreibung des römischen Diktators Lucius Cornelius Sulla (138–78 v. Chr.), wie sie bei Plutarch nachzulesen ist. Sie ist – bei aller Seria-Typisierung – reich an besonderen, ungewöhnlichen und auch unheimlichen Effekten und Situationen.
1774 vertonte übrigens Johann Christian Bach für Mannheim das gleiche Libretto mit Kürzungen des ungewöhnlich langen zweiten Aktes. Mozart komponierte seinen »Lucio Silla«, wie damals üblich, für eine Reihe bestimmter, vertraglich im Jahr zuvor für diese Aufgabe an das Mailänder Haus gebundener Sänger, darunter zwei höchst prominente Primadonnen und ein ebenfalls bekannter Tenor (Arcangelo Cortoni), der jedoch im Winter 1772/73 erkrankte und kurzfristig durch einen weniger geeigneten Sänger ersetzt werden mußte. Deshalb wurden zur Premiere zwei der vier Silla-Arien gestrichen.
Das Werk entstand wohl in der zweiten Jahreshälfte 1772, wobei zunächst alle Rezitative und dann die Arien komponiert wurden, wie

damals üblich, denn die Sänger studierten zuerst die Rezitative ein. Auffällig an Mozarts Oper ist, neben ihrer für damalige Verhältnisse ungewohnten Länge, daß es ihm vor allem im ersten Akt gelang, mehrere Nummern zumindest ansatzweise zu einer größeren geschlossenen Einheit zusammenzufügen (Arie Nr. 4 bis zum Ende); hier wird am Schluß auch der Chor mit einbezogen. Der stereotype Wechsel von Rezitativen und Arien, wie er in den beiden anderen Akten vorherrscht, ist zurückgedrängt zugunsten eines musikalisch-dramatischen Kontinuums. Äußeres Kennzeichen ist die durchgehende Streicherbegleitung.
Ungewöhnlich für die damalige Praxis ist auch Mozarts verhältnismäßig abwechslungsreiche und farbige Instrumentierung: Er weicht häufig von den in Italien gebräuchlichen Standards ab, indem er die Bläser stärker mit einbezieht und sie auch individueller koppelt. Das gilt auch und gerade für die oft separat geführten Hörner und Trompeten sowie für die Pauken, die außer in der Ouvertüre noch in drei Arien erklingen. Beispiele für ungewöhnliche, charakteristische Orchesterfarben finden sich an vielen Stellen: etwa in der Giunia-Szene des dritten Aktes, in der c-Moll-Arie Nr. 22 (»Fra i pensier più funesti« – »In den düstersten Gedanken«) mit ihren gedämpften Violinen und gezupften Bässen, und im vorangehenden Rezitativ, wo die beiden Flöten sich mit den geteilten Bratschen verbinden und gemeinsam mit den Pizzicato-Violinen eine fast exotisch spukhafte Klangfarbe erzielen:

Auch das Fagottpaar löst sich mehrfach – sowohl in der genannten Giunia-Arie wie in der Szene 7 des ersten Aktes – aus der bisher gewohnten festen Bindung an die Baß-Stimme und wird obligat geführt.
Die 18 Arien des Werkes zeigen verschiedene formale Muster: Neben drei durchkomponierten Arien (Nr. 9, 13, 22) gibt es sowohl solche, die der »dal-segno«-Form folgen, in denen also der Schluß des A-Teils am Ende wörtlich wiederholt wird, als vor allem auch Nummern, die der Sonatenform folgen (Nr. 4, 11, 16, 21). Im übrigen hält sich Mozart bezüglich bestimmter überlieferter Gewohnheiten an die Tradition. Hochbedeutend sind darüber hinaus manche Passagen in den Accompagnato-Rezitativen, darunter vor allem einige längere ungemein cha-

rakteristische Orchesterzwischenspiele (Szene 7 im ersten, Szene 3 und 11 im zweiten Akt).

Die Ouvertüre folgt dem dreiteiligen Muster der italienischen Opernsinfonia (ABC: schnell/langsam/schnell), wobei der erste *Allegro*-Teil so lang ist wie die beiden folgenden Abschnitte zusammen und eine sehr charakteristische motivische Durchgestaltung erkennen läßt:

Molto allegro

»Lucio Silla« ist ein geniales Dokument aus Mozarts Jugendjahren, das mehr Beachtung verdient hätte: Sein phantasievoll-bizarres Libretto beflügelte den Komponisten zu großer Originalität, trotz aller selbstverständlichen Bindungen an traditionelle Vorgaben.

La finta giardiniera (KV 196)
(»Die Gärtnerin aus Liebe«)

Dramma giocoso in drei Akten

Libretto: Giuseppe Petrosellini (?).
Uraufführung am 13. Januar 1775 in München.
Personen: Don *Anchise*, Podestà (Bürgermeister) von Lagonero, Liebhaber der Sandrina (Tenor); Marchesa Violante Onesti, Geliebte des Grafen Belfiore, unter dem Namen *Sandrina* als Gärtnerin verkleidet (Sopran); Contino (Graf) *Belfiore*, zunächst Liebhaber der Violante und jetzt der Arminda (Tenor); *Arminda*, vornehme Dame aus Mailand, zunächst Liebhaberin des Cavaliere Ramiro und jetzt dem Grafen Belfiore als Braut versprochen (Sopran); Cavaliere *Ramiro*, Liebhaber der Arminda, von dieser verlassen (Sopran); *Serpetta*, Kammerzofe des Podestà (Sopran); Roberto, Diener der Violante, der sich unter dem Namen *Nardo* als ihr Vetter ausgibt, als Gärtner verkleidet (Baß).
Ort und Zeit der Handlung: Landgut des Podestà in Lagonero, um 1750.
Orchesterbesetzung: 2 Flöten, 2 Oboen, 2 Fagotte, 4 Hörner, 2 Trompeten, 2 Pauken; Streicher, Continuo.
Gliederung: Ouvertüre (Allegro D-Dur, 4/4; Andante (Andantino) grazioso A-Dur, 2/4). – Akt I: 10 Arien, Finale; Akt II: 10 Arien, Finale; Akt III: 4 Arien (zwei davon mit Duett) und Finale.

Handlung: 1. Akt. Ramiro liebt Arminda, sie aber liebt Belfiore. Der wiederum hat vor Jahresfrist seine Geliebte Violante niedergestochen und verlassen. Sie gilt für tot und lebt nun, als Gärtnerin verkleidet, unter dem Namen Sandrina unerkannt beim Podestà auf der Suche nach ihrem Geliebten. Der Podestà hat sich in sie verliebt und möchte sie heiraten, was wiederum Serpetta eifersüchtig macht, die ihren Herrn liebt. Nardo, der verkleidete Diener Violantes, ist wütend, weil Serpetta ihn überhaupt nicht beachtet, obwohl er in sie verliebt ist. Sandrina ist unglücklich über den Lauf der Dinge und möchte abreisen.
Arminda trifft beim Podestà ein, in Erwartung des ihr versprochenen Bräutigams: es ist Graf Belfiore, der sich ihr vorstellt und sich sogleich ins beste Licht zu rücken versucht; und er scheint Arminda zu gefallen. Nardo bemüht sich indessen, Serpetta davon zu überzeugen, daß ein älterer Mann (wie er) für sie besser geeignet sei als ein junger, den sie sich wünscht. Im Gespräch mit der hochmütigen Arminda erfährt Sandrina von deren bevorstehender Hochzeit mit Belfiore, ihrem gesuchten Geliebten. Sie fällt in Ohnmacht; der hinzutretende Graf erkennt erschrocken die totgeglaubte Geliebte, behält das aber für sich. Und als Ramiro auftaucht, ist Arminda ihrerseits bestürzt über das Wiedersehen mit ihrem ehemaligen Freund – Bestürzung und Ratlosigkeit allenthalben! Auch der Podestà erscheint und bekommt gerade mit, wie der Graf vor Sandrina niederkniet, die ihre Identität nicht eingestehen will; der Podestà und Arminda fallen wütend und voller Spott über die beiden her.
2. Akt. Ramiro versucht vergeblich, Arminda zurückzugewinnen. Der Graf aber schwankt nun ratlos zwischen Arminda und Sandrina; Arminda zeigt sich ihm unbeherrscht und rachsüchtig in ihrer ganzen Wut. Unterdessen treibt Serpetta neckend ihr Spiel mit dem armen Nardo weiter. – Der Graf erliegt immer mehr dem Charme Sandrinas, immer noch unsicher, ob sie wirklich seine Violante ist. Er macht ihr verwirrte Liebeserklärungen. Den Handkuß aber, den er ihr zugedacht hat, erhält aus Versehen der dazwischentretende Podestà, der ihr seinerseits wieder den Hof macht. – Gerade will Arminda ihre Heirat mit dem Grafen vorantreiben, da überbringt Ramiro die Nachricht, daß ebendieser Graf als Mörder gesucht werde. Daraufhin schiebt der Podestà die Hochzeit auf. Empört weist Arminda Ramiro von sich, der sich ihr zu nähern versucht. Nichtsahnend tritt der Graf hinzu und wird sogleich ins Verhör genommen. Er verwickelt sich in Widersprüche, gibt schließlich den Mordversuch zu – da kommt ihm Sandrina zu Hilfe: Violante sei nur verwundet worden, und sie gibt sich zu erkennen. Eine Versöhnung zwischen den beiden kommt (noch) nicht zustande. – Der Podestà und Ramiro beratschlagen, da erfahren sie von Serpetta, daß Sandrina geflohen ist. So macht man sich auf die Suche. Dem Nardo aber verrät Serpetta, daß in Wahrheit Arminda die Gärtnerin verschleppen ließ. – Einsam und verlassen findet sich Sandrina im tiefen Wald wieder. Doch man entdeckt sie bald, nachdem es im Dunkeln zu den überraschendsten Verwechslungen der verschiedenen Liebespaare gekommen ist, so daß sich alle Anwesenden kräftig in die Haare geraten, wobei sich dem Grafen und Sandrina zunächst einmal die Sinne zu verwirren scheinen.

3. Akt. Serpetta hält Nardo weiterhin kokett hin. Der Podestà will nun alles mit einem Machtwort regeln und sich vor allem Sandrina sichern. Arminda und Ramiro bedrängen ihn beide: Sie will ihren Grafen immer noch, und er möchte sie wiederhaben. Sie aber weist ihn wieder ab. – Sandrina und der Graf erwachen aus ihrem Wahn, erkennen sich, und nach anfänglichem Zögern und Zurückweisen finden sie endlich wieder zueinander. Sie stellen sich dem Podestà als Brautpaar vor, und Arminda reicht zerknirscht in Reue ihrem Ramiro die Hand – sie war es, die den Grafen zum Mord angestiftet hatte. Violante-Sandrina verzeiht ihr. Und auch Serpetta gibt endlich Nardo, der sich inzwischen als Violantes Diener entpuppt hat, die Hand zum Bunde. Dem Podestà aber bleibt nur die Hoffnung auf eine neue Sandrina . . .

Zum Werk und seiner Entstehung

Wie so oft bei Mozarts Opern, ist auch die Entstehungsgeschichte der »Finta giardiniera« nicht in allen Einzelheiten dokumentiert und gesichert. So deuten nur Indizien auf Giuseppe Petrosellini als den Librettisten; das Buch wurde bereits 1773/74 von Pasquale Anfossi vertont und 1774 in Rom aufgeführt. Mozart erhielt den Auftrag für München vom dortigen Intendanten, dem Grafen Joseph Anton von Seeau. Die Arbeit an der Partitur ist allem Anschein nach im Herbst 1774 noch in Salzburg begonnen worden. Zu den Proben war Wolfgang Amadeus mit seinem Vater ab 6. Dezember in München. Die Uraufführung verschob sich dann vom 29. Dezember mehrfach, bis zum 13. Januar 1775; sie fand jedoch nicht, wie sonst üblich, unter der Leitung des Komponisten statt. Insgesamt kam es, trotz eines großen Erfolges, nur zu drei Vorstellungen. Als Deutsches Singspiel, meist unter dem Titel »Die verstellte Gärtnerin«, erlebte die Oper 1780–82 einige Aufführungen in Augsburg, Frankfurt und Mainz. Hierfür paßte Mozart vier Rezitative mit Orchester der Übersetzung von Franz Joseph Stierle an.
Mozart hat mit seiner Musik zweifellos das verwirrende und voller Buffo-Klischees steckende Libretto geadelt, ohne es jedoch zu echter Bühnenwirksamkeit retten zu können. Es ist auffällig, daß er in einigen Szenen, die im Grunde nicht nur ernst, sondern auch parodistisch angelegt sind, manche Eigentümlichkeiten des Seria-Stiles mit einbezog. Zwei Beispiele für diese dramatische Ernsthaftigkeit, die im Lustspiel fast ein wenig deplaziert wirkt, sind Armindas g-Moll-Arie (Nr. 13 »Vorrei punirti, indegno« – »Ich wollte dich, Nichtswürdiger, . . .«) und Ramiros c-Moll-Arie (Nr. 26 »Va pure ad altri in braccio« – »Geh nur in den Arm anderer«). Auch Sandrinas Szene im einsamen Wald

gehört hierher, ebenfalls im düsteren c-Moll und *Allegro agitato*, geprägt durch ein ständig bohrend wiederholtes charakteristisches Motiv im Orchester

mit seinem »störenden« f-Akzent auf dem letzten Taktteil.
Eine bezaubernde Buffo-Szene voll intimer Zwischentöne der Ernsthaftigkeit ist das Duett (»Dove mai son!« – »Wo bin ich denn?«) von Sandrina und dem Grafen, wenn sie aus ihrem Traum erwachen (Nr. 27). Und auch die Finali der ersten beiden Akte sind in ihrer Ausgefeiltheit Wegweiser zu den großen Finali der späteren Opere buffe: das des zweiten Aktes voller gespenstischer Zwischentöne und skurriler Dramatik, als im partiellen Wahnsinn endende Nachtszene; das des ersten Aktes als komplexes, turbulentes Handlungsgefüge, phantasievoll und abwechslungsreich den verwirrenden Handlungsschritten folgend. – Die Ouvertüre ist zweiteilig angelegt: Das *Allegro molto* (D-Dur, $^{4}/_{4}$) wird durch ein charakteristisch punktiertes Fanfarenmotiv im Dreiklangsgefüge geprägt:

Ihm folgt ein *Andante grazioso* der Streicher allein (A-Dur, $^{2}/_{4}$). Die »Introduzione« der ersten Szene kehrt dann wieder zur Grundtonart D-Dur zurück.

Il re pastore (KV 208)
(»Der König als Hirte«)

Dramma per musica in zwei Akten

Libretto: Pietro Metastasio.
Uraufführung am 23. April 1775 in Salzburg.
Personen: *Alessandro*, König von Mazedonien (Tenor); *Aminta*, Schäfer, Sohn des vertriebenen Königs von Sidon (Sopran); *Elisa*, Phönizierin vornehmer Herkunft (Sopran); *Tamiri*, Tochter des Tyrannen Strato von Sidon (Sopran); *Agenore*, Phönizier, Freund Alexanders (Tenor).
Ort und Zeit der Handlung: die phönizische Stadt Sidon im 4. Jh. v. Chr.
Orchesterbesetzung: 2 Flöten, 2 Oboen, 2 Hörner, 2 Trompeten; Streicher.
Gliederung: Ouvertüre (Molto Allegro C-Dur, $^4/_4$). – Akt I: 5 Arien, 1 Duett; Akt II: 6 Arien, 1 Chor.

Handlung: Der historische Hintergrund: Alexander d. Gr. hatte das phönizische Sidon vom Tyrannen Strato befreit, ohne es anschließend selber zu besetzen. Statt dessen setzte er den rechtmäßigen Thronerben Amintas ein, der unerkannt als armer Hirte lebte und seine fürstliche Herkunft nicht kannte. – Die Handlung der Oper zeichnet die Ereignisse nach und verknüpft sie mit persönlichen Schicksalen: Zentrales Thema ist der Konflikt zwischen Staatsraison und Geschick des einzelnen; er wird – im Stile der Opera seria – durch das großmütige Eingreifen Alexanders glücklich gelöst.
Alexander entdeckt in dem Hirten Amintas, der bald Elisa zu heiraten hofft, den verschollenen Thronerben von Sidon; die Wahrheit offenbart ihm Agenor, der selbst Tamiris liebt, die Tochter des entmachteten Strato. Alexander setzt Amintas als Herrscher über Sidon ein und bestimmt die Prinzessin Tamiris zu seiner Frau. Dieser Beschluß stürzt die beiden Liebespaare in Verzweiflung: Während Agenor und Tamiris sich zunächst dazu durchringen, der Staatsraison zu gehorchen, weigern sich Amintas und Elisa; Amintas zieht es vor, auf den Thron zu verzichten. So entscheidet Alexander weise und großmütig zum Wohle der Liebenden: Amintas soll seine Elisa behalten und dennoch regieren, Agenor und Tamiris dürfen ebenfalls ein Paar werden (ob Tamiris über den hieraus folgenden Thronverzicht ganz glücklich ist, wird mit Schweigen übergangen; immerhin stellt ihnen Alexander die Herrschaft über ein anderes Reich in Aussicht).

Zum Werk und seiner Entstehung

»Il re pastore« entstand im Frühjahr 1775, nach der Münchener Uraufführung von »La finta giardiniera« (13. Januar). Der Anlaß für den

Pietro Metastasio. Stich von Johann Ernst Mansfeld d. Ä. nach einem Gemälde Johann Nepomuk Steiners von 1776

Auftrag an Mozart war ein Besuch des Erzherzogs Maximilian Franz, eines Sohnes von Maria Theresia, beim Fürsterzbischof Colloredo in Salzburg. Das Libretto Metastasios, das übrigens mehrfach zuvor vertont worden war, unter anderem 1756 von Gluck, lag bereits gedruckt vor und wurde, wie zumeist üblich, dem aktuellen Anlaß ein wenig angepaßt. Mozart übernahm für Salzburg die von drei auf zwei Akte gekürzte Textfassung, die 1774 in München aufgeführt wurde; es handelte sich um eine Vertonung von Baldassare Galuppi, ursprünglich (1769) für Venedig komponiert. – Die Arbeit an der Partitur begann Mozart etwa in der zweiten Märzwoche nach seiner Rückkehr aus München, die Uraufführung fand am 23. April 1775 statt.
Die Ouvertüre folgt dem Sonatensatzmodell ohne Durchführung, an deren Stelle wenige Takte der Vermittlung zwischen Exposition

und Reprise treten. Auffällig ist die starke motivische Konzentration des Stückes: Zentraler Gedanke ist die in Zweiergruppen phrasierte Achtelbewegung im Hauptthema,

die mehrfach zu durchführungsähnlichen Ansätzen eingesetzt wird, so etwa gleich nach dem Hauptsatz und auch wieder deutlich in der Schlußgruppe nach dem vielgliedrigen Seitensatz, in dessen erster Periode sie ebenfalls latent verborgen ist:

Die Reprise ist gegenüber der Exposition phantasievoll abgewandelt; sie kehrt in der Coda noch einmal wörtlich zu den Anfangstakten zurück und leitet mit einem neuen lyrisch beruhigten Einfall nahtlos in die erste Szene über.

Dem Gebot der Seria folgend gibt es in dieser »Serenata teatrale« außer einem Duett und einem Chorsatz – jeweils als Finale der beiden Akte – nur Arien: je zwei für alle Personen und für Alessandro als Hauptfigur drei. Allerdings eröffnet Aminta mit einem zärtlich wiegenden pastoralen $^{6}/_{8}$-*Andantino* die erste Szene, so daß die Gewichtung dieser Rolle der des Mazedonier-Königs nahekommt. Im Sommer 1775 arbeitete Mozart die Ouvertüre zur Symphonie um, verwendete hierbei Amintas *Andantino* als langsamen Satz und fügte ein neues Finale (KV 102) an.

Die Partitur der Oper ist in ihren elf Arien ungemein reich an musikalischer Phantasie und konzentrierter Detailarbeit. Bei aller historischen Fesselung durch die Formmuster der Seria-Arie, die Mozart im übrigen kaum als Einengung empfunden haben dürfte, sondern als selbstverständliche Vorgabe, ist es staunenswert, mit welchem Einfallsreichtum und auch dramaturgischer Konsequenz die Komposition zu glänzen vermag. Die Musik atmet den Geist und die jugendliche Frische der benachbarten Instrumentalwerke, unter denen vor allem die Violinkonzerte D-Dur, G-Dur und A-Dur (KV 216, 218 und 219) zu nennen sind. Amintas Arie Nr. 3 (»Aer tranquillo« – »Sanfte Lüfte«, B-Dur) ist ein direkter Beleg dieser inneren und äußeren Nähe, denn ihr Anfang entspricht fast exakt dem Beginn des G-Dur-Violinkonzerts,

und als Tempo-Vorschrift taucht ebenjene charakteristische Formulierung auf (*Allegro aperto*), die Mozart zu jener Zeit mehrfach verwendete und die auch über Tamiris erster Arie (Nr. 6 »Di tante sue procelle« – »All ihre vielen Stürme«), steht. Die Dreiteiligkeit dieser Arie wird unterstrichen durch den Einschub eines $^3/_8$-*Graziosos*. Diese Arie läßt auch gut erkennen, daß der Sänger der Uraufführung, der berühmte Kastrat Tommaso Consoli, seine Fähigkeiten hier durch virtuose Koloraturen unter Beweis stellen konnte. Amintas andere Arie (Nr. 10 »L'amerò, sarò costante« – »Lieben werd ich sie«, *Rondeaux* Es-Dur) ist ein *Andantino* mit gedämpftem Streicherklang und einer dezent eingefügten Solo-Violine.

Unter den drei Arien des Alessandro hebt sich seine zweite (Nr. 9 »Si vincendo« – »Wenn mein Sieg«, *Allegro moderato* F-Dur) hervor durch solistische Arabesken der beiden Querflöten, die im übrigen auch mit den Koloraturen der Singstimme spielerisch korrespondieren:

Von empfindsamer Art im stilisierten Tanzmetrum ist Agenores erste Arie (»Per mi rispondente« – »Antwort gib für mich«), als $^3/_8$-*Grazioso* (Nr. 5), die nur vom Streicherensemble begleitet wird. Seine zweite Arie (Nr. 12 »Sol può dir« – »Wie in dieser Lage«, *Allegro*) ist ein leidenschaftliches c-Moll-Stück voll synkopischer Unruhe und chromatischer Abtönungen.

Während Elisas erste Arie, »Alla selva« – »Zum Wald« (Nr. 2 *Allegro* G-Dur), ein effektvolles Koloraturenstück ist, äußert sich die Ambivalenz ihrer Gefühle in ihrem anderen Soloauftritt, »Barbaro! oh Dio« – »Barbar! o Gott!« (Nr. 8 *Andante* B-Dur), in deutlich gegeneinander abgehobener Dreiteiligkeit: Zum einrahmenden *Andante* kon-

trastiert das eingefügte *Allegro* mit seiner pointierten Forte-Piano-Dynamik.
Tamiri schließlich äußert in ihrer zweiten Arie, »Se tu di me fai dono« – »Wenn du es bist« (Nr. 11 *Andantino grazioso*), sehr vornehm und verhalten ihren Schmerz, von einer Streicherbegleitung ohne Bläser weich getragen. Die dreiteilige Form wird hier andeutungsweise mit der des Rondos verknüpft.
Das Final-Duett des ersten Aktes, »Vanne a regnar« – »Geh hin und herrsche« (Nr. 7), zwischen Elisa und Aminta beginnt als *Andante* und als alternierendes Zwiegespräch, während im anschließenden *Allegretto* die Stimmen überwiegend parallel in Terzen und Sexten geführt werden, sogar in einander ergänzenden und parallelen Koloraturen. Das mit »Coro« überschriebene Finale des zweiten Aktes ist nichts anderes als ein Quintett der Hauptpersonen, aus dem sich abschnittweise kleinere Gruppierungen herausheben (Elisa – Aminta / Tamiri – Alessandro).

Zaide (KV 344)

Deutsches Singspiel in zwei Akten

Libretto: Johann Andreas Schachtner (1731–95).
Personen: *Zaide* (Sopran); *Gomatz* (Tenor); *Allazim* (Baß); *Sultan Soliman* (Tenor); *Osmin* (Baß); *vier Sklaven* (Tenor); *Zaram*, Oberster der Leibwache (Sprechrolle); Leibwache (Chor).
Orchesterbesetzung: 2 Flöten, 2 Oboen, 2 Fagotte, 2 Hörner, 2 Trompeten, 2 Pauken; Streicher.
Gliederung: Akt I: 4 Arien, 1 Duett, 1 Terzett, 1 Melologo (Melodram), 1 Chor; Akt II: 6 Arien, 1 Melologo (Melodram), 1 Quartett, 1 Finale.

Handlung: Unter den Sklaven des Sultans Soliman leben zwei Europäer: das Mädchen Zaide und der Jüngling Gomatz. Soliman liebt Zaide, die ihn jedoch nicht erhört, sondern sich in Gomatz verliebt. Gemeinsam mit einem weiteren Sklaven, dem Aufseher Alazim, bereiten sie die Flucht vor, werden jedoch eingefangen und dem Sultan vorgeführt: Alle drei sollen sterben. Dabei stellt sich heraus, daß Alazim derjenige ist, der den Sultan vor vielen Jahren aus den Händen von Piraten gerettet hat. Doch erst die Worte Alazims, der ihn um Gnade für die beiden anderen Gefangenen bittet, erweichen sein Herz: Er entläßt alle drei in die Freiheit.

Zum Werk und seiner Entstehung

Den Titel »Zaide« fügte der Verleger Johann André erst hinzu, als er das Singspiel 1838/39 herausbrachte. Wie Mozart und sein Librettist, der mit ihm befreundete Hoftrompeter Johann Andreas Schachtner, das Werk benennen wollten, ist unbekannt. Der Mozartforscher Alfred Einstein plädierte für »Das Serail« und schlug auch vor, an die Stelle der fehlenden Ouvertüre die Symphonie KV 318 zu stellen. Allerdings schrieb Mozart für sie vier Hörner vor, während in »Zaide« nur zwei besetzt sind.

Auch der Schluß dürfte unvollständig sein, denn es ist kaum anzunehmen, daß die Oper mit dem vorliegenden Quartett Nr. 15 enden sollte. Die vorhandenen zehn Arien und drei Ensembles aber hat Mozart vollständig niedergeschrieben. Die Komposition erfolgte 1779/80 in Salzburg. Eine stilistische Besonderheit sind zweifellos die beiden als »Melologo« bezeichneten Solonummern (Nr. 2 und 9): Es sind dem Melodram ähnliche Instrumentalstücke mit eingefügten gesprochenen Passagen, die dem Accompagnato-Rezitativ der Opera seria entsprechen. Natürlich ist »Zaide« eine Vorläuferin der »Entführung aus dem Serail« und ihr nahe verwandt, leidet jedoch so empfindlich unter der primitiven Konstruiertheit des Librettos und dem fast völligen Fehlen komischer Situationen und Figuren, daß an eine Wiederbelebung für die Bühne kaum zu denken ist. Gleichwohl enthält die Partitur eine Fülle origineller und meisterlicher Einzelheiten, und es ist erstaunlich, wie viele Hinweise und Vorgriffe auf die späteren, reifen Opern Mozarts hier schon enthalten sind: die subtil-farbige Instrumentation wie auch die verblüffende Vielseitigkeit des musikalischen Ausdrucks von geradezu liedhaft-volkstümlichem Tonfall (Nr. 1 Chor; Nr. 5 Duett Zaide – Gomatz) bis hin zur großen Seria-Gebärde in den Auftritten des Sultans. In seiner ersten großen Szene (Nr. 9 Melologo und Arie) spiegelt sich die Wut Solimans in einer ungemein erregten Orchesterpartitur, mit Tremolo und programmatisch-lautmalerischen Passagen (»Er [der Löwe] brüllet mit furchtbarer Stimme ...«). Zartes Gegenstück intimer Empfindung ist beispielsweise Zaides erste Arie (Nr. 3 »Ruhe sanft«) mit ihren Oboenmelismen und ihrer sanft fließenden Kantabilität – Vorahnung späterer liebender Frauengestalten in Mozarts Opern. Eine Kostbarkeit ist auch das abschließende ausgedehnte Quartett (Nr. 15 »Freundin, stille deine Tränen«) mit seiner reizvollen Holzbläsereinleitung und der vielfachen Auffächerung der vier Singstimmen im durchbrochenen Ensemblesatz; wir haben hier durchaus eine bedeutsame

Vorstufe der späten grandiosen Opernfinali (»Figaro«) vor uns, ein angedeutetes Handlungs-»Ensemble« mit einer kommentierenden Musik, die dem Geschehen subtil folgt – man sehe nur die ausgefeilte f-Moll-Passage (Takt 42 ff.) mit ihren Schmerzensgebärden:

Idomeneo (KV 366)

Dramma per musica in drei Akten

Libretto: Giambattista Varesco (1735–1805).
Uraufführung am 29. Januar 1781 in München. – Überarbeitete Fassung am 13. März 1786 in Wien (konzertant).
Personen: *Idomeneo*, König von Kreta (Tenor); *Idamante*, sein Sohn (Sopran/Tenor); *Ilia*, trojanische Prinzessin, Tochter des Priamos (Sopran); *Elettra*, Tochter Agamemnons, des Königs von Argos (Sopran); *Arbace*, Vertrauter des Idomeneo (Tenor); der Oberpriester Poseidons (Tenor); die Stimme des Orakels (Baß); Chor.
Ort und Zeit der Handlung: die Insel Kreta nach Beendigung des Trojanischen Krieges.
Orchesterbesetzung: 2 Flöten, Piccolo-Flöte, 2 Oboen, 2 Klarinetten, 2 Fagotte, 4 Hörner, 2 Trompeten, 3 Posaunen; Pauken, Streicher.
Gliederung: Ouvertüre (Allegro D-Dur, $^4/_4$). – Akt I: 5 Arien, 2 Chöre; Intermezzo: Marsch und Chor; Akt II: 4 Arien, 1 Terzett, 3 Chöre, 1 Marsch; Akt III: 3 Arien (1 mit Chor), 1 Duett, 1 Quartett, 2 Chöre, 1 Solo (La Voce), 1 Marsch, Ballettmusik.

Handlung: 1. Akt. Idomeneo, der König von Kreta, wird vom Feldzug zurückerwartet. Auf der Insel wird Ilia, die Tochter des trojanischen Königs Primaos, festgehalten, kann sich als fürstliche Gefangene jedoch verhältnismäßig frei bewegen, nachdem man sie während des Kriegsgeschehens aus einem fürchterlichen Meeressturm gerettet hat, getrennt von Vater und Brüdern. Bei diesem Unwetter ist auch die griechische Flotte in Not geraten, und nun bangt das kretische Volk um das Schicksal seines Königs, seiner Armee und Flotte. – Ilia ist allein, und die traurigen Umstände ihrer Gefangenschaft gehen ihr durch den Kopf. Sie denkt an Idamanthes, den kretischen Königssohn, der sie aus den Fluten gerettet und den sie liebgewonnen hat, obwohl er doch ihr Feind sein müßte. Obendrein hat sie bemerken müssen, daß auch Elektra, die Tochter Agamemnons, Idamanthes liebt, jene Elektra, die nach Kreta geflohen ist, nachdem ihr Bruder Orest ihre Mutter Klytämnestra ermordet hatte – also eine fürstliche Rivalin für Ilia. Einstweilen weiß Ilia keinen Ausweg aus diesem Konflikt zwischen der Pflicht, den Feind zu hassen, und der Liebe zu eben diesem Feind (Nr. 1). Idamanthes überbringt Ilia die frohe Nachricht, daß sein Vater Idomeneo und die Flotte gerettet worden seien und er, Idamanthes, zum Dank allen gefangenen Trojanern die Freiheit schenken werde. Dabei gibt der Prinz erstmals gegenüber Ilia zu erkennen, daß er ihre Liebe erwidert, doch sie glaubt

Bühnenmodell nach Alfred Rollers Entwürfen für »Idomeneo« in der musikalischen Einrichtung von Richard Strauss an der Staatsoper Wien 1931

sich dazu verpflichtet, ihn abzuweisen, ganz gegen ihre innere Neigung. Idamanthes gibt sich damit jedoch nicht zufrieden und bedrängt Ilia: ihre Augen verraten ihm ihre Liebe, warum nur wagt sie nicht, es auszusprechen? (Nr. 2.)
Man bringt die trojanischen Gefangenen, Idamanthes läßt ihnen die Ketten abnehmen, in der Hoffnung auf Frieden zwischen ihren Völkern. Dankbar huldigen ihm die Freigelassenen (Nr. 3). Nur Elektra mißbilligt die großmütige Entscheidung des Prinzen. Da kommt Arbaces, ein Vertrauter des Königs, mit der Hiobsbotschaft, Idomeneo sei in Wahrheit ertrunken. Verzweifelt eilt Idamanthes zum Meeresstrand. Elektra bleibt allein zurück, in steigender Erregung über die neue Situation: Ahnungsvoll sieht sie kommen, daß Idamanthes, nun ohne den väterlichen Rat, Krone und Thron Kretas mit Ilia teilen könnte. Und sie, eine freie Königstochter, würde so einer freigelassenen Sklavin unterliegen! Temperamentvoll läßt sie ihrem Zorn und ihren Rachegedanken freien Lauf (Nr. 4).
Am nahen Meeresstrand zeugen Schiffstrümmer von der Tragödie der griechischen Flotte, Schiffbrüchige kämpfen mit den Wellen und rufen die Götter um Beistand an (Nr. 5). Poseidon, der Gott der Meere, besänftigt das aufgebrachte Meer. König Idomeneo kann sich mit letzter Kraft an Land retten, doch die Miene des Gottes läßt keinen Zweifel daran, daß er ihm nicht wohlgesonnen ist. Idomeneo sondert sich von seinen Kampfgenossen ab und versinkt in Grübeln. Damit die Götter ihn retten, hat er nämlich ein Gelübde getan, dessen Erfüllung ihn ängstigt, schon verfolgt ihn die bange Ahnung kommenden Unheils (Nr. 6). Er sieht einen Mann näher kommen – das zukünftige Opfer seines Schwurs, denjenigen, der ihm als erster nach der Rettung begegnen werde, dem Poseidon zu opfern. Es ist Idamanthes, der den unbekannten Schiffbrüchigen trösten will. Und im Gespräch erkennen sich Vater und Sohn wieder. Überglücklich will Idamanthes den Vater umarmen, doch verwirrt ihn dessen rätselhaftes Verhalten, das weniger Wiedersehensfreude als vielmehr Entsetzen erkennen läßt. Verstört und traurig entfernt sich der Prinz (Nr. 7).
Intermezzo: Im Hafen wird den heimkehrenden Kriegern ein festlicher Empfang mit Musik und Tanz bereitet. Friedlich zeigt sich die See, und man dankt dem Gott des Meeres für die wunderbare Rettung (Nr. 8 und 9).
2. Akt. Unterdessen berichtet Idomeneo seinem Freund und Vertrauten die düsteren Hintergründe seiner Rettung. Nach kurzem Nachdenken weist Arbaces dem König einen Ausweg: Idamanthes soll Kreta verlassen, um der Einlösung des Gelübdes zu entgehen. So beschließt Idomeneo, daß sein Sohn Elektra heim nach Argos begleiten soll. Mitfühlend tröstet ihn Arbaces (Nr. 10a). Ilia und Idamanthes finden unterdessen noch einmal Gelegenheit sich auszusprechen, ohne von Idomeneos Beschluß etwas zu ahnen. Ilia glaubt, daß Idamanthes Elektra liebt, und weist ihn deshalb zunächst ab; er aber gesteht ihr leidenschaftlich seine Liebe (nachkomponierte Szene 10b).
Ilia begegnet Idomeneo zum ersten Mal nach seiner Rettung, und ihre Worte verraten ihm recht deutlich ihre Gefühle, denn sie begrüßt in ihm einen neuen Vater, nachdem sie ihren eigenen Vater Priamus verloren hat (Nr. 11). Als sie ihn

verlassen hat, begreift er das ganze Unheil, das zwangsläufig auch Ilia zum Opfer seines Gelübdes macht. Verzweifelt wendet er sich an Poseidon (Nr. 12a). Elektra hingegen, überglücklich über die unverhoffte Wendung ihres Schicksals, gibt sich der Hoffnung hin, Idamanthes an sich binden zu können, wenn sie mit ihm auf der Heimreise allein sein wird (Nr. 13). Fanfaren und Marschklänge (Nr. 14) mahnen zum Aufbruch, das Volk versammelt sich am Hafen, um den Abreisenden das Geleit zu geben (Nr. 15). Das Meer ist friedlich, als der König mit Idamanthes, Elektra und seinem Gefolge zum Hafen kommt und sich wehmütig von seinem Sohn verabschiedet (Nr. 16). Doch plötzlich erhebt sich ein Unwetter mit Sturm, das Wasser schwillt bedrohlich an, Blitze setzen die abfahrbereiten Schiffe in Brand, und am Horizont zeigt sich über dem aufgewühlten Meer ein gewaltiges Ungeheuer (Nr. 17). Idomeneo bekennt sich schuldig; durch ihn wurde der Zorn der Götter auf Kreta herabgerufen, er bietet sich Poseidon als Opfer dar. Doch als ob kein Gott ihn erhöre, bricht das Unwetter mit neuer Gewalt über die Kreter herein, die in panischer Angst die Flucht ergreifen (Nr. 18).

3. Akt. Ilia ist allein im Garten des Königspalastes. In ergreifenden Worten klagt sie den Lüften ihr Liebesleid (Nr. 19). Da kommt Idamanthes zu ihr und schüttet ihr sein Herz aus. Er äußert Todesgedanken, da er keinen Ausweg aus seiner verzweifelten Lage sieht. Ilia aber spricht ihm Mut zu, und leidenschaftlich gestehen sie sich gegenseitig ihre Liebe – vielleicht vermag sie über das Schicksal zu triumphieren? (Nr. 20.) Idomeneo, in Begleitung Elektras, überrascht die beiden; noch einmal verlangt er von seinem Sohn, daß er das Vaterland für immer verlassen solle, als mögliche Rettung für Kreta vor dem Unwillen der Götter. Ilia will ihrem Geliebten überallhin folgen, und sei es in den Tod, ein Wunsch, den ihr Idamanthes abschlägt; Idomeneo bittet Poseidon um Gnade, Elektra aber hängt Rachegedanken nach (Nr. 21). – Arbaces ruft Idomeneo zu seinem Volk, das aufgebracht unter der Führung der Priester nach seinem König verlangt; denn nur er kann die Aufklärung des Unglücks bringen, das sie heimgesucht hat. Der tief unglückliche und ratlose Arbaces, voll Mitgefühl mit dem Los Kretas und seines Königs, bietet sich zum Opfer anstelle Idamanthes' an (Nr. 22). Idomeneo stellt sich vor seinem Palast dem Oberpriester und der Bevölkerung. Mit eindringlichen Worten hält man ihm die tödliche Angst vor, in der die Menschen vor dem Meeresungeheuer zittern, das Tod und Verwüstung über das Land gebracht hat. Und man fordert Idomeneo auf, endlich Poseidon das Opfer zu gewähren. Nun gibt Idomeneo das Geheimnis preis, den Namen Idamanthes', des vom Volk geliebten Prinzen (Nr. 23). Entsetzt vernehmen ihn die Kreter; der Oberpriester bittet die Götter um Erbarmen für den unschuldigen Königssohn (Nr. 24).

Den Poseidontempel füllt eine große erwartungsvolle Menschenmenge, die Priester bereiten das Opfer vor (Nr. 25). König Idomeneo und die Priester bitten Poseidon um Gnade und Versöhnung (Nr. 26). Da ertönt von draußen Jubel: Idamanthes hat in einsamem Kampf das Meeresungeheuer erschlagen. Doch mit Entsetzen sieht Idomeneo voraus, daß Poseidon nun mit doppeltem Grimm seinen Zorn an den Kretern auslassen wird – der Triumph seines Sohnes hat zugleich seinen Tod unumgänglich gemacht. Und schon erscheint Idamanthes blumenbekränzt im weißen Opfergewand und stellt sich gefaßt den Priestern. Vater und Sohn verabschieden sich voneinander, und Idamanthes fordert Idomeneo auf, entschlossen das Schwert zum tödlichen Hieb zu führen (Nr. 27). Schon hebt der König die Waffe, da stürzt Ilia herein, fällt ihm in den Arm und bietet sich als Opfer für den Geliebten und für Kreta an. In diesem Augenblick erschüttert ein gewaltiger Erdstoß den Tempel, und die Stimme des Orakels verkündet die Botschaft der Götter: Idomeneo solle auf seinen Thron verzichten, Idamanthes mit Ilia als seiner Gemahlin künftig über Kreta herrschen (Nr. 28a). Dankbar und erleichtert preisen alle Anwesenden den gnädigen Gott, allein Elektra stürzt in rasender Wut hinaus (Nr. 29). In einer letzten Botschaft als König wendet sich Idomeneo an sein Volk, übergibt seinem Sohn die Krone und führt ihm Ilia als Königin zu (Nr. 30). Dank an die Götter und Fürbitte bei Juno, der Göttin der Ehe, beenden das dramatische Geschehen (Nr. 31).

Zum Werk und seiner Entstehung

»Idomeneo« ist Mozarts vorletzter und zugleich sein bedeutendster Beitrag zur Geschichte der Opera seria. Nach fünf Jahren ohne Opernauftrag hatte ihn 1780 nach der Rückkehr aus Paris der Auftrag des Kurfürsten Karl Theodor von Bayern für seine Hofoper zum Karneval 1781 erreicht. Damit folgte er einer seit langem bestehenden Tradition seines Hofes, nach der jeweils zur Karnevalssaison in München der Auftrag zur Komposition einer großen repräsentativen Oper erging. Schon in Mannheim hatte Karl Theodor die Gattung der Seria bevorzugt; sein vorzügliches Mannheimer Ensemble, darunter das berühmte Orchester, hatte er 1778 bei der Übersiedlung seines Hofes nach München mitgebracht.

Es ist anzunehmen, daß der Kurfürst nicht nur die Gattung, sondern zugleich auch das Sujet des neuen Werkes vorschrieb; hierzu gibt es zwar einige indirekte Hinweise in zeitgenössischen Dokumenten, vor allem im Briefwechsel von Vater und Sohn Mozart, jedoch ist der definitive Auftrag an den Komponisten verlorengegangen. Der Librettist Giambattista Varesco ist jener Salzburger Geistliche aus der Entourage des Fürsterzbischofs, von dem Mozart später, 1783, auch das Textbuch zur unvollendet gebliebenen Oper »L'Oca del Cairo« erhalten sollte. Varesco stützte sich auf eine ältere Vorlage, die Tragédie lyrique »Idoménée« von Antoine Danchet, die mit der Musik von André Campra 1712 herausgekommen war. Mit diesem Vorbild hat Mozarts »Idome-

neo« die Grundzüge der Handlung gemeinsam, vor allem die spektakulären Momente wie das Unwetter, das Meeresungeheuer und die Tempelszene.
Über die Arbeit am »Idomeneo« und über den Anteil des Komponisten an der endgültigen Gestalt des Librettos sind wir recht gut durch Mozarts Briefe unterrichtet. Die eigentliche Kompositionsphase begann im Oktober 1780 noch in Salzburg. Ab Anfang November hielt sich Mozart in München auf. Die ausgedehnte und detaillierte Korrespondenz zwischen Vater und Sohn zeigt auch den hohen organisatorischen Anteil, den Vater Leopold am Entstehungsprozeß genommen hat, indem er den ständigen Kontakt zu Varesco aufrechterhielt und ihm direkt in Salzburg alle Änderungswünsche seines Sohnes aus München übermittelte. Diese Wünsche bezogen sich u. a. auf die Gestalt der Ilia, die Opferszene im dritten Akt und die Sturmszene im zweiten Akt. Kritische Anmerkungen und Änderungswünsche gingen aber weit über grundsätzliche dramaturgische Positionen hinaus und befaßten sich sogar mit sprachlichen Einzelheiten, in denen Mozart Varesco korrigierte, so in Idomeneos dritter Arie (Nr. 26 »Accogli, oh re del mar«), wo er in einer später verworfenen Textfassung die Häufung schwer singbarer Worte und Vokale bemängelt (27. Dezember 1780 an den Vater). Mozarts Theaterinstinkt äußert sich dezidiert in seinen Änderungswünschen zur »unterirdischen Stimme« (Voce) des Orakels: Er bestand auf immer stärkeren Kürzungen des viel zu langen Textes, in der sicheren Überzeugung, daß ein »Bühnenspuk« immer um so eindrucksvoller und unheimlicher wirkt, je kürzer er ist. Weil Varescos Einverständnis aber nicht zu erhalten war, kürzte Mozart schließlich ohne dessen Zustimmung. Aus diesem Grunde gibt es von der »Voce«-Szene vier verschiedene und verschieden lange Fassungen. Erschwerend kam bei dieser Szene im übrigen hinzu, daß man in München dem Komponisten nicht die gewünschten Posaunen zugestehen wollte, weil sie zu teuer wären. So erklangen schließlich in der Uraufführung ganze 19 Takte »Voce« ohne Posaunen.
Einige der Sänger kannte Mozart bereits, so daß er manches schon in Salzburg komponieren konnte. Allerdings gab es auch hier manches Problem, etwa mit dem 67jährigen Anton Raaff, der großen Wert auf die Entfaltung seiner Stimme in Koloratur und Belcanto legte, andererseits jedoch nicht mehr allen Anforderungen der Titelrolle gewachsen war. So bemängelte er auf der einen Seite seine Mitwirkung am Solo-Quartett (Nr. 21), weil sich seine Stimme im Ensemble nicht so gut präsentieren ließe wie in der Arie. Dagegen war ihm die Arie Nr. 12

schlicht zu schwer, so daß Mozart ihm eine erleichterte Fassung ohne Koloraturen für die Uraufführung anfertigte.
Diese Uraufführung fand am 29. Januar 1781 im alten Residenztheater (dem heutigen Cuvilliés-Theater) in München statt, mit offenbar nicht überwältigendem Erfolg, doch mit dem erklärten Beifall des Kurfürsten. Wie alle Karnevals-Opern erfuhr auch »Idemeneo« eine Reihe von Wiederholungsvorstellungen. Übrigens sind einige Striche überliefert, die Mozart selber für die Münchener Einstudierung autorisiert hat.
Darüber hinaus unterzog der Komponist seine Oper für eine konzertante Aufführung am 13. März 1786 in Wien einer gründlichen Überarbeitung, vor allem wegen der Umbesetzung der Partie des Idamante. Diese Rolle war in München, der Seria-Tradition folgend, für einen Kastraten bestimmt gewesen (Mezzosopran). Nun aber schrieb Mozart sie um für Tenor, was neben der Transponierung um eine Oktave nach unten kleinere Retuschen im Stimmumfang, vor allem aber Änderungen in einigen Ensemble-Sätzen nötig machte. Außerdem entstand bei dieser Gelegenheit eine neue Arie für Idamante (Nr. 10b mit konzertierender Solovioline, KV 490) anstelle der Arbace-Szene 10a, ferner ein Liebesduett zwischen Idamante und Ilia im dritten Akt (Nr. 20b, KV 489). Diese Änderungen, vor allem im Falle des Wechsels vom Kastraten zum Tenor, deuten auf einen Wandel in Mozarts Gattungsauffassung, eine allmähliche Entfernung von der in Tradition erstarrten Opera seria.
Bemerkenswert ist auch, daß in Mozarts Münchener Fassung am Ende der Oper eine ausgedehnte Orchestersuite steht, komponiert für die renommierte Ballett-Truppe der Hofoper. Hierin zeigen sich besonders deutlich der französische Einfluß und der C. W. Glucks, übrigens auch im häufigen effektvollen Einsatz des Chores und in weiteren instrumentalen Einlagen (Märsche, Gavotte), die dem Ballett Gelegenheit zum Auftritt geben. In heutigen Aufführungen entfallen die Ballett-Szenen fast immer, einer gewandelten Auffassung von Musiktheater folgend, die dramaturgische Logik über repräsentative Festlichkeit stellt.
Neben »Così fan tutte« ist »Idomeneo« vor allem im 19. Jahrhundert und bis weit ins 20. Jahrhundert hinein die am meisten mißverstandene und deshalb auch am meisten unterschätzte Oper Mozarts gewesen, und das, obwohl der Komponist immer wieder von seiner besonderen Zuneigung und Wertschätzung gesprochen hat. Es kam zu manchen Umarbeitungen bis hin zur Unterlegung mit einem fremden Text. Noch Richard Strauss glaubte 1930/31 »Idomeneo« nur zu einem Bühnenerfolg verhelfen zu können, indem er nachhaltig in das Handlungsgefüge eingriff und sogar Secco-Rezitative orchestrierte und neue Rezitative

hinzukomponierte. In den zweiten und dritten Akt fügte Strauss ein Orchesterzwischenspiel sowie eine Ensemble-Szene völlig neu ein und erweiterte außerdem Mozarts Orchesterbesetzung ein wenig.

Erst seit den 70er Jahren setzte sich allmählich wieder die Originalgestalt des Werkes, allerdings meist ohne das Schlußballett, durch. Und inzwischen kann man feststellen, daß »Idomeneo« sich seinen Platz im Mozart-Repertoire der Opernhäuser gesichert hat, wenn auch mit deutlichem Abstand hinter den fünf »Meisteropern«. Vielleicht haben wir erst jetzt den nötigen historischen Abstand gewonnen, um Mozarts eigentliche Leistung im »Idomeneo« vorurteilsfrei würdigen zu können: seine Überwindung der in Konvention erstarrten Opera seria durch individuelle menschliche Züge, die dem konventionellen Libretto durch die so individuell und psychologisch subtile Musik hinzugefügt wurden. Durch Mozarts melodisch flexible und in der Instrumentation so vielfarbig charakteristische Komposition gewinnen die Personen der Handlung das Maß an Individualität, das erst unsere Anteilnahme am Bühnengeschehen wecken und wachhalten kann. Auch die zahlreichen Konflikt- und Unheilsituationen der Handlung erhalten durch Mozarts ungewöhnliche, bis dahin »unerhörte« Chorsätze und seine dramatisch das Geschehen malenden und vertiefenden Orchesterüberleitungen ihre dramatische Wirkung. Immer aber bleibt Mozarts »Idomeneo« eine Herausforderung für Dirigenten und Regisseure, vielleicht eine der diffizilsten, heikelsten Aufgaben des modernen Musiktheaters.

Zur Musik

Als Opera seria gliedert sich »Idomeneo« in eine Abfolge von Rezitativen und Musiknummern. Die Rezitative beginnen in der Regel als »Recitativo secco« und münden vor den Arien in ein »Recitativo accompagnato«. Wie sie gehören zur Charakteristik einer Seria die spektakulären Bühnenereignisse, der Schiffbruch, der Seesturm mit dem Erscheinen des Ungeheuers und schließlich die Opfer-Szene im Poseidontempel; diese Anlässe führen zum häufigen Einsatz des Chores und zum gelegentlichen Einschub von Instrumentalstücken als Überleitung oder zum Tanz. Als Reverenz an die französische Tradition ist insbesondere das ausgedehnte abschließende Festballett anzusehen, mit dem »Idomeneo« in seiner Originalgestalt endete – heute für eine gewandelte Theaterästhetik befremdlich und entbehrlich. Insbesondere die großen

Chorpartien heben »Idomeneo« aus der Reihe der großen Mozartopern heraus – »Idomeneo« ist geradezu eine »Choroper«, mit allen daraus sich ergebenden Problemen und reizvollen Aufgabenstellungen an das Ensemble und vor allem auch an Regie und Bühnenbild. Gerade mit seinen dramatischen Chören ist es Mozart gelungen, die im Ritual erstarrte Gattung der Seria zu neuem individuellem Leben zu erwecken. Und obwohl Varescos Libretto den Personen der Handlung kaum ausgeprägt individuelle Charakterzüge zugesteht, scheint Mozarts Musik, besonders seine farbig-psychologisierende Orchesterbegleitung und seine melodische Eingebungskraft, die engen Fesseln der Gattung auch hier immer wieder zu überwinden und den Figuren Leben einzuhauchen.

Die Ouvertüre ist eine äußerst komplexe und dabei ungewöhnlich konzentrierte instrumentale Einleitung, die vor allem atmosphärisch auf das kommende Geschehen vorbereitet, nicht aber durch motivische Vorwegnahmen und Verknüpfungen. Ihre Form entspricht am ehesten einem verkürzten Sonatensatz: verkürzt insofern, als nach Seitensatz und ausgedehnter Schlußgruppe anstelle einer konflikthaften oder gegensätzlichen Durchführung lediglich eine kurze unruhige Überleitungsphase in die Reprise mündet.
Nach fanfarenartig aufsteigendem Beginn (a) bemächtigt sich sogleich chromatisch und dissonanzenreich gefärbte, dynamisch akzentuierte Unruhe des musikalischen Ablaufes (b), und nach wenigen Takten wird ein flehendes Motiv erreicht, das nach eindringlicher Tonwiederholung in einer espressiven Sexte abspringt (c) – so steht der gleichsam objektive Seria-Gestus unvermittelt, geradezu leitmotivisch neben der individuellen menschlichen Aussage, der Klage, woraufhin sogleich wieder die schmetternde Fanfare erklingt:

Nach einer unruhigen Überleitungsphase kommt es zum Seitensatz, dessen leicht kapriziöser staccato- und vorschlaggeprägter Ablauf einen deutlichen Kontrast zur pompösen Welt des Hauptsatzes bildet. Überraschenderweise steht er in der Moll-Dominante und führt sogleich modulierend zu einem weiteren, eher lyrischen Gedanken im terzverwandten C-Dur. Ein sehr langer pochender Orgelpunkt, zunächst auf dem Dominantton a, dann auf dem Grundton d, bildet am Ende in der Coda das unruhige Fundament für einen fast durchführungsähnlichen Verlauf, indem ein einziges Motiv dominiert: der charakteristische punktierte Hauptbestandteil des Hauptsatzes (vgl. Notenbsp. b). In den letzten Takten verstummt der ruhelose Orgelpunkt, und ganz still, verinnerlicht und zurückgenommen, in leicht chromatischen Imitationen, verklingt das konfliktreiche Stück.

Arien

Die Tendenz zur individuellen Charakteristik wird vor allem beim jungen Liebespaar im »Idomeneo« wirksam, und hier wieder ganz besonders bei Ilia. Ihrer ersten Arie (Nr. 1 »Padre, germani« – »Vater, Geschwister«, *Andante con moto* g-Moll, $^2/_4$) geht ein vielfältig gebrochenes, nuanciert dem Text folgendes Accompagnato-Rezitativ voraus, mit einem erregten *Andante agitato* in der Mitte, akzentuiert und im vibrierenden Tremolo der Streicher (»ah qual contrasto«), dem eine rührend tröstende melodische Geste folgt, wenn Ilia vom »süßen Tod« spricht. Entscheidend mitbeteiligt am wortbezogenen Ausdruck der Musik ist auch der weite Radius der Modulationen, von g-Moll aus bis nach Fis-Dur ausweichend zurück ins g-Moll der Arie mündend. Diese Arie steht charakteristisch in der Chronologie Mozartscher g-Moll-Tondichtungen; sie findet ihr spätes Ausdruckspendant in Paminas g-Moll-Arie »Ach, ich fühl's, es ist verschwunden«. Das ursprünglich wesentlich längere Orchestervorspiel kürzte Mozart radikal auf ganze drei Takte, die unmittelbar aus dem Rezitativ herauszuwachsen scheinen und erst über einen Trugschluß g-Moll erreichen. Auffällige Merkmale im musikalischen Verlauf sind dann die gleichsam unter der Oberfläche latent drohenden synkopischen Begleitfiguren. Bei der Wiederkehr der Anfangsworte taucht eine synkopisch akzentuierte Orchesterwendung wieder auf, die bereits im Rezitativ erklang (»Ma che? m'ama Idamante?«). Als Schlußsteigerung singt Ilia eine Koloraturenpassage; ihre Arie mündet in das nachfolgende Rezitativ – ebenfalls gegen die Tradition, die an den Arienschluß jeweils den beifallheischenden Sängerabgang setzte.

Ilias zweite Arie (Nr. 11 »Se il padre perdei« – »Da ich den Vater verlor«, *Andante ma sostenuto* Es-Dur, $^2/_4$) zeigt sich dem eindimensionaleren Seria-Typus – Äußerung *einer* Gefühlsebene ohne Entwicklung! – kaum noch verpflichtet, verstärkt jedoch gleichzeitig den repräsentativkonzertanten Zuschnitt durch den Einsatz von vier Soloinstrumenten (Flöte, Oboe, Fagott, Horn) über Streichern con sordino. Ilia wendet sich hier vertrauend, dankbar und hoffnungsvoll an Idomeneo, ohne ihr eigentliches Anliegen direkt auszusprechen: ihre Liebe zu Idamante. Idomeneo aber begreift ihre geheime Neigung sehr wohl, und daß er sie versteht, dafür sorgt in erster Linie die Musik, als Trägerin unausgesprochener Gefühlsregungen. Bereits das zart durchbrochene Vorspiel mit den friedlich im Serenadenton konzertierenden vier Bläsern markiert die Atmosphäre der Liebessehnsucht. Dritter und vierter Takt weisen voraus auf Taminos stimmungsvolle »Bildnis«-Arie (»Ich fühl es, ich fühl es ...«):

Im weiteren Verlauf der Arie entspinnt sich eine innige, abwechslungsreiche musikalische Verbindung zwischen den gedämpften Streichern, den Bläsersolisten und der Singstimme. Dabei drängt sich nie konzertante Virtuosität in den Vordergrund. – Die zwei fünfzeiligen Textstrophen werden nicht traditionell in der Manier der Dacapo-Arie vertont, sondern Mozart beschränkt sich auf einen einzigen, zur Dominante führenden Formteil, der in der variierten Reprise zurückführt zur Tonika. Ein kurzes beschauliches Nachspiel läßt noch einmal – analog zur Repriseniiberleitung – spielerisch die vier Bläser zu Wort kommen, bevor mit einer letzten Doppelschlaggeste die Streicher das Stück beschließen.

Ilias dritte Arie (Nr. 19 »Zefiretti lusinghieri«, *Grazioso* E-Dur, $^3/_4$) bezieht ihren atmosphärischen Reiz aus der lautmalerischen und stimmungsvollen Umsetzung ihrer Anrede an die »schmeichelnden Lüfte«. Das ausgedehnte Vorspiel ist ein zartes Stimmungsbild der Seelenlage, die mit der angesprochenen Natur korrespondiert. Insgesamt aber ist diese Arie – ganz im Sinne der Seria-Typisierung – der relativ eindimensionale Ausdruck eines einzigen Affektes ohne Gegensatz und Entwicklung. Dem entspricht auch die dreiteilige Formanlage mit kurzem, nach e-Moll ausweichendem und am Ende leicht chromatisch getöntem Mittelteil; im Orchester führen durchweg die weichen Streicherklänge, dezent gefärbt durch Bläserregister, aber ohne solistische Ausweitungen.

Auch Idamante hat drei Arien zugewiesen bekommen; allerdings liegen nur zwei in beiden Fassungen der Oper fest (Nr. 2 und 7); Nr. 27a wurde vor der Uraufführung in München gestrichen, Nr. 10b, »Non più« – »Non temer«, wurde für Wien 1786 nachkomponiert und erhielt eine eigene KV-Nummer (490).

Unmittelbar nach Ilias erster Soloszene singt Idamante seine erste große Arie (Nr. 2 »Non ho colpa« – »Schuldlos bin ich«, B-Dur, $^4/_4$). Sie setzt im *Adagio maestoso* und ohne Vorspiel, nach einem einzelnen Dreiklangsmotiv im Orchestertutti, ein und unterlegt sogleich den lapidaren, rezitativ-ähnlichen ersten Worten eine feingliedrige mehrschichtige Streicherbegleitung. Erst vom 5. Takt an schwingt sich die Solostimme zum melodischen Bogen auf. Dann beginnt der eigentlich schnelle Hauptteil im *Allegro con spirito*.

Er ist dreiteilig, in Dacapo-Form; sein kurzer Mittelteil beginnt nach einer kadenzierenden Abschlußphrase der Stimme und einem erregten Orchesternachspiel, und er greift noch einmal die Worte der langsamen Einleitung wieder auf, insgesamt ins Piano zurückgenommen und mit einer Wendung nach b-Moll. Dann kehrt der Hauptteil variiert wieder; auffällig an ihm sind die wiederholten Fermatentakte und die zweimalige Verzögerung zu zwei verhaltenen *Larghetto*-Takten, bevor der nächste Spannungsanstieg erfolgt. Wie üblich, besteht auf der letzten Fermate Gelegenheit für eine improvisierte Sängerkadenz.

Idamantes zweiter Soloauftritt erfolgt unmittelbar im Anschluß an das Wiedersehen von Vater und Sohn nach der Rettung Idomeneos (Nr. 7 »Il padre adorato« – »Den geliebten Vater«, *Allegro* F-Dur, $^4/_4$). Das einleitende lange Secco-Rezitativ geht genau in dem Moment ins Accompagnato über, als beide sich wiedererkennen: Taktweise kommentiert das erregte Orchester die ungläubigen, erstaunten und entsetzten Äußerungen der beiden. Zum erregten Kontinuum wird die Begleitung gegen Schluß des Rezitativs, mit ständiger Reihung eines kleinen doppelt anspringenden Auftaktmotivs, vgl. das Notenbeispiel S. 132 oben. Die Arie ist zweiteilig, wobei eine auffällige viertaktige, streng chromatisch absteigende Passage zur Reprise zurückleitet. Das ganze ist seriatypisch, die Darstellung eines einzelnen ausgeprägten Affektes,

Enttäuschung und Entsetzen, ja Unverständnis über die Zurückweisung durch den geliebten Vater.
Die ursprüngliche dritte Arie des Idamante stand im dritten Akt innerhalb eines längeren Rezitativs (Nr. 27), in dessen Verlauf sich der Königssohn zum Opfer bereithält. Soeben hat er den Vater zum tödlichen Schwertstreich aufgefordert und bietet ihm Ilia sozusagen an Kindes Statt an. Und nun gibt ihm seine Arie (Nr. 27a »No, la morte« – »Nein, den Tod«, *Allegro* D-Dur, $^4/_4$) Gelegenheit, seine edlen Gefühle noch einmal in aller Ausführlichkeit auszubreiten, in dreiteiliger Dacapo-Form mit einem lyrischen *Larghetto* im Zentrum. Vor allem vom dramaturgischen Standpunkt aus bedeutet der Wegfall dieser handlungsretardierenden Arie einen deutlichen Gewinn an Spannung und Tempo.

Auch nicht unbedingt der Beschleunigung und Dramatisierung der Handlung dient die eingefügte Szene mit Rondo, Nr. 10b (KV 490), für die Wiener Konzertaufführung von 1786, aber sie ist musikalisch ungleich bedeutender als Nr. 27a. Das vorangestellte Accompagnato-Rezitativ »Non più« – »Halt ein« zwischen Ilia und Idamante ist äußerst konzentriert und motivisch-konsequent durchgestaltet, mit temperamentvoll entschlossenem D-Dur-*Allegro* zu Beginn, einer nachfolgenden *Adagio*-Phase, die sich bald zum *Andante* mit Tremolo-Unruhe und Seufzermotivik beschleunigt, und mit dem abschließenden schmerzlichen *Andante*, das chromatisch zwingend in die Arie hinüberleitet. – Das Rondo »Non temer« – »Fürchte nichts« beginnt mit einer melodischen Phrase von abgeklärter, in sich ruhender Schönheit:

vorgetragen von der konzertierenden Solo-Violine und alsbald wiederholt vom Tenor – die Wiener Fassung der Idamante-Partie war von vornherein für Tenorstimme gemeint (*Andante* B-Dur, $^4/_4$). Im weiteren Verlauf der Arie wird die Motivik dann feingliedriger, unruhiger, passend zum Text (»tu sospiri« du seufzt, »duol« Schmerz, »funesto« verhängnisvoll); kadenzierende Sechzehntel-Koloraturen und ein chromatischer Anstieg führen zur Reprise, die alsbald über eine ausgezierte Fermate in den zweiten, sehr ausgedehnten *Allegro*-Teil überleitet. Sein Haupteinfall ist eine freie Variante des *Andante*-Themas, und er kehrt rondomäßig dreimal wieder, unterbrochen zuerst durch eine chromatische g-Moll-Episode mit markant aufstrebenden Tonleitern der Solo-Violine sowie einen Es-Dur-Teil, in dem die konzertierende Geige Triolen gegen die ruhigere Singstimme stellt. Die Coda verknüpft in der Begleitung die Sechzehntel- und Triolen-Gegenbewegung und gibt der Stimme abschließende Gelegenheit zur Koloraturdarbietung. – Insgesamt eine kunstvolle Komposition, die vor allem ihres konzertanten Charakters wegen eher in den Konzertsaal gehört als in den Handlungsablauf der Oper.

Auf König Idomeneo entfallen ebenfalls drei Arien. Eine vierte im dritten Akt (Nr. 30a) wurde vor der Uraufführung in München gestrichen; statt dessen überarbeitete Mozart die zweite auf Wunsch des Darstellers Raaff, weil der Probleme mit den anspruchsvollen Koloraturen hatte (vgl. S. 125 f.).
Idomeneos Auftrittsarie hat ihren logischen Platz nach seiner wundersamen Rettung aus dem Meeressturm – »Eccoci salvi alfin« – »Endlich sind wir gerettet« sind seine ersten Worte (im Rezitativ), eingebettet in eine eindringliche Orchester-Überleitung, die sehr plastisch und verinnerlicht die Beruhigung der aufgebrachten Elemente verklanglicht. Ein Accompagnato-Rezitativ leitet dann über zur eigentlichen Arie (Nr. 6 »Vedrommi in torno« – »Mich wird er umschweben«). Ihr erster Teil (*Andantino sostenuto* C-Dur, $^3/_4$) drückt packend den inneren Zwiespalt aus, in dem sich der König befindet: gefaßte Erleichterung wegen der Rettung, aber zugleich Entsetzen über die Konsequenzen, die sein Schwur haben wird. Harte c-Moll-Akzente und seufzende Vorhaltdissonanzen stören den C-Dur-Scheinfrieden. Bald bricht sich die große innere Erregung Bahn im *Allegro di molto*, das trotz C-Dur-Vorzeichnung ständig unheimlich ins c-Moll abgleitet und in dem immer wieder Holzbläser (Flöte, Oboe) solistisch mit der Singstimme korrespondieren.
Vor Idomeneos zweiter Arie (Nr. 12a/b) zeigt uns ein Rezitativ den König allein, den Worten nachsinnend, die soeben Ilia an ihn gerichtet hat: Eine motivische Fragefigur zeigt das zweimal sehr plastisch, und der Eindruck, den Ilia hinterlassen hat, dokumentiert sich sogleich

darin, daß noch einmal jenes kleine motivisch gegliederte Holzbläserensemble aus Ilias Arie zitiert wird, als nachdenklich verknüpfender Nachklang – zugleich ein kleiner bedeutsamer und früher Schritt auf dem Weg zur durchkomponierten musikdramatischen Form. Und die Erkenntnis, daß sie seinen Sohn liebe, führt zu einer neuen, sehr innigen melodischen Phrase der Streicher (Takt 12 und 14 des Rezitativs), die Idomeneos Worte zweimal kommentieren:

Die Arie Nr. 12a/b (»Fuor del mar« – »Dem Meer entronnen«, *Allegro maestoso* D-Dur, $^4/_4$) war in ihrer ursprünglichen Gestalt das Musterbeispiel einer repräsentativen, groß angelegten Seria-Arie, klingendes Sinnbild des zugrundeliegenden Affektes, des seelischen Aufruhrs und Zwiespaltes. Sie setzt mit dem Pomp des großen Orchestertuttis mit Pauken und Trompeten im ausgedehnten Vorspiel ein und gibt dem Interpreten reichlich Gelegenheit zur Demonstration seiner Koloratur-Virtuosität. Im Mittelteil rückt die Musik mit einer knappen Modulation von D-Dur nach F-Dur, und die Elemente mäßigen sich auffällig; es kommt zu mehrfachen Imitationen zwischen Singstimme und Begleitung, und zwei Fermaten hemmen die Bewegung zusätzlich. Die variierte Reprise steigert die Virtuosität wieder auf die Anspruchsebene des A-Teils und läßt am Ende Stimme und Holzbläser konzertierend wetteifern. – Die überarbeitete Fassung (12b) eliminiert konsequent alle Koloraturpassagen und läßt die Substanz der Musik im übrigen unangetastet.

Idomeneos Kavatine mit Chor (Nr. 26 »Accogli, oh re del mar« – »Empfange unsere Opfer«, *Adagio ma non troppo* F-Dur, ¢) bezieht ihren eigentümlichen fremdartigen Reiz aus der Gegenüberstellung von expressiver, gleichsam »menschlicher« Melodik im Gesang des Königs, dessen eindringliche Bitte an den Meeresgott sich in chromatischen Zwischentönungen, Verzierungen und großen Intervallsprüngen bis zu Sexten und Septimen äußert, und den unnahbar und erdenfern auf einem einzigen Ton deklamierenden Priestern, deren Gesangslinie sich lediglich im jeweils letzten Takt im Quintsprung zum Grundton hinabsenkt. Das kurze Orchestervorspiel verknüpft fast raffiniert diese beiden melodischen Elemente in einer einzigen Linie, über den schwerelos zupfenden Streichern:

Ursprünglich sah die Partitur am Ende des dritten Aktes noch eine weitere Arie des Königs vor, die er nach der Übergabe von Krone und Thron an Idamante singen sollte. Zweifellos ist diese relativ lange Arie aus dramaturgischen Gründen entbehrlich (Nr. 30a »Torna la pace« – »Der Friede kehrt ...«, B-Dur), zumal sie keinerlei neue, weder handlungs- noch gefühlsträchtige Aspekte vermitteln kann, sondern lediglich Idomeneos vorangegangene Worte vertieft und dehnt. Ihrem ausgedehnten Anfangs-*Adagio* (¢) folgt später ein tänzerisches *Allegretto* ($^3/_8$) als Mittelteil, dem dann die Reprise antwortet – Opera seria in Reinkultur, voll subtiler musikalischer Feinheiten, heute vielleicht eher für den Konzertsaal geeignet.

Elettra vertritt im »Idomeneo« in der Darstellung der Affekte die Gegenposition zu Ilia: Ihre Rolle ist auf Rache und Empörung festgelegt, wie die der Ilia empfindsam und lyrisch angelegt ist. Zwei ihrer drei Arien fixieren Elettras Position nachdrücklich und bilden auf diese Weise den notwendigen dramaturgischen Kontrast zum Liebespaar.
Ihr erster Solo-Auftritt erfolgt, nachdem sie von Idomeneos vermeintlichem Tod gehört hat und nun damit rechnen muß, daß Idamante ihr Ilia vorziehen wird. Voll innerer Erregung setzt ihre Accompagnato-Szene ein, äußerst plastisch die Zerrissenheit ihrer Gefühle in Töne umsetzend: Ein zweimaliger Crescendo-Anlauf unterstreicht die Dynamik der Szene, und am Ende des Rezitativs kommt es zu einer ungemein kühnen, radikalen Umsetzung von »Qualen« und »Schmerzen« (»smanie«, »duol«) in eine längere, extrem chromatische Passage. Erregt und empört klingt dann die ganze folgende Arie (Nr. 4 »Tutte nel cor vi sento« – »Euch alle fühl ich im Herzen«, *Allegro assai* d-Moll, $^4/_4$), in deren Orchestervorspiel die ganze Spannweite des Gefühles umrissen wird, mit unruhig pochendem Baß-Orgelpunkt der Celli und Fagotte, nervösen Trillerfiguren und dem gebrochenen, auf- und abgeführten verminderten Septakkord:

d-Moll als Mozarts Tonart des Dämonischen: Hier taucht sie zum ersten Mal und sogleich exemplarisch auf. Beim Einsatz der Singstimme geht der Orgelpunkt in eine ostinatoartige aggressive Pendelbewegung der Streicher über, die Elettra voranzutreiben scheint. Atemlose Hektik ist das Kennzeichen der ganzen Arie, die zweiteilig angelegt ist und deren Reprise nach einer Fermate überraschenderweise auf c-Moll einsetzt. Und noch ungewöhnlicher ist ihr Ende, in Gestalt eines langen dramatischen Orchesternachspiels, das programmatisch-malerisch zur folgenden Szene am aufgewühlten Meer vermittelt: mit veritablen Taktwechseleffekten und Synkopendramatik und in den letzten Takten geradezu suggestiv wie ein Trichter, mit chromatisch aufeinander zu sich bewegenden Linien, ins c-Moll der Chorszene mündend.

Wesentlich konventioneller ist Elettras zweite Arie, im zweiten Akt (Nr. 13 »Idol mio« – »Mein Geliebter«, *Andante* G-Dur, $^2/_4$), in der sie ihr Liebeswerben um Idamante ankündigt. Im kurzen vorangestellten Rezitativ erklingt das erste der Orchestermotive unauffällig gleichzeitig in Originalgestalt und Umkehrung,

und es taucht als bindende Klammer in gleicher kunstvoller Form auch wieder in der Arie selbst auf, gleichsam als eine Art Seitensatz auf der Dominanttonart, in der Reprise der zweiteiligen Anlage dann konsequent auf der Tonika. Jeder Teil endet mit einer Koloraturpassage, und nachspiellos mündet die Arie direkt in den folgenden Marsch (Nr. 14).

Elettras dritte Arie stand im Original unmittelbar nach dem Ertönen des Orakelspruches, der alle ihre Hoffnungen zunichte macht. Sie wurde noch vor der Uraufführung gestrichen, statt dessen blieb der Rest eines kurzen, äußerst erregten Accompagnato-Rezitatives, bevor sie die Bühne endgültig verläßt (Nr. 29). – Ursprünglich war auch das Rezitativ wesentlich umfangreicher und ungewöhnlich vielgestaltig in seiner fast pausenlosen Orchesterbegleitung, die sich minutiös und motivisch durchgeformt den Worten anpaßt. Die Arie (Nr. 29a »D'Oreste, d'Aiace« – »Von Orest und Ajax«, *Allegro assai* c-Moll, $^4/_4$) ist ganz wie Elettras erste Arie auf einen einzigen Affekt abgestimmt, auf Wut und

Enttäuschung darüber, daß ihr Schicksal unwiderruflich besiegelt ist. Mit einem Crescendo wächst die Einleitung suggestiv unmittelbar aus dem Rezitativ hervor; über den Umweg der Subdominante findet sie erst im fünften Takt, beim Stimmeneinsatz, zur Grundtonart c-Moll. Auch hier – wie in Nr. 4 – sorgt das Orchester durch pausenlose Achtelmotorik für die unruhige Basis, und zusätzlich verbreiten ständig gereihte kleine Trillermotive nervöse Hektik. In der Singstimme fällt die abgerissene Kleinteiligkeit im melodischen Duktus auf, als Ausdruck geradezu stammelnden Außersichseins. Die Reprise tritt auf der Dur-Parallele Es-Dur ein, um alsbald über chromatische Zwischentöne zum fatalistischen c-Moll zurückzufinden. Eine zweimalige grelle, fast wie eine Karikatur anmutende Koloraturpassage wird am Ende zum drastischen Klangbild furienhafter Wut: zunächst synkopisch schwankend, dann im chromatischen Legato-Aufstieg und schließlich diatonisch in einer Staccato-Tonleiter absteigend, einem irren Gelächter gleich!

Idomeneos Freund, Vertrauter und Berater Arbace stellt sich in seiner ersten Arie (Nr. 10a »Se il tuo duol« – »Wenn dein Schmerz«, *Allegro* C-Dur, $^4/_4$) als geradliniger Charakter von milder Menschlichkeit dar. Diesen Eindruck unterstreicht bereits die Wahl der Tonart C-Dur, und auch Melos und Rhythmik der ganzen Arie sind auf Klarheit, Durchsichtigkeit und Stabilität hin angelegt: Die Stimme steigt im Dreiklang auf und bedient sich häufiger kleiner Vorhalte. Im übrigen entspricht der Ablauf den Merkmalen der großen Seria-Arie, in dreiteiliger Dacapo-Form, mit reichhaltigen Koloratureinlagen und einer Gelegenheit zur virtuos-empfindsamen Abschlußkadenz.
Arbaces zweiter Solo-Auftritt erfolgt im dritten Akt, nach Idomeneos Entschluß, sich der aufgebrachten Menge zu stellen. Allein zurückgeblieben, stellt er nun seine mitfühlenden Betrachtungen an über die verzweifelte Lage der Stadt und ihrer Menschen. Das groß angelegte Rezitativ beginnt lyrisch-ausschwingend im *Adagio*, mit mehrtaktigen, kontemplativen Orchesterpassagen. Mit anstürmenden Tonleiterfiguren und punktierten Weiterführungen kommentiert das Orchester dann, zum *Allegro* beschleunigt, Arbaces Vision der in Trümmern sinkenden Stadt Kreta.
Die lediglich von Streichern begleitete Arie konzentriert sich emotional ganz auf die Darstellung des mitfühlenden, mitleidenden edlen Charakters (Nr. 22 »Se colà ...« – »Wenn dort ...«, *Andante* A-Dur, $^3/_4$), wieder in großer Dacapo-Form mit kurzem dominantischem Mittelteil

und jeweils am Ende von Teil A eingefügter dezenter Koloratur. Gerade in den beiden Nummern Arbaces werden die traditionell erstarrten Gattungsgrenzen der Opera seria besonders spürbar: Bei allem melodischen und auch koloristischen Einfallsreichtum Mozarts scheint doch dramatischer Stillstand zu herrschen, und Arbaces Unvermögen, durch Rat und bloßes Mitleid irgend etwas zu bewegen, wird durch die zarte Lyrik dieser beiden Tenor-Arien eher noch hervorgehoben als gemildert.

Ensembles

Der Gattung »Seria« gemäß enthält Idomeneo wenige Ensembles: je ein Duett, Terzett und Quartett. Das Duett Nr. 20a (»S'io non moro« – »Wenn ich nicht sterbe«, A-Dur, $^4/_4$) wurde für die Wiener Privataufführung 1786 durch das wesentlich kürzere Duett Nr. 20b (KV 489 »Spiegarti non poss'io« – »Ich kann's dir nicht erklären«, A-Dur, $^4/_4$) ersetzt, wobei Mozart ungewöhnlicherweise trotz der Neukomposition vom gleichen musikalischen Einfall ausging, ihn jedoch anders und vor allem wesentlich knapper weiterführte (39 statt 106 Takte). Die Erstfassung Nr. 20a dieses Liebesduetts, in dem Ilia und Idamante sich voneinander verabschieden, bestand aus zwei Teilen: einem »Un poco più andante« zu Beginn, das die Musik gegenüber dem vorangehenden *Larghetto*-Rezitativ beschleunigte, und einem anschließenden tänzerisch beschwingten $^3/_8$-*Allegretto*. Die Neufassung Nr. 20b verharrt dagegen insgesamt beim *Larghetto*: Hier beginnt Ilia mit einer längeren Solo-Passage, auf die Idamante ebenfalls solistisch antwortet; daraufhin kommt es erst zum echten Gesangsduett in parallelen Terzen und Sexten und zu Koloraturen in beiden Stimmen – das gemeinsame Liebesglück wird unüberhörbar ausgedrückt durch das gemeinsame Musizieren. In der Erstfassung begann dagegen Idamante allein, und ihm antwortete dann Ilia; Koloraturen kamen auch in der *Allegretto*-Beschleunigung nicht vor.

Das Terzett Nr. 16 (»Pria di partir« – »Ehe wir scheiden«, *Andante* F-Dur, $^3/_4$) vereinigt Idomeneo, Idamante und Elettra kurz vor der geplanten Abreise nach Argos, die dann durch das Unwetter verhindert wird. Es handelt sich hier jedoch nicht um ein die Handlung vorantreibendes Ensemble unterschiedlicher Charaktere, wie sie in Mozarts Buffo-Opern so meisterhaft vertreten sind, sondern um ein in sich geschlossenes Stimmungsbild, eine Abschiedsszene, in der alle drei

Beteiligten sich hörbar einig sind: Elettra greift die einleitende Melodie Idamantes auf

und führt sie variiert weiter. Und im weiteren Verlauf bilden die drei Stimmen ein homogenes Stimmen-Ensemble, lediglich bei den vereinzelten »Addio«-Rufen einander »versetzt« antwortend. Selbst wenn jede Person – »für sich« – eigenen Gedanken nachhängt, wird die musikalische Einheit nicht aufgegeben. An diesen eher beschaulich-wehmütigen Teil schließt sich unvermittelt, wie ein Gefühlsausbruch, ein längeres *Allegro con brio* ($^4/_4$) an, im dichten Triosatz und mit angedeuteten Koloraturen von Elettra und Idamante, das am Ende unmittelbar zum Schreckens-Chor (Nr. 17) überleitet.
Zu Recht berühmt ist schließlich das große Quartett der vier Hauptfiguren Nr. 21 (»Andrò ramingo e solo« – »Einsam werd ich ...«, *Allegro* Es-Dur, $^4/_4$). Es gibt im »Idomeneo« eine Reihe bedeutsamer Ansätze auf dem Weg zur durchkomponierten Szenenfolge; darauf weisen zahlreiche nahtlose Übergänge zwischen einzelnen Nummern hin, und gerade in diesem dritten Akt der Oper wird der musikalische Verlauf kaum noch durch eingefügte Secco-Rezitative unterbrochen. Das Quartett steht am Beginn eines solchen längeren Zusammenhanges; als Ensemble ist es in der Opera seria eigentlich ein Fremdkörper, der Opera buffa entstammend. Allerdings geht Mozart hier noch nicht so weit, innerhalb des Ensembles die Handlung spürbar voranzutreiben; vielmehr markieren alle vier Personen ihre Gefühle und ihre Position in der Handlungskonstellation, und die vier Stimmen wachsen mit dem subtil mitgehenden Orchester zu neuer, höherer Einheit zusammen. Der musikalische Ablauf des langen Stückes (166 Takte) wird dabei äußerst kunstvoll strukturiert, indem durchbrochenes Alternieren der Solostimmen, die gleichsam jede für sich sprechen, immer wieder von Höhepunkten der kompakten Vierstimmigkeit gegliedert wird. Das Ganze ist eine Abschiedsszene für Idamante, der sich am Schluß mit einer kurzen solistischen Phrase verabschiedet, die den Anfang des Quartetts zitiert und dann unvermittelt abbricht und im Orchester stockend und verstummend, zum »schmerzbewegten Abgang« des Prinzen, ausläuft – ein eindringlicher, ungewöhnlicher und origineller Schluß:

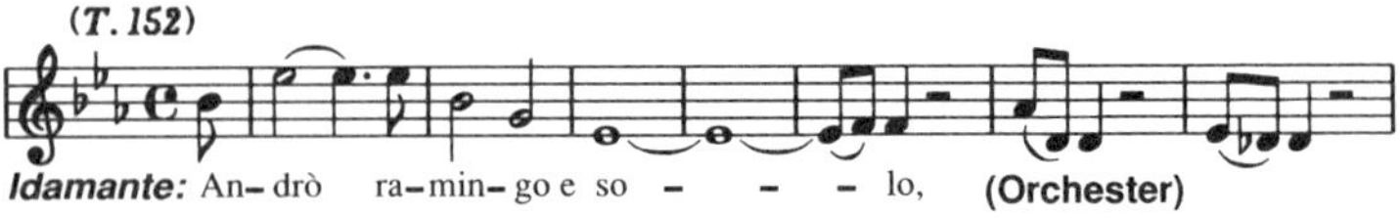

Bewunderungswürdig ist darüber hinaus, mit welcher Selbstverständlichkeit Mozart das Riesengebäude dieser Komposition in die traditionelle Form der Reprisen-Arie zwingt (AA'). Diese Großgliederung ist musikalisch sehr deutlich wahrnehmbar, weil an drei Nahtstellen der Form die gleiche markante Phrase erklingt: zu Beginn als kurze instrumentale Einleitung, zunächst unisono absteigend und dann sich chromatisch grüblerisch ausweitend bis zu zwei stockenden Takten, die wie ein Fragezeichen klingen; Idamante wiederholt die Phrase dann wörtlich. Zum zweiten Mal erklingt sie beim Eintritt der Reprise (Takt 67 f.), jetzt allerdings zum verminderten Septakkord abwärts verbogen. Und zum dritten und letzten Mal begleitet die Tonfolge dann den geschilderten stockenden Abgang Idamantes in den letzten Takten.

Chöre und Instrumentalstücke

»Idomeneo« ist Mozarts bedeutendste Chor-Oper; der Chor übernimmt neben den Solisten geradezu eine weitere Hauptrolle, und ihm sind einige sehr eindringliche und dramatische Augenblicke in der Oper zu verdanken. Da ist zunächst der festlich-heitere Dank-Chor der gefangenen Trojaner, denen soeben von Idamante die Freiheit gegeben worden ist (Nr. 3 »Godiam la pace« – »Laßt uns den Frieden ...«, *Allegro con brio* G-Dur, $^2/_4$), in dem das Chor-Tutti mit zwei kleinen solistischen Duett-Passagen alterniert.

Einen besonderen Effekt bedeutet dann die packende Rettungsszene der Schiffbrüchigen am Strand (Nr. 5 »Pietà!« – »Gnade!«, c-Moll $^4/_4$), wobei Mozart die Sänger in zwei Gruppen, als Nah- und Fern-Chor, unterteilt und auf diese Weise durch das bewegte Mit- und Gegeneinander der Stimmen einen äußerst dramatischen Effekt erzielt. In ihrem Nachspiel mündet sie in Idomeneos Solo-Auftritt nach der Rettung.

Der Chor Nr. 9 (»Nettuno s'onori« – »Neptun sei geehrt«, D-Dur, $^3/_4$) ist als »Ciaccona« betitelt – eine zunächst etwas irritierende Bezeichnung, denn Mozart meint hier nicht etwa die Variationenkette über einem gleichbleibenden Baßmodell, sondern viel eher den archaischen Tanz gleicher Bezeichnung, wodurch zu dieser Chorszene ein choreographisches Element hinzutritt. Auch in diesem Chorsatz alternieren in der Mitte vier Solostimmen mit dem umgebenden Rahmen des Chor-Tuttis; danach kommt es zu einem separaten Duett zweier Sopranstimmen (*Allegretto*, $^{2}/_{4}$), bevor der Rahmenchor ein drittes Mal einsetzt. Das Ganze bildet gemeinsam mit dem vorangestellten D-Dur-Marsch (Nr. 8) ein repräsentativ zeremonielles »Intermezzo«, das sich szenisch zwischen die beiden ersten Akte schiebt.

Im zweiten Akt steht dann jener anrührende schwerelose Bittgesang der Krieger und Matrosen gemeinsam mit Elettra »Placido è il mar« – »Still ist das Meer«, als Fürbitte um eine glückliche Überfahrt, im zarten Siciliano-Rhythmus (Nr. 15 *Andantino* E-Dur),

im Mittelteil überwölbt von einer emphatisch sich steigernden Kantilene Elettras über schwingender Streicherbegleitung, ein Stimmungsbild, in dem die Zeit stehenzubleiben scheint und das sich um so wirkungsvoller abhebt vom kommenden Ausbruch der Elemente. Auch diesem Chor geht ein Marsch voran (Nr. 14), der sich laut Vorschrift ganz von ferne allmählich nähert, und zu diesem Zweck dämpft Mozart Hörner, Trompeten und Pauken; dazu singt Elettra im Vordergrund rezitativisch.

Im Sinne der dramaturgischen Großform gelingt Mozart übrigens in der Chronologie der einzelnen Nummern ab Elettras Arie Nr. 13 – trotz traditioneller Reihung von Einzelstücken im Sinne der Opera seria – so etwas wie eine durchkomponierte Szene, ein zusammenhängendes Finale: Alle Nummern sind musikalisch bis zum Aktschluß miteinander verbunden, trotz ihres eigenständigen Charakters! Aus dem Terzett Nr. 16 wächst über eine sich steigernde Orchesterüberleitung der Schreckens-Chor (Nr. 17 »Qual nuovo terrore!« – »Welch neues Entsetzen!«, c-Moll, $^{4}/_{4}$) hervor, in dem die anwesende Menge ihr Entsetzen über die erneute elementare Strafe der Götter äußert. Dabei tritt der Chor ausschließlich als kompakt singendes Kollektiv auf, so als habe die Todesangst die Menschen zusammengeschweißt, ihnen alle Individualität genommen. Einige kurze illustrative Instrumentaltakte (ab Takt 17) malen das Gewitter, zu dem das Ungeheuer dem Meer entsteigt: mit auf- und abfahrenden Tonleitern und chromatischen, akzentuierten Tonfolgen. Wie in einem gequälten Aufschrei gipfelt das Stück auf dem verminderten Septakkord – »Il reo, qual'è?« (»Der Schuldige, wer ist es?«).

Nach Idomeneos Erklärung, nach seiner Selbstanklage, endet der Akt ungemein bühnenwirksam mit dem Schlußchor des in Angst und Schrecken fliehenden Volkes (Nr. 18 »Corriamo« – »Laßt uns laufen«, *Allegro assai* d-Moll, $^{12}/_{8}$): Jetzt (re-)agiert nicht mehr das Kollektiv, sondern die kopflose, aufgelöste Flucht wird musikalisch durch einen durchbrochenen, quasi »durcheinander«-singenden Chorsatz gemalt, der sich erst gegen Ende noch einmal zu verzweifelter (vierstimmiger) Einheit zusammenfindet. Dann verflüchtigt sich die Musik buchstäblich im Piano, mit letzten zerflatternden Einzeleinsätzen. Wir erleben in diesen dramatischen Chorszenen eine frühe Vorwegnahme der späteren berühmten Opernchöre des 19. Jahrhunderts, gipfelnd in der Sturmszene des ersten »Otello«-Aktes von Verdi, wo der Chor ähnlich im Mittelpunkt des Geschehens steht wie hier im »Idomeneo«.
Auch die große Tempelszene des dritten Aktes rückt durch Verwischen der Nummerngrenzen unmerklich zur durchkomponierten Großform zusammen, die wiederum durch mehrere Chorsätze markant gegliedert wird. Der erste (Nr. 24 »Oh voto tremendo!« – »O furchtbares Gelübde!«) ist ein düsteres c-Moll-Stimmungsgemälde von schicksalhafter Eindringlichkeit, im ¢-*Adagio* über gleichmäßiger Triolenbewegung machtvoll deklamierend, in der Mitte durch die eindringliche Solo-Passage des »Gran Sacerdote«, des Oberpriesters, gegliedert. Der folgende Marsch (Nr. 25, F-Dur) bereitet den instrumentalen Hintergrund für die beginnende Opferszene und weist in seiner zarten weihevollen Klanglichkeit deutlich auf verwandte »Zauberflöten«-Momente voraus (Priestermusik). – Auch in Idomeneos Gebet-Cavatina (Nr. 26) ist der Chor beteiligt, einstimmig und überwiegend auf einem Ton quasi psalmodierend. Wenige fanfarenbegleitete Chortakte feiern dann Idamantes Heldentat, als er das Ungeheuer getötet hat.
Und schließlich gehört dem Chor der vokale Abschluß der Oper in Gestalt einer festlich-repräsentativen Jubel-Szene in D-Dur (Nr. 31 »Scenda Amor« – »Steig herab, Amor«, *Allegro vivace*, $^{2}/_{4}$), bevor jenes prächtige Ballett-Tableau beginnt, das nach der Originalfassung den eigentlichen Abschluß der Oper bildet (und heute zusammen mit zwei weiteren Einzelsätzen unter eigener KV-Nummer 367 geführt wird). Hier handelt es sich um eine vielfach gegliederte und äußerst sorgfältig in allen Elementen – vor allem auch der Instrumentation – durchgeformten zyklischen, suitenartigen Orchesterkomposition.

Für sich genommen ist diese **Ballettmusik zur Oper »Idomeneo« (KV 367)** ein attraktiver und unterhaltender Instrumentalzyklus, der nicht

der Vergessenheit anheimfallen dürfte. Sie besteht aus einer farbigen Folge von zum Teil reichgegliederten Sätzen: *Chaconne* (Allegro, Larghetto, Allegro) – *Pas seul* (Largo, Allegretto, Più allegro) – *Passecaille*. Ihren gestischen Charakter erhält die Musik, vor allem im ersten Satz, durch ihre kontrastreiche Anlage zwischen festlich-temperamentvollem Tutti und intimeren, sparsam instrumentierten Passagen. Die Chaconne entfaltet sich um ihr zentrales B-Dur-*Larghetto* herum wie eine dreisätzige Sinfonia und enthält im dritten Teil einige ganz durchsichtig sparsam gesetzte Passagen, etwa ab Takt 226 mit solistischen Holzbläserakkorden, zu denen dann bald über gezupften Bässen schmeichelnde Violinfiguren treten. »Pas seul« beginnt mit großer pathetischer Gebärde wie eine französische Ouvertüre und mündet in ein abwechslungsreiches zartes »Allegretto sempre piano« mit kleinen synkopisch versetzten Vorschlagtönen der Violinen.
Eine einzelne *Gavotte* steht in der Neuen Mozart-Ausgabe des »Idomeneo« als Nr. 8a innerhalb des Intermezzos, doch weiß man nicht, wo sie original vorgesehen war; ferner gibt es noch ein einzelnes *Passepied* zur Ballettmusik, dessen Einordnung ebenso ungeklärt ist und das ebenfalls bei der Uraufführung gestrichen war. Dieses »Passepied« ist dreiteilig, um einen b-Moll-Mittelteil (»Minore«) herum gebaut, nur für zwei Oboen und Streicher gesetzt; großflächiger klingt die um zwei Hörner ergänzte »Gavotte«; eine *Passecaille* schloß sich ursprünglich der Gavotte an, sie blieb jedoch unvollendet.

Die Entführung aus dem Serail (KV 384)

Komisches Singspiel in drei Akten

Libretto: frei nach Christian Friedrich Bretzner, in der Bearbeitung von Johann Gottlieb Stephanie d. J.
Uraufführung am 16. Juli 1782 in Wien.
Personen: *Bassa Selim* (Sprechrolle); *Konstanze*, Geliebte des Belmonte (Sopran); *Blonde*, Zofe der Konstanze (Sopran); *Belmonte* (Tenor); *Pedrillo*, Bedienter des Belmonte und Aufseher über die Gärten des Bassa (Tenor); *Osmin*, Aufseher über das Landhaus des Bassa (Baß); *Klaas*, ein Schiffer (Sprechrolle); ein Stummer, Wache, Janitscharen, Sklaven, Sklavinnen (Chor).
Ort und Zeit der Handlung: Das Landgut des Bassa in der Türkei, Mitte des 16. Jh.s.

Orchesterbesetzung: 2 Flöten, 1 Piccolo-Flöte, 2 Oboen, 2 Klarinetten, 2 Bassetthörner, 2 Fagotte, 2 Hörner, 2 Trompeten; Pauken, große Trommel, Becken, Triangel, Streicher.
Gliederung: Ouvertüre (Presto C-Dur, ¢; Andante c-Moll, 3/8; Tempo I). – Akt I: 4 Arien, 1 Lied mit Duett, 1 Terzett, 1 Chor; Akt II: 6 Arien, 2 Duette, 1 Quartett; Akt III: 3 Arien, 1 Duett, 1 Vaudeville.

Handlung: 1. Akt. Vor dem märchenhaft am Meeresufer gelegenen Palast Selims, eines reichen türkischen Paschas (= Bassa), sucht der spanische Edelmann Belmonte hoffnungsvoll eine Gelegenheit, seine Braut Konstanze, eine Engländerin, wiederzusehen (Nr. 1). Sie ist ihm mit ihrer Zofe Blonde und Belmontes eigenem Diener Pedrillo von Seeräubern entführt worden; alle drei werden vom Bassa Selim hier gefangengehalten.
Da kommt Osmin aus dem Palast, stellt eine Leiter an einen Feigenbaum und beginnt die Früchte zu ernten. Dabei singt er ein Lied vor sich hin, ohne den Fremdling auch nur eines Blickes zu würdigen (Nr. 2). Nach jeder Strophe versucht Belmonte ihm ins Wort zu fallen, doch vergeblich. Schließlich mischt er sich in den Gesang ein und erkundigt sich nach den örtlichen Umständen und vor allem nach Pedrillo. Die Nennung dieses Namens löst beim »Aufpasser« Osmin sogleich einen Wutanfall aus, und er verdächtigt den Fremden, Mädchen stehlen zu wollen. Aufgebracht scheucht er Belmonte fort. Daß gleich darauf Pedrillo auftritt, steigert Osmins Erregung nur noch mehr, und er zählt zornbebend auf, was er den »hergelaufenen Laffen, die nur nach den Weibern gaffen«, an schlimmen orientalisch-grausamen Strafen zugedacht hat (Nr. 3). Ständig stößt er wilde Drohungen aus und vergißt vor allem nicht, immer wieder seine eigene Klugheit zu betonen. Wie von Sinnen vor Wut läßt er Pedrillo allein stehen.
Belmonte tritt aus seinem Versteck und gibt sich seinem Diener zu erkennen. Nach herzlicher Begrüßung erkundigt er sich gleich nach Konstanze und erfährt auch sofort alle Einzelheiten ihrer unglücklichen Lage. Gegenüber den Werbungen des Bassa, so hört Belmonte mit Freuden, ist sie standhaft geblieben. Pedrillo plant, Belmonte dem Bassa als Baumeister zur Anstellung vorzuschlagen. Und er macht sich auf, ihm und Konstanze, die von einer Ausfahrt zurückkommen, entgegenzugehen.
Belmonte gibt sich ganz seiner Liebessehnsucht, der Wiedersehensfreude und der Hoffnung auf Befreiung hin (Nr. 4). Als Bassa Selim mit großem Gefolge auftritt, muß Belmonte sich erneut verbergen. Die Janitscharen huldigen ihrem Herrn (Nr. 5), der mit Konstanze einem prächtigen Schiff entsteigt. Seine Liebe zu ihr ist ehrlich und tief, er möchte erreichen, daß sie ihm freiwillig ihre Zuneigung schenkt, nicht seine Macht benutzen, um sie sich gefügig zu machen. Konstanze teilt ihm ihre innersten Gefühle mit, erzählt ihm von ihrem Geliebten, dem sie Treue geschworen hat und dem längst ihr ganzes Herz gehört. Nun aber leidet sie unter der Trennung (Nr. 6). Noch ein letztes Mal bittet sie den Bassa um Geduld und appelliert an seine Großmut. Mit allen Anzeichen der erschöpften Geduld entläßt er sie in den Palast.

»Die Entführung aus dem Serail« in der Inszenierung von Giorgio Strehler für die Salzburger Festspiele 1965

Da nützt Pedrillo die Gelegenheit, Belmonte dem Bassa als Baumeister vorzustellen, und der willigt auch ein, den Fremden zur Probe vorläufig in seine Dienste aufzunehmen. Pedrillo warnt seinen Herrn vor voreiligem Optimismus; und prompt stellt sich ihnen Osmin in den Weg und verwehrt ihnen den Eintritt in den Palast. Zwischen den dreien entspinnt sich ein Wortgefecht und Gerangel, dabei gelingt es den beiden jungen Männern doch, in den Palast zu gelangen (Nr. 7).

2. Akt. Blondchen hat sich ständig der Zudringlichkeit des plumpen Osmin zu erwehren, sie tut das mit Witz und Frechheit. Und manchmal versucht sie ihm auch – freilich vergeblich – galantes Benehmen beizubringen (Nr. 8). Osmin jedoch besteht stur auf der gegebenen Rangordnung: »Ich dein Herr, du meine Sklavin!« Doch ist ihm Blonde an Wortgewandtheit über und wehrt sich schließlich auch mit der Drohung, daß Konstanze beim Bassa bekanntlich großen Einfluß habe . . . Zerknirscht läßt sich Osmin von ihr vertreiben, nicht ohne weitere Drohungen auszustoßen und sich über die Engländer zu wundern, die ihren Weibern den Willen lassen. Blonde aber droht, ihm mit spitzen Fingern in die Augen zu fahren (Nr. 9).

Kaum ist Osmin im Palast verschwunden, bemerkt Blonde, wie Konstanze gedankenverloren den Garten betritt, sich verwirrt und ratlos ihren trüben

Gedanken überlassend, ihrem Trennungsschmerz, ihrer Sehnsucht nach Belmonte (Nr. 10). Blonde versucht ihr Mut zu machen, doch da taucht bereits wieder der Bassa auf, der Konstanze an sein Ultimatum erinnert: Sie sollte sich bis heute abend endgültig entscheiden, ob sie ihn erhören wolle. Ihre stolze Antwort: »Dich verehren – ja, aber lieben? – nie!« Selbst als er zu drohen beginnt, nicht mit dem Tod, aber mit Martern aller Art, bleibt Konstanze fest. Martern und selbst der Tod könnten sie nicht schrecken. Wenn er aber Milde walten lasse, würde es ihm der Himmel mit seinem Segen lohnen (Nr. 11).
Blonde hat diesen Auftritt miterlebt und bleibt nun allein und ein wenig ratlos zurück. Da berichtet ihr Pedrillo atemlos die große Neuigkeit: Belmonte ist da, sein Schiff liegt versteckt in der Nähe, und schon heute, um Mitternacht, sollen die Mädchen in die Freiheit entführt werden. Um Osmin unschädlich zu machen, hat Pedrillo einen Schlaftrunk angesetzt. Groß ist Blondchens Jubel über diese unerwartete frohe Botschaft, die sie unverzüglich Konstanze überbringen will (Nr. 12). Pedrillo aber beschleichen auf einmal mancherlei Zweifel, ob das Abenteuer wohl gutgehen könne; immer wieder redet er sich mannhaft Mut zu: »Nur ein feiger Tropf verzagt. Frisch zum Kampfe« (Nr. 13).
Und er erhält auch sogleich Gelegenheit, seinen Mut zu beweisen, denn Osmin nähert sich mißtrauisch. Pedrillo zeigt ihm listig zwei Weinflaschen, eine große und eine kleine, und tatsächlich gelingt es ihm mit allerlei Überredungskünsten, Osmin neugierig und lüstern zu machen. Eigentlich hat der Prophet ihm als Muselmann ja den Wein verboten, aber wenn Pedrillo es nicht weitersagt ..., und Osmin bedient sich bald so intensiv (Nr. 14), daß er zu lallen anfängt und sich schließlich von Pedrillo ins Haus führen läßt.
Der ärgste Aufpasser ist also einstweilen ruhiggestellt, und so steht einem Wiedersehen der Liebenden nichts mehr im Wege – Konstanze erscheint und fliegt Belmonte in die Arme, der sie unter Freudentränen küßt (Nr. 15). Und nun – statt die gewonnene Frist, solange Osmin seinen Rausch ausschläft, zu nutzen – beginnen die vier jungen Menschen ein längeres Gespräch: Zunächst freuen sich alle gemeinsam über das Ende ihrer Trennung. Dann jedoch äußern die beiden Männer, zunächst noch unsicher und stockend, ihre Zweifel an der Treue ihrer Geliebten: Könnte nicht vielleicht doch Blondchen etwas mit Osmin, Konstanze mit dem Bassa gehabt haben ...? Konstanze reagiert bestürzt und traurig, Blonde spontan mit einer Ohrfeige. Doch versöhnen sich alle vier wieder, nachdem die eifersüchtigen Herren um Verzeihung gebeten haben, und vereinigen sich zu einem gemeinsamen Hymnus: »Es lebe die Liebe! Nichts fache das Feuer der Eifersucht an« (Nr. 16).
3. Akt. Inzwischen ist es Mitternacht geworden, die Mädchen sind längst in den Entführungsplan eingeweiht, Osmin schläft immer noch. Der Schiffer Klaas schleppt zwei Leitern heran, und während Pedrillo noch einmal den Palast umrundet, um nachzusehen, ob alles ruhig ist, findet Belmonte Muße zu einem Selbstgespräch über die Macht der Liebe (Nr. 17). Dann wird es ernst: Das Signal zum Beginn des Abenteuers ist ein Ständchen Pedrillos, eine kleine Moritat von der Befreiung einer Schönen im Mohrenland, zu der er sich auf der Mandoline

begleitet (Nr. 18). Doch ehe alle vier das Haus verlassen haben, ertönt die Stimme Osmins durch den Palast: »Gift und Dolch ... hier gibt's Räuber!« Die herbeigerufene Palastwache ergreift die beiden Paare. Nun kann kein Bitten und Flehen Osmin erweichen, auch ein Bestechungsversuch nützt nichts mehr: Alle vier werden als Gefangene abgeführt, und Osmin stimmt triumphierend einen hemmungslosen Rachegesang an (Nr. 19). Dann informiert er Bassa Selim, dem Belmonte und Konstanze sogleich vorgeführt werden. Beim Verhör stellt sich heraus, daß Belmonte der Sohn seines ärgsten Feindes ist, der Selim einst zum Verlassen seines Vaterlands getrieben und den Verlust seiner Geliebten verschuldet hat. Belmonte begreift: sein Schicksal ist besiegelt. Der Bassa verläßt die beiden, um Osmin die Befehle zur Marter zu geben.
Belmonte macht sich Vorwürfe, Konstanze mit ins Unglück gerissen zu haben. Sie aber zeigt sich ganz gefaßt und stellt sich auf den gemeinsamen Tod ein (Nr. 20). Auch Pedrillo und Blonde werden hereingeführt, alle zusammen erwarten das Todesurteil. Doch der Bassa setzt alle in größtes Erstaunen: Er gibt ihnen ihre Freiheit und entsagt Konstanze. Es ist für ihn »ein weit größer' Vergnügen, eine erlittene Ungerechtigkeit durch Wohltaten zu vergelten, als Laster mit Laster zu tilgen!« Und Osmin erteilt er die Lehre: »Wen man durch Wohltun nicht für sich gewinnen kann, den muß man sich vom Halse schaffen!« Ergriffen bedanken sich die vier Befreiten und preisen die Huld des Bassa, nur Osmin stößt Verwünschungen aus. Das Gefolge der Janitscharen stimmt in den Jubel ein (Nr. 21).

Zum Werk und seiner Entstehung

Die »Entführung aus dem Serail« verdankt ihre Entstehung einer besonderen historischen Konstellation: Der in vielfältige Bereiche des täglichen Lebens reformerisch eingreifende Kaiser Joseph II. begründete 1776/77 das »Deutsche Singspiel«, indem er, neben dem etablierten Burgtheater, ein Deutsches Nationaltheater einrichtete und am 17. Dezember 1777 den ganz konkreten Auftrag erteilte, ein Deutsches Singspiel aufzuführen. Diese Tatsache ist bemerkenswert, weil bis dahin die Wiener Opernszene ganz von der italienischen Tradition der Opera seria und der Opera buffa beherrscht wurde.
Der kaiserliche Auftrag richtete sich an einen in jenen Jahren erfolgreichen (Wiener) Librettisten, an Johann Gottlieb Stephanie d. J., aus dessen Hand Mozart am 30. Juli 1781 zu seiner Überraschung nicht ein Original-Libretto, sondern einen fremden Text erhielt, nämlich »Bellmont und Constanze oder: Die Entführung aus dem Serail«, eine dreiaktige »Operette« von C. F. Bretzner, die sogar schon ein anderer, Johann André in Berlin, vertont hatte. (Bretzner, der sich später gegen

Mozarts und Stephanies Plagiat erbittert wehrte, hatte seine Anregungen aus Märchen genommen sowie vor allem aus dem »Decamerone« von Giovanni Boccaccio, genauer aus »Filocolo«, einer Geschichte des fünften Tages in diesem Zyklus.)

Daß Mozart diesem Projekt dennoch zustimmte, mag mehrere Gründe gehabt haben: Zunächst gab es keinen wirkungsvollen Urheberschutz, der geistig-künstlerische Produkte vor einer Wiederverwertung bewahren konnte; dann wußte Mozart, wie beliebt türkisches Kolorit beim Wiener Publikum jener Tage war; schließlich hatte Stephanie, mit dem er den Text bearbeitete, Glucks beliebte Oper »Die vermutete Zusammenkunft oder: Die Pilgrime von Mekka« ins Deutsche übersetzt, an deren Publikumserfolg man vielleicht anzuknüpfen hoffte.

Mozart begann unverzüglich mit der Komposition, anfänglich in einem wahren Schaffensrausch, der in drei Tagen bereits den halben ersten Akt hervorbrachte. Im weiteren Verlauf gestaltete sich die Arbeit dann allerdings nicht mehr so schnell und problemlos. Äußerer Antrieb zum so atemberaubenden Arbeitstempo war zunächst die Aussicht gewesen, die »Entführung« anläßlich eines Besuches des russischen Großfürsten Paul Petrowitsch (später Zar Paul I.) bereits im September 1781 zum ersten Mal aufzuführen. Doch die Staatsvisite wurde bald verschoben, zunächst auf November 1781, dann immer weiter, bis sie schließlich erst im Oktober 1782 stattfand – der Fürst kam nicht mehr in den Genuß der Uraufführung, statt dessen beehrte er die 11. Vorstellung am 8. Oktober.

Viel entscheidender wirkte sich jedoch auf das Arbeitstempo aus, daß Mozart sich veranlaßt sah, nachhaltig in Konzeption und Einzelheiten des Librettos einzugreifen. Nur mit dem Gang des ersten Aktes war er weitgehend einverstanden; der zweite Akt jedoch wurde gegenüber Bretzners Original verändert und ergänzt, so durch die gemeinsame Szene Bassa – Konstanze und Konstanzes große »Martern-Arie« (Nr. 11) sowie Blondchens »Welche Wonne, welche Lust« (Nr. 12). Mozart wollte sogar noch weitergehen und die eigentliche Entführungsszene an das Ende des zweiten Aktes verlegen. Doch daraus ergab sich zwingend der Bedarf nach einer »neuen Intrige«, um die dramatische Spannung zu Beginn des dritten Aktes nicht allzusehr abfallen zu lassen. Durch dieses Anliegen jedoch zeigte sich Stephanie überfordert, und so verblieb die Entführung im dritten Akt; statt dessen begnügte sich Mozart mit einer kleinen neuen, den vorangehenden Abschluß effektvoll steigernden Komplikation, mit dem Eifersuchtsverdacht der beiden Liebespaare in ihrem Final-Quartett.

Auch der dritte Akt mußte sich manche Eingriffe gefallen lassen; am nachhaltigsten änderte sich der Schluß der Oper und damit die Lösung des dramatischen Konfliktes: Bei Bretzner erkennt Bassa Selim in Belmonte seinen eigenen Sohn wieder, so daß seine Geste des Verzeihens nur noch logische und selbstverständliche Folge ist, jedoch nicht in erster Linie Zeichen überlegener mitmenschlicher Größe. Bei Stephanie und Mozart wird das Verzeihen zur humanitären Tat, die einem freien Entschluß entspringt, denn Belmonte ist nun der Sohn von Bassa Selims ärgstem Feind. »Vaudeville« und Janitscharenchor (Nr. 21) als effektvoller türkischer Opernschluß sind ebenfalls neu und zeugen von Mozarts Gespür für Bühnenwirkungen.

Die Proben zur »Entführung aus dem Serail« begannen am 3. Juni 1782 und dauerten, durchaus vergleichbar heutiger Bühnenpraxis, etwa sechs Wochen, bis zur Uraufführung am 16. Juli 1782. Bekannt ist, daß es dabei zu einigen Störungen kam, die ihre Gründe vor allem in den ortsüblichen Intrigen hatten, weniger jedoch wohl in manchen »unerhörten« Details des neuen Werkes, an das sich das Wiener Publikum im übrigen recht schnell gewöhnte. Die »Entführung« wurde rasch zum Publikumserfolg; sie war Mozarts erster wirklicher Bühnentriumph und sollte auch die erfolgreichste Oper zu seinen Lebzeiten bleiben. Dieser Erfolg blieb ihr bis zum heutigen Tag treu.

Der Besetzungszettel der Uraufführung nennt hochkarätige Sängernamen, und Mozart berücksichtigte bei der Komposition – wie fast immer in seinem Leben – sehr genau die Fähigkeit und Grenzen der Stimmen. Caterina Cavalieri sang die Konstanze, und man kennt Mozarts Charakterisierung ihrer »geläufigen Gurgel«, der er, sich brieflich fast entschuldigend, die Koloratur-Arie Nr. 6 (»Ach ich liebte«) widmete. Man kann unschwer aus den immensen Anforderungen der Partie mit ihrem bruchlosen Nebeneinander von virtuoser Koloratur und lyrischer Innigkeit auf die singuläre Meisterschaft dieser Sängerin schließen. In späteren Jahren wurde die Cavalieri dann Mozarts Elvira in »Don Giovanni« und die Gräfin im »Figaro«.

Johann Valentin Adamberger sang den Belmonte; er war ein ausgesprochen lyrischer, das Belcanto beherrschender Tenor, der bereits in München den Boten des Neptun im »Idomeneo« gesungen hatte. Der Bassist Johann Ignaz Ludwig Fischer wurde der erste Osmin und war vor allem berühmt für die Leichtigkeit seiner tiefen Töne, zu deren Präsentation die Partie denn auch reichlich Gelegenheit bietet.

An die Tatsache, daß die Rolle des Bassa Selim nicht mit einem Sänger, sondern »lediglich« mit einem Sprecher besetzt worden ist, knüpften sich mancherlei Spekulationen. Tatsache ist, daß zunächst geplant war, den Bassa von dem Tenor Joseph Walther darstellen zu lassen, dem jedoch im Winter 1781/82 überraschend vom Kaiser Joseph II. gekündigt wurde. Daß sich aus diesem Umstand, quasi improvisiert und der aktuellen Not gehorchend, die Sprechrolle ergeben haben könnte, ist unbewiesene (und wohl unbeweisbare) Vermutung der Nachwelt. In Bretzners »Entführung« ist der Bassa zwar ebenfalls eine Sprechpartie, doch waren in diesem Libretto die Gewichte zwischen Sprache und Musik ohnehin anders verteilt, indem nämlich den Arien und Liedern eher untergeordnete Bedeutung – »Einlagencharakter« – zukam. In jedem Fall aber – wie es auch dazu gekommen sein mag: ob zufällig dem Zwang der Umstände gehorchend oder dramaturgischer Logik entspringend – erweist sich im Nachhinein gerade diese Maßnahme als ungemein wirkungsvoll und hebt den Bassa besser als jeder andere Kunstgriff von seiner Umgebung ab, läßt den Akt des Verzeihens wahrhaft souverän erscheinen.

Über seine Arbeit an der »Entführung« hat Mozart in seltener Ausführlichkeit in einer Reihe von Briefen an seinen Vater berichtet, in denen er auf viele kompositorische und dramaturgische Einzelheiten eingeht. Sie sind für uns insgesamt die wichtigste Informationsquelle über seine dramaturgischen Prinzipien und Ideen.

Zur Musik

»Die Entführung aus dem Serail« steht in C-Dur, und so beginnt und endet auch die in überschaubarer Dreiteiligkeit (ABA) gehaltene Ouvertüre im ungebrochenen C-Dur. Die beiden bewegten Eckteile (*Presto*, ₵) bringen das, was Mozart die »türkische Musik« nennt: keine folkloristischen Klänge, sondern temperamentvoll lärmende, durch eingeblendete Piano-Gegensätze effektvoll gesteigerte Tutti-Passagen, die durch den Einsatz der großen Trommel, der Becken und des Triangels »exotisch« gefärbt werden.

Im Mittelteil B verwandelt sich die Musik vom äußerlichen grell-bunten Ambiente auf einmal in ihr verinnerlichtes Gegenstück: in ein c-Moll *Andante* ($^3/_8$) mit zart alternierenden Streichern und Holzbläsern und dreimal sehnsüchtig Halt gebietenden Fermaten. Damit lernen wir in der Ouvertüre die beiden Seiten der kommenden Handlung im voraus kennen: die derbe, exotische Welt der Janitscharen und Osmins einerseits, die Welt der Liebesgefühle und Sehnsüchte vor allem Konstanzes und Belmontes andererseits; das Andante ist die nach c-Moll gewandte Vorwegnahme von Belmontes anschließender Auftritts-Arie (Nr. 1):

In die letzten Töne des *Andante*-Teils bricht unvermittelt die leicht verkürzte Reprise des C-Dur-*Prestos* ein. Diese Ouvertüre führt also in die Gegensätze der ganzen Oper ein, hat aber zugleich durch die Vorausnahme des *Andante* unmittelbar hinführenden Bezug zur ersten Szene.

Arien

Belmonte singt insgesamt vier recht unterschiedliche Arien. Die erste (»Hier soll ich dich denn sehen«) schließt sofort an die Ouvertüre an und wendet deren wehmütigen c-Moll-Teil in ein hoffnungsvoll drängendes C-Dur, ebenfalls im $^3/_8$-*Andante* stehend. Auch die sehnsüchtig gedehnten und nun vokal ein wenig ausgezierten Fermaten kehren wieder. Der melodische Grundeinfall (vgl. Notenbsp. oben) wird mehrmals wiederholt, immer in irgendeiner Form leicht variiert und gesteigert: Zunächst stellen ihn die Streicher allein vor, dann wiederholt ihn Belmonte; im zweiten Teil spielen ihn die Klarinetten, und darüber hält Belmonte den Dominantton g aus, der erst nach der Fermate über gis zur ausdrucksvollen Sexte aufsteigt; die letzte Wiederholung dieses gehaltenen Tones dehnt dann in einer zweiten Fermate auch noch den chromatischen Durchgangston gis – eine letzte flehende Sehnsuchtsgebärde!
Belmontes zweite Arie (Nr. 4 »O wie ängstlich, o wie feurig«, *Andante* A-Dur, $^2/_4$) ist länger und vielschichtiger und wurde durch einen im folgenden zitierten Brief Mozarts an den Vater (26. September 1781) zum Paradebeispiel für die Erklärung der musikdramatischen und tonmalerischen Absichten des Komponisten. Ein viertaktiges Rezitativ geht voraus, in dem die Solo-Oboe zart Belmontes zweimalige ausdrucksvolle Anrede »Konstanze« imitiert. Die Arie ist in variierter

Zweiteiligkeit (AA') geformt. Ihr zweiter Teil wiederholt die Einfälle des ersten verkürzt und in anderer Reihenfolge. Minutiös folgt die Musik allen Einzelheiten des bildhaft plastischen Textes: »O wie ängstlich« – ein Crescendo mit unerwartetem subito piano; »o wie feurig« dann genau umgekehrt, auftrumpfend im Forte das »feurig«:

Weiter in Mozarts eigenen Worten: »Auch ist das klopfende liebevolle herz schon angezeigt – die 2 violinen in oktaven« in unruhig hüpfendem leisem Pulsschlag; »man sieht das zittern – wanken«, wieder der Pulsschlag-Rhythmus, aber jetzt unruhig wechselnd im Piano und Forte; »man sieht, wie sich die schwellende brust hebt – welches durch ein crescendo exprimirt ist«, allmählich, über einem ständig pochenden dominantischen fis-Orgelpunkt, durch die harmonische h-Moll-Tonleiter hinaufsteigend, wobei der Singstimme eine kleine wispernde Trillerfigur der Violinen folgt; »man hört das lispeln und seufzen – welches durch die ersten violinen mit Sordinen und einer flaute mit in unisono ausgedrückt ist«, eine behende flüsternde Unisono-Tonleiterbewegung also von Violine und Flöte. Das »Seufzen« schließlich wird in kleinen aneinandergereihten Seufzervorhalten der Geigen imitiert. Das Ganze ist demnach ein unaufdringliches Lehrstück in programmatischer Textausdeutung, engste musikdramatische Wort-Ton-Verflechtung.

Belmontes dritte Arie (Nr. 15 »Wenn der Freude Tränen fließen«, *Adagio* B-Dur, ₵) erklingt unmittelbar nach dem langersehnten Wiedersehen der Liebenden und verleiht dieser Stimmung Ausdruck. Sie ist mehrteilig angelegt: Ihr erster Teil, dessen *Adagio*-Vorschrift durch die ₵-Vorgabe nachdrücklich beschleunigt wird, ist in dreiteiliger Reprisenform gebaut; sein Mittelteil (»Ach, Konstanze, dich zu sehen«) ist unruhiger und intimer, vor allem durch die bewegten, zwischen 1. und 2. Violine alternierenden Begleitfiguren und durch seine entschlossenen Punktierungen (»lohnt führwahr nicht Krösus' Pracht«). Die Wiederkehr des A-Teils mündet in eine Coda, die zunächst die Worte des Mittelteils in sehnsüchtigen Terz- und Sextparallelen der Klarinetten wieder aufgreift und dann in einige kadenzierende Koloraturen der Singstimme mündet. Es folgt ein im Holzbläsersatz angestimmter neuer Abschnitt im »Tempo di Menuetto« (*Allegretto*, $^3/_4$). Hier wird nun

immer wieder – durch Chromatisierung, melodisch akzentuierte Vorhalte und dynamische Akzente (sfp) – das Wort »Schmerz« hervorgehoben.
Belmontes letzte Arie (Nr. 17 »Ich baue ganz auf deine Stärke«, *Andante* Es-Dur, ¢) ist die erste Musiknummer des letzten Aktes; auch er scheint sich hier, wenngleich männlicher und entschlossener als Pedrillo, Mut zuzusprechen für das bevorstehende Abenteuer. Musikalisch lebt die Arie vom variablen und sehr bewußten Einsatz der Holzbläser-Register, vor allem der Klarinetten, die auch gleich das vielgliedrige Vorspiel färben. Mehrfach markieren Einwürfe des Holzbläser-Ensembles die Form, etwa als Überleitung zum zweiten Singstimmeneinsatz »denn ach, was wurden ...« oder im kanonartigen Einsatz von Klarinette und Fagott, die den dritten Singstimmeneintritt vorwegnehmen (»Was aller Welt unmöglich scheint«). Im reprisenartigen zweiten Teil der langen Arie ist die Singstimme durch Koloraturen reich ausgeziert. – In manchen Aufführungen wird diese Arie ausgelassen, gelegentlich wird sie leider auch gekürzt. Manchmal erlaubt sich die Bühnenpraxis auch die Umstellung von Nr. 15 an die Stelle von Nr. 17.

Für Konstanze gibt es in der »Entführung« drei Soloszenen, denen man in ihrer Vielseitigkeit und Virtuosität die Bestimmung für eine so meisterhafte Interpretin wie die Cavalieri anmerkt. Die Partie ist auch heute noch Prüfstein für jede Sopranistin, die in sich die Fähigkeiten zur Koloratur und zum Lyrischen vereinigen muß.
Ihre Auftritts-Arie ist »Ach, ich liebte ...« (Nr. 6 *Adagio* B-Dur, $^4/_4$) im ersten Akt, als sie dem Bassa ihre Liebe zu einem anderen, zu Belmonte, offenbart. Ein kurzes einleitendes *Adagio* steht zu Beginn, und sein Anfang ist so ungewöhnlich wie originell: ein einzelner Oboenton (auf der Quinte f''), dann setzt die Singstimme ein! Nun folgt der *Allegro*-Hauptteil, in dem vor Eintritt der Reprise noch einmal die Worte der Einleitung anklingen, so daß sich angedeutete Dreiteiligkeit ergibt (ABA); jeweils gegen Ende des A-Teils drängen sich die Koloraturen.
Die beiden anderen Arien sind recht gegensätzlicher Natur; sie folgen aufeinander – dramaturgisch ungewöhnlich und eine Herausforderung für jede Interpretin! –, jeweils nur durch eine kurze Dialogszene getrennt. So offenbaren sich auf engstem Raum die verschiedenen Seiten von Konstanzes Charakter. Der ersten Arie (Nr. 10 »Traurigkeit«, *Andante con moto* g-Moll, $^2/_4$) geht ein melancholisch verhangenes, von Seufzermotiven durchzogenes Instrumental-Rezitativ voraus (»Welcher Wechsel herrscht in meiner Seele«). Die eigentliche Arie wird dann

zum klanglichen Sinnbild der »Traurigkeit«, eingeleitet durch ein suggestives Trauermotiv, das die Singstimme sogleich wiederholt:

Im Orchester färbt das zusätzliche Bassetthornpaar den Klang melancholisch. Eine B-Dur-Episode gehört im A-Teil ganz dem Bläsersatz; sie taucht dann in der Reprise, wie eine nach g-Moll gewandte Paraphrase, verwandelt wieder auf (»Selbst der Luft darf ich nicht sagen«). Es ist kein Zufall, daß diese Trauerszene in der gleichen Tonart g-Moll steht, wie viel später Paminas Klage in der »Zauberflöte« (»Ach, ich fühl's«).

In der berühmten »Martern«-Arie (Nr. 11 *Allegro* C-Dur, $^4/_4$) kommt dann die »geläufige Gurgel« der Sängerin voll zu ihrem Recht, und Konstanze kehrt auf einmal ihre heroische Seite heraus – man glaubt sich unversehens in eine Opera seria zurückversetzt. Im Grunde hat sich hier eine veritable Konzert-Arie in das Singspiel »verirrt«, und sie stellt denn auch nicht nur allerhöchste virtuose Anforderungen an Konstanze, sondern bedeutet zugleich für den Regisseur der Szene und den Darsteller des ständig anwesenden Bassa Selim ein schwieriges Problem: Während der ganzen langen Solo-Szene ist er der Ansprechpartner, muß also ständig reagieren, ohne selbst nur ein einziges Wort sagen zu dürfen. Auch Konstanze hat ein zusätzliches Problem zu meistern, denn ihrem ersten Einsatz geht ein 59 Takte langes instrumentales Vorspiel voraus, in dem in aller Ruhe ihre vier solistischen Partner Flöte, Oboe, Violine und Violoncello vorgestellt werden, die dann im weiteren Verlauf der Arie mit ihr gemeinsam konzertieren.

Die Gesangspartie ist dann, wie nicht anders zu erwarten, gespickt mit technischen Schwierigkeiten: Koloraturen aller Art, oft auch im imitatorischen Gegen- und Nacheinander mit den Soloinstrumenten, sowie ein extrem ausgeweiteter Stimmumfang, der nicht nur in der Höhe (dreigestrichenes d) brilliert, sondern zugleich – und oft in unmittelbarem Nebeneinander – extreme Tiefe für einen Sopran verlangt; einmal springt die Stimme vom tiefsten Ton h über fast zwei Oktaven hinauf zum g''. Ein *Allegro assai* unterbricht das *Allegro*-Grundtempo in der Mitte und bildet später die Coda, die sich dann noch einmal zu einem

Unisono-Sturmlauf in auf- und absteigenden Tonleitern von Singstimme und Orchester steigert, wobei Mozart »stringendo il tempo« verlangt, ein Stretta-Effekt par excellence und in seinen Partituren einzigartig.

In Osmin schuf Mozart einen neuen Rollentypus, ein Individuum mit höchst bemerkenswerten Zügen, dem die Abstammung aus der Opera buffa (als tölpelhafter Spaßmacher) nur noch von ferne anzumerken ist. Herausgekommen ist eine unnachahmliche Mischung aus Komik, Bosheit und Einfältigkeit, ein durch und durch emotional agierender und reagierender Mensch.
Ihm fallen zwei Arien zu; eigentlich sind es genaugenommen zweieinhalb, denn er eröffnet die zweite Szene der Oper mit seinem Strophenlied zum Feigenpflücken, bevor es sich zum Duett mit Belmonte ausweitet (Nr. 2 Lied und Duett »Wer ein Liebchen hat gefunden«). Hier hören wir ein leicht exotisch gefärbtes g-Moll, anders als in Konstanzes »Traurigkeit«, im wiegenden $^6/_8$-Rhythmus und von Strophe zu Strophe, bei gleicher Melodie, im Orchester mit einer charakteristisch variierten Begleitung unterlegt: in der zweiten Strophe mit seufzenden Oboen- und Fagotteinwürfen begleitet und in der dritten Strophe (»Sonderlich beim Mondenscheine«) mit geheimnisvoll bewegter Holzbläserlinie kontrapunktiert. Hier bricht Osmin auf einmal unvermutet aus dem gemächlichen *Andante*-Grundtempo in einige nervöse *Allegro*-Takte aus, als übermanne ihn die Vorahnung von allem Ärger, der ihm bald bevorsteht. – Zum anschließenden Duett, das sogleich neue Seiten Osmins enthüllt, siehe S. 158.
Als Pedrillo erscheint, erhält Osmin die willkommene Gelegenheit zu seiner ersten Arie: »Solche hergelaufne Laffen« (Nr. 3 *Allegro con brio* F-Dur, $^4/_4$). Ohne Umschweife setzt die Stimme nach einem einzelnen Fermaten-f unisono mit dem Orchester ein und schraubt sich über Triller und chromatische Tonleitern in die Höhe – Koloratur als Ausdruck der Wut. Im Verlauf der Arie steigert sich Osmin immer weiter in seine Wut hinein, und die Musik unterstützt ihn dabei wirkungsvoll in feinster psychologisierender Weise – am Ende, im beschleunigten *Allegro assai* und zum $^3/_4$ verkürzten Metrum kann Osmin nur noch kurzatmig stammeln »erst geköpft, dann gehangen ...«, bevor das Orchester unisono mit einem ostinaten Tonleitermotiv und angereichert durch die »türkischen« Instrumente zum Ende stürmt. Hierzu hat sich Mozart selber sehr dezidiert geäußert (an den Vater 26. September 81): »Die aria hab ich dem H:Stephani ganz angegeben; – und die hauptsache der

Musick davon war schon fertig, ehe Stephani ein Wort davon wuste. [...] – der zorn des osmin wird dadurch in das komische gebracht, weil die türkische Musick dabey angebracht ist«; und über den sich überstürzenden Schluß: »– und da sein zorn immer wächst, so muß – da man glaubt die aria seye schon zu Ende – das allegro aßai – ganz in einem andern zeitmaas, und in einem andern Ton – eben den besten Effect machen; denn, ein Mensch der sich in einem so heftigen zorn befindet, überschreitet alle ordnung, Maas und Ziel, er kennt sich nicht – so muß sich auch die Musick nicht mehr kennen – weil aber die leidenschaften, heftig oder nicht, niemal bis zum Eckel ausgedrücket seyn müssen, und die Musick, auch in der schaudervollsten lage, das Ohr niemalen beleidigen, sondern doch dabey vergnügen muß, folglich allzeit Musick bleiben muß, so habe ich keinen fremden Ton zum f (zum ton der aria) sondern einen befreundten dazu, aber nicht den Nächsten, D minor, sondern den weitern, A minor, gewählt.«
Etwas andere Gefühle äußert Osmin dann in seiner letzten Arie im dritten Akt (Nr. 19 »Oh, wie will ich triumphieren«, *Allegro vivace* D-Dur, $^2/_4$), nachdem es ihm soeben gelungen ist, die beiden Paare an der Flucht zu hindern:

Dabei gelingen Mozart einige drastische programmatische Momente der Textausdeutung: etwa wenn Osmin sich mit der Stimme in Oktavsprüngen Ton für Ton nach unten »schleicht« (»schleicht nur säuberlich und leise«), oder wenn das Orchester mit pointierten Bläser-Einwürfen voller spitzer Vorschläge das »Hälse-Zuschnüren« kommentiert. Und als Osmin in seiner sadistischen Vorfreude auf die Strafe »hüpfen ... lachen, springen und ein Freudenliedchen singen« will, gerät sein Gesang vollends aus den Fugen und versteigt sich zu einer parodistischen Koloratur, hilfreich in Trillern, Triolen und Staccato-Tönen vom Orchester unisono unterstützt. Am Ende stößt er nur noch zusammenhanglos ständige Wortwiederholungen hervor, als sei er völlig von Sinnen.

Pedrillo verkörpert den Typus des Spieltenors, des Tenor-Buffos auf exemplarische Weise, und Mozart grenzt ihn musikalisch sehr anschaulich gegenüber seinem »lyrischen« Herrn Belmonte ab, indem er ihm ganz anders gearbeitete charakteristische Solonummern zuweist. Er singt zwei sehr gegensätzliche Arien: zunächst, als die Planung der Entführung unumgänglich in ihre entscheidende Phase getreten ist, »Frisch zum Kampfe!« (Nr. 13 *Allegro con spirito* D-Dur, $^4/_4$); sie beginnt geradezu heroisch im Forte-Tutti des vollen Orchesters mit Pauken und Trompeten, fanfarengleich emporfahrend:

Doch die übertrieben kraftvolle Phrase bleibt unbeantwortet und kippt überraschend um in ein zaghaft stockendes Piano (»nur ein feiger Tropf verzagt«); und sie malt dann recht anschaulich das Zittern und Zagen in der Begleitung. Von diesem wirkungsvollen Gegensatz geprägt ist der ganze weitere Aufbau der Arie, wobei am Ende der Siegeswille – wenn auch ein wenig zu offensichtlich – triumphiert: ein Meisterstück psychologisierender Charakterisierungskunst, denn hier sieht sich jemand zum Heldentum gezwungen, der von Natur aus eher ängstlich ist.
Nr. 18 (»Im Mohrenland gefangen«, h-Moll $^6/_8$, ohne Tempoangabe) ist dann »Romanze« betitelt, keine Arie, sondern vielmehr ein ungemein stimmungsvolles nächtliches Ständchen, eine kleine Moritat in vier gleichen Strophen über eine erfolgreiche Entführung, wobei die gezupften Streicher die Mandoline auf der Bühne imitieren.

Zu Pedrillo passend, ist B l o n d c h e n ihrer Herkunft nach der Typ der neckischen, gelegentlich aufmuckenden Zofe, in der »Entführung« mit einer gehörigen Portion Selbstbewußtsein und eigenem Willen ausgestattet. Wie ihr Freund singt auch sie zwei Arien. Dabei ist die erste (Nr. 8 »Durch Zärtlichkeit und Schmeicheln«, *Andante grazioso* A-Dur, $^2/_4$) ein durchaus mehrschichtiges Lehrstück für Osmin, dem sie wortreich beizubringen versucht, wie »man die Herzen der guten Mädchen leicht erobert« – so unsympathisch kann er ihr wohl nicht sein, wenn sie sich so viel Zeit und Mühe nimmt, ihm auf die Sprünge zu helfen. Dreimal schwingt sich die Stimme durch die Tonleiter in Koloraturen in immer höhere Lagen hinauf; erst zum h″, dann zum cis‴ und gleich noch einmal bis zum dreifachen e‴.
Lebhaftes, temperamentvoll überschäumendes Gegenstück ist wenig später, ebenfalls im zweiten Akt, ihre zweite Arie (Nr. 12 »Welche Wonne, welche Lust«, *Allegro* G-Dur, $^2/_4$), deren melodischer Haupt-

einfall in Mozarts Oboenkonzert KV 314 kaum verändert instrumental wiederkehrt:

Ensembles

Insgesamt gibt es in der »Entführung« vier Duette und, jeweils zum Aktschluß, drei größere Ensembles. Das erste der Duette (in Nr. 2) entwickelt sich aus der Handlung, aus dem Lied des Osmin, das Belmonte zunächst mehrfach vergeblich zu unterbrechen versucht (vgl. S. 155). Osmin gibt sich einfältig, kann (oder will) nicht verstehen; dann löst die bloße Erwähnung des Namens Pedrillo seinen ersten Wutanfall aus und offenbart uns die Unberechenbarkeit des Cholerikers, der unbeherrscht mit grausamsten Strafen droht – eine veritabel abgerundete Buffa-Szene!

Das zweite Duett, zwischen Blonde und Osmin, ergibt sich als Fortsetzung von Blondes Belehrungsversuch (Nr. 8) und aus ihrem Dialog: »Ich gehe, doch rate ich dir« (Nr. 9 *Allegro* Es-Dur, $^{6}/_{8}$). Effektvoll kontrastieren die beiden Charaktere auch musikalisch: Blonde agiert im schnippischen Soubretten-Tonfall, Osmin dagegen versucht ihr einesteils in ihrer behenden Achtelbewegung zu folgen, andererseits setzt er ihr seine imponierende Baßtiefe effektvoll entgegen: »bis du zu gehorchen mir schwörst« – ein Tribut an die berühmten tiefen Register des ersten Osmin-Sängers Fischer, der allerdings auch über beträchtliche Höhe verfügt haben muß, denn im Takt nach dem tiefen Ton es schwingt er sich gleich im Dreiklang hinauf bis zum f'! Ein behäbiger *Andante*-Mittelteil weicht nach c-Moll aus und führt kontrapunktisch

zwei selbständige melodische Linien in den beiden Singstimmen und dem Orchester gegeneinander, vgl. das Notenbeispiel S. 158. Die Wiederkehr des *Allegro*-Teils danach beschleunigt sich um eine entschiedene Nuance (»assai«).

Das dritte Duett, an dem Osmin beteiligt ist, ist die Trinkszene mit Pedrillo (Nr. 14 »Vivat Bacchus«, *Allegro* C-Dur, $^2/_4$). In der Anfangsphase wird das beschwingte Grundtempo mehrfach durch Fermatentakte verzögert, Osmins Hemmungen unterstreichend, dem Verführer Pedrillo nachzugeben. Und er spricht sich selber Mut und Trost zu, rezitativisch frei und chromatisch in einigen Adagio-Takten hinabsteigend (»Das heiß ich gewagt!«). Im Orchester lebt die turbulente Szene von den behenden Klängen der Piccolo-Flöte, und am Ende trumpft die türkische Musik auf und besiegelt Osmins Schicksal.

Von ganz anderer Art ist die große gemeinsame Szene der Liebenden im dritten Akt: Belmonte macht sich Vorwürfe, Konstanze in diese scheinbar ausweglose Situation gebracht zu haben, und sie erweist sich als die Standhaftere, Stärkere, die dem Tod gefaßt ins Auge blickt (Nr. 20 »Welch ein Geschick!«). Ein instrumentales Rezitativ steht zu Beginn, voll emphatischer Schmerzensgebärden im Orchester. Und nun entspinnt sich der musikalische Dialog zwischen Sopran und Tenor, zunächst im Wechsel nacheinander, dann in parallelen Terzen zum Zeichen des gemeinsamen Wollens und Fühlens, aber auch in strenger Imitation im Taktabstand einander folgend (»Ohne dich ist mir's nur Pein«). Der beschleunigte zweite Teil (*Allegro*, $^4/_4$) dokumentiert durch die überwiegende Parallelführung der Stimmen, auch in ausdrucksvollen Vokalisen, unüberhörbar die innere Übereinstimmung beider Partner. Auffällig sind in den orchestralen Schlußtakten die aufgeregten Dreiklangsfiguren der beiden Hörner.

Das Schluß-Terzett des ersten Aktes ist ein effektvoller Tribut an den Charakter der Spieloper (Nr. 7 »Marsch! Marsch! Marsch! Trollt euch fort«, *Allegro* c-Moll, $^2/_4$), eine Spiel- und Neckszene zwischen Belmonte und Pedrillo auf der einen, Osmin auf der anderen Seite, eine banale Nichtigkeit an Handlung als Anlaß für turbulent-harmloses musikalisches Geschehen, in dem Mozart gleichwohl auch dezente Ansätze zu melodischer Imitation der drei Männerstimmen unterbringt (»Wir gehn hinein« – »marsch, marsch, marsch«). In einer Stretta (*Allegro assai*) beschleunigt sich die Orchesterbegleitung zu stürmischen Triolenketten, die Gesangslinien umspielend – ein beifallheischender Schlußeffekt!

Das bedeutendste Ensemble der Oper ist freilich das Final-Quartett (Nr. 16 »Ach, Belmonte«, *Allegro* D-Dur, $^4/_4$) im zweiten Akt zwischen den beiden Liebespaaren – um jene »kleine Intrige« herum, die Mozart an dieser Stelle als Ersatz für die eigentlich angestrebte, von Stephanie jedoch nicht zustande gebrachte Handlungsumstellung einfügte. Ganz in der Art seiner späteren großen Ensembles im »Figaro« und »Don Giovanni« folgt Mozart hier biegsam und phantasievoll dem sich entwickelnden Geschehen. Zunächst hören wir die geradezu hymnisch überschäumenden Klänge des Wiedersehens, im festlich-strahlenden D-Dur, im Duett von Konstanze und Belmonte. Wenn dann das Dienerpaar einsetzt, ändert sich sofort der musikalische Tonfall hin zum Leichteren, in lockerer Achtelkette und filigran vom Orchester umspielt (»Also, Blondchen, hast's verstanden?«) – die beiden feiern ja auch kein Wiedersehen, sondern blicken bereits konkret planend und hoffnungsvoll nach vorn. Dann erst schließen sich alle vier erstmalig, in wirkungsvoll aufgebauter Steigerung, zum Quartett zusammen.

Alle sind sich einig, da fällt unversehens ein Schatten auf die Freude; in der Musik ändern sich von einem Takt zum nächsten gleichzeitig alle Elemente: Aus *Allegro* wird *Andante*, aus D-Dur g-Moll, aus dem Forte-Tutti werden Streicherklänge im Piano. Auf einmal zeigen sich menschlich-allzumenschliche Regungen bei den beiden Männern, die, stockend und durch ihre Mädchen ermutigt, mit ihrer Eifersucht herausrücken: Belmonte und Pedrillo scheinen sich schließlich gegenseitig Mut zu machen, sie drücken gemeinsam im Duett ihre Fragen aus, und die Klänge festigen sich wieder ein wenig im Es-Dur (»Hat nicht Osmin etwan ...?«). Konstanze reagiert, ihrer Rolle angemessen, lyrisch betrübt und verhalten; Blondchen jedoch verabreicht ihrem Pedrillo entrüstet eine Ohrfeige und gibt damit den zündenden Auftakt zur musikalischen Beschleunigung (»Da, nimm die Antwort drauf!« – *Allegro assai*, erst b-Moll, dann d-Moll). Einige scharf punktierte gemeinsame Ensemble-Takte (*Adagio*) machen hörbar, daß die Welt jedoch wieder ins Lot gerät, und der folgende kleine Quartettsatz im gemeinsamen $^6/_8$-Rhythmus, sotto voce in A-Dur gesungen, bringt sozusagen die Moral von der Geschichte, die jeder gleichsam a parte – für sich – zu ziehen scheint.

So kommt wieder Leben in die verfahrene Lage, Pedrillo findet das erlösende Wort: »Liebstes Blondchen, ach, verzeihe« (*Allegretto*), und nacheinander fügen alle Stimmen ihre musikalischen Linien mit großer Selbstverständlichkeit und Gleichberechtigung zum kunstvollen Quartettsatz. In einer imitatorisch nacheinander einsetzenden Schluß-Stretta

(*Allegro*) finden alle vier, angeführt von Konstanze, zueinander, zum festlichen D-Dur des Anfangs zurückkehrend, aber auch mehrere Male besinnlich ins Piano zurückgenommen.

Demgegenüber ist das eigentliche Finale der Oper ein bewußt liedhaft schlichtes »Vaudeville« (Nr. 21 »Nie werd' ich deine Huld verkennen«, *Andante* F-Dur, ¢), in dem sich nacheinander Belmonte, Konstanze, Pedrillo und Blonde mit melodisch völlig gleichen Strophen dankbar an den schweigend zuhörenden Bassa wenden, wobei die Schlußzeile jeweils als Refrain von allen gesungen wird, auch von Osmin:

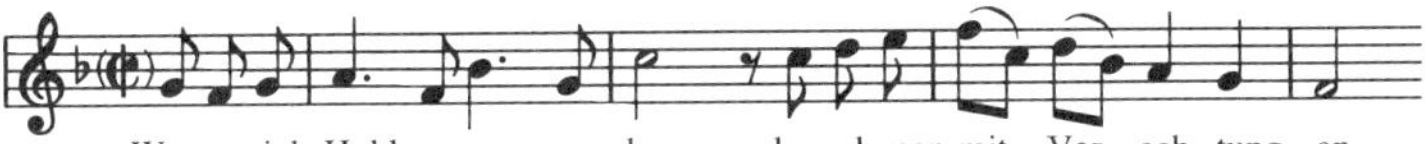

Blondchen allerdings macht den – dramatisch wirkungsvollen – Fehler, sich vorwurfsvoll und genaugenommen ziemlich beleidigend (»Denn seh er nur das Tier dort an, ob man so was ertragen kann!«) direkt an Osmin zu wenden. Der fällt denn auch verständlicherweise prompt aus der Rolle: In drei Schritten beschleunigt sich das Tempo (*più andante*, *allegretto*, *stringendo il tempo*, *allegro assai*), und Osmin verläßt recht bald die gemeinsame Liedmelodie, um – sich selber zitierend – alsbald in die Schlußtakte seiner ersten Arie (Nr. 3 »Erst geköpft«) zu verfallen. Alle übrigen zeigen sich beeindruckt, sie weichen kurzzeitig mit leiser Stimme (sotto voce), aber mit f-Akzenten durchsetzt, nach Moll aus und verkünden beiläufig die Lehre aus soviel Schlechtigkeit (»Nichts ist so häßlich als die Rache«, *Andante sostenuto*, ¢), bevor Konstanze endlich den Weg zum Vaudeville des Beginns findet und alle übrigen – nun ohne Osmin – beruhigt einfallen.
Der Janitscharen-Chor, unterstützt vom großen Orchester mit den türkischen Lärm-Instrumenten, beendet schlicht und äußerlich effektvoll die Oper (»Bassa Selim lebe lange«, *Allegro vivace*). Er knüpft musikalisch unmittelbar an den ersten Janitscharen-Chor zum Auftritt des Bassa im ersten Akt (Nr. 5 »Singt dem großen Bassa Lieder«) an, ohne ihn jedoch direkt zu zitieren, aber in gleicher Tonart, Rhythmik und »türkischer« Klangfarbe. In jenem ersten Chorauftritt umrahmt das Tutti einen solistisch gesungenen Mittelteil (»Weht ihm entgegen, kühlende Winde«), während im Finale der Oper lediglich einige Piano-Passagen für den nötigen Kontrast sorgen.

L'oca del Cairo (KV 422)
(»Die Gans von Kairo«)

Dramma giocoso in zwei Akten

Libretto: Giovanni Battista Varesco.

»L'oca del Cairo« liegt nur als ziemlich kurzes Fragment vor: Sechs Musiknummern des ersten von zwei geplanten Akten hat Mozart komponiert, und auch diese sind nur in fragmentarischer Gestalt vorhanden, denn im wesentlichen hat er die Singstimmen niedergeschrieben und die Orchesterpartien nur taktweise skizziert, oder sie fehlen überhaupt. Sie erlauben daher kaum eine Aussage über die Stellung dieses Opernversuchs in Mozarts Schaffen, über seinen Wert und über seine Eigentümlichkeiten. Erst 1860 fand die konzertante Uraufführung in Frankfurt statt; zahlreiche Bearbeiter versuchten eine komplettierende Ergänzung, oft unter Verwendung anderer Mozart-Kompositionen. Die Anregung zur Komposition einer weiteren italienischen Oper ging 1782 vom Wiener Hoftheaterdirektor Orsini-Rosenberg aus. Die komplizierte und schließlich ergebnislose Zusammenarbeit Mozarts mit Varesco, dem Librettisten des »Idomeneo«, ist in Briefen dokumentiert und gewährt Einblick in Mozarts anfängliche Begeisterung und das allmähliche Wachsen und Überwiegen der Zweifel an der Qualität des Librettos und am Gelingen dieser Oper. Möglicherweise hat Mozart im November und Dezember 1783 an ihr gearbeitet. Das Libretto ist nicht vollständig überliefert, sondern lediglich der erste Akt sowie eine lükkenhafte Inhaltsangabe Varescos. Daraus geht hervor, daß es sich um eine Liebeskomödie voll verwickelter Intrigen und Verwechslungen handeln sollte; im Mittelpunkt steht eine künstliche Gans, mit deren Hilfe ein Biondello eine Celidora listenreich erobern möchte, selbst für Buffo-Verhältnisse eine äußerst unwahrscheinliche und konstruierte Handlung.

Lo sposo deluso ossia La rivalità di tre donne per un solo amante (KV 430)

(»Der gefoppte Bräutigam oder Die Rivalität von drei Damen um einen einzigen Liebhaber«)

Opera buffa

Mozart hat sich allem Anschein nach 1783 mit dem erhaltenen Libretto von »Lo sposo deluso« beschäftigt, von dem uns der Dichter nicht bekannt ist; einiges deutet auf Lorenzo da Ponte. Die Partitur gedieh nicht über fragmentarische Ansätze hinaus. Da gibt es eine Ouvertüre, die aus zwei Teilen gefügt ist – einem *Allegro* (D-Dur, $^4/_4$) und einem *Andante* ($^3/_8$). Dieser zweite Teil wiederum mündet direkt in die erste Vokalnummer, ein langes Quartett, das auf dem gleichen motivischen Material aufbaut wie das Eröffnungs-*Allegro* und auf diese Weise verkappt die der Ouvertüre fehlende traditionelle Dreiteiligkeit herstellt. Es folgen zwei skizzierte Arien (Sopran und Tenor) sowie ein Terzett für Sopran, Tenor und Baß, das weitgehend fertiggestellt ist (*Andantino*, ¢).

Der Schauspieldirektor (KV 486)

Komödie mit Musik in einem Akt

Libretto: Johann Gottlieb Stephanie d. J. (1741–1810).
Uraufführung am 7. Februar 1786 in Schönbrunn.
Gesangsrollen: *Buff*, Schauspieler (Baß); *Madame Herz*, Sängerin (Sopran); *Madęmoiselle Silberklang*, Sängerin (Sopran); *Monsieur Vogelsang*, Sänger (Tenor). – Sprechrollen: *Frank*, Schauspieldirektor; *Eiler*, ein Bankier; *Herz*, Schauspieler; *Madame Pfeil*, *Madame Krone* und *Madame Vogelsang*, Schauspielerinnen.
Orchesterbesetzung: 2 Flöten, 2 Oboen, 2 Klarinetten, 2 Fagotte, 2 Hörner, 2 Trompeten, 2 Pauken; Streicher.
Gliederung: Ouvertüre (Presto D-Dur, $^4/_4$). – 2 Arien, 1 Terzett und Schlußgesang.

Handlung: Der Theaterdirektor Frank ist dabei, Schauspieler für seine Wanderbühne zu engagieren. Zunächst berät ihn der Schauspieler Buff, er müsse möglichst viele – nicht unbedingt wenige gute – Mitwirkende einstellen, um

Eindruck zu erzielen, und entscheidend für den Erfolg sei der Publikumsgeschmack, nicht etwa die Qualität der Stücke.
Der Bankier Eiler bietet Frank an, ihm sein Unternehmen zu finanzieren, wenn er seine Freundin, Madame Pfeil, engagiere. Dann wäre er nämlich die leidige Aufgabe los, anstelle eines Partners auf der Bühne ständig mit ihr Theaterszenen spielen zu müssen. Die Schauspielerinnen Madame Krone und Madame Vogelsang sowie der Schauspieler Herz, die Sängerinnen Madame Herz und Mademoiselle Silberklang sowie der Sänger Vogelsang bieten dem Direktor Proben ihres Talents, auch des Talents, sich in die Haare zu geraten (wegen der Gagen). Mit der Drohung, die ganze Kompanie aufzulösen, bringt er sie rasch zur Vernunft. So will man denn gemeinsam der Kunst dienen; der Schauspieler Buff stellt in Aussicht, sich auch als Sänger zur Verfügung zu stellen, als »Buff-o«.

Zum Werk und seiner Entstehung

Zwischen dem 18. Januar und 7. Februar 1786, dem Tag der Uraufführung, schrieb Mozart die Partitur zum »Schauspieldirektor« auf ein Libretto Gottlieb Stephanies, der für Mozart bereits das Textbuch der »Entführung« eingerichtet hatte. Die Grundidee dazu stammte von Kaiser Joseph II.; das Stück wurde in Schönbrunn an einem Abend gemeinsam mit Antonio Salieris »Prima la musica e poi le parole« aufgeführt und im Kärntnertor-Theater danach noch dreimal erfolgreich nachgespielt.
Wie der Untertitel besagt, handelt es sich um keine Oper im engeren Sinn, sondern eher um ein kurzes Schauspiel (Lustspiel) mit Musikeinlagen. Die beiden Solonummern erklingen als Auftritte der Sängerinnen Herz (Nr. 1 Arietta »Da schlägt die Abschiedsstunde«) und Silberklang (Nr. 2 Rondo »Bester Jüngling!«). Die Arietta (Nr. 1) hat zarte Fagott- und Oboenarabesken als Vorspiel

zum ersten Teil (diese Takte werden von der Wissenschaft behutsam angezweifelt, weil sie nicht im Autograph enthalten sind), einem leicht parodistischen g-Moll-*Larghetto* ($^3/_4$); dann folgt, nach G-Dur gewendet, ein *Allegro moderato* ($^4/_4$), mit einigen Koloraturen angereichert. – Das Rondo, Nr. 2 (Es-Dur), ist ähnlich angelegt: Auf ein ¢-*Andante* folgt wieder ein schnellerer zweiter Teil (*Allegretto*) mit Koloraturen. – Im Terzett (Nr. 3 »Ich bin die erste Sängerin«) streiten sich die zwei Primadonnen Herz und Silberklang sowie der Tenor Vogelsang nach bester Buffo-Manier (*Allegro assai*, B-Dur); im Mittelteil (*Adagio / Allegro assai*) stellen sich alle drei auf höchst charakteristische Weise musikalisch vor:

(*T. 89*) Adagio

(*T. 98*) Allegro assai

Der Schlußgesang (Nr. 4 »Jeder Künstler strebt nach Ehre«, *Allegro* C-Dur, ¢) besteht aus vier unterschiedlichen Strophen, die jeweils solistisch von einem Sänger angestimmt und vom Quartett im Refrain beantwortet werden. – Die Ouvertüre (*Presto* C-Dur, $^4/_4$) ist ein ausgebauter effektvoller Sonatensatz mit einer sehr ernsthaften Durchführung, in der vor allem die kontrastreichen Elemente des Hauptthemas modulierend verarbeitet werden:

Presto

Le nozze di Figaro (KV 492)
(»Die Hochzeit des Figaro«)

Opera buffa in vier Akten

Libretto: Lorenzo da Ponte nach Beaumarchais.
Uraufführung am 1. Mai 1786 in Wien.
Personen: *Conte* (Graf) *Almaviva* (Bariton); *Contessa* (Gräfin) *Almaviva* (Sopran); *Susanna*, deren Kammermädchen (Sopran); *Figaro*, Kammerdiener des Grafen (Baß); *Cherubino*, Page des Grafen (Sopran); *Marcellina* (Mezzosopran); *Basilio*, Musiklehrer (Tenor); *Don Curzio*, Richter (Tenor); *Bartolo*, Arzt aus Sevilla (Baß); *Antonio*, Gärtner des Grafen und Onkel der Susanna (Baß); *Barbarina*, seine Tochter (Sopran); Bauern und Bäuerinnen, Gäste, Jäger, Diener (Chor).
Ort und Zeit der Handlung: das Schloß des Grafen Almaviva bei Sevilla im 18. Jh.
Orchesterbesetzung: 2 Flöten, 2 Oboen, 2 Klarinetten, 2 Fagotte, 2 Hörner, 2 Trompeten; Pauken, Streicher.
Gliederung: Ouvertüre (Presto D-Dur, ¢). – Akt I: 4 Arien, 3 Duettinos, 1 Terzett, 1 Chor; Akt II: 3 Arien, 1 Duettino, 1 Terzett, Finale; Akt III: 2 Arien, 2 Duettinos, 1 Sextett, 1 Chor, Finale; Akt IV: 5 Arien, Finale.

Handlung: Die Voraussetzungen für den Gang der Handlung sind denkbar einfach, ungleich durchschaubarer als die verwickelten Fäden des eigentlichen Operngeschehens: Figaro und Susanna, Kammerdiener und Zofe bei Graf und Gräfin Almaviva, möchten möglichst bald heiraten. Dazu aber brauchen sie die gnädige Erlaubnis ihres Herrn, der seinerseits ein großer Frauenheld ist und zuvor noch Lust auf ein Abenteuer mit der niedlichen Susanna hat. Er hat zwar offiziell dem alten Herrenrecht auf die Brautnacht mit jeder Jungvermählten, die von ihm abhängig ist, abgeschworen, aber insgeheim bedauert er diesen Verzicht und möchte das alte Recht eigentlich gern wieder einführen.
1. Akt. Susanna hat seine Absichten längst durchschaut und ist damit ihrem Figaro um einen wichtigen Schritt voraus. Der Graf hat dem Paar ein Zimmer zugewiesen, in dem sich die beiden soeben einrichten (Nr. 1): Figaro mißt den Raum aus, und Susanna probiert vor dem Spiegel einen Hut. Er möchte hier das Schlafzimmer einrichten, doch ihr gefällt sein Vorschlag überhaupt nicht; schalkhaft öffnet sie ihrem Liebsten die Augen: während er vom Grafen in Dienstgeschäften fortgeschickt wird, ist der in ein paar Schritten selber hier bei ihr! (Nr. 2.) Figaro ist entsetzt darüber, daß der Graf ausgerechnet mit seiner Braut das alte Herrenrecht erneuern möchte. Susanna wird zur Gräfin gerufen, und Figaro macht sich seine eigenen Gedanken, mit welchen Kniffen und Listen er seinem gräflichen Nebenbuhler das Handwerk legen könnte (Nr. 3).
Der Arzt Bartolo und die ältliche Marcellina kommen herein, ins Gespräch vertieft. Auch von dieser Seite droht der Hochzeit Gefahr; die Dame hält einen

Skizze von Caspar Neher zum Bühnenbild der »Hochzeit des Figaro« an der Staatsoper Wien (Redoutensaal) 1941

alten Vertrag in Händen, in dem ihr einst Figaro leichtsinnig die Ehe versprochen hat, weil sie ihm mit einem Darlehen aus der Not geholfen hatte. Doktor Bartolo berät sie nun – um sich zu rächen, denn ihm hat Figaro die Tochter Rosina entführt, damit der Graf sie heiraten konnte. Warum also sollte Figaro jetzt nicht die Alte heiraten statt Susanna? Und er gibt sich voller Vorfreude seinen Rache- und Triumphgefühlen hin (Nr. 4). – Dann begegnen sich Susanna und Marcellina, und man spürt sogleich die eifersüchtige Abneigung, die zwischen beiden besteht, auch wenn sie einander äußerlich in zuvorkommender Höflichkeit ansprechen; die gegenseitigen Komplimente sind gespickt mit kleinen versteckten Bosheiten (Nr. 5). Wütend entfernt sich die Alte, und nun erscheint der Jüngling Cherubino, immer sehnsuchtsvoll und liebeskrank. Gerade hat der Graf ihn mit der schönen Gärtnerstochter Barbarina erwischt und ihn deshalb entlassen; außerdem schwärmt Cherubino für die Gräfin. Schnell entwindet er Susanna ein Schmuckband seiner Herrin, ein Pfand seiner Liebessehnsucht, die zugleich allen Mädchen und Frauen gilt (Nr. 6).
Man hört den Grafen kommen, und Cherubino versteckt sich hinter dem großen Sessel mitten im Salon. Sogleich macht der Graf Susanna mit unbestimmten Versprechungen glühend den Hof. Da ertönt draußen die Stimme des Musiklehrers Basilio; aus Angst, bei Susanna entdeckt zu werden, sucht auch der Graf das Versteck hinter dem Sessel, und Susanna kann den Pagen gerade noch rechtzeitig

auf den Sessel bugsieren und ihn mit einem großen Tuch bedecken, als auch schon der neugierige Basilio eintritt. Genüßlich ergeht er sich in Andeutungen und Anspielungen: daß der Graf doch Susanna liebe, daß Cherubino ja heute morgen auch schon hier herumgeschlichen sei, daß der Page auch der Gräfin begehrliche Blicke nachschicke und was sonst die Leute so alles reden ... Da wird es dem Grafen im Versteck zuviel, und er springt wütend hervor, zur diebischen Freude Basilios. Beide bemühen sich eifrig um die verzagte Susanna, und Basilio redet sich heraus: Es war doch alles nur Vermutung! Boshaft spielt ihm der Graf daraufhin die Szene vor, wie er Cherubino bei Barbarina erwischt hat, hebt dabei zur Demonstration das Tuch vom Sessel, und – da sitzt wieder der Page! (Nr. 7.) Natürlich fällt nun sein Verdacht auf Susanna, daß sie ein Verhältnis mit dem Jungen haben könnte. Schon will er nach Figaro schicken, da erklärt ihm Susanna ziemlich wahrheitsgemäß die Lage. – Figaro kommt mit Bauern und Bäuerinnen, die dem Grafen Geschenke bringen und ihm ein Lied vortragen (Nr. 8), in dem sie ihn mit feiner Ironie als »Beschützer der Unschuld« preisen. Figaro nutzt auch gleich die Gelegenheit, um einen baldigen Hochzeitstermin zu erbitten. Huldvoll bedankt sich der Graf und bittet nur scheinheilig um einen kurzen Aufschub für das Fest. Mit seinem Lied (Nr. 9) entfernt sich der Bauernchor, alle anderen flehen um Gnade für den Pagen, und Almaviva nimmt die Entlassung tatsächlich zurück, schickt ihn allerdings aus dem Haus, als Offizier zu seinen Soldaten. Figaro spricht dem Jüngling Mut zu und bereitet ihn mit markigen und ironischen Worten auf das Soldatendasein vor (Nr. 10).

2. Akt. Die Gräfin Almaviva fühlt sich seit längerem von ihrem Mann sehr vernachlässigt, liebt ihn aber immer noch – sehnlichst wünscht sie sich, daß er zu ihr zurückfinde (Nr. 11). Von Susanna weiß sie auch, daß der Graf ihrem Kammermädchen nachstellt und ihr gar Geld für Liebe geboten hat. Figaro seinerseits hat einen raffinierten Plan ausgeheckt: Der Graf soll durch Basilio ein Billett erhalten, worin er von einem angeblichen Rendezvous der Gräfin mit einem Liebhaber erfährt; außerdem soll Susanna zum Schein in das Stelldichein einwilligen, um das der Graf so dringend gebeten hat. An ihrer Stelle allerdings würde dann Cherubino, als Susanna verkleidet, dem Grafen eine Falle stellen – so könnte die Gräfin ihren Mann beim Seitensprung erwischen!

Nachdem Figaro die beiden Damen verlassen hat, tritt Cherubino recht niedergeschlagen ein. Er hat eine Kanzonette gedichtet, die er nun der Gräfin vortragen darf, während ihn Susanna auf der Gitarre begleitet (Nr. 12). Dann putzen sie den Pagen mit Susannas Kleidern zu einem allerliebsten Mädchen heraus (Nr. 13). Gerade als sie fertig sind und Susanna den Raum verlassen hat, klopft der Graf an die vorsorglich abgeschlossene Tür. Schnell versteckt sich Cherubino im Nebenraum, und die Gräfin zieht noch von außen den Schlüssel ab. Dann läßt sie verwirrt ihren Gatten herein, der sie sofort argwöhnisch ausfragt, denn er hat inzwischen durch Basilio Figaros Billett erhalten.

Da wirft Cherubino im Kabinett einen Stuhl um, die Gräfin redet sich heraus: Da drinnen sei doch Susanna. Wütend will der Graf die Tür aufbrechen lassen, während Susanna heimlich hinter seinem Rücken den Salon betreten hat und nun im Alkoven versteckt die Szene beobachtet (Nr. 14). Um Werkzeug zu holen, nimmt der Graf seine Frau mit hinaus, nicht ohne zuvor die Tür zu Susannas Zimmer zu verschließen.

In der Abwesenheit des Grafenpaares befreit Susanna schleunigst den Pagen, dem nur der Sprung aus dem Fenster in den Schloßgarten bleibt, während sich Susanna schnell an seiner Stelle im Kämmerchen einschließt (Nr. 15). Von dieser neuen Entwicklung weiß die Gräfin natürlich noch nichts, als sie mit ihrem Mann zurückkommt. In ihrer Angst gesteht sie ihm deshalb den Plan mit der Verkleidung des Pagen (ab hier: Nr. 16 Finale). Die Überraschung beider ist also nur um so größer, als anstelle des erwarteten Cherubino nun Susanna in der Tür erscheint. Beschämt bittet Almaviva die Gräfin um Verzeihung, man versöhnt sich zumindest für den Augenblick, und die beiden Damen gestehen ihm, milde gestimmt, daß Figaro das Billett über Basilio geschickt habe.

In diese Situation gerät Figaro selber herein, als er ein zweites Mal den Grafen zur Hochzeitserlaubnis drängen will – der Graf aber gewinnt schnell die Fassung wieder und geht nun seinerseits zum Angriff über, indem er Figaro das bewußte Billett unter die Nase hält und nach seiner Bewandtnis fragt, so, als wisse er nichts davon. Figaro stellt sich erst einmal unwissend, doch die Damen beenden schnell das törichte Spielchen. Alles scheint sich in Güte aufzulösen, da poltert aufgeregt der Gärtner Antonio herein und beschwert sich, daß man nun gar Menschen aus den Schloßfenstern werfe. Geistesgegenwärtig erklärt Figaro, er sei da selber hinausgesprungen. Leider hat aber Antonio zwischen den zertretenen Blumen ein Schriftstück aus dem Besitz des Pagen gefunden, und damit versucht der Graf natürlich, Figaro aufs Glatteis zu führen; schon wieder ist guter Rat teuer. Glücklicherweise erinnert sich die Gräfin daran, das Offizierspatent bei der Verkleidung des Pagen gesehen zu haben. Und hinter dem Rücken des Grafen flüstert sie Figaro zu, daß auf dem Papier das gräfliche Siegel gefehlt habe – ein glaubhafter Grund dafür, daß Figaro es bei sich führte! Wieder scheint sich die verzwickte Situation zu klären, als zur großen Erleichterung des Grafen Bartolo und Marcellina auftreten und auf der Einhaltung von Figaros leidigem alten Eheversprechen bestehen. So hat der Graf vorläufig wieder einen Vorwand zum Aufschub der Hochzeit.

3. Akt. Inzwischen hat man immerhin einen Saal im Schloß für die Hochzeit festlich geschmückt, doch die Gedanken, denen der Graf allein nachhängt, sind alles andere als festlich – zu verworren ist die Lage. – Es gibt nun aber einen neuen Plan, den die Gräfin selber sich ausgedacht hat: Susanna soll mit ihr die Kleider tauschen, und so würde der Graf am Abend beim Stelldichein versehentlich seine eigene Frau verführen und dabei von Susanna ertappt werden! Kokett nähert sich Susanna Almaviva und stellt ihm das Rendezvous in Aussicht (Nr. 17). Beim Hinausgehen macht sie allerdings den Fehler, Figaro, der auf dem Weg zu seinem Herrn ist, halblaut triumphierend zuzurufen: »Der Prozeß ist schon gewonnen!«, wodurch das Mißtrauen des Grafen sofort neue Nahrung erhält. So hängt er seinen Zweifeln und Rachegelüsten nach (Nr. 18).

Ein anderer Prozeß ist wirklich entschieden: Figaro muß Marcellina auszahlen

oder sie heiraten! Doch als sie und Bartolo nun mit dieser Nachricht zum Grafen kommen, stellt sich im Gespräch mit Figaro fast zufällig eine Sensation heraus: Marcellina und Bartolo sind Figaros Eltern, denen er als Kind von Straßenräubern gestohlen worden war! Gerührt sinkt man sich in die Arme, und als Susanna hinzukommt, um mit ihrem Geld ihren Verlobten von der drohenden Ehe mit Marcellina freizukaufen, sieht sie ihn gerade in deren Armen! Empört gibt sie ihm eine Ohrfeige, ist dann aber nur um so glücklicher, als man sie über die neue Wendung aufklärt (Nr. 19).
Auch die Gräfin hängt ihren Gedanken nach, voller Zweifel, ob die verwickelten Pläne denn überhaupt das ersehnte Ziel bringen können: die Wiedergewinnung ihres Mannes (Nr. 20). Antonio hat inzwischen den Hut des Pagen gefunden und ihn dem Grafen gebracht, zum Beweis, daß Cherubino immer noch im Schloß ist. Unterdessen diktiert die Gräfin Susanna ein Briefchen, in dem diese den Grafen zum ersehnten Stelldichein in den nächtlichen Garten bittet (Nr. 21). Dann erscheint Barbarina mit einem Chor niedlicher Landmädchen, zwischen die sie Cherubino, als Mädchen verkleidet, gesteckt hat; sie bringen der Gräfin Blumen (Nr. 22). Die Idylle findet ein jähes Ende, als Antonio in Begleitung des Grafen hinzutritt und sofort Cherubino entlarvt. Barbarina aber weiß die Wut des Grafen raffiniert zu besänftigen, indem sie in aller Öffentlichkeit, und das heißt auch vor der Gräfin, daran erinnert, daß er ihr als Belohnung für ein Schäferstündchen einen Wunsch freigegeben habe: Also bittet sie ihn nun um die Hand Cherubinos.
Es kommt tatsächlich zur Hochzeitszeremonie, in deren Verlauf der Graf Susanna den Brauthut überreicht (ab hier: Finale Nr. 23). Zugleich aber gehen die munteren Intrigen weiter, denn Susanna spielt Almaviva heimlich das Briefchen zu; es ist mit einer Nadel versiegelt, die er ihr zum Zeichen des Einverständnisses wieder zukommen lassen soll. Natürlich sticht er sich ungeduldig daran, wirft sie erst einmal im Zorn fort, hebt sie wieder auf. Kaum hat er jedoch den Inhalt des Briefes zur Kenntnis genommen, bricht er die kleine Feier ab und verschiebt das eigentliche Hochzeitsfest auf den Abend.
4. Akt. Barbarina hat die Nadel verloren, die sie vom Grafen an Susanna zurückgeben soll (Nr. 24). Figaro überrascht sie beim Suchen und erfährt so von Susannas heimlichem Briefchen. Daß alles eine Intrige ist, weiß er natürlich nicht, und deshalb packt ihn die Eifersucht. Seine Mutter Marcellina versucht ihn zu beruhigen. Außerdem nimmt sie sich vor, Susanna zu warnen – nun, da sie ja keinen Grund mehr hat, ihr böse zu sein: Frauen müssen gegen die Männer zusammenhalten (Nr. 25).
Nach und nach finden sich im nächtlichen Schloßpark alle handelnden Personen ein. Und Figaro weiht Bartolo und Basilio in das bevorstehende Abenteuer ein; Basilio macht sich aus diesem Anlaß seine eigenen Gedanken über das Verhältnis zu hohen Herren (Nr. 26). Während Figaro allein auf die kommenden Verwicklungen wartet, brütet er allerlei Rachegedanken über die vermeintlich treulose Susanna und über das Weibervolk ganz allgemein aus (Nr. 27). Dann wird es endlich ernst: Die Gräfin und Susanna erscheinen in vertauschten Kleidern;

Marcellina verrät Susanna, daß ihr Figaro schon heimlich im Versteck wartet. So macht sich Susanna einen Spaß daraus, ein Liebeslied zu singen, das ebensogut auf den Grafen wie auf ihren Bräutigam passen könnte (Nr. 28). Da taucht Cherubino auf (ab hier: Finale Nr. 29); er entdeckt die vermeintliche Susanna (die verkleidete Gräfin) und nähert sich ihr verliebt, kaum kann sie sich des zudringlichen Anbeters erwehren. Der Graf kommt zum Stelldichein und hält seine Frau natürlich im Dunkeln ebenfalls für Susanna – es kommt zu den abenteuerlichsten Verwechslungen: Cherubino küßt aus Versehen den dazwischentretenden Grafen; Figaro erwischt daraufhin die dem Pagen zugedachte Ohrfeige, der seinerseits zu Barbarina in die Laube kriecht. Nun beginnt der Graf, »Susanna« den Hof zu machen, und seine Liebesschwüre regen Figaro im Versteck fürchterlich auf. Sogar einen Ring steckt der Graf ihr an den Finger. Die Gräfin begibt sich daraufhin in den Pavillon, und als auch der Graf verschwunden ist, begegnen sich Figaro und die verkleidete Susanna allein. Im Eifer vergißt sie kurz, ihre Stimme zu verstellen, so daß Figaro erleichtert seine Braut erkennen kann. Er treibt allerdings das Spiel noch ein bißchen weiter und macht nun seinerseits pathetisch der angeblichen Gräfin den Hof, bis ihr der Geduldsfaden reißt und sie ihn ohrfeigt. Um so herzlicher ist dann die Versöhnung. Dem Grafen spielen die beiden dann gleich noch einmal vor, wie Figaro die »Gräfin« bedrängt. Almaviva fällt auch prompt darauf herein und schlägt Lärm. Da erscheinen nach und nach alle Beteiligten aus dem Dunkel, und der entsetzte Graf muß erkennen, daß er selber der Betrogene war – er hat seine eigene Frau verführen wollen! Seine Bitte um Verzeihung klingt nun wirklich aufrichtig, und die Gräfin nimmt die Entschuldigung erleichert und voller Hoffnung an – ob ihr Mann künftig wohl treuer sein wird?

Zum Werk und seiner Entstehung

»Le nozze di Figaro« ist Mozarts dritte Annäherung an die im europäischen Opernleben dominierende Gattung der Opera buffa. Allerdings handelt es sich bei den beiden Vorgängeropern (»La finta semplice« und »La finta giardiniera«) um jugendliche Versuche. »Figaro« jedoch wurde zum Meisterwerk und Maßstab der ganzen Gattung, geschrieben in unmittelbarer Nachbarschaft einer Reihe ebenfalls maßstabsetzender und den Wiener klassischen Stil beispielhaft verkörpernder Instrumentalwerke (Klavierkonzerte, Klavierquartette, Sonaten).
Was Mozarts »Figaro« aus der Fülle früherer und zeitgenössischer musikalischer Komödien heraushebt, ist, daß er »menschliche Wirklichkeit in einem früher und später nicht geahnten Maße durchsichtig werden« läßt (Stefan Kunze). Zwar treten auch hier erkennbar manche Typen der Buffa wieder auf: adlige Herrschaft und Kammerdiener,

Kammerzofe, Musiklehrer und Jurist, Page und Arzt, doch hat jede Figur einen erlebbaren Zugewinn an individueller Menschlichkeit erfahren und darf diese Individualität auch – vor allem musikalisch – ausleben.

Daß dies möglich wurde, ist Mozarts zur Vollendung gereifter Kunst der musikalischen Charakteristik zu verdanken, deren bereits meisterliche Vorstufen »Idomeno« und »Die Entführung aus dem Serail« sind. Diese Kunst dokumentiert sich in Mozarts einzigartiger, winzigsten seelischen Nuancen folgender, biegsamer melodischer Eingebungskraft. Sie vermag in oft nur motivisch knappen, auf wenige Töne oder Takte begrenzten Wendungen alle menschlichen Regungen zwischen Schmerz und Freude, Ernsthaftigkeit und Scherz auszudrücken, äußert sich in neugewonnener, fast unbegrenzter Vielschichtigkeit der Orchester-»Begleitung«: Mozarts Opernorchester ist in Wahrheit kaum noch Begleitung, vielmehr ein geradezu tiefenpsychologisch interpretierender und bisweilen enthüllender Kommentator des Bühnengeschehens. Daß oft ganze Szenenabläufe an ein einzelnes charakteristisches Motiv gebunden sind, das ständig wiederholt und dabei immer wieder farblich und harmonisch variiert wird, ist das auffälligste Kennzeichen seiner musikalischen Technik. Eng damit verbunden ist Mozarts Kunst der Instrumentierung, deren Reifeprozeß vor allem in den vorangehenden Klavierkonzerten zu beobachten ist: seine Kunst, mit subtilsten Klangschattierungen, vor allem beim Einsatz der Holzblasinstrumente, ständig neue und oft überraschende atmosphärische Wirkungen zu erzielen, es sei nur auf den überlegt selektiven Einsatz der Klarinette verwiesen. Alle diese Merkmale addieren sich und kulminieren in den großen Ensembles – und hier vor allem in den beiden ausgedehnten Finalszenen des zweiten und vierten Aktes, in deren pausenlosem, atemlosem Ablauf bereits alle wichtigen Errungenschaften der späteren durchkomponierten Oper des 19. Jahrhunderts vorweggeahnt zu sein scheinen. Hier hat die Oper einen absoluten Höhepunkt im Verlauf ihrer Geschichte erreicht und zugleich ihre höchste Stilisierung und Realitätsferne als Kunst-Werk: Bis zu sieben Personen (zweiter Akt) äußern sich gleichzeitig und doch individuell, ohne den mindesten Eindruck von Durcheinander oder gar Chaos.

Die Entstehungsgeschichte des »Figaro« liegt teilweise im Dunkel. Man weiß, daß Mozart seit längerem und auf eigene Faust nach einem geeigneten neuen Libretto suchte, und zwar durchaus auch nach einer »ernsten« deutschen Vorlage. Allerdings bedeutete das Scheitern des kaiserlichen Experiments einer »Deutschen Oper« in Wien auch das

vorläufige Ende dieser Variante der Gattung. Im übrigen aber reizte ihn der Gedanke, ein italienisches Libretto vertonen zu können.
Daß Mozarts wacher Theaterinstinkt auf Beaumarchais' »La folle journée, ou Le mariage de Figaro« stoßen mußte, hat eine gewisse innere und äußere Zwangsläufigkeit: In bezug auf Theaterwirksamkeit und Ausgestaltung aller dramaturgischen Details eines Librettos hatte Mozart inzwischen einen untrüglichen Blick und scharfe Kritikfähigkeit entwickelt. Beaumarchais' Komödie war 1783 in Paris uraufgeführt worden; Emanuel Schikaneder studierte die deutsche Übersetzung 1785 für das Wiener Kärntnertor-Theater ein, wurde dann jedoch vom Aufführungsverbot Josephs II. überrascht. Offenbar scheute der Kaiser seinerzeit noch vor allem die Unruhe, die eine Vorführung höfischer Unarten in der Öffentlichkeit der Bühne auslösen würde – das Verbot betraf interessanterweise nicht den Druck dieser Übersetzung. So lernte Mozart die literarische Vorlage kennen, und alle Indizien deuten darauf hin, daß er – nicht Lorenzo da Ponte – den Kaiser überredete, diese als Opernprojekt zu genehmigen, in der berechtigten Hoffnung auf den Publikumserfolg eines so aktuellen und ein wenig skandalumwitterten Stücks.
Lorenzo da Ponte nimmt in seinen Memoiren für sich das Verdienst in Anspruch, Figaro dann auch wirklich bei Joseph II. durchgesetzt zu haben, nicht zuletzt aufgrund mancher mildernder Eingriffe in das Textbuch. Man darf vorsichtige Zweifel an dieser Behauptung anmelden, denn Mozarts intensives und detailbesessenes Engagement bei der Entstehung »seiner« Libretti ist zu jenem Zeitpunkt bereits bekannt (»Idomeneo«, »Entführung«), nur sind leider seine Briefe der Jahre 1785/86 verloren. Immerhin ist es sicher, daß der Komponist dem Kaiser einige Kostproben vorspielen durfte und daß daraufhin der kaiserliche Auftrag erteilt wurde, die neue Oper auf der Hofbühne uraufzuführen.
Am 29. April 1786 meldet Mozarts eigenhändiges Werkverzeichnis die Vollendung der Partitur. Der Entstehungszeitraum dürfte etwa bis Mitte Oktober 1785 zurückreichen und durch weitere parallele Kompositionen und Konzerte noch drastisch weiter eingeschränkt worden sein, so daß diese Riesenpartitur tatsächlich in kaum mehr als jenen sechs Wochen realisiert worden zu sein scheint, von denen da Ponte in seinen Memoiren spricht.
Die Uraufführung war zunächst auf den 28. April 1786 festgesetzt, wurde dann jedoch auf den 1. Mai verschoben. Mozart selber dirigierte, der Erfolg beim Publikum war nicht unerheblich, und er wuchs im

Lorenzo da Ponte. Stich von Michele Pekenino nach Nathaniel Rogers

Verlauf der Wiederholungsvorstellungen. Im November 1786 jedoch erschien auf der Hofbühne »Una cosa rara« von Vicente Martín y Soler, und sein Erfolg verdrängte den »Figaro« (aus diesem neuen Publikumsmagneten zitierte Mozart bekanntlich dann im Finale seines »Don Giovanni«, beim nächtlichen Mahl).
Im August 1789 kam es zu einer Wiederaufnahme der Oper, und hierfür nahm Mozart eine Reihe von aktuellen Änderungen vor, im wesentlichen wohl jeweils auf Anregung von Sängern, was nicht unbedingt zu einer Verbesserung führte; doch die Orientierung am Tagesbedarf und an Sänger-Individualitäten war damals an der Tagesordnung und wurde ohne verletzte Künstlereitelkeit selbstverständlich von den Komponisten hingenommen. So änderte Mozart die Arie des Grafen »Vedrò mentre io sospiro« (Nr. 18) ab und komponierte für Susanna zwei neue Soli: statt »Deh vieni, non tardar« (Nr. 28) entstand die eher repräsentative, Sängerfähigkeiten herausstellende Nummer »Al desio di chi t'adora« (Nr. 28a, KV 577); statt »Venite inginocchiatevi« (Nr. 13) die Ariette »Un moto di gioia« (Nr. 13a, KV 579), die immerhin zu einem

in die Oper gut integrierbaren Charakterstück wurde. Diese neue Wiener Einstudierung erlebte dann bis Anfang 1791 noch 27 Aufführungen.
Schon vorher (1786) kam es zur berühmten Prager Inszenierung des »Figaro«, dessen begeisterter, Mozart anrührender Erfolg dann den Auftrag für »Don Giovanni« nach sich zog, und auch vor der (verschobenen) Aufführung dieser Oper im Oktober 1787 durfte »Figaro« als Ersatz noch einmal einspringen. Seinen Erfolgsweg über die Bühnen nahm »Figaro« dann paradoxerweise nicht in der (heute leider sogar an vielen mittleren und kleinen Bühnen wieder üblichen) italienischen Originalgestalt mit Rezitativen, sondern in deutschen Übersetzungen (die ersten von Literaten wie Goethes Schwager, Christian August Vulpius, und Adolf von Knigge) und mit gesprochenen Dialogen. Die Spielplan-Statistik weist »Le nozze di Figaro« seit langem als eine der meistgespielten Opern des Repertoires aus.

Zur Musik

Ouvertüre: Es gibt gewiß wenige Opernvorspiele, die in so knapper, treffender Formulierung exakt und unmißverständlich den Gehalt und die Atmosphäre des nachfolgenden Bühnenspiels vorwegnehmen, ohne auch nur ein einziges Motiv aus der Oper zu zitieren – die »Figaro«-Ouvertüre ist das perfekte Modell einer Lustspiel-Ouvertüre.
Die Form ist einfach und überschaubar: Es handelt sich um einen Sonatensatz ohne Durchführung. In seinen beiden Hälften – der Exposition und der Reprise – werden mehrere verschiedenartige Elemente aneinandergereiht, die jedoch nicht eigentlich gegensätzlich sind. Ihr gemeinsamer Nenner ist gleichsam das Motto »Lustspiel«, dessen unterschiedliche Facetten sie vorstellen. Im Sinne des Sonatensatzmodells gibt es drei Themen, hinzu kommen zwischen ihnen weitere vermittelnde Einfälle. Das sieht im einzelnen so aus: Das erste Thema beginnt im flüsternden Unisono-*Presto* der Streicher (a), wird von einer durchbrochenen Holzbläserphrase beantwortet (b), und endet im lärmenden Tutti (c).

Unter der Oberfläche, beim ersten Hören kaum wahrnehmbar, ergibt sich durch die Verzahnung der einzelnen Bestandteile eine kleine Asymmetrie, eine Störung der gewohnten periodischen Ausgewogenheit, denn Teil a ist erstaunlicherweise sieben, nicht acht Takte lang. Teil b ist ein regelmäßiger Viertakter, doch Teil c umfaßt dann noch einmal sieben Takte, wobei sein Abschlußtakt zugleich Anfangstakt der Wiederholung des Ganzen ist. Diese Wiederholung ist anfangs durch ruhende Bläserstimmen variiert und mündet in die turbulente Überleitung voll stürzender Tonleitern und Kadenzfloskeln. Die Modulation zur Dominante bereitet regelrecht den Eintritt des Seitensatzes vor, zunächst wieder von den Streichern vorgestellt und von den Holzbläsern fortgeführt, ein erregtes, nervös akzentuiertes Gebilde voll verhaltener Leidenschaft und im weiteren Verlauf durch Tutti-Schläge gegen den Takt »gestört«. Daraus wächst ein leicht chromatisch getönter, tonleiterartiger Gedanke hervor, zunächst in den Bässen, dann in den Violinen, der sich schließlich für wenige Takte nach a-Moll und in verstärkte Chromatik verdüstert, bevor über einen Triller ein drittes Thema eingeführt wird. Seine Elemente sind eine ausgewogene achttaktig-periodische Liedmelodie voller Grazie, Innigkeit und zugleich Koketterie, dazu eine geschwinde laufende Achtelbegleitung im eifrigen Staccato der zweiten Violine. Zweimal erklingt die Periode: einmal in der Registrierung von Violine und Fagott in der unteren Oktave, dann noch einmal mit hinzugefügter Flöte in der oberen Oktave. Was noch bleibt, sind wenige Takte Rückführung zur Reprise, alle über dem markierten Dominantton a und aufgebaut auf einer behenden drehenden Achtelfigur, die motivisch bereits auf die Wiederkehr des Hauptsatzes vorausweist. Die Reprise verändert an diesem Ablauf lediglich die Tonartenbasis, denn sie verharrt in der Grundtonart D-Dur. Außerdem gibt es am Ende eine mitreißend temperamentvolle Coda, die aus einem suggestiven »Mannheimer« Crescendo hervorwächst und munter lärmend mit Pauken und Trompeten endet. Man könnte über das Ganze ohne weiteres die Überschrift setzen: »Der tolle Tag« (»La folle journée«)!

In der Reihung von Solonummern und Ensembles gibt es im »Figaro« einige auffällige Besonderheiten und Akzente, die vorweg hervorgehoben werden sollten. Zwar wird jede handelnde Person mit Arien bedacht, und es ist auch an deren Anzahl eine Rangordnung der Figuren abzulesen: Hauptpersonen sind, selbstverständlich, Figaro und Susanna, il Conte und la Contessa sowie Cherubino; Nebenpersonen sind

Bartolo und Marcellina, Basilio und Barbarina sowie Antonio. Unter den Hauptpersonen ist Figaro hervorgehoben, denn ihm fallen als einzigem drei Soloauftritte zu, dagegen erhält der Graf lediglich eine Arie zugewiesen; Susanna, Gräfin und Cherubino singen die traditionellen zwei Arien.

Dementsprechend gibt es für alle Nebenpersonen nur je eine Arie, von denen jedoch zumindest die beiden für Marcellina (Nr. 25) und Basilio (Nr. 26) in heutigen Aufführungen (und meistens auch Aufnahmen) weggelassen werden, was weniger musikalische Gründe hat, als solche der dramaturgischen Logik; diese beiden Soli halten das kulminierende Geschehen des vierten Aktes unnötig auf. Immerhin fällt es auf, daß Antonio – in der Rollengröße und -bedeutung Basilio durchaus vergleichbar – gar kein Solo zu singen hat.

Die Gewichte der Hauptpersonen verschieben sich bei näherer Betrachtung ganz erheblich, und zwar zugunsten Susannas: Sie ist nämlich an sämtlichen Ensembles der Oper beteiligt, was ihre besondere Hauptrolle in der Handlung unterstreicht – mehr noch als Figaro hält sie die Fäden in der Hand. Insbesondere bei den sechs Duetten (die meist als Duettino bezeichnet sind) – »Figaro« ist durchaus eine Oper der Duette! – wird das deutlich.

Im übrigen gibt es in dieser Oper zwei Chöre: zunächst den Gesang der Bauern, die im beschwingten $^{6}/_{8}$-Metrum dem Grafen huldigen (Nr. 8 »Giovani liete« – »Fröhliche Mädchen«, *Allegro* G-Dur). Dieser Chor wird dann gleich anschließend noch einmal wiederholt (als Nr. 9) und klingt nun auf einmal ein wenig künstlich und gezwungen, denn inzwischen hat der Graf ja wieder einen Hochzeitsaufschub angeordnet – obwohl die Musik sich überhaupt nicht geändert hat, lediglich die Situation, in der sie erklingt! – Der zweite Chor (Nr. 22 »Ricevete, oh padroncina« – »Empfanget, o Herrin«, *Grazioso*) steht ebenfalls in G-Dur und im $^{6}/_{8}$-Takt; hier ehren die Landmädchen, gemeinsam mit Barbarina und dem verkleideten Pagen, die Gräfin.

Arien

Figaros erste Kavatine (Nr. 3 »Se vuol ballare«, *Allegretto* F-Dur, $^{3}/_{4}$) ist die inhaltliche Konsequenz aus Susannas Aufklärungsarbeit in den beiden vorausgehenden Duetten: Nun kennt auch er die Absichten des Grafen und wappnet sich – »Wenn der Herr Graf tanzen will, dann spiel ich dazu die Gitarre!« (»il chitarrino le sonerò«). Und die Musik nimmt dieses Bild wörtlich, indem sie, ohne Vorspiel und zugleich mit dem Gesang, ein höfisches Menuett intoniert und es von den Streichern als Gitarren-Imitation zupfen läßt. Mozart bringt es durch wenige zusätzliche, quasi »störende« Elemente fertig, diesem höfischen Tanz durchaus revolutionäre, aufrührerische Klänge beizumischen, ohne (zunächst) Takt und Tempo zu ändern. Die Mittel sind so einfach wie effektvoll: eine kleine, Erregung symbolisierende Trillerfigur der Streicher, mehrfach in das durchgängige Piano einbrechende Forte-Takte – so als rede sich Figaro selber Mut zu – und sich verdichtende, akzentuiert aufsteigende Tonleitern zu kurz herausgeschleuderten Wortfetzen (»saprò« – »ich will« sowie das jeweils auf dem höchsten Ton ausgestoßene »sì«, »ja«). Nach einer Fermate kommt es unvermutet zum $^2/_4$-*Presto*, dessen melodische, rhythmisch ostinate Melodielinie exakt den Umrissen der Menuett-Melodie folgt:

Nach der verkürzten Reprise des Menuetts greift das kurze Nachspiel noch einmal das *Presto* auf.
Figaros zweite Arie (Nr. 10 »Non più andrai« – »Du streichst nicht mehr ...«, *Vivace* C-Dur, $^4/_4$) beendet wirkungsvoll den ersten Akt, der als einziger nicht mit einem Ensemblesatz schließt. Seine ironischen Worte richten sich an den Knaben Cherubino, der wider Willen zum Offizier befördert wurde. Diese Ironie greift Mozarts Musik auf, indem sie gleichsam mit den Elementen eines Geschwindmarsches spielt, den eigentlichen Marsch aber kunstvoll zurückhält bis zu seiner ganzen martialischen Entfaltung im ausgedehnten Nachspiel, das auf diese Weise zum grandiosen Abschluß des Aktes gerät.
Zum ersten Mal ertönen Marsch-Anklänge, als Figaro kriegerisches Aussehen und Ausrüstung beschreibt (»Tra guerrieri ...«); der eigentliche Marsch mit seinem eigenen Thema wird, gleichsam von Ferne, erstmals im Piano intoniert, wenn das Wort »una marcia« tatsächlich fällt. Doch bald kehrt die Musik zum Ausgangstonfall der ausgelassenen, fast ein wenig aggressiven Unbeschwertheit zurück – auch bei Figaro schwingt durchaus Erleichterung mit, wenn der liebeslüsterne Page aus der Nähe Susannas entfernt wird! Nach der Reprise drängt dann unaufhaltsam der Marsch in den Vordergrund, und die Trompetenfanfaren des Nachspiels unterstreichen bereits Figaros letzte Worte (»gloria militar«).

Seine letzte Arie zeigt ihn uns als eifersüchtigen, sich betrogen wähnenden Ehemann (Nr. 27 »Aprite un po' quegl'occhi« – »Öffnet nur die Augen« *Moderato* Es-Dur, $^4/_4$); sie ist ein feingliedriges, feinsinnig und kontrastreich die Stimmungsumschwünge Figaros nachzeichnendes Kabinettstückchen, Buffo-Kunst von höchstem Rang. Ständig kommentiert das Orchester mit kleinen Triller- und Vorschlagfiguren; ein Beispiel für diese Kunst der anzüglichen Winzigkeiten ist die kleine, boshaft akzentuierte Tonleiterfigur zu »son rose spinose«, »[die Weiber] sind dornige Rosen«. Die Form klingt wie locker gefügt, fast improvisiert, im ständigen Parlieren, doch hat sie gleichwohl ein festes Gerüst: Das musikalische Geschehen läuft im wesentlichen zweimal ab, wobei die Wiederkehr der (gekürzten) Anfangsworte – also eigentlich die erwartete Reprise – anders vertont wird als zu Beginn.

Susannas erstes Solo (Nr. 13 »Venite« – »Kommt«, *Allegretto* G-Dur, $^2/_4$) ist eher eine kleine Szene als eine Arie und allein vom Handlungsaufwand her eine schwierig zu meisternde Aufgabe – die Darstellerin muß, dem Libretto folgend, neben dem Gesang ständig neue Verrichtungen vornehmen, denn sie putzt gerade Cherubino zum Mädchen heraus. Dementsprechend liegt das Gewicht der musikalischen Aussage auch überwiegend im Orchester, das zärtliche Melodien und melodische Floskeln reiht und sie mit dem ganzen sinnlichen Reiz der Mozartschen Instrumentationskunst, vor allem dank den Holzblasinstrumenten, ausstattet. Dazu plaudert Susanna eher beiläufig, wie improvisierend und rezitativisch. Erst am Ende, wenn ihr Werk vollendet ist und sie es zufrieden bewundert, hat sie Muße, in die melodischen Bögen des Orchesters einzustimmen. Das Ganze ist eine kleine erotische Szene voll versteckter Anspielungen und Zärtlichkeiten, und man kann nachträglich gut begreifen, warum Figaro seinerseits den erhofften Abgang Cherubinos mit so ausgelassener ironischer Zustimmung kommentiert hat.

Susannas andere Arie (Nr. 28 Rezitativ und Arie »Deh vieni, non tardar« – »Ach komm und säume nicht«, *Andante* F-Dur, $^6/_8$) erhält ihre Doppelbödigkeit nicht aus sich selbst heraus, sondern allein aus der Situation: Susanna macht eine Liebeserklärung, von der Figaro glauben muß, sie sei an den Grafen gerichtet, in Wahrheit aber gilt sie allein ihm. Und die Musik sowohl des Rezitativs wie der Arie läßt auch keinen Zweifel an dieser Tatsache aufkommen. Dreimal erklingt im »Recitativo accompagnato« eine fünftaktige, zärtlich-innige Streichermelodie, und alle Wesensmerkmale der folgenden Arie belegen die Absicht eines völlig ernst gemeinten Liebesständchens. Die Gesangslinie ist von biegsamer Ausdruckskraft, gelegentlich leicht seufzend mit Vorhalten und kleinen chromatischen Färbungen angereichert. Dazu erklingt ein duftiger, in feinsten Farben aufgefächerter Begleitsatz: Den schwingenden Siciliano-Rhythmus markieren die an ein Zupfinstrument gemahnenden Streicher-Pizzicati, über ihnen schweben in solistischen Farben Flöte, Oboe und Fagott, die auch Vor- und Nachspiel bestreiten und mit kurzen Einwürfen die Gesangsphrasen verbinden:

An zwei Stellen beschränkt sich die Begleitung auf die Streicher: als seufzende Gegenstimme bei »Vieni, ben mio« – »Komm, mein Liebster«, und als partiell mitgehender Klanggrund, als Susanna die »Stirn« des Liebsten mit »Rosen bekränzen« möchte, also dort, wo sie ihren Figaro eigentlich unverhüllt anspricht.

Der Graf äußert sich nur einmal solistisch. In dieser Szene (Nr. 18 Rezitativ und Arie »Vedrò mentre io sospira« – »Soll ich unter Qualen mitansehn«, *Allegro maestoso* D-Dur, ¢) offenbart sich die Widersprüchlichkeit dieser Gestalt in schönster Offenheit. Zunächst folgt das Orchester-Rezitativ wendig mit charakteristischen Figuren dem Auf und Ab seiner zweifelnden und erregten Gedanken, bis an seinem Ende hörbar – durch Crescendo, motorische Bewegung und Akzente – die Stimmungslage der nachfolgenden Arie erreicht wird. Hier löst sich die Spannung sogleich nach dem machtvollen Tutti-Beginn der zweimalig herabstürzenden Tonleitern in einer angedeutet polyphonen Piano-Passage, in die sich fast beiläufig, eigentlich ohne richtigen Beginn, die Singstimme einfügt. Die nervöse Hektik des Grafen, seine gespannte Eifersucht, schlägt sich im weiteren Verlauf in einer Musik nieder, die auffallend reich an Gegensätzen ist, am sinnfälligsten wohl bei der auf engstem Raum ständig zwischen Extremen wechselnden Dynamik zu den wiederaufgegriffenen Worten des Anfanges (»Vedrò«, Takt 25 ff.). Im zweiten Teil der Arie steigert sich sodann das Tempo zum *Allegro assai*, und der Graf versteigt sich in seiner aufgebrachten Stimmung am Ende gar zu Tonleitern und einer veritablen Koloratur, die hier erkennbar parodistischen Charakter hat (»e giubilar mi fa«) – dieser »Jubel« ist wohl viel eher ein unkontrollierter Wutausbruch: hier zeigt sich der

Graf, wie er tatsächlich ist, allein im Monolog und deshalb ohne den höfischen Zwang zur (relativen) Beherrschung!

Im Gegensatz zur Beaumarchais-Vorlage tritt die Gräfin erst im zweiten Akt in Erscheinung. Mit einer wehmütigen Kavatine (Nr. 11 »Porgi amor« – »Bring, Liebe«, *Larghetto* Es-Dur, $^2/_4$) stellt sie sich vor und offenbart ihre seelische Einsamkeit und Not in einem Monolog, dem Mozarts edle Musik alle Wehleidigkeit genommen hat. Das ungewöhnlich lange Instrumentalvorspiel (17 Takte) hat eine doppelte Funktion: Es bereitet nicht nur die Atmosphäre dieser einen Szene vor, sondern es ist zugleich Einleitung zum zweiten Akt, Einstimmung in die gleichsam »andere« Seite der turbulenten Komödie, nämlich in die zumindest der Gräfin, Susanna und Figaro gemeinsame Fähigkeit zum echten Liebesgefühl. Charakteristisch klarinettengetönt ist das Orchester, und durch Melodik und subtile Klangschattierungen entsteht in den Einleitungstakten der Eindruck verhaltener, sinnlicher Leidenschaft, der seltsamerweise durchaus nicht im Widerspruch steht zu der fast religiösen Inbrunst, die aus den Worten der Gräfin spricht:

Auch ihre zweite Soloszene (Nr. 20 Rezitativ »E Susanna non vien« – »Und Susanna kommt nicht« und Arie »Dove sono« – »Wo sind ...«, *Andante* C-Dur, $^2/_4$) wird von der gleichen seelischen Ausgangslage bestimmt. Allerdings verzichtet Mozart hier auf die Klarinetten und setzt Oboen und Fagotte in ungemein charakteristischer Weise ein, indem er sie jeweils die zarten melismatischen Überleitungen zwischen den Gesangsphrasen spielen läßt. Dieser erste langsame Teil der Arie ist dreiteilig in Reprisenform angelegt; ihm schließt sich ein überraschend temperamentvolles *Allegro* an, in dem gleichwohl weiterhin die Holzbläser solistisch figurieren. Verglichen etwa mit der großen Arie des Grafen ist es auffällig, um wieviel bescheidener hier das Orchester auch in den wenigen ausdrücklichen Forte-Abschnitten auftrumpft. Gleichwohl ist ein gewisser heroischer Zug der Entschlossenheit spürbar, der dem Charakterbild der Gräfin mehr als eine Nuance hinzufügt, denkt man etwa an ihren ersten melancholischen Auftritt zurück. Von hier aus gesehen ist es völlig legitim, daß die Gräfin im letzten Finale Gelegenheit hat, aus einer Position der Stärke heraus Verzeihung zu gewähren.

Die beiden Arien des Cherubino sind zwar erkennbar verschiedener Ausprägung, abhängig jeweils von der unterschiedlichen Spielsituation auf der Bühne; dennoch ergänzen sie sich wie zwei Seiten einer Medaille zum Gesamteindruck des liebestrunkenen Jünglings. Die Arie Nr. 6 (»Non so più« – »Ich weiß nicht mehr«, *Allegro vivace* Es-Dur, ¢) ist ein einziger leidenschaftlicher Ausbruch aller aufgestauten Gefühle, getragen vom dunkel glühenden und vibrierenden Orchester, das überwiegend in untergeordneter Begleitfunktion verharrt: ein unruhig bewegter Streicherteppich, zu dem immer wieder kurzzeitig die warmen sinnlichen Bläserfarben hinzutreten. Natürlich gehören zum Holzbläser-Ensemble primär die Klarinetten, denen Mozart hier nur noch je zwei Fagotte und Hörner hinzufügt. Diese zusätzlichen Farben treten jedoch fast nicht solistisch in Erscheinung, sondern kolorieren das ganze Ensemble. Die Aufregung wird ein wenig durch die Form gebändigt: Zunächst handelt es sich um eine einfache Dreiteiligkeit (ABA), daran schließt sich ein längerer, von Fermaten gehemmter Abschlußteil an, vor dessen Schluß einige besinnlich stockende *Adagio*-Takte eingeschoben sind. Die sorgfältig nuancierte Dynamik steigert noch den Eindruck der inneren Unruhe und Unausgeglichenheit durch kurze Ausdrucksakzente und mehrere vor dem Zielpunkt abgebrochene Crescendi, statt dessen in »subito piano« mündend.

In der zweiten Ariette (Nr. 12 »Voi, che sapete« – »Ihr, die ihr wißt«, *Andante* B-Dur, $^2/_4$) ist die seelische Grundsituation zwar die gleiche, doch ist die Leidenschaft hier hörbar gezügelt durch die Situation: Cherubino trägt ein Lied vor, singt also sozusagen nur indirekt von seinem Liebesleid. Dieser Eindruck wird unterstrichen durch die durchgehende stilisierte Gitarrenbegleitung der gezupften Streicher. Zu den obligatorischen Klarinetten treten hier auch Flöte und Oboen, die nun gemeinsam sowohl das achttaktige Vorspiel bestreiten wie auch die melodischen Gegenstimmen und Überleitungsmotive während des Gesanges übernehmen. Die Form ist dreiteilig liedgemäß, mit einem proportional gedehnten, auch harmonisch abwechslungsreicheren Mitteil: von F-Dur ausgehend werden f-Moll, As-Dur und g-Moll erreicht, und chromatische Zwischentöne nuancieren die gebrochene Stimmung:

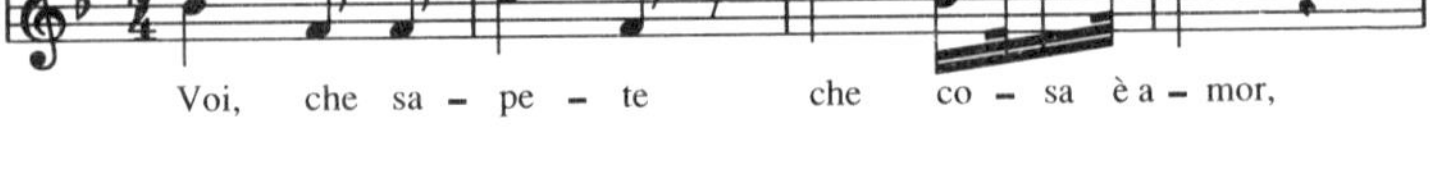

Bartolo singt seine einzige Arie gleich bei seinem ersten Auftritt mit Marcellina (Nr. 4 »La vendetta« – »Die Rache«, *Allegro* D-Dur, $^4/_4$). Sein Solo ist ein meisterhaftes Kabinettstück aus dem Repertoire der Buffo-Oper, eine Rache-Arie voll aufgeplustertem und darum zugleich komischem Pathos, in der Standardsituation des sich selbst lobenden und überschätzenden ältlichen Herrn. Seine Geschwätzigkeit wird im Mittelteil mit eilfertigem, leicht zungenbrecherischem Triolengeplauder parodiert, während seine rachedurstige Entschlossenheit in den Eckteilen zur Geltung kommt und in ein abschließendes rauschendes Orchester-Tutti mündet.

Dieses Stück wird häufig gestrichen, die Arie seiner Partnerin Marcellina entfällt in heutigen Aufführungen sogar fast immer (Nr. 25 »Il capro e la capretta« – »Der Ziegenbock und die Ziege«, G-Dur, $^3/_4$). Sie gliedert sich in zwei Teile: ein gemütlich sich wiegendes »Tempo di Menuetto«, in dem sich die Sängerin gar zu auszierenden Koloraturen versteigt, und ein $^4/_4$-*Allegro*, ebenfalls von Koloraturen durchzogen und insgesamt voll leicht parodistischer Bitterkeit gegen das Männervolk.

Barbarinas anrührende kleine Kavatine dagegen wird als zartes Eröffnungsstück des vierten Aktes immer gesungen (Nr. 24 »L'ho perduta« – »Ich habe sie verloren«, *Andante*, $^6/_8$) – ein melancholisches f-Moll-Trauerstückchen, das durch die Unangemessenheit seiner Ernsthaftigkeit gegenüber der banalen »kleinen Nadel« dennoch einen gewiß beabsichtigten angedeuteten parodistischen Akzent erhält. Diese tränenrührende Stimmung wird vor allem durch die auffällige Anlage der Melodie beschworen, die ständig engräumig um die Quinte der Tonart kreist:

und auch die Begleitung unterstreicht diesen Eindruck durch ihre Reduzierung auf Streicher allein, von denen die Violinen gedämpft sind und die Baßstimme zunächst zupft.

Auch Basilios Arie (Nr. 26 »In quegl'anni« – »In jenen Jahren«, *Andante* B-Dur, ¢) ist dramaturgisch völlig entbehrlich, zumal sie eigentlich dem Charakterbild des Musiklehrers wenig hinzufügt. Sie ist zweiteilig: Dem lockeren Parlando des ersten Abschnittes folgt ein Tempo di Menuetto, das wiederum am Ende, anknüpfend an den Andante-Teil, stretta-artig in ein *Allegro* ($^4/_4$) übergeht, so daß eine angedeutete Dreiteiligkeit entsteht.

Ensembles

Die beiden ersten Duette von Susanna und Figaro bilden gemeinsam mit der anschließenden Figaro-Arie ein in sich abgeschlossenes Handlungskontinuum. Duettino Nr. 1 (»Cinque ... dieci« – »Fünf ... zehn«, *Allegro* G-Dur, $^4/_4$) zeigt die beiden bei gleichsam neutraler Allerweltstätigkeit, wobei das partielle Aneinander-vorbei-Reden sehr schön durch das Alternieren der Stimmen verwirklicht wird. Erst gegen Ende des charmant und unterhaltend dahinfließenden Stückchens vereinen sich beide zum Duett in parallelen Terzen und Sexten. Das fein differenzierte Vorspiel ist erstaunlich lang und dient so zugleich als Einleitung zur ganzen ersten Szene, indem es die noch ein wenig indifferente Lustspiel-Atmosphäre beschwört und zugleich unüberhörbar signalisiert, daß hier zwei Menschen agieren, die einander zugetan sind.

Duettino Nr. 2 (»Se a caso« – »Wenn einmal«, *Allegro* B-Dur, $^2/_4$) führt diesen lebhaft plaudernden Buffo-Tonfall weiter und mischt ihm unüberhörbar den Ton der Ironie und auch der Ernsthaftigkeit bei, denn nun hat das Intrigenspiel der Oper ja bereits begonnen: Susanna klärt Figaro spielerisch darüber auf, was die Lage des Zimmers für den Grafen bedeutet. Leitmotiv des Spiels ist die ständig eingeflochtene auftaktige Tonfolge:

Zunächst entspinnt sich wieder ein längerer Wechselgesang, wobei diesmal – im Gegensatz zum ersten Duettino – der jeweils schweigende Partner durchaus aufmerksam zuhört. Das Alternieren verdichtet sich zu schnellem taktweisem Sich-Antworten, wenn Figaro den Sachverhalt begriffen hat. Eine ganz kleine zweitaktige Rezitativepisode (»Ascolta!« »Fa presto!« – »Hör zu!« »Mach schnell!«) markiert dann den Beginn des letzten Teils, in dem es schließlich wieder zum echten parallelen Duett kommt – Sinnbild der erreichten Übereinstimmung.

Duettino Nr. 5 (»Via resti servita« – »Ich laß Ihnen den Vortritt«, *Allegro* A-Dur, $^4/_4$) findet zwischen Susanna und Marcellina statt und ist eine bezwingende Klangminiatur versteckter Ironie und Bosheit. Hinter der wohlklingenden durchsichtigen Fassade werfen sich die beiden Damen mit spitzer Zunge ihre Anzüglichkeiten an den Kopf. Daraus ergibt sich ein durchgehender durchbrochener Wechselgesang, sozusagen der Paradefall eines perfekten Duettsingens, ein musikalisches

Frage- und Antwortspiel: Entweder die zweite Stimme imitiert die vorangehende im Abstand eines Taktes, oder sie setzt die vorausgehende Melodielinie antwortend fort, oder aber beide setzen im Taktabstand nacheinander kanonisch ein und führen ihre Linien in parallelen Terzen und Sexten weiter. Immer dann aber, wenn Susanna plötzlich eine wirkliche offene Bosheit äußert (»l'età!« – »das Alter!«), platzt Marcellina verfrüht, außer der Reihe mit ihrem Einsatz hinein. Am Ende steigern sich beide in einen erregteren Tonfall und singen durchgehend gleichzeitig: Diesmal ist das aber kein Zeichen der Übereinstimmung, sondern vielmehr des Nicht-aufeinander-Hörens und Aneinander-vorbei-Redens. Das Orchester steuert hierzu in konzentrierter Beschränkung eine durchlaufende Triolenbegleitung und ein ständig flexibel wiederholtes aufsteigendes Motiv bei:

Auch Nr. 15 heißt zu Recht Duettino (»Aprite presto« – »Öffnet schnell«, *Allegro assai* G-Dur, $^4/_4$); es ist eigentlich eine vorbeihuschende Nichtigkeit, atemlos die kleine Handlung zwischen Susanna und Cherubino begleitend, im quasi flüsternden Parlandoton der beiden Frauenstimmen, die sich ständig spielerisch zu jagen scheinen. Es wird begleitet vom reinen Streichorchester, durchweg im Pianissimo gehalten, in behenden Achteln und in angedeuteten Imitationsansätzen dahineilend. Nur zum Forte-Schlußtakt führt ein gerade halbtaktiges, plötzliches Crescendo.

Duettino Nr. 17 (»Crudel!« – »Grausame!«, *Andante* a-Moll, ¢) führt nun endlich Susanna und den Grafen allein zusammen. Bereits die ¢-*Andante*-Vorschrift deutet, wie so oft bei Mozart, auf verhaltene Leidenschaftlichkeit. Hinter der klingenden Fassade von äußerstem, geradezu tiefenpsychologischem Raffinement verbirgt sich eine ganze Welt an ambivalenten Gefühlen beider Personen – in den Tönen deutlich spürbar, in den Worten des Librettos jedoch nur angedeutet. So erscheint der Graf in seiner Rolle zwar als Herr und Vorgesetzter, zugleich aber als vom Eros getriebener und bisher unerhört schmachtender, jetzt neu hoffender Verführer. Gleich seine erste a-Moll-Phrase mit ihrem über den Taktschwerpunkt synkopisch hinausgedehnten Zielton ist eine überzeugende Tonfigur der drängenden Sehnsucht.

Wenige chromatisch gereihte Töne öffnen die Musik dann auf einmal ins klare, eindeutige C-Dur der Susanna, die ihm antwortet. Das daraufhin anhebende Duettieren hat ganz eindeutig, wenn auch nicht vordergründig, den Charakter einer Verführungsszene, wobei nie ganz klar ist, wer wen lockt. Der Tonfall, den vor allem der Graf anschlägt und den Susanna immerhin aufgreift, ist deutlich der Don Giovannis. Die ganze geheimnisvolle Doppelbödigkeit menschlicher Leidenschaften und Neigungen wird in diesem kostbaren Musikstück lebendig: Zwar spielt Susanna ihr Spiel nur zum Schein, um ihre Liebesheirat mit Figaro zu sichern. Aber dennoch wird auch hier eine latente erotische Spannung fühlbar; salopp gesagt: auch der Graf ist ein attraktiver Mann in den besten Jahren und verfügt über Geld und Macht. So wie Susanna ihre Neigung zu Cherubino nicht ganz unterdrücken kann, so spielt sie ihr Spiel mit dem Grafen zumindest nicht ungern.
Eine Steigerung der Leidenschaft bedeutet der Eintritt von A-Dur mit einer Phrase des Grafen, die ihre Intensität vor allem aus der fast exaltierten Dynamik des Orchesters bezieht:

Und es ist auffällig und doch beruhigend, daß Susanna diese so eindeutige Phrase nur an einer einzigen Stelle (»Scusatemi . . .«) aufgreift – und zwar dort, wo sie sich insgeheim beim Grafen für ihr frivoles Spielchen entschuldigt –, sie aber im übrigen allenfalls abgeschwächt weiterführt. Das Ende ist ein Beispiel des Nebeneinanderher-Singens, der Graf bemerkt in seinem Hoffnungsrausch überhaupt nicht, daß Susanna sich gleichzeitig still von ihm distanziert – Gleichzeitigkeit des Unvereinbaren, verbunden durch die Musik!

Die besondere Struktur des Duettinos zwischen Susanna und der Gräfin (Nr. 21 »Che soave zeffiretto« – »Welch angenehmes Lüftchen«, *Allegretto* B-Dur, $^6/_8$) ergibt sich aus der szenischen Situation: Die Gräfin diktiert Susanna den fingierten Liebesbrief an den Grafen, und dann lesen beide das Ergebnis befriedigt noch einmal gemeinsam. Die Musik, die dieser kleinen weiblichen Verschwörungsszene zugrunde liegt, ist von süßem Wohlbehagen und schmelzender Melodik gekennzeichnet. Zunächst geht das melodische Geschehen phrasenweise von der Gräfin aus, und Susanna greift, einzelne Worte wiederholend, ihre melodi-

schen Wendungen auf und führt sie zu Ende. Die Überleitungen und manchmal auch motivischen Verbindungsglieder übernehmen Oboe und Fagott parallelgeführt über den sanft wiegenden Streichern. Eine abschließende Phrase beendet in gemeinsamen parallelen Terzen diesen Abschnitt des Schreibens.
Die veränderte musikalische Faktur des zweiten Teils ergibt sich mit zwingender Logik aus der neuen Situation: Nun lesen beide den Text, und nun geht jeweils Susanna melodisch voran, wobei sich im zwei- und eintaktigen Alternieren reizvolle imitatorische Ansätze ergeben. Genüßlich ausgekostete Terzen und Sexten und eine Fermate beenden dieses Zwiegespräch.

Im Mittelpunkt des temperamentvollen Terzetts Nr. 7 (»Cosa sento!« – »Was hör ich!«, *Allegro assai* B-Dur, $^4/_4$) steht die komisch-groteske Entdeckung des Pagen durch den Grafen, der die Decke hebt, als er von einer ähnlichen Situation vom Mittag zuvor berichtet. Melodisches Leitmotiv der ganzen Szene ist Basilios maliziöser Kommentar

mit seinem suggestiven Abwärtszug. Diese Melodik greift der Graf auf, wenn er, nach einem überraschenden kurzen Parlando-Teil im Stile des »Recitativo accompagnato«, nun das Tuch hebt: Die Abwärtsbewegung zielt in fünf Schritten über anderthalb Oktaven hinab bis zum szenischen Überraschungscoup auf dem tiefen a, wo sie für einen Moment ratlos stockt und sich dann sogleich wieder nach oben umkehrt, einem Fragezeichen gleich auf einer Dominantsept-Fermate haltend. Dann beginnt reprisenartig das Terzett von neuem. Im ersten Teil besonders wird die lüsterne »Interessengemeinschaft« des Grafen mit Basilio dadurch anschaulich gemacht, daß sie beide mehrmals einander imitierend einsetzen und dann unversehens in eine chromatisch ziemlich »verbogen« – falsch – klingende Passage geraten, so als verlören sie angesichts der Nähe des attraktiven Mädchens vollends die Kontrolle über ihre begehrlichen Gefühle:

Auch im anderen (kürzeren) Terzett der Oper, Nr. 14 (»Susanna, or via sortite« – »Susanna, komm jetzt heraus«, *Allegro spiritoso* C-Dur, 3/4), geht es wieder um den Pagen. Das Grafenpaar und die – von beiden noch nicht bemerkte – zurückgekehrte Susanna sind im Zimmer der Gräfin versammelt, Cherubino steckt (noch) im Kämmerchen. Obwohl mitten im Ablauf einer Handlung angesiedelt, geht es bei diesem Ensemble doch nicht um ein »Aktions«-Terzett, sondern eher um eine Momentaufnahme der angespannten Situation. Auffällig ist hier der dichte vokale Terzettsatz mit seinem vielfältigen Wechsel in der Einsatzfolge der Stimmen, die sich oft auch imitatorisch überlagern. In Takt 71 kommt es zu einer deutlichen Reprise mit dem markanten energischen Trillermotiv des Orchesters aus dem einen Vorspieltakt. Die riskant-bedrohliche Lage auf der Bühne äußert sich bei allem Temperament der ungestüm vorwärtsdrängenden Musik in gelegentlichen überraschenden harmonischen Wendungen und Chromatisierungen. Dreimal schwingt sich Susannas Stimme zu einer am Ende auffallend chromatisch ansteigenden Tonleiter auf: einmal im ersten und zweimal im Repriseteil, dessen Sturmlauf durch eine unvermutete Fermate und zwei Rezitativ-Takte gestaut wird.

Bei dem Sextett Nr. 19 (»Riconosci questo ampleso ...« – »Erkenne in dieser Umarmung ...«, *Andante* F-Dur, 4/4) handelt es sich um die rührend-komische Wiedersehensszene zwischen Figaro und seinen Eltern Marcellina und Bartolo, staunend beobachtet und kommentiert vom Grafen, Don Curzio und bald auch von der nichtsahnenden Susanna. Ihr Auftritt gerade bewirkt die umwerfende Situationskomik der Szene, denn sie als einzige weiß noch nicht, warum sich Figaro und Marcellina so innig umarmen. So verändert ihr Erscheinen die Musik kurzzeitig zu durchsichtiger Verständlichkeit, doch alsbald reden alle Anwesenden im scheinbaren Chaos durcheinander, wobei das »figlio amato« – »geliebter Sohn« der beiden Eltern leitmotivisch herauszuhören ist. Mit einem Zornesausbruch reagiert Susanna, und Figaro antwortet ihr eindringlich, während das Orchester seine Bemühungen fast aufdringlich unterstützt:

Die Ohrfeige wird dann im vollstimmigen Sextett individuell aufgefächert kommentiert. Eine Modulation von D-Dur zurück nach F-Dur und ein auch melodisch neuer Teil machen sinnfällig, daß nun auch Susanna die neue Lage begriffen hat – in bester Komödienmanier erkundigt sie sich erst noch der Reihe nach bei allen Beteiligten. Im abschließenden Sextettsatz kann man schließlich deutlich die beiden auf der Bühne einander gegenüberstehenden Gruppierungen hören: auf der einen Seite diejenigen, die der neuen Entwicklung zustimmen, unter ihnen vor allem Susanna, die ihre Erleichterung und ihr gelöstes Glücksgefühl in einer weichen, über allem schwebenden Diskantmelodie verströmen läßt; auf der anderen Seite die beiden Düpierten: Almaviva und in seinem Schlepptau Don Curzio, die im gleichen pikierten, punktierten Rhythmus und auch über längere Strecken im durchdringenden Unisono sich (vergeblich) gegen die Situation zu stemmen scheinen. Vor allem in den Schlußtakten hört man ihre parallelen Achtelketten bestens aus dem ruhigen umgebenden Ensemble heraus.

Beeindruckend ist gerade beim »Figaro« das einheitliche hohe Niveau aller Nummern. Wenn man dennoch eine Leistung Mozarts hervorheben möchte, dann sind es natürlich die beiden großen Finali zum zweiten und vierten Akt, wobei besonders das zum zweiten Akt mit Recht als der nie zuvor oder nachher wieder erreichte Gipfelpunkt gilt: Finale Nr. 16 »Esci omai« – »Komm endlich heraus«, Es-Dur. Vorweg lassen sich folgende Merkmale zusammenfassen: Das Finale erweist sich als eine sorgsam austarierte Abfolge deutlich voneinander abgehobener musikalischer »Sätze«, die genau der Dramaturgie des Librettos folgen, in dem eine Reihe ständig zunehmender Komplikationen und unvorhergesehener Situationen die Handlung vorantreiben, geschickt gegliedert durch jeweils kurze retardierende Momente der Entspannung, wenn nämlich ein Konflikt sich (zunächst) gelöst hat. Jede neue Steigerungsstufe dieser Kette bedeutet sogleich auch ein Anwachsen des Personals auf der Bühne, denn jeder neue Konflikt wurde durch eine oder mehrere hinzukommende Personen eingebracht oder ausgelöst. Demnach entwickelt sich das Ensemble vom anfänglichen Duett Graf – Gräfin allmählich bis zum Final-Septett. Im einzelnen sieht das so aus:
1. *Allegro* (Es-Dur, $^4/_4$): temperamentvoller Auftakt in Gestalt eines aufgebrachten Disputs der beiden Almavivas über die verschlossene Kammertür und den angeblich dahinter verborgenen Pagen.
2. Überleitung a tempo beim Öffnen der Tür (Takt 121–125): In wenigen Takten ist hier die große Verblüffung beider vertont, daß nun Susanna eintritt – stockend und pausendurchsetzt, zwei »Fragezeichen« der Sänger: »Susanna!«

3. *Molto Andante* (B-Dur, $^3/_8$; Takt 126–166): Die gespannte Haltung der (jetzt drei) Anwesenden, die einander mißtrauisch beäugen, ist in einem menuettartig verhaltenen, gleichsam mit Mühe die innere Erregung überdeckenden musikalischen Modell eingefangen, wobei jede Figur zunächst still für sich selber redet. Die berechtigte Frage, ob noch jemand im Kabinett sei, löst diese Spannung zu einem eilfertigen und eifrig geschäftigen
4. *Allegro* (B-Dur, $^4/_4$; Takt 167–327): Dieser Teil bringt zugleich die erste Konfliktlösung, und der Graf bittet Gräfin und Susanna um Verzeihung, woraufhin ihn die beiden Damen, gleichsam mit penetrant erhobenem Zeigefinger, zunächst recht geschwätzig in parallelem Achtelgeplauder belehren, bis man sich abschließend im gemeinsamen Terzett einigt. Das Orchester steuert dazu einen munteren Kommentar bei, der im wesentlichen durch die ständige flexible Wiederkehr eines einzigen, sehr gestisch-einprägsamen Themas bestimmt wird:

Ein eiliges Bewegungsmotiv voller Tonrepetitionen leitet das *Allegro* ein und kehrt ebenfalls gliedernd mehrfach wieder:

Durch diese ausgeprägte Technik der strengen motivischen Begrenzung des Tonmaterials und seine gleichzeitige permanente, ungemein biegsam variierte Reihung erzielt Mozart die Dichte und Geschlossenheit der einzelnen Abschnitte; sie ist in dieser Konsequenz und Meisterschaft eins der wichtigsten Kennzeichen seiner Beherrschung der großen dramatischen Form. Hinzu kommt seine subtile »Registrierung« dieses überschaubar begrenzten Materials mit den Mitteln seiner raffinierten Instrumentierungskunst, in der insbesondere die Farben der Holzbläser von Bedeutung sind. Man könnte das gerade am Beispiel des charakteristischen Hauptgedankens in diesem Abschnitt gut verfolgen, denn er reiht sich in manchen Passagen fast in der Art einer »unendlichen« Melodie in ständig auseinander hervorwachsenden und einander ablösenden Farben (besonders auffällig Takt 234–251).
5. *Allegro* (G-Dur, $^3/_8$; Takt 328–397): Der Auftritt Figaros verändert die Situation und damit auch hörbar alle musikalischen Grundlagen –

nach dem B-Dur-Schluß geht es modulationslos überraschend in neuem Tempo, neuem Takt und neuer Tonart weiter. Doch die zunächst ausgelassene Fröhlichkeit erhält bald einen ebenso hörbaren Dämpfer (sotto voce).

6. *Andante* (C-Dur, $^2/_4$; Takt 398–466): Nun beginnt das Frage- und Versteckspiel um das Billett, das der Graf Figaro vorhält, in marschartigem Rhythmus und alsbald durch verspielte Floskeln angereichert. Die Leitmelodie des Ganzen schlägt der Graf zunächst in etwas forschem Tonfall an; sie erweist sich jedoch im weiteren Verlauf als recht biegsam in ihrem Ausdruckscharakter. Wieder scheint sich alles im wohltönenden Wohlgefallen des vokalen Quartettsatzes zu lösen, da erscheint polternd Antonio:

7. *Allegro molto* (F-Dur, $^4/_4$; Takt 467–604): Auffällig an diesem nächsten Ensemble ist die ständige, vorangetriebene, kleinteilig-hektische Bewegung, markiert durch die fast penetrante Viertelmetrik und ergänzt durch wirbelnde Triolenfigurationen. Dieser ostinate Vorwärtsdrang mäßigt sich nur an ganz wenigen charakteristischen Stellen: einmal im direkten Dialog Figaro – Antonio (Takt 571 ff.) und dann ganz am Schluß, sinnfällig als Untermalung von Figaros angeblich verrenktem Bein.

8. *Andante* (B-Dur, $^6/_8$; Takt 605–696): Wieder folgt ein Abschnitt, der die unterschwellige große Spannung durch eine ganz beherrschte ostinate Achtelmetrik bändigt und der, noch konsequenter als zuvor, durch einen einzigen motivischen Einfall im Orchester geprägt wird:

Darüber führen die anwesenden fünf Personen einen subtil durchbrochenen und verzahnten Dialog.

9. *Allegro assai* (Es-Dur, $^4/_4$; Takt 697–940): Nun beginnt das eigentliche Akt-Finale; Antonio hat die Bühne verlassen, statt dessen komplettieren Marcellina, Bartolo und Basilio das Septett. Den temperamentvollen Ablauf gliedert der Graf, der nun wieder Oberwasser hat, mit seinem mehrfachen markanten Einwurf:

Das kleine auftaktige Bewegungsmotiv (Takt 783 ff.) im Orchester ♪ 𝄾 ♪ ♪ 𝄾 ♪ verklammert diesen Teil dann mit der abschließenden Schluß-Stretta (*più allegro*), in der das Septett sowohl kompakt als Ganzes als auch in einzelne Parteien aufgespalten erklingt. Eine nochmalige, kaum erwartete Beschleunigung zum ganztaktigen *Prestissimo* (Takt 908 ff.) beendet mächtig und mitreißend den Akt.

Von ganz anderer Art ist das Finale des dritten Aktes, das kunstvoll stilisierte und ein wenig gestörte Hochzeitsritual im Schloß (Nr. 23 »Marcia« C-Dur, $^{4}/_{4}$). Zunächst nähert sich von ferne ein Marsch, zu dem rezitativisch gesungen wird; der Marsch schwillt an und führt im Crescendo bis zum mächtigen Tutti-Auftrumpfen den Hochzeitszug auf die Bühne.
Ein Hochzeitslied, vorgetragen von zwei Mädchen und dem Chor, schließt sich an (*Allegretto*, $^{2}/_{4}$). Aus ihm hervor wächst der zierliche »Fandango« voll graziöser Triller- und Staccato-Figuren, mit vielschichtig durchsichtigem Stimmengewebe als effektvollem Klanghintergrund für die Pantomime auf der Bühne; seine eigentümliche, leicht exotische Färbung erhält das Stück durch die fast ständig eingesetzte Flöte. Erschreckt setzt der Graf gegen den Takt ein, als er sich an der Nadel gestochen hat. Ein kurzes Rezitativ des Grafen beendet die Zeremonie ziemlich abrupt, dann beschließt die Wiederholung des Chors den dritten Akt kurz und bündig.

Das Finale des vierten Aktes, Nr. 29 (»Pian pianin« – »ganz leise«) ist wie das des zweiten Aktes ein durchkomponiertes Handlungsgefüge, zwar nicht ganz so raffiniert in seiner Architektonik und nicht so ausgedehnt, dafür jedoch am Ende bis zur Elfstimmigkeit gesteigert – alle Personen der Handlung sind auf der Bühne versammelt und ergänzen sich im Klang fast zu einem kleinen Chor.
1. *Andante* (D-Dur, $^{4}/_{4}$; Takt 1–50): Der ausgedehnte erste Abschnitt wird durch ein graziös-tänzerisches, zwar beherrschtes, aber durch seinen akzentuierten Vorhalt auch wieder leicht erregtes Motiv zusammengehalten:

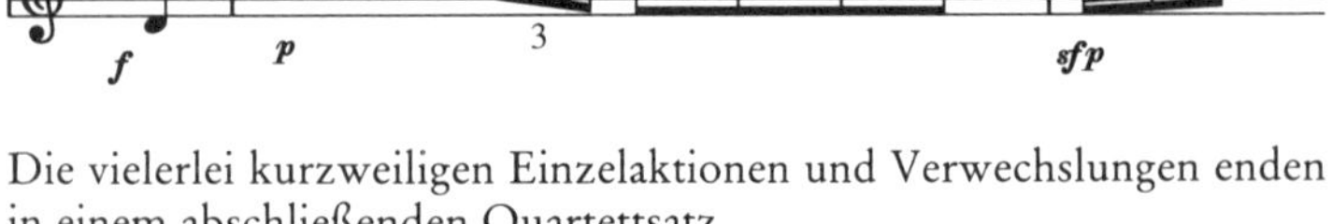

Die vielerlei kurzweiligen Einzelaktionen und Verwechslungen enden in einem abschließenden Quartettsatz.

2. *Con un poco più di moto* (G-Dur; Takt 51–108): Der nächste Abschnitt schließt sich nahtlos an den vorigen, mit der Beschleunigung stellt sich auch eine neue melodische Grundhaltung ein: Die leicht schwüle erotische Atmosphäre, in der der Graf unwissentlich seine Frau anschwärmt, wird im Orchester mit intensiver, vielgliedriger Melodik kommentiert, über eine sehr lange Strecke hin durch die Sechzehntel-Figurationen der zweiten Violinen umspielt und durch ein markantes, wiederholtes Motiv gegliedert, das zunächst Figaro intoniert und das am Ende allein dominiert:

Ungemein kunstvoll ist das Neben- und Nacheinander der verschiedenen Arten zu singen, in allen Abstufungen zwischen rezitativischem Parlando, empörtem Auftrumpfen (Figaro) und emphatischer Ständchenmelodik (Graf).
3. Ein kurzes, klarinettengefärbtes *Larghetto* (Es-Dur, $^3/_4$; Takt 109 bis 120) bleibt Figaro für eine getragene – man möchte sagen: gefaßte – Kantilene vorbehalten. Doch die Stimmung schlägt ins krasse Gegenteil um, zum Zwiegespräch mit Susanna:
4. *Allegro di molto* (Es-Dur; Takt 121–274): Nun gelingt Mozart das Kunststück, auf gleicher Tonart-, Takt- und Tempobasis zwei völlig gegensätzliche Stimmungen unterzubringen: zunächst das heimliche Gewisper der beiden, mit kleinen Spielfiguren des Streichorchesters und pikierten Akzenten gegen den Takt, dann auf einmal Figaros gespieltes Liebesfeuer für die angebliche Gräfin, dann wieder der kleine bereinigende Zwist im Stil der Anfangstakte und schließlich die unüberhörbar wiederhergestellte Gemeinsamkeit der Liebenden, mündend in das
5. *Andante* (B-Dur, $^6/_8$; Takt 275–334): Auch hier bedient sich Mozart des gleichen, konzentriert beschränkten Materials für mehrere unterschiedliche Stimmungen: anfangs die friedlich-innige Versöhnung von Susanna und Figaro, dann Figaros übertrieben gefühlvolle Szene, die er für den Grafen der falschen Gräfin vorspielt.
6. Das eigentliche turbulente Finale beginnt mit dem *Allegro assai* (G-Dur, $^4/_4$; Takt 335–420), wenn sich nacheinander alle Beteiligten auf der Bühne einfinden. Zunächst noch führt der Graf Regie, alle anderen sind erstaunt oder tun lediglich so und bitten um Verzeihung. Gerade trumpft er noch einmal so richtig herrisch auf mit seinem mehrfach

herausgestoßenen »no« – da erscheint die Gräfin, und auf einmal schlägt die Stimmung nach g-Moll ins »sotto voce« um (Takt 402), und die übrigen finden zum homogenen Ensemble-Rhythmus zusammen.
7. *Andante* (G-Dur, $^4/_4$; Takt 420–447): Die anrührende Bitte um Vergebung wird dann zur stillen und nun wirklich einmal ganz ehrlichen Gefühlsäußerung. Der Graf singt zwei Phrasen, die beide im Vorhalt enden, einmal abwärts, einmal intensiver aufwärts und chromatisch gesteigert:

Die Gräfin antwortet hoheitsvoll und innig zugleich und läßt die Melodie im edlen Bogen ausschwingen, bevor alle Anwesenden ergriffen, zunächst verhalten, dann klangmächtig, einstimmen.
8. Das abschließende *Allegro assai* ($^4/_4$; Takt 448–521) führt endgültig in die Grundtonart D-Dur zurück und bildet den erwarteten traditionsgemäßen Lustspielabschluß, überwiegend im elfstimmigen Ensemble und nur an wenigen Stellen andeutungsweise in zwei Gruppen geteilt – jetzt sind sich alle hörbar einig!

Don Giovanni (KV 527)

Il dissoluto punito ossia Il Don Giovanni

(»Der bestrafte Verführer oder Don Giovanni«)

Dramma giocoso in 2 Akten

Libretto: Lorenzo da Ponte.
Uraufführung am 29. Oktober 1787 in Prag. – Veränderte Fassung am 7. Mai 1788 in Wien.
Personen: *Don Giovanni*, junger und außerordentlich zügelloser Edelmann (Bariton); *der Komtur* (Baß); *Donna Anna*, Edeldame, seine Tochter, Verlobte des Don Ottavio (Sopran); *Don Ottavio* (Tenor); *Donna Elvira*, Edeldame aus Burgos, von Don Giovanni verlassen (Sopran); *Leporello*, Diener Don Giovannis (Baß); *Masetto*, ein Bauer (Baß); *Zerlina*, seine Braut (Sopran); Bäuerinnen und Bauern, Diener, Stimmen aus der Tiefe (Chor); Bühnenmusikanten.

Der portugiesische Bariton Francisco d'Andrade als Don Giovanni 1901 im Berliner Theater des Westens. Gemälde von Max Slevogt. 1902. Stuttgart, Staatsgalerie

Ort und Zeit der Handlung: eine Stadt in Spanien im 17. Jh.
Orchesterbesetzung: 2 Flöten, 2 Oboen, 2 Klarinetten, 2 Fagotte, 2 Hörner, 2 Trompeten, 3 Posaunen; Pauken, Mandoline, Streicher, Continuo. – Bühnenmusik 1. Akt, Finale: Orchester I (2 Oboen, 2 Hörner, Streicher ohne Violoncello); Orchester II (Violinen, Baß); Orchester III (Violinen, Baß). – Bühnenmusik 2. Akt, Finale (2 Oboen, 2 Klarinetten, 2 Fagotte, 2 Hörner, Violoncello).
Gliederung: Ouvertüre (Andante d-Moll, ₵; Molto allegro, D-Dur). – Akt I: 8 Arien, 3 Duette (1 mit Chor), 1 Terzett, 1 Quartett, Introduktion (Ensemble), Finale; Akt II: 7 Arien, 3 Duette, 1 Terzett, 1 Sextett, Finale (mit »Scena ultima«).

Handlung: 1. Akt. Leporello wartet nachts vor dem Haus der Donna Anna ungeduldig auf seinen Herrn Don Giovanni. Er ist recht unzufrieden mit seiner Rolle als Diener und mit den Umständen seiner Arbeit (Nr. 1). Da stürzt Don Giovanni aus dem Haus, wütend verfolgt von Donna Anna. Sie will den zudringlichen Verehrer nicht entkommen lassen; der wehrt sich und verbirgt dabei sein Gesicht. Ihr Vater, der Komtur, ist von dem Lärm aufgeschreckt worden und eilt ihr zu Hilfe. Er fordert Don Giovanni zum Zweikampf, in dem er als der Ältere, Schwächere rasch unterliegt. Tödlich getroffen sinkt er zu Boden und stirbt. Herr und Diener entwischen im Dunkel der Nacht.
Anna und ihr Verlobter Don Ottavio entdecken entsetzt ihren toten Vater. Kaum noch bei Sinnen, verlangt sie von Ottavio einen Schwur, daß er ihren Vater rächen werde (Nr. 2). Auf nachtdunkler Straße nimmt sich Leporello heraus, seinem Herrn Vorhaltungen über seinen Lebenswandel zu machen, da kreuzt Donna Elvira, Giovannis verlassene Ehefrau, ihren Weg, ohne daß die beiden Männer in der Dunkelheit zunächst bemerken, wen sie da vor sich haben. Interessiert lauschen sie, wie die Dame im Selbstgespräch beklagt, daß der Mann, den sie liebt, sie verlassen hat (Nr. 3). Mitleidig und unternehmungslustig nähert sich Don Giovanni und richtet galant das Wort an sie – und erschrocken fahren beide zurück, als sie sich wiedererkennen. Ihren Vorwürfen weiß sich Giovanni geschickt zu entziehen, er überläßt seinem Diener die Aufgabe, Donna Elvira abzulenken. Der zieht sogleich ein langes Register aus der Tasche und liest der empörten Dame die Liste der Liebesabenteuer vor, die sein Herr überall auf der Welt erlebt hat (Nr. 4).
Am gleichen Abend findet in der Nähe ein ausgelassenes Bauernfest statt, auf dem Masetto und Zerlina ihre bevorstehende Hochzeit feiern (Nr. 5). Don Giovanni und Leporello kommen des Weges, und Giovanni entdeckt in der Menge sofort die hübsche Zerlina. Kurzerhand lädt er alle auf sein Schloß ein, und Leporello erhält den Auftrag, sich ganz besonders um Masetto zu kümmern, während Don Giovanni verspricht, sich selber der Braut anzunehmen. Masetto weigert sich zunächst und wird von Don Giovanni deshalb mit dem Degen zum Gehen bewegt. Unter Verwünschungen beugt sich Masetto der angedrohten Gewalt, auch auf Zerlina schimpft er (Nr. 6). Schließlich ist Giovanni mit dem

Neues Singspiel.

Im kaiserl. königl. National-Hof-Theater

wird heute Mittwoch den 7ten May 1788 aufgeführet:

(zum erstenmal)

IL DISSOLUTO PUNITO,

OSIA:

IL DON GIOVANNI.

Don Juan, oder: der bestrafte Bösewicht.

Ein Singspiel in zwey Aufzügen,

Die Poesie ist vom Hrn. Abbate da Ponte, Dichter des Italiänischen Singspieles beym k. k. Theater.

Die Musik ist vom Hrn. Wolfgang Mozzart, Kapellmeister in wirkl. kaiserl. Diensten.

Die Bücher sind bloß italiänisch beym Logenmeister für 20 kr. zu haben.

Der Anfang ist um 7 Uhr.

Theaterzettel der Wiener Erstaufführung des »Don Giovanni« am 7. Mai 1788

Mädchen allein, und er beginnt ihr zärtlich den Hof zu machen; schon bald erliegt sie seinen Schmeicheleien (Nr. 7). Eng sie umschlingend will er sie auf sein Schloß führen, da stellt sich ihm plötzlich Donna Elvira empört in den Weg; sie warnt das Mädchen eindringlich vor dem Verführer (Nr. 8) und nimmt Zerlina mit sich fort.

Don Giovanni hadert noch mit seinem Mißgeschick, da begegnen ihm Donna Anna und Don Ottavio, die nicht wissen, daß sie in ihm den Mörder des Komturs vor sich haben. So bitten sie ihn vertrauensvoll um Hilfe. Unverhofft kommt Donna Elvira zurück, überhäuft Giovanni mit Vorwürfen und warnt auch diese beiden vor ihm. Er versucht, Elvira als geistig verwirrte Person darzustellen, während sie ständig auf die beiden einredet (Nr. 9). Kaum daß sie sich entfernt hat und auch Don Giovanni gegangen ist, begreift Donna Anna plötzlich, wer der Mörder ihres Vaters ist und daß Giovanni es war, der in Nacht bei ihr eingedrungen ist – sie hat ihn an der Stimme wiedererkannt (Nr. 10). Atemlos erzählt sie Don Ottavio vom Ablauf dieses unseligen nächtlichen Abenteuers, dabei durchlebt sie alle Ängste und Schmerzen noch einmal. Wieder fordert sie

ihren Verlobten entschieden zur Rache auf. Ottavio kann es kaum glauben, daß ein Edelmann eines solchen Verbrechens fähig sein soll. Doch voll Teilnahme an ihr und ihrem Schicksal (Nr. 10a), will er entweder den Irrtum aufklären oder Donna Anna rächen.
Leporello begegnet seinem Herrn und berichtet ihm, daß er, wie befohlen, die Bauern und Masetto aufs Schloß geführt und bewirtet habe, daß dann aber Donna Elvira mit Zerlina hereingeplatzt sei und Don Giovanni schlechtgemacht habe. Mit einer List habe er die Donna schließlich aussperren können. Don Giovanni ist mit seinem Diener sehr zufrieden; und er verkündet seine Devise: Siehst du ein Mädchen, laß es nicht stehen! (Nr. 11.) Im Garten des Schlosses, inmitten der vom Schlaf übermannten Bäuerinnen und Bauern, überschüttet Masetto seine Zerlina mit Vorwürfen, sie aber kann ihn mit allerlei Schmeicheleien und vor allem mit der Versicherung, daß nichts Ernstes passiert sei, versöhnen (Nr. 12). Kaum vertragen sie sich wieder einigermaßen, da hören sie aus dem Schloß Don Giovannis Stimme (ab hier: Finale Nr. 13). Masetto versteckt sich und beobachtet, wie die alleingelassene, angstvoll flatternde Zerlina von Don Giovanni, der die Bauern zum Tanz ins Schloß lädt, aufs neue umgarnt wird. Sie beiseite ziehend, landet Giovanni genau in Masettos Versteck. Schnell faßt er sich und tut so, als habe er ihm nur sein Mädchen zuführen wollen. Gemeinsam begeben sich alle drei ins Schloß.
Ottavio, Anna und Elvira haben sich gegen Giovanni verschworen; maskiert tauchen sie vor dem Schloß auf. Leporello, der die drei unbekannten Masken vom Fenster aus entdeckt, muß sie im Namen seines Herrn einladen. Drinnen wird getanzt, gegessen und getrunken; verzweifelt warnt Masetto seine Zerlina vor der drohenden Gefahr. Die drei maskierten Gestalten treten ein, in aller Ungezwungenheit begrüßt vom Hausherrn. Man tanzt Menuett, Kontertanz und Deutschen Tanz; Leporello kümmert sich wieder um Masetto und zwingt ihn, ebenfalls zu tanzen. Währenddessen drängt Don Giovanni Zerlina in ein Nebenzimmer. Und kurz darauf hört man ihren spitzen Hilfeschrei ... In höchster Verwirrung versuchen alle, dem Mädchen zu helfen und die Tür einzuschlagen. Da zerrt Giovanni seinen Diener mit vorgehaltenem Degen herein, als sei Leporello der Übeltäter. Doch niemand glaubt ihm mehr. Die Tanzmusik ist längst verstummt. Ottavio zieht eine Pistole, und mit ihm dringen Anna, Elvira, Zerlina und Masetto drohend auf den Verführer ein. Über dem allgemeinen Durcheinander fällt der Vorhang.
2. Akt. Auf einer Straße findet man Herrn und Diener wieder. Don Giovanni scheint die Flucht doch gelungen zu sein. Leporello will endgültig den Dienst quittieren, weil ihm alles zu aufregend ist. Aber vier Goldmünzen besänftigen ihn sogleich (Nr. 14). Don Giovanni hat schon ein neues Abenteuer im Sinn; er möchte die Zofe der Donna Elvira, vor deren Haus sie stehen, verführen. Sie tauschen die Mäntel und Hüte und führen ein Ständchen für Elvira auf, um sie aus dem Haus zu locken – Don Giovanni singt, und Leporello vollführt im Laternenschein dazu die Gesten. Elvira erscheint am Fenster, sie erkennt Giovannis Stimme und gibt bald seinen Schmeicheleien nach (Nr. 15); noch mißtrau-

isch kommt sie aus dem Haus, um schließlich ganz von den Liebesschwüren, die ihr Leporello im Dunkel der Nacht mit verstellter Stimme macht, umgestimmt zu werden. Plötzlich schlägt der echte Don Giovanni in der Nähe mörderischen Lärm, worauf Elvira mit dem falschen die Flucht ergreift.

Nun hat Giovanni freie Bahn, und unverzüglich stimmt er ein Ständchen zur Mandoline an, um die Zofe zu betören (Nr. 16). Gerade als er sie am Fenster zu entdecken glaubt, kommen Masetto und die Bauern mit Knüppeln auf der Suche nach Zerlinas Verführer. Sie fallen tatsächlich auf die Verkleidung herein und glauben, Leporello vor sich zu haben. In dessen Rolle schickt Giovanni listig gleich alle Bauern nach verschiedenen Richtungen fort (Nr. 17), nur Masetto nicht, von dem er sich unter einem Vorwand alle Waffen aushändigen läßt, um dann plötzlich über ihn herzufallen und ihn fürchterlich zu verprügeln. So findet Zerlina ihren Verlobten, auf dem Boden liegend und vor Schmerzen jammernd. Sie weiß ihn zärtlich zu trösten (Nr. 18).

Leporello ist in seiner Verkleidung unterdessen mit Elvira bei Annas Haus angekommen und sucht nun zunächst nach einem Fluchtweg, um diesem unfreiwilligen Abenteuer zu entkommen. Da treten Ottavio und Anna in den Vorhof, und gerade als Leporello und Elvira entwischen wollen, kommen auch Masetto und Zerlina und verstellen ihnen den Weg (Nr. 19). Alle glauben zunächst, Don Giovanni vor sich zu haben, jeder will ihn endlich mit dem Tod bestraft sehen, nur Elvira fleht für ihn um Erbarmen, da enthüllt Leporello in Todesangst sein Gesicht. Die Empörung über diesen neuen Streich Giovannis ist ungeheuer. Dem so verzweifelt wie raffiniert um Gnade bettelnden Leporello gelingt es, die Fassungslosigkeit aller Anwesenden auszunützen und durch eine Tür zu entwischen (Nr. 20). Ottavio aber erinnert daran, wer der eigentliche Frevler ist, und mahnt erneut zur Rache. Er wünscht nichts sehnlicher als ein Ende der Seelenqualen, die Donna Anna erduldet (Nr. 21). Elvira, im quälenden Streit ihrer Gefühle, sieht bereits ein Strafgericht der Hölle drohend über dem Haupt ihres treulosen und dennoch des Mitleides bedürftigen Geliebten (Nr. 21b).

Auf einem Friedhof finden Leporello und sein Herr mitten in der Nacht Zuflucht vor ihren jeweiligen Verfolgern. Giovanni erzählt ausgelassen von einem neuen Abenteuer – mit einer Geliebten Leporellos. Da hallt plötzlich eine unheimliche Stimme über den Friedhof, die sich die Störung der Totenruhe verbittet. Sie kommt vom Standbild des ermordeten Komturs. Leporello muß seinem Herrn die Inschrift vorlesen: »Hier erwarte ich die Rache an dem Frevler, der mir das Leben nahm.« – Ohne den mindesten Skrupel befiehlt Don Giovanni seinem Diener, das Standbild zum Nachtmahl einzuladen (Nr. 22) – die Statue nickt mit dem Kopf und läßt ein klares »Ja« vernehmen.

Don Ottavio ist mit Anna allein und macht ihr Hoffnung, bald werde der gewissenlose Verbrecher seine Strafe finden. Und wenn sie nur wolle, könne sie schon morgen an seiner – Ottavios – Seite Trost finden. Daß Donna Anna in ihrer Trauer jeder Gedanke an Heirat unmöglich ist, empfindet er als grausam. Sie versichert ihn ihrer Liebe, vertröstet ihn aber doch auf die zukünftigen Fügungen des Himmels (Nr. 23). – In seinem Schloß feiert Giovanni spät in der Nacht ganz allein ein kleines privates Fest (ab hier: Finale Nr. 24): Die Musikkapelle spielt ihm bekannte Opernmelodien vor, er läßt sich von Leporello köstliche Speisen vorlegen und erwischt seinen hungrigen Diener beiläufig, wie er sich heimlich selbst bedient. Da stürzt Donna Elvira herein; ein letztes Mal will sie alle Schandtaten verzeihen, und sie bittet ihn inständig, endlich sein Leben zu ändern. Giovanni aber hat für sie nur Spott übrig; mitleidslos ahmt er ihren Kniefall nach und wendet sich mit einem Trinkspruch auf die Frauen wieder seinem Mahl zu. Enttäuscht zieht sich Elvira zurück, prallt jedoch an der Tür mit einem entsetzten Schrei zurück. Leporello wird ihr nachgeschickt und schreit ebenfalls laut auf. Zitternd berichtet er alsbald seinem Herrn, was er an der Tür gesehen hat: Da steht das steinerne Standbild vom Friedhof und begehrt Einlaß. Don Giovanni ergreift den Leuchter und öffnet selbst die Tür, während Leporello vor Angst schlotternd unter den Tisch kriecht. Das Standbild tritt ein und bittet seinerseits mit dröhnender Stimme Giovanni zum Mahle, zu einem Mahle aber, das nicht aus irdischer Speise bestehe. Furchtlos schlägt Don Giovanni in die Hand des Komturs ein, die ihn mit eisigem Griff zu umklammern beginnt. Dies sei seine letzte Stunde, er solle Reue zeigen, fordert der Komtur. »Nein, alter Schwätzer!« ist Giovannis Antwort. Da schlagen Flammen aus dem Boden, die Erde bebt, und Stimmen aus der Tiefe rufen Don Giovanni zu seiner Höllenstrafe. Leporello sieht entsetzt zu, wie sein Herr von der Erde verschlungen wird.

Nach diesem schrecklichen Ende Don Giovannis versammeln sich seine Opfer in einer »scena ultima« – letzten Szene – zum Triumph auf der Bühne. Bevor sie auseinandergehen, muß ihnen Leoprello berichten, wie alles geschah. Don Ottavio wendet sich noch einmal liebevoll zu Donna Anna; sie bittet ihn jetzt nur noch um ein Jahr der Besinnung. Donna Elvira will sich in ein Kloster zurückziehen. Masetto und Zerlina gehen erleichtert zu einem Freudenmahl nach Hause. Leporello aber macht sich auf den Weg ins Wirtshaus, um sich einen besseren Herrn zu suchen. Und alle sind sich einig: Das war die gerechte Strafe für den Bösewicht!

Zum Werk und seiner Entstehung

Nachdem die Prager im Dezember 1786 Mozarts »Figaro« mit großem Enthusiasmus aufgenommen hatten, kam der Komponist bereits Anfang 1787 wieder nach Prag, um einen Vertrag über eine neue Oper abzuschließen. Der Impresario Bondini, dessen Operngesellschaft »Figaro« produziert hatte, bot ihm 100 Dukaten für das neue Werk, das in der folgenden Spielzeit einstudiert werden sollte.

Die Anregung, einen »Don Giovanni« herauszubringen, ging offensichtlich von Lorenzo da Ponte aus, der damit an den Erfolg der gleichnamigen Oper (»Don Giovanni tenorio o sia Il convitato di pietra«) von

Giuseppe Gazzaniga nach einem Libretto von Giovanni Bertati anzuknüpfen dachte, die 1787 in Venedig erfolgreich gewesen war. Der Stoff war davor aber schon mehrfach vertont worden, u. a. von Giacomo Tritto (Neapel 1783), Gioacchino Albertini (Warschau 1783) und Vincenzo Righini (Prag 1777). Letzten Endes gehen alle künstlerischen Bearbeitungen der alten Legende vom ruchlosen Frauenverführer, der für seine Vergehen mit der Höllenfahrt bestraft wird, auf ein Schauspiel des Tirso de Molina zurück (»El burlador de Sevilla y convidado de piedra« – »Der Spötter von Sevilla oder Der steinerne Gast«, 1630), eines spanischen Mönches (1570?–1648). Wichtige Stationen in der literarischen Karriere Don Juans waren Molière und Goldoni. (Die Betrachtung aller literarischen Quellen des »Don Giovanni«-Stoffs bis zum Höhepunkt der Mozart-Vertonung füllen einen ganzen Band, auf den hier nur verwiesen werden kann: Stefan Kunze: »Don Giovanni vor Mozart«, München 1972.)
Da Ponte hielt sich im gesamten Handlungsplan und in Details durchaus an die Vorlage von Giovanni Bertati und dessen Vorgängern; das war guter Brauch. Gegenüber Bertatis Einakter weitete da Ponte die Oper aber auf zwei Akte aus; den zweiten Teil des ersten Aktes (ab Nr. 10) und große Teile des zweiten hatte er hinzuzufügen, was dramaturgische Schwächen mit sich brachte, besonders für den zweiten bis zu Beginn der Friedhofsszene, an der Bertatis Textbuch wieder einsetzt: Bis zu diesem Zeitpunkt, an dem sich die dramatische Handlung auf das Ende hin zuspitzt, ereignen sich eigentlich nur Belanglosigkeiten im Sinne der Opera buffa, die freilich durch Mozarts Musik geadelt werden. Charakteristische Erfindungen da Pontes sind beispielsweise die sogenannte Champagner-Arie »Fin ch'han dal vino« des Titelhelden (Nr. 11), Leporellos zeitweiliges Aufbegehren gegen seinen Herrn und auch das Ständchen mit der Mandoline »Deh vieni alla finestra« (Nr. 16).
Mozart nannte seinen »Don Giovanni«, genau wie »Così fan tutte«, ein dramma giocoso – eine Bezeichnung, die lange Zeit mißverstanden und mißdeutet worden ist als vermeintliche Mischform aus tragischen und komischen Bestandteilen. Es ist jedoch gesichert, daß man zur Mozart-Zeit unter einem »dramma giocoso« eben das verstand, was Mozart selbst zum »Don Giovanni« in sein Werkverzeichnis eintrug: eine Opera buffa. Dennoch ist nicht zu übersehen, daß im »Don Giovanni« einige charakteristische Elemente der Opera seria die Opera buffa überlagern. Vor allem Donna Anna und Don Ottavio gehören mit ihren Solo-Auftritten (Arien und Duetten) eher auf die Seite der Seria, ebenso

die erste Schlußszene mit dem Auftritt der Statue und dem himmlischen Strafgericht. Insgesamt aber überwiegen stilistisch eindeutig die Merkmale der Buffa, angefangen von der komödiantischen Figur des Dieners Leporello, wie sie der Commedia dell'arte entspricht, über die bäuerlichen Szenen mit Masetto und Zerlina bis hin zu einem so altbewährten Motiv der Commedia dell'arte wie dem Kleidertausch zwischen Herr und Diener, und bis zum zweiten Finale.

Darüber hinaus sind die großen handlungstragenden Ensembles des »Don Giovanni« ein Spezifikum der Buffo-Oper. Und schließlich wird das Werk gerade durch seine Titelfigur zu einem Opus sui generis, das sich einer eher schematischen Gattungszuweisung ohnehin entzieht: Don Giovanni ist trotz aller Lebenslust und bei allem frivolen Abenteurertum fast ein Faust-Typ; er ist gedrängt und getrieben von seinen Leidenschaften, dabei in aller Konsequenz zum Einsatz seiner selbst bereit, bis zum trotzigen Beharren auf seinen Prinzipien auch angesichts des Unterganges. Gerade aus dem Kontrast zwischen buffoneskem Schurkenhabitus und der Bereitschaft zum tragischen Konflikt bezieht diese Oper ihre unnachahmliche Wirkung; und diese latente Tragik färbt hörbar in Mozarts Musik auf alle anderen Figuren der Handlung ab, sogar auf Masetto, der sich in ohnmächtiger Wut gegen den tyrannischen Edelmann aufbäumt, und auf Leporello, der sich anstelle seines Herrn (unfreiwillig) in die Gefahr begibt, umgebracht zu werden.

Wie so oft bei Mozart, liegt zwischen dem Auftragsdatum und dem Tag der Uraufführung auch bei »Don Giovanni« eine erstaunlich kurze Zeitspanne. Im Sommer des Jahres 1787 arbeitete Mozart an der Partitur und diskutierte mit seinem Librettisten Einzelheiten des Textbuches, korrigierend und das Handlungsgefüge verbessernd. Am 1. Oktober begab er sich mit Konstanze nach Prag, um persönlich die letzten Vorbereitungen zur Uraufführung zu überwachen und zugleich die Partitur fertigzustellen. Ursprünglich war der 14. Oktober als Tag der ersten Aufführung vorgesehen, doch verzögerten manche widrigen Umstände den Termin um zwei Wochen. Statt dessen dirigierte Mozart am 14. eine Wiederholungsvorstellung seines »Figaro«. Einige ausführliche Briefe an den Freund Gottfried von Jacquin in Wien schildern die Ereignisse jener Tage lebendig und detailliert. Unter anderem erkrankte noch vor der Uraufführung eine Sängerin, so daß man die Premiere noch einmal vom 24. auf den 27. Oktober verschieben mußte.

Bondinis Ensemble (s. S. 200) war klein, und auch aus diesem Grund hatte da Ponte die Anzahl der handelnden Personen von zehn bei Bertati auf acht reduziert, wobei in Prag nur sieben Sänger zur Verfügung standen, so daß Masetto und der Komtur vom gleichen Sänger verkörpert werden mußten.

Als letzten Teil der Oper vollendete Mozart erst kurz vor der Aufführung die Ouvertüre – ein Vorgang, der von der Nachwelt anekdotisch noch weiter verkürzt und dramatisiert worden ist. Doch selbst wenn es, wie wahrscheinlich, nur eine Legende ist, daß Mozart noch in der Nacht vor der Premiere, von seiner Frau ermuntert und wachgehalten, die letzten Seiten vollendet habe, bleibt es für uns Heutige ein Rätsel, wie die Musiker des Prager Orchesters in der Lage gewesen sein sollen, diese diffizile Partitur mit so geringer Probenzeit zu realisieren. Alle durch Quellen noch so gut abgesicherten Ansichten über die Aufführungspraxis jener Zeit müssen fragwürdig erscheinen, wenn man die alltäglichen Begleitumstände einer solchen Einstudierung nicht exakt rekonstruieren kann. Wie mag der erste »Don Giovanni«, der nach einer allerletzten Verzögerung am 29. Oktober 1787 im Gräflich-Nostitzschen Nationaltheater zu Prag zum ersten Mal über die Bühne ging, in Anwesenheit – Ironie des Schicksals! – von Giacomo Casanova, geklungen haben? Ein Erfolg war er jedenfalls, laut Zeitungsberichten und einer Briefnotiz Mozarts. Mozart dirigierte noch drei weitere Vorstellungen, die letzte am 3. November zu seinen eigenen Gunsten: er durfte die Einnahmen behalten.

Für die Wiener Erstaufführung am 7. Mai 1788 im Burgtheater komponierte Mozart, wie es Brauch der Zeit war, einige Stücke nach. Diese Ergänzungen werden in der heutigen Bühnenpraxis zum Teil der Prager Fassung eingefügt, ohne daß sich dadurch die dramaturgische Logik der Handlung verbesserte; man läßt sich hier in erster Linie von musikalischen Überlegungen leiten. Das betrifft insbesondere Ottavios ausdrucksvolle Arie Nr. 10a (»Dalla sua pace«) sowie »Recitativo accompagnato« und Arie der Elvira Nr. 21b (»In quali eccessi«). Hingegen werden einige weitere Rezitativ-Ergänzungen und vor allem ein die Handlung hemmendes Duett zwischen Leporello und Zerlina im zweiten Akt (Nr. 21a) in aller Regel weggelassen. Ottavios neue Arie (Nr. 10a) schrieb Mozart anstelle der Nr. 21 (»Il mio tesoro«), deren Koloraturen der Wiener Darsteller der Rolle, Francesco Morella, nicht bewältigte. Das Duett Leporello – Zerlina (Nr. 21a) wiederum ersetzte Leporellos zweite Arie, Nr. 20, im zweiten Akt. Keine der Wiener Änderungen geschah aus werkimmanenten Gründen, Mozart richtete sich nach den Anliegen der Sänger. In der heutigen Bühnenpraxis hat sich eine Mischform beider Fassungen durchgesetzt; es hieße vorschnell urteilen, wollte man unter allen Umständen von der Prager Version als dem Original sprechen. Zutreffender im wissenschaftlichen Sinn wäre die Bezeichnung »Erstfassung« für die Prager Version, und ein Rangordnungsstreit wäre insofern müßig, als man sich in der Aufführungspraxis jener Zeit immer an der jeweils bevorstehenden Einstudierung orientierte und an deren (personellen und technischen) Bedingungen, denen man das Werk anpaßte. Einen absoluten, zeitenüberdauernden »Werkbegriff« kannte Mozart nicht, er komponierte für den aktuellen Tagesbedarf.

Mit Mozarts »Don Giovanni« hat sich die musik- und theaterinteressierte Öffentlichkeit bis heute ständig und mit großer Intensität auseinandergesetzt. Dabei lag der Akzent vor allem auf einer literarischen und ins Philosophische überhöhten Deutung der Handlung und ihres Titelhelden. Ausgangspunkt bildete hier – neben dem philosophischen Ansatz Søren Kierkegaards – E. T. A. Hoffmanns Erzählung »Don Juan« (1813), die sich mit der Beziehung Giovannis zu Anna beschäftigt und in deren Gefolge die Rolle der Donna Anna eine beträchtliche Aufwertung erfuhr, die bis heute ihre Nachwirkungen zeigt. Zugleich erhielt im 19. Jahrhundert, aus dem Verständnis der Romantik, die dämonische, tragische Seite des Don-Juan-Mythos eine Betonung, die sich auf die Rezeption der Oper nachhaltig auswirkte: »Don Giovanni« wurde nicht primär als »Opera buffa«, wie sie konzipiert ist, verstanden, sondern man richtete das Augenmerk in erster Linie auf die tragischen Elemente der Handlung und ließ die Oper in logischer Konsequenz auch mit dem ersten Finale, mit der Höllenfahrt des Helden, aber ohne die buffoneske »scena ultima«, enden. Erst im 20. Jahrhundert besann man sich in der Bühnenpraxis zunehmend der Gattungszugehörigkeit und ging wieder auf die Buffo-Charakteristik ein.

Zur Musik

Ouvertüre: Die Ouvertüren zu »Don Giovanni«, »Così fan tutte« und »Zauberflöte« folgen, äußerlich betrachtet, alle dem gleichen Muster: Langsame Einleitung und schneller Hauptteil ergänzen sich zur zweiteiligen Großform. Doch es bestehen markante Unterschiede in den Proportionen und auch in der Aussage. Das Vorspiel zu »Don Giovanni« hat ohne Zweifel die größte Ausdrucks-Spannweite von allen drei Ouvertüren, und seine langsame Einleitung ist die gewichtigste und ernsthafteste. Zugleich ist hier die Beziehung zur nachfolgenden Oper am deutlichsten; zwar besteht jeweils zwischen den Einleitungen und der Oper auch bei den beiden anderen Werken ein Zusammenhang, aber er beschränkt sich in beiden Fällen auf einen einzelnen leitmotivischen Einfall – bei »Così fan tutte« auf das »Motto«, bei der »Zauberflöte« auf den dreimaligen »Priesterakkord«. Bei der »Don Giovanni«-Ouvertüre ist dagegen die gesamte Einleitung nicht nur musikalisch auf Kommendes bezogen, sondern sie ist eine fast wörtliche Vorwegnahme der Schlüsselszene im zweiten Akt, des Dialoges zwischen Giovanni und der Statue. Sie folgt dieser recht langen Szene zwar bei weitem nicht in voller Länge, aber sie stellt in der Art eines musikalischen »Konzentrates« alle wesentlichen musikalischen Elemente nacheinander vor: den eröffnenden, synkopiert gegeneinandergestellten Tutti-Akkord auf Tonika und Dominante (a), den punktierten Piano-Rhythmus (b), die Synkopenlinie der ersten Violine mit ihrem unruhigen Sechzehntel-Kontrapunkt in der zweiten Violine (c), die akzentuierten Ausdrucksseufzer (d), die nachklappenden Sechzehntel (e) und schließlich die auf- und absteigenden Tonleitern mit ihrem Crescendo und »subito piano« (f):

Allerdings verzichtet Mozart in der Einleitung noch auf die drei Posaunen, die der Opernszene dann eine zusätzliche jenseitige Färbung verleihen.

D-Moll ist die Tonart der Einleitung (Andante ¢), D-Dur die des *Allegro*-Teils. Und diese tonale Dur-Moll-Polarität äußert sich ebenfalls am Ende der Oper, denn das erste Finale mit Don Giovannis Höllenfahrt basiert und endet auf d-Moll, das zweite Finale (Scena ultima) wendet sich dann endgültig D-Dur zu. So wird bereits zu Beginn recht nachdrücklich durch die Musik zum Ausdruck gebracht, daß »Don Giovanni« mit dem simplen Gattungsbegriff »Opera buffa« kaum zu fassen ist, sondern daß hier die Buffa-Basis untrennbar durch Elemente der Tragödie überlagert wird. Dieser Konflikt zwischen Heiterkeit und Tragik prägt den ganzen Aufbau der Ouvertüre, denn auch der nachfolgende D-Dur-Hauptteil ist nun keineswegs einseitig auf Diesseitigkeit und gute Laune gestimmt: Anders als im eher angedeuteten, verspielten Sonatensatz der »Così fan tutte«-Ouvertüre gibt sich dieses *Molto allegro* (¢) durchweg ernsthaft und kontrastreich in Gestalt eines voll ausgebauten Sonatensatzes mit einer konfliktreichen Durchführung. Bereits das Hauptthema ist in sich mehrdimensional, fast widersprüchlich angelegt: Über pochendem Orgelpunkt erklingt zunächst eine chromatisch ansteigende und synkopisch rhythmisierte Melodielinie von großer Intensität, die sich bereits in ihrem fünften Takt spielerisch in Achtel auflöst

und mit temperamentvoll-energischen Fanfarenklängen endet – ginge man fehl, wenn man hieraus auf den ambivalenten Charakter des Titelhelden schlösse? Die folgende Überleitung ist leidenschaftlich bewegt und akzentuiert, und das Seitenthema klingt dann als Kontrast eher spielerisch, der Buffo-Welt zugehörig, in sich jedoch ebenfalls von schroffem Gegensatz geprägt

und alsbald imitatorisch weitergeführt. Daß in ihm, und zwar gerade durch seine kontrastvolle Anlage, ungeahnter Zündstoff schlummert, beweist dann sogleich die lange und abwechslungsreiche Durchführung; denn sie befaßt sich fast ständig, dynamisch und harmonisch ungewöhnlich changierend, mit den beiden gegensätzlichen Hälften dieses Seitensatzes. Zwischendurch taucht zweimal, wie eine Scheinreprise, das Hauptthema auf, bevor das Geschehen sich wieder voll Energie dem Seitenthema zuwendet. Und auch in der kurzen, schemenhaft verklingenden Coda scheint noch einmal der Kopf dieses so vieldeutigen Melodiegebildes auf, nun modulierend im Piano auslaufend und harmonisch offen auf C-Dur endend, der Dominante der nachfolgenden ersten Szene. Die Ouvertüre hat also keinen »richtigen« Schluß, sondern bereitet in ihren letzten Takten suggestiv die folgende nächtliche Szenerie vor.

Arien

Don Giovanni hat drei Arien zu singen, die sich allerdings alle drei auf ungewöhnliche Weise vom landläufigen Typus der Opernarie abheben. Sein erster Solo-Auftritt ist eigentlich viel eher ein orgiastischer Temperamentsausbruch, unkontrolliert und zügellos auf den ersten Blick, bei näherer Betrachtung jedoch auf seltsame Weise beherrscht und alles andere als willkürlich: Nr. 11 »Fin ch'han dal vino« – »Damit ihnen der Wein zu Kopfe steigt« (*Presto* B-Dur, $^2/_4$), geläufig unter dem Namen »Champagner-Arie« (nach einer der zahlreichen älteren ungenauen Textübertragungen: »Treibt der Champagner erst das Blut im Kreis umher ...«). Hier präsentiert Giovanni die eine markante Seite seines Wesens, seine grenzenlose Lebens- und Liebeslust, sein herrisches Temperament; und so gelingt ihm ein konzentrierter Hymnus auf den Sinn seines Lebens, auf die Frauen. – Die Musik dieser Arie klingt in ihrem mitreißenden Tempo entfesselt und in ihrem grenzenlosen Übermut phasenweise fast schon wieder angestrengt und ernsthaft; formal ereignet sich eine rondoähnliche Reihung, in der das Anfangsthema fünfmal wiederholt und durch Episoden unterbrochen wird. Das Ganze wird zusammengehalten – daher rührt dann die andere, kontrolliertere Seite des Höreindruckes – durch einen quasi ostinaten Rhythmus ♩ ♫ | ♫ (oder verkürzt zu ♩ ♫ | ♩ ♩). Vor der letzten Wiederkehr des Themas scheint der Sänger fast außer sich zu geraten, nur noch Melodiefetzen stammelnd, gestützt durch taktweise Akzente im Orchester – bei allem rasendem Tempo scheint die Zeit auf einmal fast still zu stehen. Stefan Kunze verweist in diesem Zusammenhang auf die unterschwellige Verwandtschaft zu Cherubinos »Voi che sapete« im »Figaro«, das vom gleichen Rhytmus getragen wird; aber auch Cherubinos anderer atemloser Auftritt ist nicht weit von Giovannis Arie entfernt durch seinen wie gehetzt klingenden Vorwärtsdrang – Cherubino als jugendlicher Vorläufer Don Giovannis!

Im zweiten Akt hat Giovanni zwei aufeinander folgende, ganz gegensätzliche Arien: Zunächst singt er sein apartes Ständchen für Elviras Zofe (Nr. 16 »Deh vieni alla finestra« – »Ach komm an das Fenster«, *Allegretto* D-Dur, $^6/_8$), das seinen unnachahmlichen Charme aus dem permanenten Einsatz der Mandoline über gezupften Streichern bezieht und so zum Vorbild aller Opernständchen geworden ist. Dies ist nun die andere und ebenso wichtige Seite seines Charakters: Seine verführerische Zartheit, seine Qualitäten als singulärer Liebhaber offenbaren sich im Schmelz der Melodik – welch ein Gegensatz zwischen dem Melos dieser Arie und der des »Champagner-Liedes«! Mozart gelang mit diesen beiden Nummern ein perfektes Doppelporträt dieser gespaltenen Persönlichkeit. Die Form ist die eines schlichten zweistrophigen Liedes mit winzigen, textbedingten Melodievarianten in der zweiten Strophe.
Die dritte Arie folgt unmittelbar darauf: Sie ist nun das Muster einer handlungsorientierten Arie, denn zu dieser Musik schickt Giovanni die Bauern aus Masettos Begleitung in verschiedene Richtungen fort und in die Irre, um am Ende mit Masetto allein zu bleiben (Nr. 17 »Metà di voi qua vadano« – »Die eine Hälfte von euch ...«, *Andante con moto* F-Dur, ₵). Fast könnte man behaupten, hier sei nun noch eine dritte Wesensseite dargestellt, denn nun erleben wir ihn als verschlagen und listig dahinredenden und handelnden Mann, der im übrigen soeben in Leporellos Kleider geschlüpft ist und sich damit auch in musikalischer Verstellung äußert: Hier singt zugleich auch Leporello eine Arie! Auffällig ist der fast melodielose, eher beiläufige, rezitativisch deklamierende Tonfall des Gesanges, und auch die Orchesterbegleitung ist äußerst behutsam, fast wie flüsternd und in motivischer Kleinteiligkeit gehalten. Nach der Reprise des Anfangs gehen die letzten Bauern endlich ab, und Masetto bleibt allein zurück. Don Giovannis Tonfall ändert sich auf einmal merklich, wird entschiedener und für einen Moment sogar melodiöser, so als bräche sein Verführertum kurz hervor (»Noi far dobbiamo il resto« – »Wir müssen dann den Rest tun«). Der Schluß klingt dann fast wie huschend und heimlich, bevor wenige Tutti-Akkorde dem Spuk ein Ende bereiten.

Auch die beiden Arien von Giovannis Diener Leporello sind recht verschiedenartig, im Grundton jedoch jeweils buffonesk. Die erste ist die berühmte »Register-Arie«, in deren Verlauf er Elvira, um sie von Giovannis Flucht abzulenken, das ungeheuerliche Liebesregister des Verführers vorträgt. Und er entledigt sich hierbei keineswegs nur einer lästigen Pflicht, sondern er tut es ausgesprochen mit Lust, mit fast perversem Vergnügen. Im ersten Teil der Arie (Nr. 4 »Madamina« – »Junge Frau«, *Allegro* D-Dur, $^4/_4$) blitzen förmlich Schalk und Bosheit aus der durchsichtig funkelnden Orchesterbegleitung hervor, und die Singstimme setzt ohne Umschweife sofort im zweiten Takt ein, nachdem ein einziger instrumentaler Takt zum Intonieren der schillernden Atmosphäre genügt hat. Mehrere genüßliche, die Aufmerksamkeit steigernde Fermaten hemmen den Lauf; ein wichtiges motivisches Element des musikalischen Ablaufs ist die behende auf- und abhuschende Tonleiter in der Begleitung, die effektvoll zum bisweilen fast rezitativisch-aphoristisch deklamierenden Gesang kontrastiert. Ein triumphaler Schluß beendet diesen Teil, dann setzt ein *Andante con moto* ($^3/_4$) ein, das entfernt an ein geziert höfisches Menuett erinnert und offensichtlich mit einem leicht sentimentalen Unterton kokettiert (»Nella bionda«, »Bei der Blonden«) und auch kleine lautmalerische Effekte nicht scheut, wenn es um die Textverdeutlichung geht, etwa bei »la piccina«, »die Kleine«, mit der hingetupften neckischen Violinfigur.

Leporellos andere Aric ist ein von atemloser Hektik und Unruhe geprägter Auftritt (Nr. 20 »Ah pietà, signori miei« – »Ach, Erbarmen, meine Herrschaften«, *Allegro assai* G-Dur, $^4/_4$), der Reihe nach an die anwesenden Personen gerichtet. Bereits nach dem ersten Orchesterviertel stolpert Leporello synkopisch in die Musik hinein, und dann wechselt ständig kontrastreich der Verlauf, einmal verschwörerisch im Piano, einmal auftrumpfend im Unisono-Forte, dann wieder vor dem Hintergrund fahler Instrumentalfarben und chromatisch eingetrübt (»l'innocenza mi rubò«, »stahl mir die Unschuld«), schließlich auch kapriziös und spielerisch plaudernd. Ein Kabinettstückchen für sich ist der hingehuschte Schluß, das vertonte Sich-Hinausstehlen – auch der Hörer muß sich, wie die auf der Bühne Anwesenden, an der Nase herumgeführt fühlen.

Donna Annas erster Arie (Nr. 10 »Or sai chi l'onore« – »Jetzt weißt du also, wer ...«, *Andante* D-Dur, ¢) geht ein dramatisches, vom aufgewühlten Orchester kommentiertes »Recitativo accompagnato« voraus,

in dessen Verlauf sie ihrem Verlobten ihr nächtliches Abenteuer mit Don Giovanni schildert. Synkopische Überbindungen und verminderte Septakkorde markieren immer aufs neue die leidenschaftliche Aufregung. Nahtlos knüpft daran die Arie an, mit Streichertremolo als Klangsymbol der Erregung und ständiger Punktierung der Begleitung, intervallisch gespreizter Melodik der Singstimme und nur ganz wenigen verinnerlichten Momenten schmerzlicher Seufzergebärden, emphatisch in die Sexte hinaufspringend und unter Vorhalten herabsinkend – »che il padre mi tolse« (»der mir den Vater nahm«) und »se l'ira in te langue ...« (»wenn dein Zorn schwächer wird«).
Annas andere Arie (Nr. 23 »Non mi dir, bell'idol mio« – »Sag mir nicht, mein Liebster«, *Larghetto* F-Dur, $^2/_4$) hat eine dramaturgisch ganz andere Funktion: Ottavio hat ihr soeben ihr Verhalten ihm gegenüber zum Vorwurf gemacht, nennt sie gar »grausam«. Hieran knüpft ihr Rezitativ an »Crudele! – Ah no«, das zweimal die zart in sich ruhende melodische Phrase der beginnenden Arie im Orchester vorwegnimmt – mehr als alle ihre Worte verfügt die Musik hier über die nötige Suggestivkraft, Ottavio zu beruhigen und zu versöhnen:

Die Arie ist mit »Rondo« überschrieben; sie entspricht in ihrem Formverlauf jedoch nicht der gewohnten Vorstellung eines Rondos: Ihr erster, getragener Teil ist dreiteilig, zunächst instrumental eröffnet von jener Phrase aus dem Rezitativ, welche die Singstimme wiederholt und weiterführt; es schließt sich, ebenfalls in der Grundtonart, eine kleinteiligere und zärtliche Wendung an, die ebenfalls bereits im Rezitativ erklang, dann mündet eine verzierte Überleitung in den Mittelteil auf der Dominante C-Dur, der in weiche serenadenhafte Holzbläser-Terzen eingekleidet ist und über eine Fermate zum A-Teil zurückführt. Das anschließende *Allegretto moderato* ($^4/_4$) wirkt wie eine virtuose Stretta, ausgeziert mit Koloraturen und Trillern, und bleibt doch gefaßt und beherrscht, ohne zu starkes äußerliches Auftrumpfen, das der Situation Annas nicht angemessen wäre. Gleichwohl überrascht in den Abschlußtakten der optimistische Tonfall des Triumphierens, der in den gesungenen Worten nur recht verhalten anklingt: »Forse un giorno il cielo ancora sentirà pietà di me« (»vielleicht empfindet der Himmel eines Tages Erbarmen mit mir«) – eher eine fragend formulierte Hoffnung als sieghafte Gewißheit. Mozart geht hier also einen entschiedenen Schritt über das Libretto hinaus und markiert zudem einen effektvollen, applausheischenden Abgang zum Szenenende.

Für Donna Elvira gab es in der Urfassung ebenfalls zwei Arien; eine dritte komponierte Mozart für die Wiener Bearbeitung. Ihre »Auftritts-Arie« (Nr. 3 »Ah chi mi dice mai« – »Ach, wer sagt mir nur«, *Allegro* Es-Dur, 4/4) ist genau betrachtet eher ein Duett mit Don Giovanni, der verhalten (»beiseite« zu Leporello) ihre Worte kommentiert und Elvira erst in den letzten vier Takten direkt anspricht: »Signorina!«, so daß die Arie ohne eigentlichen Schluß auf Giovannis letztem verklingendem Fermatenton endet. – Ein ausführliches, kleinteilig gegliedertes und voll eifriger Bewegung steckendes Orchestervorspiel geht voraus und intoniert auch sogleich das charakteristische Klarinettentimbre des Instrumentalsatzes. Elvira setzt fast rezitativisch ein und steigert sich recht schnell in einen leicht exaltierten Tonfall hinein; dieser ist durch auffällige Oktavsprünge gekennzeichnet, zu denen um so wirkungsvoller Giovannis schmeichelnde Einwürfe kontrastieren. Zu Elviras oft geradlinig in Dreiklangsbrechungen geführter Gesangslinie erklingen im Orchester sehr charakteristisch akzentuierte Synkopen und markierte Zweiunddreißigstel-Anläufe – so wird ihrer scheinbar gefaßten Haltung von der Begleitung psychologisierend widersprochen, indem sie die innere Unruhe bloßlegt:

Elviras Schlußwendungen sind dann, hierzu passend, in Dreiklängen aufsteigende Kadenztakte, synkopisch im Taktgefüge verschoben.
Elviras zweite Arie (Nr. 8 »Ah fuggi il traditor« – »Ach, flieh vor dem Betrüger«, *Allegro* D-Dur, 3/4), ihre streng mahnende Warnung an Zerlina vor dem Verführer Don Giovanni, ist das wohl berühmteste Stilzitat Mozarts und seiner Epoche – über ihr könnte stehen: »a la maniera di Händel«. Sie ist im Orchester völlig auf die Streicher begrenzt, fast ostinat im ständigen punktierten Rhythmus der französischen Ouvertüre gehalten, dabei knapp und konzentriert in ihren ganzen 45 Takten, am Ende in wenigen ungemein beherrschten Koloraturtakten der Stimme kulminierend: eine eindrucksvolle und – zumindest für den

Augenblick – erfolgreiche Mahnung an Zerlina, die ihrer Beschützerin denn auch sogleich folgt.
Die zusätzliche Wiener Arie (Nr. 21b, KV 540c: »Mi tradì quell'alma ingrata« – »Mich betrogen hat der Undankbare«, *Allegretto* Es-Dur, ¢) wertet die Figur der Elvira gegenüber Anna stark auf; sie wurde im zweiten Akt in die im Ablauf grundlegend veränderte 10. Szene eingefügt, direkt vor der Friedhofsszene. Ein sehr flexibel und expressiv deklamierendes Accompagnato-Rezitativ davor enthüllt

Elviras aufgewühltes Seelenleben, ihr Schwanken zwischen Zuneigung und Unglücksvorahnung: Immer wieder unterbrechen aufgeregte Trillerfiguren (a) und lebhafte Tonlcitern den Gesang; »sospiri«, Seufzer, und »ambascie«, Schmerzen, sind dann die Stichworte für emphatisch flehende Seufzermotive der Streicher (b). – Wiedergewonnene Fassung prägt die Arie, Abbild der starken Persönlichkeit Elviras. Hier könnte man mit einigem Recht von rondo-ähnlicher Anlage sprechen: Die charakteristisch einprägsame, in Zweiergruppen phrasierte Melodielinie ist ständig in Stimme und Orchester präsent

und wendet sich im Mittelteil auch nach Moll, berührt einmal sogar entlegenere Tonarten. Immer wieder aber bricht koloraturhafte Beweglichkeit durch, bisweilen in fast spröder, für die Sängerin etwas schikanöser Führung (Takte 107–111 und Takte 140–145).

Don Ottavio war von Mozart ursprünglich nur mit einer Arie (Nr. 21) bedacht, und auch der für Wien nachkomponierte Solo-Auftritt war nicht als Ergänzung gedacht, sondern als Ersatz für die erste Arie. Heute ist es in der Theaterpraxis üblich, beide Arien singen zu lassen; und dafür spricht nicht nur der hohe musikalische Wert beider Stücke, sondern ebenso deren charakteristische Unterschiedlichkeit, ja Gegensätzlichkeit. Mit »Il mio tesoro intanto« – »Geht indessen, meinen Schatz ...« (Nr. 21 *Andante grazioso* B-Dur, ¢) wendet sich Ottavio auffordernd an Zerlina, Masetto und Elvira, denen er soeben die Identität Giovannis als Mörder von Annas Vater offenbart hat. Diese Arie ist keine lyrisch-verinnerlichte Monologszene; sie zeigt statt dessen – fast überraschend – männliche Entschlossenheit und Standhaftigkeit. »In der eigenartigen Kombination von *Andante grazioso* und weiträumiger Alla-breve-Bewegung liegt der Ansatzpunkt für die große, repräsentative Geste« (Stefan Kunze); dieser Eindruck wird noch verstärkt durch die entschlossenen mehrfachen Koloraturpassagen der Singstimme und durch manche markanten Akzente in der Begleitung. Gleichzeitig gibt die weiche Klarinettenfarbe, vor allem im zart ausschwingenden Vorspiel, aber auch immer wieder in Korrespondenz mit der Stimme, den unüberhörbaren Hinweis auf Ottavios Gefühle für Anna – ein durchaus ambivalentes Tongemälde, ein musikalisches Porträt Ottavios, das ihn bei genauem Hinhören gegenüber den gewohnten Klischees vom passiven Schwächling nachhaltig aufzuwerten vermag.

Ottavios nachkomponierte Arie »Dalla sua pace« – »Von ihrem Frieden« (Nr. 10a, KV 540a: *Andantino sostenuto* G-Dur, $^2/_4$) ist von völlig anderer Art: wesentlich kürzer, dabei intimer und auch eindimensional im seelischen Ausdruck. Ungewöhnlich ist ihr Beginn, ohne Vorspiel, mit dem Einsatz der Singstimme im absteigenden G-Dur-Dreiklang über der bewegungslosen Klangfläche der Streicher. Das Ganze ist eine stille, ernsthafte Reaktion Ottavios auf Annas vorangehende große Arie. Unruhe kommt lediglich nach der eröffnenden Melodiephrase auf: das Stichwort: »s'ella sospira«, »wenn sie seufzt«, löst kleine Seufzermotive im Orchester aus,

und bei den Worten »è mia quell'ira«, »ihr Zorn ist auch der meine«, gibt es gar Akzente und eine Spur Chromatik, verminderte Septakkorde und eine überraschende Wendung nach h-Moll, bis über den charakteristisch eingesetzten neapolitanischen Sextakkord (Takt 34) und einen Fermateneingang die G-Dur-Reprise erreicht wird. Wenige emphatische Forte-Takte bekräftigen Ottavios Aussagen im Nachspiel.

Zerlinas beide Arien sind jeweils ausgesprochen »handlungsorientiert« und nicht statisch reflektierend wie die Ottavios. Mit »Batti, batti, o bel Masetto« – »Schlage, schlage, o schöner Masetto« (Nr. 12, *Andante grazioso* F-Dur, $^2/_4$) reagiert sie auf die berechtigten Vorhaltungen ihres Verlobten. Und obwohl es im Libretto keinerlei Regieanweisungen für das Spiel der beiden gibt, ist der Verlauf doch musikalisch klar vorgezeichnet und hörend nachvollziehbar: Im Grunde erweist sich Zerlina gerade mit dieser Szene als Don Giovanni ebenbürtig, als ebenso raffinierte und zielstrebige Verführerin, indem sie ihren Masetto allmählich beruhigt und besänftigt, auch wenn sie eigentlich doch im Unrecht ist. Ohne Vorspiel setzt die Arie mit einem Dominant-Auftakt ein; ihr sinnlicher Reiz beruht auf mehreren, mit großem Bedacht eingesetzten musikalischen Elementen: im fast ständigen Mitgehen von Streichern und Holzbläsern mit der Singstimme, den kleinen, oft trillerdurchsetzten Einwürfen zwischen den Gesangsphrasen und vor allem dem in ständiger gleichmäßiger Sechzehntelbewegung mitgehenden Solo-Violoncello. Im zweiten Teil verwandelt sich die eher in sich ruhende $^2/_4$-Bewegung in ein tänzerisch schwingendes $^6/_8$-Metrum – die Spannung ist nun gelöst, man spürt die Erleichterung bis zum spielerischen Ausklang.

Im zweiten Akt verschafft Zerlina ihrem von Don Giovanni verprügelten Masetto dann seelische Linderung. Ihre Arie (Nr. 18 »Vedrai, carino« – »Du wirst sehen, Lieber«, *Grazioso* C-Dur, $^3/_8$) ist der Inbegriff des Tröstens, sozusagen das umweglose musikalische Sinnbild der erfolgreichen seelischen Schmerzlinderung, denn Masetto leidet ja nicht nur an seinen Blessuren, sondern mindestens so sehr an Zerlinas Untreue. Und wieder wirkt nicht so sehr die Kraft der Worte, sondern die bezwingende Ausdruckskraft von Mozarts Musik und ihren vorrangigen Elementen Melodie und Klangfarbe.

Nach dem lyrisch in sich ruhenden ersten Teil bringt der zweite Teil einen unüberhörbaren programmatischen Aspekt, vergleichbar mit Belmontes berühmter Arie aus der »Entführung«: das Herzklopfen, das im Orchester – wenngleich stark stilisiert – von nun an (Takt 53) ständig zu hören ist (»sentilo battere«, »fühle, wie es klopft«). Das lange Orchesternachspiel, zu dem die Bühnenpraxis gewöhnlich einen langen, unbeholfen-schmerzhaften Abgang der beiden inszeniert, verbindet dann die beiden Elemente der Arie, nämlich Eingangsmelodie und Herzklopfen, miteinander.

Masettos einzige Arie ((Nr. 6 »Ho capito« – »Ich hab verstanden«, *Allegro di molto* F-Dur, ¢) ist das klanggewordene ohnmächtige Aufbegehren des Bauernburschen gegenüber dem Herrn, der (noch) die Macht hat. Aber in der Energie und Entschlossenheit, die unterschwellig in dieser Melodie stecken, scheint ahnungsvoll Revolution heraufzudämmern – sollte Masetto ein ferner Vorläufer Figaros sein? Ihre eigentümliche Färbung erhält diese Musik durch das oft sehr eng mit den Streichern mitgehende Hörnerpaar und durch die vielen, fast wie geflüsterten Pianopassagen. Masettos Gesangsstil ist ein schnelles, manchmal ein wenig gehetztes Parlando, jedoch kein kantables Melos.

Ensembles

Der Titelheld selber ist an dreien der vier Duette im »Don Giovanni« beteiligt. Das berühmteste unter ihnen ist jenes mit Zerlina (Nr. 7 »Là ci darem la mano« – »Dort werden wir uns die Hand reichen«, *Andante* A-Dur, $^2/_4$), in dessen Verlauf er das Bauernmädchen überredet, mit ihm zu gehen – es handelt sich hier um »die« klassische Verführungsszene der gesamten Operngeschichte. Und der Verlauf dieser Verführung läßt sich minutiös am Ablauf der Musik verfolgen, die in kompromißloser Einseitigkeit ganz auf die sinnliche Wirkung des Melos abgestimmt ist – das Orchester ordnet sich, zumindest im ersten Abschnitt (*Andante*), ganz den Stimmen unter. Giovanni beginnt mit einer vollständigen Phrase, Zerlina antwortet mit der Wiederholung der Melodie, doch spürt man ihre erste leichte Beunruhigung an kleinen Varianten (Punktierungen) und einer melismatischen Dehnung am Ende. Daraufhin verkürzen sich die Einsatz-Abstände zwischen beiden allmählich immer mehr, wobei Zerlina immer die verspielteren ausgezierten Dehnungen überlassen bleiben, bis es am Ende sogar zu kurzzeitigen Überschneidungen kommt – man fällt sich gegenseitig ins Wort, Erwartung und Erregung werden nicht mehr ganz unterdrückt. Im zweiten Teil löst sich die Spannung im wiegenden $^6/_8$-*Allegro*, und nun singen beide wirklich parallel im Duett: Die Musik signalisiert den Erfolg der Verführung, die endliche Übereinstimmung der Absichten, in parallelen Terzen und Sexten. Ein kleines pikantes Nachspiel (Pizzicato und Holzbläsertriller) beendet das Duett.

Giovannis zweites Duett, gemeinsam mit Leporello, eröffnet den zweiten Akt und ist eine turbulente kleine Buffo-Szene (Nr. 14 »Eh via buffone« – »Schluß jetzt, Dummkopf«, *Allegro assai* G-Dur, $^3/_4$), ein wirbelnd effektvoller Aktbeginn.

Das dritte Duett (Nr. 22 »O statua gentilissima« – »O hochgeschätzte Statue«, *Allegro* E-Dur, $^4/_4$) ist ebenfalls buffonesk, eine typische Komödiensituation in ihrem Spiel mit der Angst des Dieners vor dem nächtlichen Spuk auf dem Friedhof. Sehr eindrucksvoll und komisch zugleich malt Mozart Leporellos Schwanken zwischen (eingeredetem, künstlichem) Mut: klare Dreiklangsdiatonik und markante Rhythmik – und plötzlicher, unwiderstehlich hervorbrechender Todesangst: flehende Septsprünge abwärts und kleinteilig zitternde Achtelfolgen. Immer aufs neue setzt Leporello an, von seinem Herrn angetrieben, doch immer stärker verschlägt es ihm hörbar die Sprache, vor allem im fahlen Absinken, nachdem die Statue genickt hat. Gegen Ende kommt es dann – nach dem »Sì«, dem »Ja« der Statue, wodurch das Ensemble für einen Takt zum Terzett wird – zum echten Duett der beiden Männerstimmen, im überraschenden Ruck von der Dominante H-Dur über den Grundton e des »Sì« zur großen Unterterz C-Dur: drastisch hörbares Erschrecken beider Männer, also auch Giovannis!

Dem großen Duett Anna – Ottavio (Nr. 2 »Fuggi, crudele« – »Flieh, Grausamer«) geht ein ausgedehntes Accompagnato-Rezitativ voraus, eine detailliert und flexibel den wechselnden Regungen und Stimmungen folgende musikalische Szene. Sie ist geradezu ein Lehrstück für die Gattung und für die Kunst, mit kleinen orchestralen Gesten, oft nicht länger als einen Takt, Textaussagen zu deuten und zu überhöhen. Das Duett (*Allegro* d-Moll, ¢) steht nicht zufällig in der Grundtonart der Oper, oder besser: in deren tragischer Moll-Variante. Auffällig am Verlauf dieser Szene ist es, daß in ihrem ersten Teil die beiden Stimmen nur großräumig alternieren, einander antworten, also einen Dialog führen. Nach kurzem rezitativischem Einbruch führt der zweite Teil (Primo tempo) dann die beiden Solisten bis auf wenige Takte nur noch parallel, klingendes Zeichen der Übereinstimmung von Fühlen und Wollen.

Ein weiteres Duett (Nr. 21a »Per queste tue manine« – »Um dieser deiner Händchen willen«, KV 540b) zwischen Leporello und Zerlina komponierte Mozart für Wien nach; es wird trotz seiner fein durchgeformten Charakteristik heute meist weggelassen. Das vorangestellte Rezitativ knüpft motivisch unmittelbar an Leporellos Arie Nr. 20 an, die allerdings in der Wiener Fassung durch ein Rezitativ ersetzt wurde, welches wiederum am Ende die gleiche »Flucht«-Melodik Leporellos enthält:

Ein Duett (Nr. 5 Coro) singen Zerlina und Masetto im übrigen noch bei ihrem ersten Auftritt (»Giovinette che fate all'amore« – »Mädchen, die ihr euch verliebt«, *Allegro* G-Dur, $^6/_8$), ein formal schlichtes, temperamentvolles Liedgebilde; sie stimmen je eine Strophe an, wobei jeweils refrainartig die eine Hälfte des Chores nachfolgt, erst die Frauen-, dann die Männerstimmen. Die dritte, veränderte Strophe singen beide gemeinsam, und auch der Chor antwortet nun vierstimmig, so daß sich eine Art Barform ergibt (AA'B).

Die Handlung der Opera buffa spielt sich traditionsgemäß sowohl in den Rezitativen wie in den Ensembles ab. Mit einem solchen äußerst charakteristischen Handlungsensemble setzt auch sogleich der erste Akt ein, und man kann daran exemplarisch Mozarts Meisterschaft studieren, nuanciert auf alle verschiedenartigsten Situationen einzugehen (Nr. 1 »Notte e giorno faticar« – »Tag und Nacht sich abrackern«, *Molto allegro* F-Dur, $^4/_4$). Zunächst beklagt Leporello allein in bester Buffo-Manier sein Diener-Schicksal, und sein längeres Solo mutet ganz wie eine Arie an (Beethoven zitierte dieses Thema

in der 22. Veränderung seiner Diabelli-Variationen). – Wenige aufstrebende Crescendo-Takte (T. 70–74) bringen dann die mitreißende Wende zum Drama – Donna Annas und Don Giovannis akzentuierten Auftritt (Duett) aus dem Haus, als er unerkannt fliehen will; aus dem Dunkel kommentiert von Leporello, der sich in seinem Parlando-Stil deutlich vom streitbaren Duett der beiden abhebt. Erneuter Stimmungswechsel, ohne daß sich das Tempo änderte: Auftritt des Komturs, Tonleiter-Anläufe im Orchester, und der rhythmische Verlauf wird auf einmal gleichsam gemessener, statischer, als ganz entfernt anklingender Vorgriff auf den späteren Auftritt des Komturs als Statue. Die Tonleitern bereiten bereits die anschließende Fechtszene vor, in der die auffahrenden Tonleitern pantomimisch die Gestik unterstützen, bis zum tödlichen Stoß auf dem verminderten Septakkord. – Das subtil-verhaltene Terzett danach steht in der Trauertonart f-Moll, grundiert von getupften Triolenfiguren der Violinen, Pizzicato-Akzenten im Baß und zarten Bläser-Liegetönen. Die drei Stimmen sind ganz individuell geführt und deshalb genau zu unterscheiden: pausendurchsetzt stammelnd der Komtur, entsetzt im punktierten Rhythmus deklamierend Leporello, in verhaltener Kantabilität Don Giovanni. Mit rührender, chromatisch herabziehender Gebärde verlöscht im Nachspiel das Leben von Annas Vater; f-Moll ist der Schlußakkord des Gesanges, und von da aus wendet sich die Tonfolge zum überraschenden offenen Ende ins G-Dur der Doppeldominante.

Von ganz anderer Art ist das Terzett Nr. 15 (»Ah taci, ingiusto core« – »Ach schweige, ungerechtes Herz«, *Andantino* A-Dur, $^{6}/_{8}$) zwischen Donna Elvira, Don Giovanni und Leporello. Es beginnt zunächst wie eine Arie Elviras, klarinettengetönt wie ihre anderen Auftritte:

Sobald Leporello und Giovanni auftauchen, wird die Musik kleinteiliger, verspielter und verschmitzter, Elvira antwortet erregter, und Giovanni verströmt den melodischen Schmelz seiner Verführungskünste: Über einen chromatischen Zwischentakt im Orchester wird auf einmal unvermutet C-Dur erreicht, und Giovanni intoniert nun jene Ständchenmelodie, mit der er wenig später Elviras Zofe betören möchte – hier jedoch dient sie lediglich dazu, Elvira vom Fenster wegzubugsieren! In der Reprise verdichtet sich der Terzettsatz zur polyphonen Gleichzeitigkeit aller drei Stimmen; eine kleine kreisende Tonleiterfigur verbindet im ganzen Stück alle Ebenen.

Das Quartett Nr. 9 (»Non ti fidar, o misera« – »Vertraue nicht, du Unglückliche«, *Andante* B-Dur, ¢) ist ein weiterer Beweis für Mozarts unübertreffliche Kunst der individuellen Stimmführung und der subtilen Anpassung des musikalischen Verlaufs an das wechselnde Geschehen. Hier steht Donna Elvira im Mittelpunkt, die von Don Giovanni den beiden Zweifelnden, Donna Anna und Don Ottavio, als geistesgestört hingestellt wird. Elvira eröffnet auch allein – sehr getragen und fast ein wenig heroisch – das Ensemble, und ihre Phrase endet mit einer charakteristischen motivischen Melodiewendung,

auf deren zentrale gliedernde Bedeutung für das ganze Ensemble Stefan Kunze hingewiesen hat. Deutlich hebt sich dann das Parlando Giovannis ab, kontrastiert gegen Elviras gereizte Einwürfe und die parallelen Linien des Paares. Der Satz verdichtet sich bald zur Vierstimmigkeit, aus der sich immer wieder beschwörend und flehend Elviras Stimme heraushebt, und so endet er auch, nach einer weiteren alternierend dialogisierenden Passage aller vier Sänger – jeder spricht abwechselnd mit jedem, und das Orchester steuert eine kleine »störende« Figur bei, die recht deutlich die Gereiztheit der Stimmung markiert:

In Zweierkonstellation endet das Ensemble: hier Don Giovanni und Elvira, einander hitzig ins Wort fallend, gleichzeitig Ottavio und Anna in großräumiger beherrschter Melodik, die vom Rhythmus des kleinen Motivs aus Elviras Anfangsphrase geprägt wird, und diese Melodiegeste beschließt auch im Nachspiel in zweimaliger eindringlicher Gebärde das Ensemble.

Das große Sextett (Nr. 19 »Sola in buio loco« – »Ganz allein an dunklem Ort«, *Andante* Es-Dur, ¢) führt alle handelnden Personen außer dem Titelhelden selbst zusammen – er wird im ersten Teil gleichsam durch seinen Diener mit vertreten, der ja noch verkleidet ist. Zunächst erscheinen Donna Elvira und Leporello; wieder wählt Mozart für Don Giovannis verlassene Geliebte Klarinettenfarben und ein schwebendes Alla-breve-*Andante*. Schon bei Leporellos Einsatz ändert sich der Tonfall merklich; und zum Auftritt von Donna Anna und Don Ottavio wechselt gleichsam hörbar die Beleuchtung: Klarinetten, Trompeten und Pauken intonieren im unvermuteten D-Dur weihevoll den Eintritt in eine andere Welt, die vornehm zurückhaltende Trauer des Paares, in weitgespannten Melodiebögen und mit verhaltener Leidenschaft in der bewegten Orchesterbegleitung. Die beiden Paare nehmen einstweilen keine Notiz voneinander, Elvira sucht verzweifelt, unter kleinen chromatischen Seufzerfiguren der Streicher, ihren vermeintlichen Giovanni. Wieder erfolgt ein abrupter Stimmungswechsel (C-Dur), wenn Zerlina und Masetto erscheinen, und nun treten alle sechs Personen handelnd und damit musikalisch zueinander in Beziehung. Wenige markante Motive gliedern das folgende vielschichtige Ensemble: die chromatisch abwärtsziehende Bewegung Elviras; das unerbittliche, Leporello fünfstimmig entgegengeschleuderte »No« sowie die darauffolgende bekräftigende Orchesterwendung. Das abschließende temperamentvolle *Molto allegro* mutet dann an wie das wirbelnde Finale eines Aktes; nun steht der solistische Leporello hörbar allein gegen das Kollektiv seiner fünf Widersacher, die ihm ständig als mächtiges Tutti antworten. Erst ganz am Ende fügt sich auch Leporello fast bruchlos in das Sextettgefüge ein.

Das Finale des ersten Aktes (Nr. 13 »Presto presto« – »Schnell, schnell«) ist in zwei große Hälften gegliedert, deren erste im Freien (»Garten«) spielt und in zahlreichen kontrastierenden Abschnitten die Handlung vorantreibt. Es ist eines jener berühmten Mozartschen Handlungsensembles, die wir bereits aus dem »Figaro« kennen und die wohl Mozarts bedeutsamste Leistung auf dem Gebiet der Buffo-Oper darstellen. Immer wieder verblüffend ist die Kunstfertigkeit, mit der Mozart gleichsam mit wenigen Handgriffen die Szenerie musikalisch völlig verändern kann. So reihen sich hier folgende Episoden: Masetto und Zerlina im hektischen, von Masettos Seite aus fast aggressiven Duett; Don Giovannis Auftritt mit allem festlichen C-Dur-Pomp, begleitet vom Chor der Diener; als scharfer Kontrast dann die fast ein wenig menuettartig gezierte und dabei so sinnliche Episode der erneuten Annäherung Giovannis an Zerlina (*Andante*, $^3/_4$), wobei die Stimmung trotz gleichen Tempos und Metrums hörbar umschlägt in Gereiztheit und Boshaftigkeit, als Giovanni den lauschenden Masetto entdeckt; sodann ertönt aus dem Hintergrund (»da lontano«, von fern) zum ersten Mal aus dem Schloß die Tanzmusik herüber und vereint die drei Sänger zum Terzett. Der Auftritt Donna Elviras, Donna Annas und Don Ottavios in Masken führt ins erregte, unheilschwangere d-Moll mit nervös bewegter Sechzehntel-Figuration im Orchester. Und dann kommt es zu dem so theaterwirksamen Effekt: Leporello öffnet das Fenster, und man hört aus dem Inneren das Menuett zum Ensemble der Stimmen, die sich höfisch-rituell dieser Musik anschließen. Das Fenster wird geschlossen, die drei Verschwörer sind auf einmal ganz

allein unter sich und finden im Terzett zu einem der melodisch ausdrucksstärksten Momente der Oper (*Adagio* B-Dur, ¢: »Protegga il giusto cielo« – »Der gerechte Himmel bewahre«).
Nach offener Verwandlung, ohne vorgesehene musikalische Zäsur, beginnt nun der zweite Teil des Finales in Giovannis Schloß, im schwungvoll festlichen, ebenso ausgelassenen wie zeremoniellen $^{6}/_{8}$-*Allegro* (»Riposate, vezzose ragazze« – »Ruht euch aus, liebliche Mädchen«, Es-Dur). Ein Ruck nach C-Dur markiert den Eintritt der drei Masken mit Pauken und Trompeten, und der Hymnus auf die Freiheit führt alle (außer Masetto und Zerlina) zum machtvollen Quintett zusammen. – Die folgende Tanzszene ist mit Recht berühmt als kunstvoll hintergründige Montage mehrerer Musikebenen, nämlich des $^{3}/_{4}$-Menuettes, des $^{2}/_{4}$-Kontratanzes und des schnellen $^{3}/_{8}$-Deutschen Tanzes, symbolhaft zugleich für das Miteinander aller Gesellschaftsschichten auf Giovannis Fest. Drei kleine Orchester sind auf der Bühne postiert und setzen nacheinander mit ihren Tänzen ein – eine Szenerie von unerhörter Stilisierung und Überhöhung und beabsichtigter Realitätsferne (wo spielten in einem Saal drei Orchester tatsächlich gleichzeitig verschiedene Musik?). Was man in der Praxis kaum hört, eher wohl mit den Augen auf der Bühne wahrnimmt: In jedem der Orchester stimmen die Streicher vor ihrem ersten Einsatz ihre Instrumente und »spielen« sich mit kleinen Tonfolgen und Einzeltönen »ein«, und alles ist penibel in der Partitur notiert.
Zerlinas schriller Hilferuf hinter der Szene beendet die scheinbare höfische Idylle abrupt, und die Musik kippt von einem zum anderen Takt in ein rasendes Durcheinander um (*Allegro assai*, $^{4}/_{4}$). Das nachfolgende *Andante maestoso* mit dem sich herausredenden Don Giovanni, umstellt von seinen Verfolgern, klingt oberflächlich ausgeglichen und beherrscht, doch lassen die ständigen Punktierungen die mühsam unterdrückte Erregung deutlich spüren. Das Schluß-*Allegro* (C-Dur; »Trema, trema, scelerato!« – »Zittre, zittre, Verbrecher!«) faßt alle Personen zum Septett zusammen, in dem sich oft Giovanni und Leporello von den Übrigen hörbar absetzen, und wird am Ende noch einmal zur effektvollen Stretta gesteigert – ein mitreißender Aktschluß, der mit Schwung die unbefriedigende dramatische Scheinlösung überspielt: Giovanni kann fliehen, obwohl ihn doch alle Gegner umstellt haben!

Das Finale des zweiten Aktes (Nr. 24 »Già la mensa è preparata« – »Schon ist die Tafel bereitet«) ist (ohne die anschließende »Scena ultima«) auf einen einzigen Schauplatz beschränkt, und doch umgreift

es einen ungleich weiteren Radius – man könnte seinen Gang umschreiben als »vom Diesseits zum Jenseits«. Seine Fortentwicklung führt mit auswegloser Konsequenz in den Untergang des Helden. Der Beginn ist so harmlos, äußerlich lärmend und festlich wie notwendig: Don Giovanni gibt sich zu später Stunde den Genüssen dieser Welt hin, und dazu passend ist die Weltlichkeit der banalen musikalischen Kulisse; lärmend im Anfangstutti, unterhaltend intim und bisweilen recht gewöhnlich in der lockeren Reihung zeitgenössischer »Schlager« aus der auch im Text zitierten Opernproduktion der Mozartjahre (»Una cosa rara« von Vicente Martin y Soler und »Fra i due litiganti il terzo gode« von Giuseppe Sarti), wobei die Banalität noch durch das lärmende Kolorit des Bläserensembles auf der Bühne unterstrichen wird. Mozarts Eigenzitat aus dem »Figaro« (»Non più andrai«) ist eine galante Verbeugung des Komponisten vor seinem kennerischen Prager Publikum, für das der »Don Giovanni« bestimmt war.
Donna Elviras überraschender Auftritt ändert wieder einmal schlagartig, von einem Ton zum nächsten, die Atmosphäre. Das *Allegro assai* im gehetzten $^3/_4$-Metrum läßt keinen Raum für Melodiebögen und emotionale Ruhepunkte. Fast stammelnd setzt Elvira ein, und dieser von Pausen durchbrochene Verlauf bleibt im wesentlichen vorherrschend bis zum Abgang. Ungeheuer suggestiv bereitet der akzentuiert vibrierende Orchesteraufstieg jeweils Elviras und Leporellos Angstschrei vor, unterlegt vom verminderten Septakkord (Takt 352 und 366). Leporellos angstgepeinigten Bericht von der Begegnung mit der Statue, »Ah signor, per carità!« (*Molto allegro*, ¢), malt das Orchester mit fahler Düsternis aus – selten hört man ein so gespenstisch verfremdetes F-Dur (Flöten parallel mit den in Achtel-Repetitionen aufgelösten Streicherlinien). Von diesem F-Dur aus führt ein einzelner a-Moll-Sextakkord als Scharnier zum Auftritt der Statue über zwei Septakkorde, aufsteigend vom verminderten Septakkord über den Dominantseptakkord (über h und cis) zur finalen Tonart der Tragödie, d-Moll:

Die Musik, die nun zum Dialog des Komturs mit Don Giovanni erklingt, ist in ihren Umrissen schon in der Ouvertüre vorgeformt; alle wesentlichen Bestandteile werden dort bereits aneinandergereiht: die synkopisch übereinandergeschichteten Akkordblöcke, die synkopische auf- und absteigende Melodielinie über der Sechzehntelgegenstimme, der punktierte Rhythmus und die auf- und abgerichtete Tonleiter (Crescendo → p). Neu indessen ist der »diesseitige« Kontrapunkt von Leporellos gutgemeinten, angstschlotternden Einwürfen (Triolen!), neu ist auch die Länge des tragischen Disputes; neu ist schließlich die jenseitige Überhöhung der Klangpalette durch den Einsatz der Posaunen im Orchester. – Eine kleine Beschleunigung (più stretto) erfolgt im Augenblick, da Giovanni die steinerne Hand ergreift. Und der endgültige Untergang ereignet sich schließlich im d-Moll-*Allegro* des Höllensturzes mit seinem Unisono-Männerchor, »aus der Tiefe, mit dumpfer Stimme« auf (fast nur) einem Ton deklamierend, während ringsherum das entfesselte Orchester Chaos markiert – ohne eigene Thematik, nur mit Floskeln der Aufgeregtheit wie Tremolo, Tonleitern, Synkopen, sequenzierten Doppelschlägen, sf-Akzenten. Die letzten Takte wenden sich bereits zum D-Dur der »Scena ultima«, allerdings im ständigen Wechsel mit der Moll-Subdominante. Allein dieses harmonische Pendeln verbietet, die Oper hier enden zu lassen; dieser Schluß klingt durchaus vorläufig, weist über sich hinaus auf das unmittelbar Folgende.

Wie aus der Versenkung gezaubert stehen auf einmal alle Überlebenden auf der Bühne und retten unmißverständlich die Buffo-Welt. Im Sextett wird nun auf individuelle Weise das Vergangene abgehandelt: zunächst Leporellos Schreckensbericht (*Allegro assai*, $^3/_4$) mit den kollektiven Kommentaren der übrigen; sodann in edler Würde und lyrischem Verströmen Don Ottavio und Donna Anna (*Larghetto* G-Dur, ¢), einander imitierend; dann ganz kurz in eigener resignierter g-Moll-Variante Donna Elvira und sogleich im Duett verspielt und kokett Zerlina und Masetto, denen sich, als nah verwandt, Leporello zugesellt. Die Moral schließlich ziehen alle in der Schluß-Stretta gemeinsam (*Presto* D-Dur, ¢), zunächst solistisch und unisono intoniert von Anna und Elvira, dann von Zerlina – die drei Damen, die Opfer also, ziehen das Resumée, während die Herren im Tutti mit einstimmen. Im weiteren Verlauf gemahnen kleinere Piano- und Chromatikpassagen unüberhörbar daran, daß sich hier soeben eine Tragödie ereignet hat, und auch das kleine Orchesternachspiel umrahmt mit seinem Forte eine abwärtszielende, chromatisierte Piano-Sequenz – die Ambivalenz von Tragödie und Lustspiel wird sogar im Lustspielschluß noch wirksam!

Così fan tutte ossia La scuola degli amanti (KV 588)
(»So machen's alle oder Die Schule der Liebhaber«)

Dramma giocoso in 2 Akten

Libretto: Lorenzo da Ponte (1749–1838).
Uraufführung am 26. Januar 1790 in Wien.
Personen: *Fiordiligi* (Sopran) und *Dorabella* (Mezzosopran), Schwestern; *Guglielmo*, Offizier, Verlobter Fiordiligis (Bariton); *Ferrando*, Offizier, Verlobter Dorabellas (Tenor); *Despina*, Kammerzofe der beiden Damen (Sopran); *Don Alfonso*, ein alter Philosoph (Baß); Soldaten, Diener, Schiffsleute, Hochzeitsgäste, Volk (Chor).
Ort und Zeit der Handlung: Neapel, um 1790.
Orchesterbesetzung: 2 Flöten, 2 Oboen, 2 Klarinetten, 2 Fagotte, 2 Hörner, 2 Trompeten; Pauken, Streicher; auf der Bühne eine Militärtrommel.
Gliederung: Ouvertüre (Andante; Presto C-Dur, ¢). – Akt I: 7 Arien, 2 Duette, 5 Terzette, 2 Quintette (1 mit Chor), 1 Sextett, 1 Chor, Finale; Akt II: 6 Arien, 4 Duette (1 mit Chor), 1 Quartett, Finale.

Handlung: 1. Akt. In einem Kaffeehaus am Golf von Neapel sitzen zwei junge Männer und ein alter »Philosoph« beieinander und unterhalten sich – wie könnte es anders sein? – über die Frauen. Und sie vertreten im Gespräch recht unterschiedliche Meinungen. Ferrando und Guglielmo sind jung und verliebt und schwärmen von ihren beiden Verlobten, denen sie niemals eine Untreue zutrauen würden. Don Alfonso dagegen, nach langem Leben zum klug-ironischen Fatalisten geworden, ist vom Gegenteil überzeugt (Nr. 1).
Aufgebracht fordern die beiden Liebhaber von ihm Beweise und greifen voll Zorn gar zum Degen. Alfonso aber läßt sich nicht aus der Ruhe bringen. Er vergleicht die Treue mit dem legendären Phönix aus Arabien – niemand weiß, wo er ist (Nr. 2). So kommt es denn allen Ernstes zu einer Wette: Alfonso verpflichtet sich, den beiden Soldaten den Beweis zu liefern, daß ihre Bräute untreu sind. Wer gewinnt, erhält hundert Zechinen. Siegessicher und ausgelassen verplanen Ferrando und Guglielmo bereits ihre Siegesprämie für eine schöne Serenade und ein Festmahl zu Ehren ihrer Göttinnen, zu dem auch Alfonso eingeladen würde (Nr. 3).
Fiordiligi und Dorabella schmachten in einem Garten am Meer nach ihren Liebhabern und bewundern hingebungsvoll ihre kleinen Medaillons mit den Porträts der Männer (Nr. 4). Mitten in die ausgelassene Vorfreude auf ihre Hochzeit bricht mit gespielter Sorgenmiene Don Alfonso ein und erregt mit düsteren Andeutungen die ängstliche Neugier der jungen Damen (Nr. 5). Dann rückt er mit der Wahrheit heraus: Ihre beiden Liebsten müssen in den Krieg! Von Alfonso herbeigerufen, spielen diese ihnen eine herzzerreißende Abschiedsszene

Bühnenbildentwurf von Ludwig Sievert für »Così fan tutte« im Opernhaus Frankfurt a. M. 1928. Aquarell. 1926. Frankfurt a. M.: Stadt- und Universitätsbibliothek

vor, dabei hinter vorgehaltener Hand Genugtuung äußernd über die Reaktion der Schwestern, die sich ganz dem Trennungsschmerz hingeben; Alfonso aber warnt vor übereilten Triumphgefühlen – wer zuletzt lacht, lacht am besten! (Nr. 6). Fiordiligi denkt gar an Selbstmord, und Dorabella glaubt schon aus Schmerz und Verzweiflung sterben zu müssen, so daß die beiden Helden ihren Geliebten noch einmal nachdrücklich Zuversicht und die Hoffnung auf ein baldiges Wiedersehen ans Herz legen müssen (Nr. 7). Schon ertönen Marschklänge; ein Schiff mit Soldaten legt am Ufer an, um die beiden zu entführen (Nr. 8). Daß die beiden Damen beim zärtlichen Abschied die Männer zur Treue ermahnen, läßt Alfonso vor heimlichem Lachen schier platzen (Nr. 9) – eine letzte Umarmung, dann entfernt sich die Truppe langsam übers Meer, begleitet von den kriegerischen Klängen des Marschliedes. – Sehnsüchtig blicken Fiordiligi und Dorabella dem Boot nach und senden ihm gemeinsam mit Alfonso ein zartes Abschiedslied nach (Nr. 10). Die Damen ziehen sich dann still ins Haus zurück, und Alfonso macht sich seine eigenen Gedanken über die Szene, die er soeben miterlebt hat – er ist sich seiner Sache ganz sicher!

Im Haus der Schwestern ist ihre Kammerzofe Despina, laut mit ihrem Geschick hadernd, bei der Zubereitung der Frühstücksschokolade. Gerade als sie vorwitzig von der Schokolade kosten will, stürzen ihre Herrinnen herein und geben sich ziemlich theatralisch dem Trennungsschmerz hin. Man ruft nach Gift und Degen und will gleich alle Fenster verdunkeln lassen. Dorabella bricht in leidenschaftliche Klagen aus (Nr. 11). Despina kommentiert die Lage auf ihre Art recht handfest und realistisch: Wie kann man sich wegen eines einzelnen Mannes so aufregen, Männer sind doch austauschbar! Alle Männer sind gleich, feige Heuchler, die nur aufs Vergnügen aus sind. Die Frauen sollten ihnen mit gleicher Münze heimzahlen: Liebt sie nur zum Amüsieren! (Nr. 12.) Sprachlos vor Entsetzen verlassen die Damen den Raum. Diese Gelegenheit und die Verführungskraft des Geldes nutzt Alfonso, sich Despinas Hilfe bei seiner Intrige zu versichern: Herein treten Ferrando und Guglielmo, recht abenteuerlich als zwei märchenhafte »Albaner« verkleidet, und als Fiordiligi und Dorabella, von den Stimmen aufgeschreckt, nach dem Rechten sehen wollen, fällt Despina mit den beiden »Unbekannten« vor ihnen nieder und erbittet Nachsicht für zwei verliebte, die Schönheit der Schwestern anbetende Herren (Nr. 13). Alfonso mischt sich ein und gibt gleich vor, die zwei als alte Freunde wiederzuerkennen, die doch hoffentlich in diesem gastlichen Haus willkommen seien. Und die beiden »Albaner« überbieten sich gegenseitig in feurigen Liebesbeteuerungen. Despina verläßt irritiert den Raum, aber Fiordiligi stellt sich ihnen zornbebend entgegen, in der Treue zu ihrem abwesenden Geliebten stark wie ein Felsen (Nr. 14). Weil Don Alfonso ein gutes Wort für seine Freunde einlegt, erhält Guglielmo Gelegenheit, sich zum Sprecher ihrer Leidenschaft zu machen. Er schildert seine Vorzüge und die seines Freundes so drastisch und nachdrücklich, daß Fiordiligi und Dorabella empört davonlaufen (Nr. 15). Lachend bleiben die drei Männer zurück, und Alfonso kann die Freudenausbrüche, die er für voreilig und verfrüht hält, kaum unterbinden (Nr. 16). Er gibt seine Wette keineswegs verloren und ermahnt die beiden, seinen Anweisungen gehorsam zu bleiben. Ferrando, zuletzt allein, findet wegen der eben bewiesenen standhaften Liebe seiner Fiordiligi Worte des höchsten Glücks (Nr. 17).

Alfonso und Despina besprechen den Gang der Dinge; Despina will tatkräftig dazu beitragen, daß die Treue der Damen, an die sie ohnehin nicht glaubt, zu Fall komme. Und schon wendet sich die Komödie: In den Garten, in dem Fiordiligi und Dorabella sich in Liebesklagen ergehen, stürzen Ferrando und Guglielmo in gespielter Verzweiflung, Giftfläschchen in der Hand, die sie vor den Augen der entsetzten Damen auch gleich austrinken – verschmähte Liebe treibt die stürmischen Anbeter in den Tod! Die Helden winden sich in Krämpfen, Despina wird zu Hilfe gerufen und eilt mit Alfonso hinaus, um den Arzt zu holen. Ratlos betrachten unterdessen die beiden Schwestern die Selbstmörder, fühlen mitleidig Hand und Wange, und Dorabella bemerkt bei dieser Gelegenheit, daß die Männer gar nicht so übel aussehen. Da kommt der Medikus – es ist Despina, mit Hut, Kittel und Umhängebart verkleidet. In der Manier des berühmten Doktor Mesmer erweckt sie die angeblich Kranken mit einem großen Magneten zum Leben und weist Fiordiligi und Dorabella an, ihnen sanft den Kopf zu halten, worauf die beiden Anbeter sie sofort wieder mit Liebesschwüren und gar mit Umarmungen und Küssen zu bestürmen beginnen. Noch stoßen sie aber auf wütende Ablehnung (Finale Nr. 18).

2. Akt. Despina erteilt ihren beiden altmodischen Herrinnen eine Lektion in Sachen Liebe, die eine Frau genießen solle, wann immer sich Gelegenheit dazu bietet. Sie sollten doch ruhig die beiden gesund und damit wieder gesittet gewordenen Verehrer empfangen, man könne ja das Gerücht in die Welt setzen, die Besuche gälten ihr, Despina. Schon mit 15 Jahren müsse doch ein Mädchen die Kunst verstehen, die Männer um den Finger zu wickeln (Nr. 19). Dann läßt sie die beiden nun doch recht verwirrten Damen allein; die Saat scheint aufzugehen, denn nun erwägen sie tatsächlich das Pro und Contra, wobei Dorabella die Neugierigere, Keckere von beiden ist. Und schon verteilen sie – nur so, ganz im Spaß – die beiden Verehrer: Dorabella wünscht sich den Braunen, Fiordiligi den Blonden, ganz wie von Alfonso geplant – über Kreuz mit den Verlobten (Nr. 20). Alfonso erscheint und holt sie zu einem kleinen Fest im Garten. Ferrando und Guglielmo haben es arrangiert, um ihre Opfer zu umgarnen; in einem Boot mit Musikern und Sängern legen sie am Ufer an und singen ein zartes Liebesduett (Nr. 21). Die Frauen sind beeindruckt und ratlos, und auch die Männer geben sich ein wenig verwirrt; man ermuntert sich gegenseitig. Alfonso und Despina übernehmen spielerisch die Rollen der Anbeter und machen ihnen vor, wie man sich den Damen nähert und Liebesgeständnisse macht, die beiden Männer ahmen sie gespielt ungeschickt nach (Nr. 22). Nachdem sie das Liebeskarussell in Gang gesetzt haben, verlassen der Philosoph und die Zofe den Ort des Geschehens. Zwanglos haben sich nun die beiden neuen Paare gefunden und beginnen kokett miteinander zu plaudern, wobei jeder der Männer argwöhnisch das andere »Liebespaar« im Auge behält. Guglielmo kommt als erster zum Ziel. Als Zeichen der Liebe verehrt er Dorabella ein goldenes Herzchen und tauscht es gegen das Medaillon mit Ferrandos Bildnis aus. Dorabella schmilzt dahin, und beide entfernen sich Arm in Arm (Nr. 23). Derweil verfolgt und bedrängt Ferrando Fiordiligi (Nr. 24), die ihn noch, wenn auch immer verwirrter, abweist. Nachdem er gegangen ist, macht sie ihrem Herzenszwiespalt Luft, wirft sich Treuebruch vor und denkt reuevoll an ihren Guglielmo (Nr. 25).

Ferrando berichtet in bester Laune, ja geradezu ausgelassen zuversichtlich, die Wette zu gewinnen, seinem Freund über dessen standhafte Geliebte. Doch wie wandelt sich seine Seelenlage in Entsetzen und Rachlust, als dieser ihm allmählich beibringt, daß Dorabella ihm, Guglielmo, erlegen ist. Das Medaillon ist der Beweis. Guglielmos ein wenig leichtfertiger Trost, so trieben es eben alle Mädchen (womit er schon Alfonso beipflichtet und die Wette halb verloren gibt), hilft wenig (Nr. 26). Ferrando macht seiner grenzenlosen Enttäuschung Luft, muß sich jedoch eingestehen, daß er seine Dorabella trotz allem immer noch liebt (Nr. 27). Guglielmo ist gar nicht so unglücklich über diese Entwicklung, er schlägt Alfonso vor, die Wette abzubrechen und ihm die eine Hälfte des

Gewinns auszuzahlen. Alfonso aber erinnert beide Freunde an die Abmachung: Sie gilt bis morgen!
Dorabella erhält Despinas Komplimente, weil sie ihrem stürmischen Verehrer nicht widerstehen konnte. Eine große Überraschung aber ist Fiordiligis Geständnis, daß auch sie sich verliebt hat. Jeden Gedanken an die fernen Verlobten im Kriegsdienst verdrängt die handfestere Dorabella schnell: Was wäre denn, wenn sie im Kampf fielen? Dann wären sie ja umsonst treu gewesen! Und schmeichelnd versucht sie ihre Schwester zu überreden, sich Amor zu ergeben (Nr. 28). Doch Fiordiligis Treue scheint sich zunächst wieder zu festigen. Sie will den Verführer nicht wiedersehen. Ihr Verlobter Guglielmo aber hat heimlich gelauscht und ist sehr stolz auf sein treues Mädchen. Und er beobachtet auch, wie sie Despina ausschickt, um die Uniformen und die Waffen von Guglielmo und Ferrando zu holen. Sie hat allen Ernstes vor, gemeinsam mit der Schwester den beiden Verlobten in die Schlacht zu folgen, auf der Flucht vor den neuen Anbetern. Gerade rechtzeitig tritt ihr der verkleidete Ferrando in den Weg, grimmig entschlossen, nun auch seinen Teil der Wette zum guten Ende zu bringen. Allzu schnell erlahmt Fiordiligis Standhaftigkeit, und als Ferrando vom ungestümen Drängen ins zärtliche Schmeicheln und Anbeten übergeht, erliegt sie endgültig seinem Charme – auch ihre Niederlage ist besiegelt (Nr. 29).
Guglielmo, der alles heimlich mit ansehen mußte, kann nur mühsam von Alfonso gebändigt werden, bis Ferrando zurückkommt. Die treulosen Schwestern verdienen nichts als Strafe, aber was für eine? Alfonsos überlegene Antwort lautet: Heiratet sie! Nehmt die Frauen, wie sie sind. Und im übrigen: Ihr liebt im Grunde die beiden doch. Seine Philosophie verkündet Don Alfonso in passenden Versen. Verlieben und Betrügen seien den Frauen angeboren: »Così fan tutte – so machen's alle (Frauen)!« (Nr. 30.)
Despina übermittelt die Bereitschaft der Damen zur Hochzeit – Notar und Ehevertrag, alles ist schon bestellt! Despina arrangiert mit Dienerinnen und Dienern die Festtafel, Alfonso die Musik (ab hier: Finale Nr. 31). Mit Hochzeitsklängen werden die beiden Paare empfangen und zu Tisch geleitet. Sie versichern sich ihrer Liebe (Guglielmo mit heimlichem Grollen über die ehrvergessenen Weiber), und ein innigzarter Trinkspruch besiegelt den Bund. Alfonso führt den Notar herein – in Wahrheit wieder die verkleidete Despina –, und in einer kleinen Zeremonie findet die Vermählung statt. Freilich weiß man es so einzurichten, daß nur die beiden Bräute das Dokument unterschreiben, das Alfonso dann in der Hand behält. Da ertönt auf einmal die vertraute Marschmusik, die am Morgen zum Abschied der Soldaten erklungen war: Sie kündigt die überraschende Heimkehr der Verlobten an! Panisches Entsetzen erfaßt die Schwestern, schnell werden die frisch angetrauten Männer im Nachbarzimmer versteckt. Da stehen auch schon Ferrando und Guglielmo in voller Uniform unter der Tür, um ihren Bräuten in die Arme zu sinken. Deren Verlegenheit kosten die Männer aus, und Guglielmo leitet die Aufdeckung der Maskerade ein: Er spürt den Notar auf, der sich vor aller Augen als Despina enttarnt. Alfonso läßt den frischen Ehekontrakt beiläufig so zu Boden gleiten, daß ihn Ferrando entdecken muß. Nun spielen die

beiden Soldaten die rachedurstigen betrogenen Liebhaber, mit der Waffe ins Nebenzimmer dringend, wo die Konkurrenten sich doch wohl versteckt hielten. Dorabella und Fiordiligi vergehen vor Reue und erwarten auch ihren eigenen gerechten Tod. Ferrando und Guglielmo aber kehren unversehens in Teilen ihrer »Albaner«-Verkleidung zurück: Fassungslos begreifen Fiordiligi und Dorabella allmählich, was hier vor sich geht. Sie zeigen auf Don Alfonso: Der hat sie verführt – was er auch zugibt; seine Absicht war nichts anderes als eine Lektion in Lebensklugheit. Er ermahnt die Paare zu Versöhnung und heiterer Einsicht. Beide Mädchen bitten ernsthaft um Verzeihung, die ihnen zwar erleichtert, aber doch voller Skepsis gewährt wird. Guglielmo faßt das so zusammen: »Glauben will ich's, aber erproben will ich's lieber nicht!«

Zur Entstehung und zum Werk

Im Gegensatz zu den anderen beiden großen Buffo-Opern auf Da-Ponte-Libretti ist die Überlieferung von Daten zur Entstehungsgeschichte recht spärlich; die reinen Fakten sind, wenn man sie von anekdotischem Beiwerk gereinigt hat, in wenigen Sätzen aufgezählt. So ist es eine wenngleich recht geschickte Erfindung, daß Kaiser Joseph II. höchstpersönlich die Anregung zur Fabel der Handlung gegeben haben soll, die angeblich auf einer wahren Begebenheit innerhalb der Wiener Gesellschaft beruhe. Und die Vorliebe für das frivole Spiel mit der »Weibertreue« sei angeblich seiner gestörten Beziehung zum anderen Geschlecht anzulasten.
Wahr ist lediglich, daß der neue Opernauftrag ein Wunsch des Kaisers war, der Mozarts Kunst schätzte. Seine Order führte den großen Theaterdichter und den genialen Komponisten ein letztes Mal zu einer gemeinsamen Oper zusammen. Ob Joseph II. Einfluß auf die Wahl des Sujets genommen hat, entzieht sich unserer Kenntnis. Dieser Einfluß hätte nur gering sein können. Der Kaiser litt damals an einer Krankheit, die schon am 20. Februar 1790 zu seinem Tode führen sollte, und befand sich darüber hinaus in einer schwierigen politischen Lage; ihm ging es sicher vor allem um die Pflege der Gattung, der Opera buffa, durch zwei seiner dafür prädestinierten Untertanen.
Nicht einmal das genaue Datum dieses Opernauftrages ist überliefert, vielleicht lag es erst im November 1789. Auch über die eigentliche Phase des Komponiervorganges gibt es nur wenige Zeugnisse. Bei einem Hauskonzert zu Silvester 1789 hat Mozart seinen Gästen, darunter Joseph Haydn und Michael Puchberg, Kostproben der neuen Oper vorgespielt. Mozarts Wort von »Kabalen Salieris ...«, zu Puchberg

geäußert, ist später legendenhaft aufgebauscht worden und hat nicht unwesentlich zu jener obskuren Mördertheorie beigetragen, die eine sensationslüsterne Öffentlichkeit bis heute bewegt. Über solche »Kabalen« ist nichts Konkretes bekannt.

Gleichwohl muß auch »Così fan tutte« innerhalb eines unbegreiflich kurzen Zeitraumes entstanden sein, noch dazu keineswegs als Einzelwerk, wie der Blick auf das Werkverzeichnis der betreffenden Wochen und Monate beweist. Schon am 26. Januar 1790 erlebte die Oper ihre Uraufführung am Hoftheater in Wien; ganze sechs Tage vorher, am 21., sah das Orchester diese vielschichtige und auch heute noch für die Musiker anspruchsvolle Partitur zum ersten Mal. Der Premierenerfolg war nicht ungeteilt; der Kaiser war nicht zugegen und konnte auch keine der vier Folgeaufführungen mehr miterleben; nach seinem Tod schlossen alle Wiener Theater für mehrere Monate wegen der Hoftrauer. Erst im Juni des gleichen Jahres tauchte das Werk noch einmal für weitere fünf Vorstellungen auf dem Spielplan auf.

Eine Besonderheit ist die vielfältig gebrochene, spannende und oft kuriose Rezeptionsgeschichte von »Così fan tutte«. Recht bald nämlich entzündete sich Streit am Libretto und seinen, wie man es betrachtete, moralischen Zweideutigkeiten und Unwahrscheinlichkeiten. Immer wieder gab es Rezensionen, die differenzierten zwischen Mozarts bedeutender Komposition und dem angeblich verunglückten Libretto, wobei häufig zugleich die Frage gestellt wurde, warum Mozart sich denn überhaupt zur Vertonung dieser frivolen Vorlage bereit gefunden habe. Die Geschichte aller Reaktionen und Kommentare zu »Così fan tutte« füllt ein eigenes Buch und kann hier nicht nachgezeichnet werden; einige stichwortartige Hinweise mögen genügen: Schon bald nach Mozarts Tod begann – aus den genannten Gründen – die lange Reihe von mehr oder weniger mißglückten Bearbeitungsversuchen, die gar in der Unterlegung eines völlig neuen Textes unter Mozarts Komposition gipfelte, so in Frankfurt 1792 (vgl. hierzu die Ausführungen von Hermann Abert, »Mozart«, oder Stefan Kunze, »Mozarts Opern«). Auch Beethoven reihte sich in die Kette der moralisch Entrüsteten ein, wogegen E. T. A. Hoffmann, einer der größten Mozart-Verehrer, einsam und prophetisch eine Lanze auch für das »Così«-Libretto brach. Noch Richard Wagner und sein kritischer Widersacher Eduard Hanslick waren sich – ausnahmsweise – einig in der rigorosen Ablehnung des Textbuches.

Erst im beginnenden 20. Jahrhundert wendete sich das Blatt; Gustav Mahler und Richard Strauss gehörten zu den Pionieren der positiven

Bewertung und Wiederbelebung des Originallibrettos; eine von dem Dirigenten Hermann Levi und dem Münchener Operndirektor Ernst Possart besorgte Textfassung, die dem Original recht nahe kam, hatte am 25. Juni 1897 unter Richard Strauss in München Premiere. Entscheidend für die Zukunft wurde die kritische Ausgabe der Oper von dem Berliner Musikwissenschaftler Georg Schünemann (1884–1945). Inzwischen hat sich längst die Erkenntnis durchgesetzt, daß »Così fan tutte« neben »Figaros Hochzeit« und »Don Giovanni« eines der drei Meisterwerke dieser Gattung ist, daß man seine Originalgestalt zu respektieren hat. Die Aufführungsstatistiken beweisen diese späte »Karriere« nachdrücklich, denn obwohl »Così fan tutte« das 19. Jahrhundert hindurch zwar niemals vergessen war, blieben seine Aufführungszahlen doch drastisch hinter denen der beiden Schwesterwerke zurück, während sich heute die Aufführungsziffern nahezu im Gleichgewicht eingependelt haben.

Lorenzo da Ponte stützte sich bei der Erfindung des Librettos bei weitem nicht so offensichtlich auf vorhandene Quellen wie bei »Figaro« und »Don Giovanni«, doch auch hier gibt es manche Vorlagen, etwa eine Erzählung aus Boccaccios »Decamerone« (1352) und Motive aus Ariosts »Orlando furioso« (1528) oder aus handlungsverwandten zeitgenössischen Opern. Dennoch ist dieses Libretto da Pontes ureigene Produktion, angereichert mit manchen bewährten Elementen der Commedia dell'arte und der Opera buffa, zu denen die Personenkonstellation mit zwei Liebespaaren, einer Zofe und einem Drahtzieher und die unsterblich bühnenwirksamen Tricks der Verkleidung (Arzt und Notar) gehören.

Was frühere Zeiten nicht sahen oder sehen wollten, waren zwei wesentliche Aspekte dieser Handlung: einerseits ihre mit intellektuellem Witz erdachte Konstruktion, ohne alles Streben nach Lebensnähe, also die erkennbare Absicht, ein »Spiel« aufzuziehen – nichts als Theater, keinesfalls jedoch Realitätsabbild; andererseits der unüberhörbare ständige Unterton der Ironie, der bis zum Sarkasmus reicht. Oft ist in diesem Zusammenhang die Frage gestellt worden, inwieweit »ernste« Musik überhaupt in der Lage sei, Humor und vor allem Ironie darzustellen, und ob gerade Mozart dazu fähig gewesen sei, also: ob Mozart für dieses Libretto überhaupt der richtige Komponist gewesen sei. Allerdings hat die dokumentierte Entstehungsgeschichte seiner früheren Opern (»Entführung«!) bewiesen, wie aufmerksam und konsequent Mozart seine Libretti kontrollierte und auch beeinflußte, im Sinne seiner ganz klaren Vorstellungen von Dramaturgie und Bühnenwirksam-

keit; wenn im Falle von »Così« diesbezügliche Dokumente fehlen, ist das noch kein Beweis dafür, daß Mozart gerade hier seinen eminenten Theaterinstinkt nicht eingesetzt haben sollte oder das Libretto gar gegen seinen Willen vertont hätte.
Die Partitur offenbart jedoch gerade jene Mozartschen Zutaten zum Werk, durch die es erst seine unsterbliche Größe und auch Doppelbödigkeit gewonnen hat, und damit seine bis heute wirksame überzeitliche Gültigkeit: Gemeint ist vor allem jene Dimension der Ernsthaftigkeit und Reinheit der Liebesempfindungen, die das frivole Spiel unversehens zum todernsten Schicksal werden läßt. Erst in der Einkleidung des Textes durch Mozarts Musik wird nachvollziehbar, wie dicht hinter dieser Komödie die Tragödie lauert und wie vordergründig das abrupte »happy end« tatsächlich ist; jetzt drängt sich die bange Frage auf, wie es denn mit den neu-alten Liebespaaren weitergehen werde nach dieser tiefen Vertrauenskrise, in die sie durch Alfonsos zynisches Spiel geraten sind! Was in da Pontes Worten nur hin und wieder latent und dezent anklingt, das spricht Mozarts Musik ständig und vor allem im 2. Akt klar aus, daß sich nämlich auch zwischen den »neuen« Paaren unversehens echte Liebesgefühle einstellen, deren Auswirkungen nicht so obenhin durch eine arrangierte Versöhnungszeremonie aus der Welt geschafft werden können. So erklärt sich der zwar späte, aber um so nachhaltigere Bühnenerfolg von »Così fan tutte« in unseren Tagen: Vielleicht vermögen erst die Generationen der Regisseure und Zuschauer unseres psychologisch geschulten Jahrhunderts diese Tiefendimensionen wirklich zu begreifen und zu würdigen; die Inszenierungsgeschichte der letzten Jahrzehnte legt eindrucksvoll Zeugnis ab von dieser neuen Wertschätzung und dem Verständnis der psychologischen zwischenmenschlichen Geheimnisse dieser kunstvollsten Opera buffa.

Zur Musik

Die Ouvertüre: Die Grundtonart von »Così fan tutte« ist die gleiche wie die der »Entführung aus dem Serail«, C-Dur. Mit ihrer (kurzen) langsamen Einleitung vor schnellem Hauptteil folgt Mozarts Ouvertüre zwar dem geläufigen Muster der Zeit, bietet jedoch zusätzlich eine Besonderheit, indem beide Teile leitmotivisch miteinander und mit der Oper verklammert sind: Jeweils am Ende beider Teile erklingt ein lapidares, von einer schlichten Kadenz Tonika – Subdominante – Dominante – Tonika getragenes Motiv, das erst bei seiner dritten Wiederkehr in einer Schlüsselszene der Oper (Nr. 30) durch die Textunterlegung seine leitmotivische Bedeutung offenbart, einem Motto gleich: »Così fan tutte« – »so machen's alle« (Frauen):

Im übrigen ist die Einleitung im ¢-*Andante* gar nicht eigentlich langsam, sondern durchaus melodisch vorandrängend und zugleich kontrastreich zwischen markanten Tutti-Schlägen und zarten Oboenkantilenen pendelnd. Den Abschluß bildet jenes »Motto«, wobei zuerst sein Baß im Piano allein einsetzt, der dann durch eine fast schüchterne kurze melodische Wendung begleitet wird; erst dann ertönt es quasi triumphal im Tutti. Ohne Zäsur mündet das Motto sogleich in das *Presto*, das ebenfalls keine direkte motivisch-melodische Beziehung zur nachfolgenden Oper hat. Es handelt sich vielmehr um ein temperamentvoll sprühendes und zugleich äußerst virtuoses Orchesterstück im charakteristischen Buffo-Stil, das auf diese Weise auf das kommende Lustspiel vorbereitet. Formal ist es ein eher angedeuteter als ausgeformter Sonatensatz, der mit wenigen einprägsamen Bewegungsmotiven auskommt, die ununterbrochen aneinandergereiht und kombiniert werden, so daß man eigentlich gar nicht an die strukturellen Prinzipien von Haupt- und Seitensatz, Durchführung und Reprise erinnert wird. Der Hauptsatz besteht aus zwei Elementen, die den ganzen musikalischen Prozeß durch ständige Präsenz prägen: einer durch die Tonleiter allmählich aufsteigenden Repetitionsfigur der Streicher (a) mit synkopierten Tutti-Akkorden (b) als Ziel sowie einer sich ständig in den Holzbläsern ablösenden Drehfigur (c). Die akkordischen Synkopen kehren als Unruhestifter, dann auch als Hintergrund und Rahmen für den leicht nach Moll getrübten Seitensatz wieder, der melodisch ebenfalls ein kleines, sich drehendes Motiv als Kern hat (d):

Dieser eigentlich sehr schlichte und überschaubare motivische Vorrat wird nun ohne Unterbrechung aneinandergereiht, im ständigen, fast atemlosen Kontrast von Tutti und Soli, dabei immer aufs neue in allen Holzbläserfarben changierend und alle formalen Grenzen verwischend. Vor die letzte Wiederkehr der Tonrepetition, in einer sich effektvoll zum ff-Schluß steigernden kurzen Coda, schiebt sich überraschend die wörtliche Wiederkehr des »Così fan tutte«-Mottos aus der Einleitung, auch hier zunächst piano im Baß einsetzend und von Holzbläsern und Streichern beantwortet, dann auftrumpfend im Tutti-Forte. Die Notenwerte sind jetzt gegenüber der Einleitung verdoppelt, woraus man Schlüsse über die Tempo-Relation beider Ouvertürenteile ziehen kann. So ergäbe sich ein sehr lebendiges *Andante* in jenem verbürgten Sinn der Mozart-Zeit, die unter Andante durchaus kein langsames Tempo verstand, sondern ein bewegtes; und das *Presto* bliebe immerhin mit seinen unzählbaren kleinen Notenwerten und Vorschlägen noch ausführbar – Presto, aber keinesfalls Prestissimo!

Arien

Auch in dieser Oper zeigt sich wieder, daß die Verteilung der Arien auf die Darsteller sowohl dramaturgischen wie äußerlich-interpretatorischen Motiven folgt: Alle Hauptpersonen außer Ferrando und Don Alfonso verfügen über zwei Soloauftritte. Ferrando singt sogar drei Arien, dagegen steht seltsamerweise Don Alfonso nur eine einzige Arie zu, allerdings hat er noch eine ganz kleine Solonummer am Ende des Solo-Rezitativs nach dem Terzettino Nr. 10. Darüber hinaus verteilen sich die Arien jeder einzelnen Person gerecht auf die beiden Akte.

Fiordiligi hat zweimal Gelegenheit, ihren im Vergleich zu ihrer Schwester etwas standhafteren Charakter mit leicht heroischen Zügen vorzuführen. Insbesondere im ersten Akt zeigt sie sich noch in keiner Weise von den Liebesbezeugungen der beiden »Albaner« beeindruckt und bekennt sich zu ihrem Verlobten: »Come scoglio« – »Wie ein Felsen« (Nr. 14 *Andante maestoso*; *Allegro* B-Dur, $^4/_4$). Ein heroisch punktiertes Accompagnato-Rezitativ führt zu einer kurzen Einleitung, die melodisch ganz auf dem gleichen punktierten Rhythmus der entschlossen aufsteigenden Dreiklangsbrechung basiert. Erst dann löst sich die fast starre Spannung in ein fließendes, geschmeidigeres *Allegro* auf, in dem die individuellen Holzbläser-Farben des Klarinettenpaares und von Oboe und Fagott zunächst der Singstimme gegenüberstehen. Doch bald tauchen wieder die energischen Dreiklangsbrechungen aus dem *Andante* auf, und Fiordiligi stellt durch virtuose Koloraturen ihre Standhaftigkeit unter Beweis, wobei ihre Sopranstimme auch recht exponiert in das tiefe Register hinabgeführt wird – ein Bravourstück für jede Darstellerin. Vor die Reprise schieben sich einige fermatendurchsetzte Rezitativ-Takte; und am Ende steigert sich das Tempo noch zum *Più allegro* voll typischer Triolenkoloraturen.

Ihre zweite Arie, ein Rondo (Nr. 25 »Per pietà, ben mio« – »Hab Mitleid, mein Geliebter«, *Adagio* E-Dur, $^4/_4$), enthüllt im vorangestellten »Accompagnato« die veränderte seelische Situation, ihre innere Zerrissenheit. Neben Anklängen an die verlorene Standhaftigkeit in den Punktierungen des Beginns kommt es in den letzten Takten zu dezenter Lautmalerei: Zittern und Erregung äußern sich in kurzen Streichertremoli. Das folgende Rondo ist vor allem durch das konzertant geführte Hörnerpaar berühmt geworden, denen die drei Holzbläserpaare sekundieren – Beethoven ließ sich durch dieses Vorbild bekanntlich zu den drei Solo-Hörnern seiner Leonoren-Arie im »Fidelio« anregen, auch wenn er »Così fan tutte« insgesamt ablehnend gegenüberstand. Zunächst breitet Fiordiligi im Rahmen eines dreiteiligen *Adagios* ihre Seelenlage aus und bittet ihren abwesenden Verlobten um Vergebung für ihr Schwanken. Die Wiederkehr des Anfangsteils ist leicht ausgeziert. Das anschließende *Allegro moderato* ($^4/_4$), das eigentliche Rondo, knüpft ein wenig an die frühere Standhaftigkeit der ersten Arie an und dokumentiert die scheinbar wiedergewonnene innere Sicherheit auch wieder durch Koloraturen, vor allem im energischen Schluß. Einmal (Takt 114 ff.) kommt es zu einer angedeuteten Kadenz »in tempo« zwischen Singstimme, Hörnern, Flöten und Klarinetten, in der dem zweiten Horn so halsbrecherische Akkordbrechungs-Figurationen zugemutet werden, daß die Ernsthaftigkeit der Entschlossenheit geradezu parodistisch in Frage gestellt scheint:

D o r a b e l l a ist von beiden Schwestern die weichere und nachgiebigere, zugleich aber auch die leidenschaftlichere, sinnlichere. Das läßt sich unschwer aus ihren beiden Arien heraushören. Die Partie läuft in

Mozarts Partitur unter der Bezeichnung Sopran, es handelt sich jedoch viel eher um eine Mezzosopran-Rolle – diese Differenzierung wurde erst später üblich. Ihr erster Solo-Auftritt ist ein einziger Gefühlsausbruch, wild auf- und abfahrende Tonleitern dokumentieren bereits im Rezitativ »die traurige Wirkung einer verzweifelten Liebe« (»d'un disperato affetto«). Und die Arie (Nr. 11 »Smanie implacabile« – »Unerbittliche Qualen«, *Allegro agitato* Es-Dur, ¢) wird dann zu einem wahren Sturmlauf des inneren Aufruhrs. Unaufhörlich spielen die beiden Violinen in parallelen Terzen die gleiche Triolenfigur

und sorgen für die pausenlose Aufgeregtheit der Musik, unterstützt durch die immer wieder fast hektisch, gegen den Takt, zwischen forte und piano wechselnde Dynamik.

Ein völlig anderes, geradezu gegensätzliches Bild von Dorabella gibt dann ihre zweite Arie – für sie hat sich der Kampf bereits entschieden, und sie versucht nun, ihrer Schwester ihre Nachgiebigkeit plausibel und annehmbar zu machen. Im spielerischen $^{6}/_{8}$-Buffo-Tonfall und im reinen Bläsersatz beginnt dieses entspannte Musikstück (Nr. 28 »È amore un ladroncello« – »Amor ist ein kleiner Dieb«, *Allegretto vivace*, B-Dur) und hält diesen etwas leichtfertigen und zart verführerischen Tonfall auch bis zum Ende durch – ein denkbar scharfer Kontrast zu Fiordiligis gar nicht weit zurückliegendem, heroisch-standhaftem Rondo (Nr. 25).

Ferrandos erste Soloszene ist eine modellhaft-klassische lyrische Tenorarie: ein Stimmungsbild der Liebe, dem man den trügerisch unsicheren Boden überhaupt nicht anhört, auf dem sich Ferrando ohne jeden Selbstzweifel in Sicherheit wähnt (Nr. 17 »Un'aura amorosa« – »Ein Liebeshauch«, *Andante cantabile* A-Dur, $^{3}/_{8}$). Die Form ist traditionell dreiteilig: Im ersten und im letzten, erweiterten Teil dominiert der Schmelz der Singstimme mit ihrem zart chromatisch getönten Melos, dezent von Streichern con sordino begleitet; nur gegen Ende der Teile folgen Holzbläserfarben der Gesangslinie. Im Mittelteil wird in den etwas selbständigeren Violinen dezente Unruhe spürbar, vor allem in der Gegenstimme der ersten Violine. Eine ausführliche Coda steigert den Ausdruck über zwei Fermaten zu verhaltener Emphase und fängt die Hochstimmung, in die sich Ferrando hineingesteigert hat, in einem zunächst energisch punktierten, dann zu stilleren Klängen zurückführenden Nachspiel auf.

Ferrandos zweite Arie erklingt in einer kritischen Phase seines fingierten, halbernsten Werbens um Fiordiligi: Nr. 24 (»Ah lo veggio: quell' anima bella« – »Ach, ich sehe, diese schöne Seele«, *Allegretto* B-Dur, ¢). Sie ist Theater-, Verführungs- und Verstellungsspiel und in dieser buffonesken Stimmung der stärkste Kontrast zu Ferrandos Liebeslyrik aus dem ersten Akt. Er wendet sich direkt an das umworbene Mädchen: Im ersten Teil macht er sich Hoffnung, bald am Ziel zu sein; dann schlägt die Stimmung um – »tu fuggi spietata, tu taci?« (»du fliehst vor mir ohne Erbarmen, du schweigst?«) –, und im abschließenden kurzen *Allegro* heuchelt er Entrüstung und Verzweiflung. Das Orchester knüpft jedoch unüberhörbar beim gleichen Einfall an, der auch den ersten Teil geprägt hat (Takt 1 und Takt 99/100):

Nach Mozarts Anmerkung im Autograph kann (oder soll) diese Arie gestrichen werden und entfällt in heutigen Aufführungen fast immer: wohl mit Recht, denn sie ist dramaturgisch eher hemmend und gibt Ferrando mit seinen drei Arien ein Übergewicht, das seiner Rolle im Gesamtkonzept nicht angemessen erscheint.

Ganz anders jedoch seine dritte Arie, die Cavatina (Nr. 27 »Tradito, schernito« – »Verraten, verschmäht«, *Allegro* c-Moll / C-Dur, ¢). Gespalten wie Ferrandos derzeitige Seelenlage ist auch die Musik angelegt: auf der einen Seite schwankend zwischen Verzweiflung und Enttäuschung, im unruhig von c-Moll nach Es-Dur sich bewegenden ersten Teil – hoffnungsvoller und sich an die alte Liebe klammernd im allmählich gefestigten C-Dur des zweiten Teils – ein kleines anrührendes Seelendrama, dessen Gefühlsintensität sich vor allem in je einer solistischen Holzbläserpassage in den beiden Teilen äußert: Takt 7 ff. in Es-Dur, angeführt von den Klarinetten, bei der Wiederholung ab Takt 38 dann getragen von den Oboen im lichteren C-Dur. Überhaupt fällt auf, daß Mozart die beiden Abschnitte der Cavatina konsequent zwischen Klarinetten und Oboen aufteilt: Das neue, optimistischere Kolorit trägt ganz entscheidend das überraschend (Takt 40) einsetzende Oboentimbre:

Auch diese Arie wird in der Bühnenpraxis häufig gestrichen.

Guglielmos erste Arie (Nr. 15 »Non siate ritrosi« – »Seid nicht widerspenstig«, *Andantino* D-Dur, $^{2}/_{4}$) ist ausgesprochen handlungsorientiert: Im Verlauf der Nummer steigert er sich mehr und mehr in seine zunächst nur gespielte Liebeswerbung hinein und vergrault die beiden zuhörenden Damen schließlich durch seine Zudringlichkeit, worauf er vor lauter Lachen die Arie zu keinem richtigen Schluß mehr bringen kann – sie endet harmonisch und melodisch völlig offen (Dominantseptakkord) und mündet unmittelbar in das folgende Terzett. Das Ganze ist eine typische galant-parodistische Buffo-Miniatur, getragen von einer äußerst eingängigen Melodie, die von Streichern, Flöte und Fagott unisono vorgestellt wird:

Ursprünglich stand anstelle dieser Arie eine wesentlich ausgedehntere Komposition für Benucci, den ersten Sänger des Guglielmo (Nr. 15a »Rivolgete a lui lo sguardo« – »Richtet den Blick auf ihn«, *Allegro* D-Dur, $^{4}/_{4}$). Sie wurde vor der Aufführung ausgetauscht – auch sie eine recht komödiantische, aber vielleicht doch ein wenig langatmig geratene Buffo-Nummer, im leicht geschwätzigen Plauderton kleiner Noten in Singstimme und Orchester und mit einer längeren Stretta-Steigerung am Ende (*Allegro molto*, ¢). Bewunderungswürdig ist gleichwohl der durchsichtige, vielfarbig funkelnde Orchestersatz mit den ständig bewegten Streichern und seinem Bläsersatz ohne Klarinetten, aber diesmal mit Trompeten und Pauken.
Guglielmos andere große Arie markiert eine wichtige Station der Handlung: Ferrandos Niederlage und seinen eigenen – vorläufigen – Triumph. Um den Freund zu beruhigen, redet er ihm aus seiner vermeintlich ungefährdeten Position heraus zu und erteilt ihm in der Manier Don Alfonsos Lehren über die Niedertracht der Frauen (Nr. 26 »Donne mie la fate a tanti« – »Meine Damen, so macht ihr's mit vielen«, *Allegretto* G-Dur, $^{2}/_{4}$); auch dies ist ein rechtes Buffo-Charakterstück,

mit munterem Orchestergeplauder, in der Mitte ein martialischer Wutausbruch mit Pauken und Trompeten à la Figaro und kleine vorüberziehende tragikomische Moll-Schatten, wiederum ohne die wärmende Farbe der Klarinetten.

Am spärlichsten ist Don Alfonso mit Solonummern bedacht; ihm fällt eine einzige Arie zu (Nr. 5 »Vorrei dir« – »Ich möchte es sagen«, *Allegro agitato* f-Moll, ¢). Sie ist ein kurzes Kabinettstückchen reinster Buffo-Parodie, geheuchelter Schmerz über die von ihm den Damen noch vorenthaltene Unglücksbotschaft, daß ihre Verlobten angeblich in den Krieg ziehen müssen. Die Linie der Singstimme ist quasi stammelnd von Pausen durchsetzt, es begleitet nur ein Streichorchester über gezupfter Baßstimme, mit einer als melodischem Kontrapunkt durchgezogenen, geteilten Bratschenstimme und den beiden in unruhigen Achteln die Gesangslinie nachzeichnenden Violinen – pathetisch überdrehte f-Moll-Schmerzgebärde, vertonte Ironie.
In der siebten Szene des ersten Aktes hat Alfonso noch einen winzigen, aber sehr effektvollen Solo-Auftritt: Nachdem er gemeinsam mit den beiden Mädchen die Soldaten verabschiedet hat, bleibt er allein zurück und gibt, zunächst im Secco-Rezitativ, in wenigen Sätzen noch einmal seine abfällige Ansicht über die Moral der Frauen zum besten: bei den Worten »Nel mare solca ...« (»Im Meere pflügt ...«) geht dann das Rezitativ unvermutet in ein *Arioso* über, begleitet vom dichten, unruhevoll bewegten Streichersatz in d-Moll, programmatisch auf engstem Raum sehr dicht am Text entlangführend, ausgelöst durch die Schlüsselwörter »mare« und »vento« (Meer, Wind).

Despina erhält zwei charakteristische Soubretten-Arien. Die erste (Nr. 12 »In uomini« – »Bei Männern«, *Allegretto* F-Dur, $^2/_4$) ist von kleingliedrig-kapriziöser Motivik, das begleitende Orchester mit Bedacht reduziert (nur je eine Flöte, Oboe und ein Fagott zum Streichorchester). Die Arie hat zwei Teile: In den ersten gleitet Despina unversehens über den Dominantseptakkord hinein, die Singstimme beschränkt

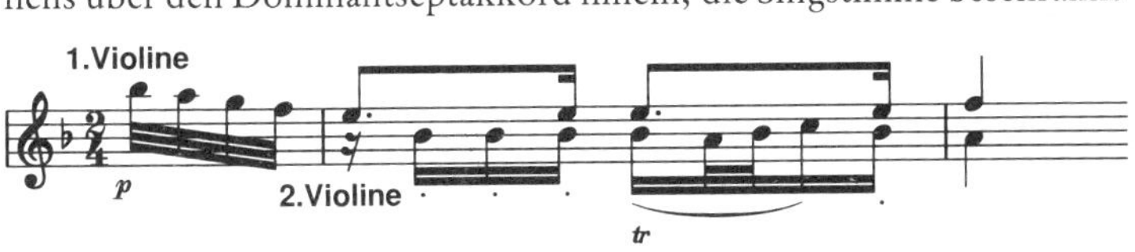

sich eher auf rezitativisches Plaudern. Der Hauptteil im tänzerischen $^6/_8$-*Allegretto* enthält auch melodische Entfaltungsmöglichkeiten.

Mit ihrer zweiten Arie leitet Despina den zweiten Akt ein, nach längerem Secco-Rezitativ im Gespräch mit ihren beiden Herrinnen, denen sie nun einen belehrenden Vortrag über Liebesdinge hält (Nr. 19 »Una donna a quindici anni« – »Eine Frau von fünfzehn Jahren«, G-Dur). Der Bauplan folgt dem gleichen Prinzip wie in Nr. 15: Hier beginnt ein kürzeres melodienseliges $^{6}/_{8}$-*Andante*, gefolgt von einem tänzerisch beschwingten *Allegretto* im gleichen Metrum. Und auch hier verwendet Mozart die Bläserfarben wieder so sparsam wie überlegt: zu je einer Flöte und einem Fagott tritt nun das Hörnerpaar.

Ensembles

»Così fan tutte« enthält insgesamt sechs Duette, von denen je zwei auf die beiden Damen und auf die beiden Herren entfallen. Je eins führt dann die neuen Paarungen aufgrund von Alfonsos Wette vor: Dorabella und Guglielmo sowie Fiordiligi und Ferrando. Die ursprünglichen, echten Liebespaare erhalten also keine Gelegenheit, ihre Gefühle gemeinsam musikalisch zu äußern.

Ihren ersten Auftritt haben Fiordiligi und Dorabella zu Beginn der zweiten Szene mit dem Duett Nr. 4 (»Ah guarda sorella« – »Ach, schau nur, Schwester«, *Andante* A-Dur, $^{3}/_{8}$); sie werden uns als zärtlich liebende Frauen vorgestellt, begleitet von weichen Klarinetten-Terzen und kleinen gefühlvollen Seufzergebärden in den Streichern – die Welt ist noch in Ordnung, die Mädchen bewundern einhellig sehnsuchtsvoll die Gemälde ihrer Verlobten:

Seelenlage und Charakter sind noch nicht differenziert, was durch den häufigen Gesang in parallelen Terzen dokumentiert wird und durch Dorabellas nur leicht variierte Nachahmung von Fiordiligis Gesangslinie. Im zweiten Teil beschleunigt sich das Tempo zum $^{2}/_{4}$-*Allegro*, gelegentlich unterbrochen durch schwelgerische Kadenz- und Fermatentakte der Stimmen.

Bezeichnenderweise dient auch das viel später erklingende zweite Damen-Duett (Nr. 20) dem Ausdruck einer ähnlich übereinstimmenden Gefühls- und Interessenlage, nur jetzt eben nach durchlaufener Gefühlsverwirrung und weitgehend erfolgreicher Eroberung durch die

»fremden« Männer. Dorabella ist in ihrer neuen Neigung vorangegangen und zieht nun ihre noch leicht widerstrebende Schwester mit, was sich auch an der Reihenfolge der Stimmeneinsätze äußert: Dorabella beginnt: »Prenderò quel brunettino« – »Ich nehme den Braunen« (Nr. 20 *Andante* B-Dur, $^2/_4$), und Fiordiligi antwortet ihr. Ohne ritornellartige Einleitung beginnt das Duett direkt mit dem Gesang, das Orchester verzichtet nun auf die Wärme der Klarinetten und beschränkt sich ganz auf begleitende Unterordnung der bewegten Streicher und der liegenden Bläsertöne. Nach dem Alternieren der Stimmen zu Beginn äußert sich die Übereinstimmung des Wollens zunehmend durch paralleles Singen in Terzen, vor allem im ausgedehnten dritten Teil des Duetts. Zuvor, bei der Reprise des Anfangs und nach kadenzierender Führung der Stimmen, verdichtet sich die Einsatzfolge, indem Fiordiligi nun nicht mehr Dorabellas Phrasenende abwartet, sondern ihr, ungeduldig-imitierend, bereits nach einem Takt »ins Wort fällt«.

Von anderer Art sind die Duette der Männer. In Nr. 7, einem Duettino (»Al fato dan legge« – »Dem Schicksal geben Gesetze«, *Andante* B-Dur, $^2/_4$), trösten die beiden zum Schein ihre Geliebten wegen des bevorstehenden Abschieds – ein schlichtes liedartiges Gebilde, in dem die Gleichgesinntheit der beiden Heuchler durch überwiegendes Terzen- und Sextensingen verdeutlicht wird, aufgelockert durch eine kleine verzierte Kadenz im Nacheinander beider Stimmen kurz vor Schluß. Diese Nummer fällt oft gemeinsam mit dem vorausgehenden Rezitativ fort.

Das Duett mit Chor Nr. 21 (»Secondate, aurette amiche« – »Helft, freundliche Winde«, *Andante* Es-Dur, $^3/_8$) folgt, nach szenischer Verwandlung, unmittelbar auf das Duett der Damen, in dem sie die beiden Liebhaber untereinander neu verteilen (Nr. 20). Das Spiel geht in seine entscheidende letzte Phase, der Widerstand der Mädchen ist gebrochen, und die Männer greifen zum letzten Mal die »sturmreife Festung« an: mit einem zärtlichen Ständchen im verführerisch festlichen Ambiente. So beginnt das Duett denn auch in der Art einer Bläserserenade, einer abendlichen Freiluftmusik, mit einem langen melodienseligen Vorspiel, angeführt von den beiden Klarinetten,

ergänzt durch je zwei Fagotte und Hörner, endend in einer ausschwingenden Fermate nach mehrtaktig aufsteigender Dominantseptakkord-Passage. Erst dann setzen die beiden Männerstimmen ein, greifen den Serenadenbeginn auf, führen ihn variiert weiter und kehren reprisenartig zum Anfang zurück, ständig in paralleler Terzenbewegung. Wenige Chor-Takte wiederholen noch einmal den Grundeinfall und runden ihn zum Schluß – eine kleine zarte Genre-Szene, ganz ohne Ironie und Hintersinn, fast so, als hätte Mozart vergessen, wer hier wem das Ständchen bringt und aus welchem hinterhältigen Grund!
Auch das Duett Nr. 23 (»Il core vi dono« – »Mein Herz schenke ich Euch«, *Andante grazioso* F-Dur, $^3/_8$) zwischen dem neuen Liebespaar Guglielmo und Dorabella klingt – zunächst – ähnlich ernsthaft und gefühlstief; es ist die entscheidende Szene zwischen beiden, in deren Verlauf Dorabella völlig unterliegt und sich, auch musikalisch, ganz hingibt und sich der Führung des Anbeters überläßt. Die Musik erläutert die Situation unmißverständlich. Guglielmo ergreift umweglos, deshalb ohne Orchestervorspiel, die Führung; Dorabella antwortet ihm, indem sie seine melodische Phrase aufgreift, weiterführt und ein wenig emphatisch steigert, was sich in drei Fermaten äußert, die ihren Gesang stocken lassen und zugleich enthüllen, daß sie emotional wirklich berührt ist: Für Guglielmo ist das Ganze überwiegend Spiel, für sie aber Ernst! Dann wird die alternierende Einsatzfolge zwischen ihm und ihr deutlich kürzer, und gleich darauf singen beide einhellig parallel, lautmalerisch das erregte Herzklopfen nachahmend. Nun beginnt das neckisch-ernste Spiel mit den Medaillons, die Guglielmo schließlich austauscht, und die Musik gibt sich im aparten Wechselspiel der beiden Singstimmen ein wenig heiterer und verspielter. Nach diesem Mittelteil kehrt die anfängliche, verzauberte Stimmung des Liebesduetts zurück, bei ständiger Parallelführung der Stimmen, durch zärtliche Einwürfe der Violinen kommentiert und von wohligen Holzbläserterzen (Klarinetten und Fagotte) begleitet.
Anders geartet ist das Duett Nr. 29 (»Tra gli amplessi« – »In die Umarmung«, A-Dur). Auch dies ist eine entscheidende Phase, diesmal im Spiel Ferrandos mit Fiordiligi, aber die Ausgangslage ist ein wenig anders, weil sie, die standhaftere der beiden Schwestern, immer noch glaubt, ihrem Anbeter entkommen zu können, und sei es durch die abenteuerliche Flucht in Soldatenuniform, die sie soeben Hals über Kopf ergreifen will. So beginnt denn das Duett auch zunächst als Solo, wie eine Arie (*Adagio*, ¢), mit einer entschlossenen Melodie der Singstimme, die sich so ganz dem Charakter Fiordiligis anfügt, wie wir ihn

in ihrer ersten Arie erlebt haben. Doch unversehens beschleunigt sich die Bewegung (*con più moto*), synkopische Unruhe kommt in der Streicherbegleitung auf, und dies ist das Stichwort für den eintretenden Verführer, der sie nun mit seiner emphatisch ins pathetische a-Moll gewendeten Phrase in größte Verwirrung stürzt. Noch einmal beschleunigt sich das Tempo, zum *Allegro*: Ferrando droht sich umzubringen. Überdeutlich markiert die Modulation zum endgültigen C-Dur sodann, daß die Entscheidung gefallen ist: Auf einmal beruhigt sich im Orchester die aufgeregte, dynamisch akzentuierte Bewegung zu gleichmäßigem Achtelfließen, die beiden Singstimmen passen sich, einander imitierend, an und finden unversehens zur Einigkeit in parallelen Sexten. Erneute Zweifel kommen auf, erneute Unruhe in der Begleitung und das taktweise Alternieren der Stimmen kommentieren das letzte verzweifelte Aufbäumen, das in Fiordiligis Fermate »Dei, consiglio!« (»Gott, was soll ich tun!«) kulminiert. Ferrando erkennt die Gunst des Augenblicks und findet auf einmal, nach aller Aufregung, zum zart verinnerlichten Ton des Liebesliedes (*Larghetto*, $^3/_4$), mit einem weitgespannten Melodiebogen voller Emphase und tiefernstem Gefühl – vergessen scheint das Wettspiel, auch Ferrando ist es nun ernst:

Fiordiligi kann diesem Ansturm des Gefühls nur noch gestammelte Hilferufe entgegensetzen, und schon beginnt der Schlußteil des Duetts (*Andante*, ¢), in dem sich beide unüberhörbar einig sind, ständig parallel singend und einander in engster Einsatzfolge halbtaktig imitierend. Das Ganze ist ein Musterbeispiel eines handlungsorientierten Ensembles; es bleibt dicht und konsequent am Text und am Gang der Handlung und reagiert minutiös auf alle emotionalen Regungen.

Die Oper wird von drei aufeinanderfolgenden Terzetten der drei Männer eröffnet, in denen – jeweils durch Rezitative verbunden – die Handlung exponiert wird: Don Alfonsos Provokation, die empörte Ablehnung der beiden Freunde sowie die gemeinschaftliche Wette auf die Untreue oder Treue der Verlobten. Im ersten Terzett (Nr. 1 »La mia Dorabella«, *Allegro* G-Dur, $^4/_4$) bekunden Ferrando und Guglielmo nacheinander und gemeinsam ihren Glauben an die Treue, und man merkt dem musikalischen Gefüge an, daß Alfonso der Störenfried ist,

der in dieses Idyll einbricht: allein gegen zwei singend oder, am Ende, sich synkopisch aus dem Terzett heraushebend.
Das zweite Terzett (Nr. 2 »È la fede delle femmine« – »Die Treue der Frauen«, *Allegro* E-Dur, ¢) dagegen wird von Alfonso eingeleitet, nun hat er die Initiative ergriffen; mit hörbarer Entschlossenheit widersprechen ihm die beiden provozierten Liebhaber, die auf einer gemeinsamen Fermate Einigkeit demonstrieren. Ohne aufwendigen Schluß mündet dieses kurze Ensemble direkt in das nächste Rezitativ, das seinerseits bruchlos mit dem dritten der Terzette verknüpft ist (Nr. 3 »Una bella serenata« – »Eine schöne Serenade«, *Allegro* C-Dur, $^4/_4$). Es ist das längste der drei eröffnenden Ensembles und bedeutet zugleich den effektvollen Abschluß der ganzen Szene, fast überschwenglich und hochgestimmt in der felsenfesten Gewißheit der beiden Freunde, daß sie als Sieger aus der Wette hervorgehen werden. Triumphal und weit ausladend sind die beiden melodischen Bögen, mit denen Ferrando und Guglielmo verkünden, was sie mit ihrem Gewinn zu tun gedenken. Einzig Alfonsos heuchlerisch bescheidener Einwurf – »Werd ich auch mit eingeladen?« – markiert eine Zäsur, fast nachdenklich und unvorhergesehen, von zweimaligem Unisono der Streicher eingerahmt. Doch dann kommt wieder der überschäumende Optimismus auf, und der Schluß des Terzetts gehört dem geschlossenen Dreier-Ensemble der Männerstimmen, dazu einem mit Pauken und Trompeten triumphierenden ausführlichen Orchesternachspiel – vorweggenommenes Siegesfanal in einem frivolen Spiel!
Noch zwei weitere Gelegenheiten führen die drei Männer zum Terzett zusammen. Das erste erklingt nach Guglielmos Arie Nr. 15, in der er den Damen die männlichen Vorzüge so drastisch vorgeführt hat, daß sie empört den Raum verlassen. Nr. 16 »E voi ridete?« – »Und ihr lacht?« (*Molto allegro* G-Dur, $^3/_4$) ist ein ausgelassen buffoneskes Lach-Terzett, in dessen Verlauf Alfonso den Übermut der beiden Liebhaber vergeblich zu besänftigen versucht, während nicht nur die Singstimmen, sondern auch das ganze Orchester triolengeschüttelt zu lachen scheinen. Am Schluß bleibt den beiden jungen Männern hörbar die Luft weg, so kurz und von Pausen unterbrochen werden ihre Einwürfe.
Kurz vor dem Finale des zweiten Aktes findet sich das letzte Männer-Terzett (Nr. 30 »Tutti accusan le donne« – »Alle beschuldigen die Frauen«, *Andante* C-Dur, ¢); es ist eigentlich eher eine Arie. Don Alfonso zieht seine bitter-zynische Bilanz, das Spiel ist aus, die Niederlage der Paare besiegelt. Das in lapidarer Kürze gehaltene ernste Stück verzichtet ganz auf die Bläser-Unterstützung und mündet unversehens

in ein »Recitativo accompagnato«. Seine letzten Takte bringen endlich jenes Motto, das in der Ouvertüre bereits zweimal erklang (vgl. S. 233): zunächst von Alfonso allein ausgesprochen, dann im Forte-Tutti gemeinsam mit Ferrando und Guglielmo bekräftigt, in den gleichen kadenzierenden Tönen wie in der Ouvertüre.

Ein einzelnes Terzettino (Nr. 10 »Soave sia il vento« – »Sanft wehe der Wind«, *Andante* E-Dur, ¢) führt Alfonso mit den beiden Frauen zusammen, denen er so übel mitspielt. Es ist eine der zartesten, anrührendsten Musiknummern der ganzen Oper, voll Ernsthaftigkeit der Gefühle und fernab jeder Buffo-Ironie. Die guten Wünsche der drei begleiten die sich übers Meer entfernenden Geliebten und Freunde. Und Mozart breitet über diese Szene die ganze Poesie, zu der seine Musik fähig ist, taucht sie in eine so unwirkliche Atmosphäre, daß Zeit und Raum sich aufzulösen scheinen. Die Mittel dazu sind so schlicht wie raffiniert angesetzt: ein liedhaftes, weit ausschwingendes Ensemble der Singstimmen,

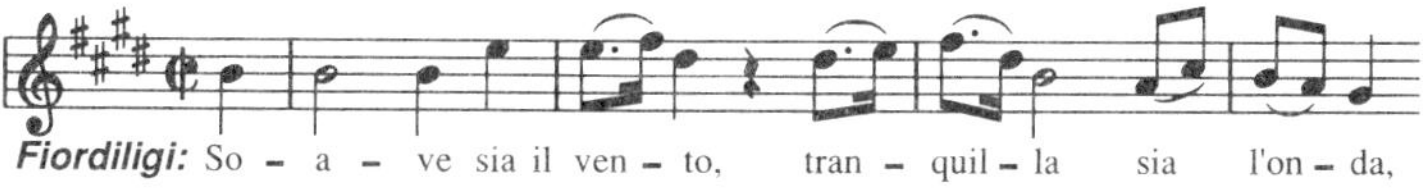

homophon beginnend und sich zu behutsamer Polyphonie auffächernd; dazu eine zart flimmernde Violinbegleitung, con sordino über der ruhig gezogenen Viola und den gezupften Bässen; im weiteren Verlauf gehen die Farben der Begleitung zunehmend auf die Holzbläserstimmen über (vor allem Klarinetten).

Neben den beiden Finalszenen gibt es noch drei größere Ensembles in wechselnder Kombination der Personen. Das einzige Quartett (Nr. 22 »La mano a me date« – »Gebt mir die Hand«, *Allegretto grazioso* D-Dur, $^6/_8$) folgt auf das überrumpelnde Ständchen (Nr. 21) der beiden Liebhaber mit Chor. Dieses Quartett Nr. 22 ist durch und durch parodistisch-buffonesk; der musikalische Tonfall zeichnet exakt die kommödiantische Situation nach, in der Alfonso und Despina den beiden schüchternen Paaren auf die Sprünge helfen wollen, und gehorsam ahmen Ferrando und Guglielmo jeweils die vorgesungenen Phrasen nach. Ein kleines Rezitativ Despinas markiert eine Zäsur, bevor sich am Ende Despina und Alfonso mit einer hingehuschten *Presto*-Stretta aus dem Staube machen. Es ist der zum $^4/_4$-*Presto* umgebogene $^6/_8$-Anfang des Ensembles (Takt 1 bzw. 71 ff.).

Zwei Quintette finden sich im ersten Akt; das erste steht zu Beginn der vierten Szene (Nr. 6 »Sento o Dio« – »Ich merke, o Gott«, *Andante* Es-Dur, ₵) und bringt den tragikomischen Auftritt der beiden angeblich zum Kriegsdienst gerufenen Soldaten. Unüberhörbar ist hier der parodistische Zug, wenn Guglielmo und Ferrando schwankend und stokkend nahen. Und nun entspinnt sich ein ständig schillerndes Ensemble, in dem echte und geheuchelte Gefühlstöne – bei den Schwestern und bei den Freunden – ebenso ihren Platz finden wie das »Beiseitesprechen« der drei Männer im durchbrochenen Ensemblesatz, wirkungsvoll abgesetzt gegen die dichten Quintettpassagen vor allem am Ende. Insgesamt verbinden sich in diesem Ensemble unentwirrbar Ernst und Ironie, und am Schluß finden sich alle Beteiligten in großer Einmütigkeit im sorgfältig abgetrennten und durchhörbaren Quintettsatz zusammen.
Das andere Quintett erklingt wenig später (Nr. 9 »Di scrivermi« – »Mir zu schreiben«, *Andante* F-Dur, $^4/_4$) als Abschiedsszene zur Abreise der Soldaten, und wieder gehen die geheuchelten Tränen der Männer mit den echten Schmerzensäußerungen der Mädchen eine untrennbare musikalische Einheit ein, Ernst und Heiterkeit liegen auf engstem Raum beieinander, und das eine ist ständig in Gefahr, in das andere umzuschlagen – eine meisterhafte musikalische Gratwanderung, in den musikalischen Mitteln eng verwandt dem nachfolgenden Abschiedsterzett Nr. 10. Zart zupfen die Bässe, unruhig vibrieren die Violinen über der gezogenen Viola-Stimme; in den Männerstimmen hört man zunächst stammelnde, pausendurchsetzte Achtel, doch bald entwickeln sich aufblühende zarte Melodien, die sich in einer Steigerung zum vierstimmigen Ensemble zusammenfinden, während Alfonsos unterdrücktes Lachen sich davon wirkungsvoll störend abhebt. Wie ein Schock bricht danach die Wiederholung des Soldaten-Chores (Nr. 8) herein, über einen einzigen modulierenden Akkord von F-Dur nach D-Dur gerückt.
Das größte Ensemble neben den beiden ausgedehnten Finalszenen ist das Sextett Nr. 13 (»Alla bella Despinetta« – »Der schönen Despinetta«, *Allegro* C-Dur, $^4/_4$). Es markiert den Beginn der eigentlichen Verkleidungs- und Verführungshandlung. Alfonso führt die beiden »Albaner« im Haus der Schwestern ein, stellt sie zunächst Despina, dann Fiordiligi und Dorabella vor, die sie alle – in schönster Buffo-Manier – tatsächlich

nicht wiedererkennen. Wendig folgt die Musik allen Nuancen des Librettos, eine Meisterleistung von Mozarts Ensemblekunst. Im stilisierten Marschrhythmus eröffnet Alfonso die Szene, und die beiden grotesk verkleideten Männer greifen seinen Tonfall im Parallelduett auf. Despina beherrscht mühsam ihr Lachen, zu ihren Worten wird die Orchesterbegleitung auf einmal übermütig und verspielt, mit Tonleitermotiven kommentierend. Die »Albaner« stimmen fröhlich ein, voll kurzsichtiger Freude über den Erfolg ihrer Verkleidung, und der Satz weitet sich zum Quartett. Nun treten die Mädchen ein, während sich Alfonso vorübergehend zurückzieht – Szenenwechsel: Taktwechsel zum 3/4-*Allegro*, was eine unauffällige Beschleunigung bedeutet. Die Damen sind hörbar empört, Despina und die Liebhaber beschwichtigen ihre behend-aufgeregten Achtel durch ihr weicheres Viertelmelos im chromatisch getönten a-Moll zu warmen Klarinetten- und Fagottklängen. Dann eine Fermate, und es beginnt der eigentliche stretta-ähnliche Sextett-Abschnitt, denn Alfonso kommt scheinbar zufällig wieder zur Tür herein. Die aufgeregten Stimmen werden gruppenweise und einzeln gegeneinander geführt, vor allem die beiden Mädchen halten in ihrer Empörung ständig in Terzen parallel zusammen; erst in den Schlußtakten erfordert es die Finalwirkung, daß alle sechs sich zum machtvollen Unisono zusammenschließen – insgesamt das Musterbeispiel eines in sich völlig logisch gegliederten und sich suggestiv steigernden Ensembles.

Das Finale des ersten Aktes hat die melodramatische erpresserische Selbstvergiftung der »Albaner«, den Auftritt des »Doktors« (Despina) und dessen Therapie zum Inhalt. Dementsprechend vielgliedrig, und subtil den Buffo-Situationen folgend, klingt die Musik (Nr. 18 »Ah, che tutta in un momento« – »Ach, daß in einem Augenblick«, *Andante* D-Dur, 2/4): Zunächst geben sich die beiden Mädchen ganz lyrisch und kantabel ihrem Schmerz um die abwesenden Geliebten hin; ein zartes »mezza voce«-Vorspiel voll süßer Melodiebögen und serenadenhaft verspielter Holzbläser-Terzen eröffnet die Szene,

dann ergreifen die beiden Frauenstimmen im Terzen- und Sextenduett die Führung – nichts trübt die friedlich-melancholische Stimmung. Da

brechen völlig überraschend mit drohendem Streichertremolo und verminderten Septakkordklängen dic bciden Liebhaber ein, gefolgt von Alfonso (*Allegro*, ¢); die Ereignisse überstürzen sich und werden von allen Beteiligten im organisierten Durcheinander kommentiert, ein leicht parodistisch getöntes g-Moll ist die Basis, im Orchester sorgen Synkopen, Tremolo und unruhige Triolenbewegungen für Hektik.
Den nächsten Einschnitt markiert die Modulation nach Es-Dur (Takt 138); Ferrando und Guglielmo liegen stumm in fingierter Vergiftung, Despina wird gerufen, und das Ensemble reduziert sich vorübergehend auf ein Quartett. Als Alfonso sich mit Despina entfernt hat, betrachten und kommentieren Fiordiligi und Dorabella die beiden Giftopfer neugierig und besorgt, ihr Gesang wird begleitet von ganz durchsichtig kontrapunktisch geführten Streichern – eine kleine Ruheinsel im großen Durcheinander des Ensembles (ab Takt 219). Auch dieser Teil erfährt eine kleine Schlußsteigerung, wenn die Männer sich »beiseite« äußern und sich so ein leicht chromatisch getöntes Quartett ergibt.
Die Stimmung schlägt wieder um ins Lärmend-Buffoneske (*Allegro* G-Dur, $^{3}/_{4}$), denn nun tritt Dr. Eisenbart alias Despina ein; in einer Parodie auf einen geschwätzig-eitlen Modedoktor »heilt« sie mit einem überdimensionalen Magneten die beiden Männer. Die musikalische Parodie liegt in mehreren grellen Fermatentrillern. Der folgende, geziert daherkommende, lange *Andante*-Teil (B-Dur, $^{4}/_{4}$) zeigt die »Genesung«, wobei ein kleines umgekehrt punktiertes Motiv ständig und unüberhörbar auf die Künstlichkeit und Komik der Situation hinweist:

Der Satz weitet sich unterdessen zum kunstvoll aufgefächerten Sextett der drei Männer- und drei Frauenstimmen, am Ende durch zwei kleine Kadenzpassagen von Fiordiligis Sopran übertönt. Wieder Takt-, Tonart- und Tempowechsel, und es beginnt der turbulente, ausgelassene Schlußabschnitt (*Allegro* D-Dur, ¢), im ständigen Wechsel der gegeneinander und miteinander geführten Stimmengruppierungen: hier Fiordiligi und Dorabella, dort Ferrando und Guglielmo allein oder im Verein mit Alfonso und Despina, bis hin zum machtvollen Sextett, vom Tutti in großer Orchesterbesetzung mit Pauken und Trompeten begleitet.

Ähnlich vielgliedrig und eng dem Text folgend ist das zweite Finale, Nr. 31, angelegt. Sein Eröffnungsteil (Despina: »Fate presto« – »Beeilt euch«, *Allegro assai* C-Dur, $^4/_4$) schildert mit größter Lebendigkeit die Festvorbereitungen, von kleinteiliger Triolen- und Trillermotivik eingeleitet und begleitet, angereichert durch den Chor der Diener und Musikanten – eine lärmend-äußerliche Szenerie. Als die »Brautpaare« eintreten, erklingt ein stilisierter festlicher Marsch (*Andante* Es-Dur, ¢), und der Chor umrahmt mit seinen Glückwünschen das besinnliche Soloquartett. Serenadenhafte Holzbläserklänge begleiten die Liebeserklärungen der parallel geführten Männer- und Frauenstimmen (ab Takt 149). – Verinnerlichter musikalischer Höhepunkt wird der still in sich ruhende Kanon der Liebespaare (*Larghetto* Es-Dur, $^3/_4$):

er erhält seine besondere Note durch Guglielmo, der als vierte Stimme einsetzt, jedoch nicht als vierte Kanon-Imitation, sondern indem er, hörbar protestierend, in Sechzehntelketten seine eigene unruhige melodische Linie dagegensetzt.

Dann wird es wieder weltlicher und handfester, wenn Despina (durch die Nase singend) als Notar die Heirat vollzieht – reinstes Buffo-Theater, immer an der Grenze zum Klamauk (*Allegro*, ¢) und durch die Halbtonrückung nach E-Dur von der nach innen gekehrten Kanonszene drastisch abgehoben. Leitmotivisch ertönt sodann der vertraute Soldatenchor aus dem ersten Akt (Nr. 8), und nun beginnen sich die Ereignisse zu beschleunigen: Alfonso mimt Entsetzen (*Allegro* Es-Dur, $^3/_4$), die »echten« Geliebten kehren zurück. Deren Wiederkehr klingt denn auch so naiv-erfreut wie kunstvoll arrangiert (*Andante* B-Dur, ¢). Jeder neue Schritt der Enttarnung der nach und nach ans Tageslicht kommenden Intrige wird musikalisch kommentiert. Auf der Kippe zur Tragödie steht die Handlung, wenn in einer kurzen, charakteristischen Folge erinnernder Musikzitate Ferrando und Guglielmo, Despina und Alfonso in wenigen Takten den Frauen endgültig die Augen öffnen; ein kleines Motiv im Orchester fängt danach das starre Entsetzen der gefoppten Schwestern ein (Takt 519 ff.):

Man hört es der Musik an: Die folgende Bitte um Verzeihung – in parallelen Frauenstimmen vorgetragen, als wollten sie sich gegenseitig stützen und aneinanderklammern – ist ganz ernst und leidenschaftlich gemeint.
Zur Nachdenklichkeit bleibt aber vorerst keine Gelegenheit, schon beginnt das temperamentvolle Buffo-Finale (*Allegro molto* C-Dur, ¢), vom gedämpften Bläserensemble intoniert und dann, zum Zeichen der Einigkeit aller Anwesenden, in gemeinschaftlich-paralleler Stimmführung des Sextetts zu Ende gebracht: happy end – so will es die Buffa-Konvention, nach morgen wird heute nicht gefragt, noch danach, ob die Verzeihung ein solches Abenteuer tilgen könnte!

Die Zauberflöte (KV 620)

Deutsche Oper in zwei Akten

Libretto: Emanuel Schikaneder (1751–1812).
Uraufführung am 30. September 1791 in Wien.
Personen: *Sarastro* (Baß); *Tamino* (Tenor); *Sprecher* (Baß); *drei Priester* (Tenor, Baß, Sprechrolle); *Königin der Nacht* (Sopran); *Pamina*, ihre Tochter (Sopran); *drei Damen* der Königin (2 Soprane, 1 Alt); *drei Knaben* (2 Soprane, 1 Alt); *Papageno* (Bariton); *Papagena* (Sopran); *Monostatos*, ein Mohr (Tenor); *zwei Geharnischte* (Tenor, Baß); drei Sklaven (Sprechrollen); Priester, Gefolge, Volk, Sklaven, Stimmen, Erscheinungen (Chor).
Orchesterbesetzung: 2 Flöten, 1 Piccolo-Flöte, 2 Oboen, 2 Klarinetten, 2 Bassetthörner, 2 Fagotte, 2 Hörner, 2 Trompeten, 3 Posaunen; Pauken, Glockenspiel, Streicher.
Gliederung: Ouvertüre Es-Dur (Adagio ¢; Allegro). – Akt I: 3 Arien, 1 Duett, 1 Terzett, 1 Quintett, Introduktion und Finale; Akt II: 6 Arien, 1 Duett, 2 Terzette, 1 Quintett, 1 Chor, 1 Marsch, Finale.

Handlung: 1. Akt. Prinz Tamino ist in einer einsamen, wilden Gegend auf der Jagd und wird nun, da er alle seine Pfeile verschossen hat, von einer großen Schlange verfolgt. Vergeblich ruft er um Hilfe, von Schrecken übermannt fällt er in Ohnmacht. Da erscheinen drei geheimnisvolle Damen und töten mit ihren Spießen die Schlange. Beim Anblick des schönen Jünglings geraten sie in Streit darüber, wer die Nachricht von der Ankunft des Fremdlings ihrer Fürstin, der Königin der Nacht, überbringen und wer bei ihm zurückbleiben darf. Da sie sich nicht einigen können, entfernen sie sich schließlich gemeinsam (Nr. 1). Tamino

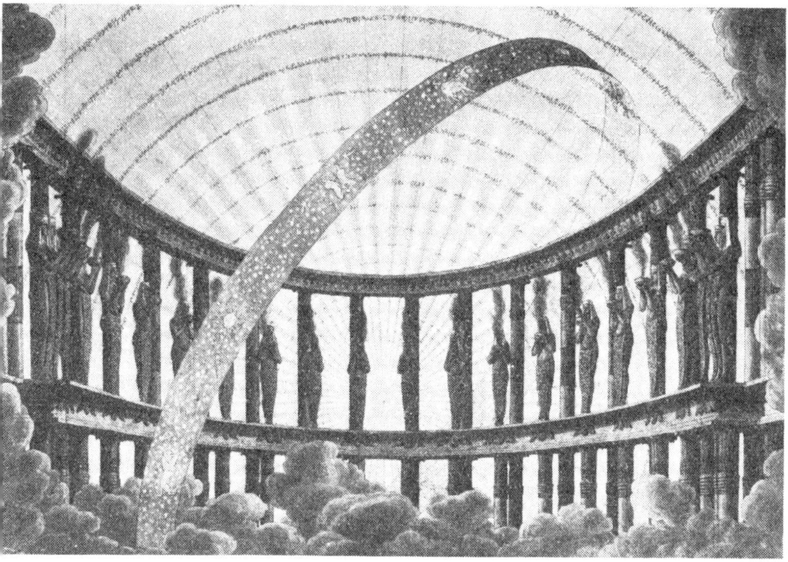

Bühnenbildentwurf von Simon Quaglio zum Sonnentempel der »Zauberflöte« im Münchner Hoftheater 1818. München, Deutsches Theatermuseum

erwacht, sieht die tote Schlange und merkt, wie eine seltsame Gestalt in einem Federkleid und mit einem Vogelkäfig sich nähert. Schnell versteckt er sich, um die Erscheinung zu beobachten. Es ist Papageno, der auf seinem kleinen Panpfeifchen bläst und ein Liedchen vor sich hin singt, in dem er sich ganz zwanglos vorstellt und von seinen Wunschträumen plaudert, von seiner Sehnsucht nach einem Mädchen und wie man vielleicht eines erringen könnte (Nr. 2). Da ruft ihn Tamino an; die beiden machen sich bekannt, und wir erfahren von Papageno, daß er für die Königin der Nacht Vögel fängt und dafür Speise und Trank von ihr erhält. Tamino vermutet in ihm seinen Retter vor der Schlange, was Papageno nicht bestreitet, worauf urplötzlich die drei Damen wieder auftauchen und ihn zurechtweisen; zur Strafe übergeben sie ihm als Lohn für seine Vögel statt Zukkerbrot einen Stein, statt Wein Wasser; und statt süßer Feigen bekommt er für seine Schwindelei ein goldenes Schloß vor den Mund gehängt. Dem Prinzen aber übergeben sie ein kleines Porträt der Tochter der Königin der Nacht. Wenn ihm ihr Bild nicht gleichgültig bliebe, würden ihm »Glück, Ehr' und Ruhm« winken.

Tamino vertieft sich in das Bildnis und verliebt sich sogleich in die schöne Unbekannte (Nr. 3). Darauf richten die drei Damen die Botschaft ihrer Fürstin aus:

Der Weg zu seinem Glück sei beschritten; er könne das Mädchen erringen, indem er es aus den Händen eines »bösen Dämons« rette, der es entführt habe. Tamino ist ohne Zögern dazu bereit. Da öffnen sich die Berge und geben den Blick frei auf den sternenverzierten Thron und die Königin der Nacht. Mit allen Äußerungen des Schmerzes über die geraubte Tochter fordert sie selbst den Prinzen auf, Pamina zu retten, und verspricht ihm dafür die Hand des Mädchens (Nr. 4). Die Berge schließen sich vor dem verwirrten Tamino. Papageno tritt auf, mit unartikulierten Lauten das Mitleid des Prinzen erflehend. Aber die drei Damen befreien ihn von dem Schloß und überreichen den beiden Männern im Auftrag der Königin für ihr bevorstehendes gefahrvolles Unterfangen zwei Zauberinstrumente: Tamino erhält eine Zauberflöte, Papageno, der ungefragt und gegen seinen erklärten Willen zum Diener des Prinzen bestimmt wird, ein Glokkenspiel. Dann bekommen sie den Weg zum Palast des Entführers – es ist Sarastro – gezeigt. Drei Knaben werden ihnen als Begleiter und Ratgeber in allen kommenden Gefahren beigegeben (Nr. 5).

Die Szene verwandelt sich: In Sarastros Palast hat der Oberaufseher der Sklaven, der Mohr Monostatos, Pamina zu hüten; er tut das mit lüsternen Blicken auf sie. Soeben ist sie bei einem Fluchtversuch erwischt worden, Monostatos läßt sie deshalb fesseln. Gerade als er sich der in Ohnmacht Gefallenen nähern will, taucht Papageno auf, beide erschrecken, der eine vor dem Schwarzen, der andere vor dem Vogelmenschen, und ergreifen die Flucht (Nr. 6). Doch Papageno kehrt bald zurück, entdeckt Pamina und erkennt auch gleich anhand des Bildchens, das ihm Tamino mitgegeben hat, die Gesuchte. Er erzählt ihr von ihrem neuen Anbeter Tamino und schüttet ihr im Gespräch sein Herz aus, seine vergebliche Suche nach einem lieben Mädchen. Gemeinsam singen sie einen kleinen Hymnus auf die Liebe, ». . . Weib und Mann reichen an die Gottheit an« (Nr. 7).

Unterdessen nähert sich auch Tamino dem Reich Sarastros und gelangt vor drei der Natur, der Vernunft und der Weisheit geweihte Tempel (ab hier: Nr. 8 Finale). Bis hierher haben ihn die drei Knaben geleitet, die ihm noch einmal Mut zusprechen und ihn dann allein lassen. Er sucht nacheinander an allen drei Pforten Einlaß, aber erst an der dritten, der Tür des Weisheitstempels, wird er nicht zurückgewiesen, ein ehrwürdiger Priester fragt ihn, was er hier zu finden hoffe. »Der Liebe und Tugend Eigentum«, lautet die Antwort Taminos, der sich belehren lassen muß, daß Sarastro keineswegs der Unmensch und Tyrann ist, den Tamino sich nach den Worten der Königin vorgestellt hat. Ein unsichtbarer Chor läßt ihn wissen, was der Priester nicht sagen darf: Pamina lebt! Für diese frohe Auskunft dankt er mit einer Melodie auf der Zauberflöte, die zu seiner Überraschung allerlei Tiere heranlockt. So versucht er damit auch Pamina herbeizurufen, doch an ihrer Stelle antwortet von ferne Papagenos Panflötchen. – Zunächst verfehlen sich die drei: Als Papageno mit der von den Fesseln befreiten Pamina heraneilt, erwischt sie Monostatos. Papageno besinnt sich in der Not auf sein Zauberglöckchenspiel und bewirkt mit seinen Klängen, daß Monostatos und die Sklaven sich willenlos, wie unter einem Bann, tanzend entfernen. Da signalisieren Pauken und Trompeten die Ankunft Sarastros mit stattlichem Gefolge, »auf einem Triumphwagen, der von sechs Löwen gezogen wird«.

Pamina wirft sich ihm zu Füßen und entschuldigt ihren Fluchtversuch mit ihrer Angst vor dem liebestollen Mohren. Sarastro versichert ihr, er selbst werde sie nicht zur Liebe zwingen, da sie einen anderen liebe. Ihrer Mutter freigeben werde er sie aber auch nicht, denn das wäre Paminas Unglück. Da führt Monostatos Tamino herein: Vor den verblüfften Anwesenden erkennen sich Prinz und Prinzessin und fliegen sich in die Arme. Monostatos trennt sie entrüstet und wird sogleich, statt belohnt zu werden, zu seinem Entsetzen von Sarastro zur Bastonade verurteilt, weil er sich an Pamina vergreifen wollte. Tamino und Papageno aber werden mit verhüllten Gesichtern von zwei Priestern weggeführt, Sarastro kündigt ihnen geheimnisvolle Prüfungen zu ihrer Läuterung an; sein Gefolge huldigt ihm mit dem Lob herrscherlicher Tugend und Gerechtigkeit.

2. Akt. Die Priester, »in den Weisheitstempel eingeweihte Diener der großen Götter Osiris und Isis«, versammeln sich in feierlichem Marsch mit Sarastro, um über das Schicksal von Tamino und Pamina zu entscheiden (Nr. 9). Tamino wird würdig befunden, durch einige Prüfungen zu gehen, um die Pflichten eines Menschen und die Macht der Götter zu erkennen und in den Kreis der Eingeweihten aufgenommen zu werden. Weil Pamina von den Göttern für Tamino bestimmt ist, wurde sie der Mutter entrissen, die »durch Blendwerk und Aberglauben das Volk zu berücken hofft«. Gemeinsam rufen die Priester Isis und Osiris an mit der Bitte um Weisheit und Tugend für das neue Paar (Nr. 10). – Im Vorhof des Tempels finden sich Tamino und Papageno mitten in der Nacht beim Rollen des Donners wieder. Auf Fragen der Priester antwortet Tamino, daß ihn Freundschaft und Liebe hierhergeführt hätten und daß er Weisheit auch um den Einsatz des Lebens erkämpfen wolle. Papageno hat Angst, und nur die Aussicht, einmal ein ihm bestimmtes Weibchen wenigstens sehen zu dürfen, läßt ihn widerwillig und neugierig zugleich in das Schweigegebot als Beginn der Prüfung einwilligen. Die beiden Priester verkünden die erste Lehre: »Bewahret euch vor Weibertücken!« (Nr. 11.) – Im Dunkeln allein, werden die beiden von den wie ein Spuk auftauchenden drei Damen der Königin der Nacht zum Sprechen verlockt. Tamino schweigt standhaft, ermahnt auch seinen Gefährten zum Stillschweigen, der aber schon ein paar erklärende Worte flüstert. Schon wenden sich die Damen unverrichteter Dinge ab, da werden Stimmen der Priester laut, und mit einem Donnerschlag verschwinden die Damen in der Versenkung (Nr. 12). Zwei Priester begleiten Tamino und Papageno zu neuen Prüfungen.

Monostatos findet Pamina schlafend auf einer Bank im Park und nähert sich ihr auf leisen Sohlen. Sehnsucht nach Lust und Liebe treiben ihn nach wie vor – soll ihm die Liebe verboten sein, nur weil man einen Schwarzen häßlich findet? (Nr. 13.) Gerade will er die Schlafende küssen, da verscheucht ihn ein Donnerschlag, der den Auftritt der Königin der Nacht ankündigt. Nicht Mutterliebe, sondern Rachegelüste treiben sie hierher, denn der König, Herr des »siebenfachen Sonnenkreises der Eingeweihten«, hat nicht ihr, sondern Sarastro diesen »Sonnenkreis« vererbt. Wenn Pamina ihr nicht gehorche – sie reicht ihr einen

Dolch – und Sarastro nicht töte, werde sie die »Bande der Natur« lösen und ihre Tochter verstoßen (Nr. 14). Nach diesen Worten versinkt sie wie ein Spuk. Monostatos hat alles belauscht und macht sich sogleich an Pamina heran, nimmt ihr den Dolch und beginnt, sie mit dem Gehörten zur Liebe zu erpressen. Zum Glück erscheint Sarastro gerade im rechten Augenblick und kann verhindern, daß der Mohr das Mädchen mit dem Dolch der Mutter umbringt, denn sie hat sich standhaft seinen Zudringlichkeiten widersetzt. Milde verkündet Sarastro Pamina seine Weisheitslehre, als sie ihn um Gnade für ihre Mutter bittet: »In diesen heiligen Hallen kennt man die Rache nicht« (Nr. 15).
Die beiden Prüflinge sind wieder sich selber überlassen, Tamino befolgt das Schweigegebot, Papageno aber plaudert munter vor sich hin, auch mit einem alten häßlichen Weib, das sich zu ihm gesellt hat. Entsetzen verschlägt ihm jedoch die Sprache, als sie ihm eröffnet, er werde ihr Geliebter. Im Donnerschlag, der Papagenos Geschwätzigkeit straft, hinkt sie davon, ehe er ihren Namen erfahren hat. Nun bringen die drei Knaben die Zauberinstrumente zurück, Flöte und Glockenspiel, die man ihnen im Tempel abgenommen hat. Auch sie mahnen: »Schweiget still!« (Nr. 16.) Papageno läßt es sich an einem offenbar für sie beide bereitgestellten, reich gedeckten Tisch schmecken. Tamino spielt unterdessen die Flöte. Da nähert sich ihm als nächste Prüfung Pamina. Todtraurig muß sie erkennen, daß er kein Wort mit ihr zu sprechen bereit ist, ihr sogar bedeutet, sie solle gehen. Verzweifelt und den Tod herbeiwünschend (Nr. 17) entfernt sie sich. – Posaunenklänge rufen die Männer zu neuen Prüfungen, und Tamino hat Mühe, seinen Begleiter von seiner Mahlzeit wegzuzerren. Inzwischen haben sich die Priester wieder versammelt und äußern ihre Freude über den tapferen Jüngling, der bald einer der ihren sein wird (Nr. 18). Er wird hereingeführt und Pamina gegenübergestellt, eine besonders grausame Probe wartet auf ihn: Zum Schein soll er ihr das letzte Lebewohl sagen. Im Gespräch läßt Sarastro allerdings durchblicken, daß sie sich froh wiedersehen werden (Nr. 19).
Papageno dagegen hat man von Tamino getrennt und erschreckt ihn in dunkler Haft mit Donnerschlägen. Schließlich aber zeigen die Priester Erbarmen mit diesem naiv-schlichten, schwachen Menschen, dem das »himmlische Vergnügen der Eingeweihten« gleichwohl verschlossen bleiben muß. Das bekümmert ihn nicht im mindesten; erleichtert bittet er um ein Glas Wein und wünscht sich zum Klang des Glockenspiels ein Mädchen oder Weibchen herbei (Nr. 20). Das alte Weib erbarmt sich seiner und preist sich ihm nachdrücklich an: »Wenn du mich nicht nimmst, dann bleibst du hier auf ewig eingekerkert!« Entsetzt willigt er ein, und sie entpuppt sich sogleich als junges hübsches Mädchen. Aber ebenso schnell entreißt sie ihm ein Priester, und der protestierende Papageno wird von der Erde verschlungen – noch ist es zu früh für ein glückliches Ende!
Unterdessen kümmern sich die hilfreichen drei Knaben um die verzweifelte Pamina, die ihrem Leben ein Ende setzen will (Nr. 21 Finale). Es gelingt ihnen, sie vom Selbstmord abzuhalten, indem sie ihr versprechen, sie zu Tamino zu führen, der sie noch immer liebe. So finden die beiden wieder zueinander und dürfen gemeinsam die letzte schwere Prüfung bestehen: Zwei geharnischte Män-

ner öffnen ihnen die Pforten zu einem lodernden Feuer und einem Wasserfall, durch die sie hindurchgehen müssen. Tamino spielt dazu die Zauberflöte, deren geheimnisvolle Geschichte Pamina ihm erzählt hat: Ihr Vater schnitzte sie einst aus dem Stamm einer tausendjährigen Eiche; nun beschützt ihres »Tones Macht« das tapfere Paar vor den Elementen und »des Todes düsterer Nacht«. Furchtlos durchschreiten sie Hand in Hand die Schreckensorte und werden vom Chor der Priester begrüßt, zum Eintritt in das gleißende Licht des Weisheitstempels.
Papageno aber will sich verzweifelt an einem Baum aufhängen, weil er das schöne Mädchen nicht wiederfinden kann. Da tauchen die drei Knaben auf und erinnern ihn an seine Zauberglöckchen. Schnell läßt er sie erklingen, und schon erscheint die Ersehnte. Stammelnd vor Glück umarmen sie sich und malen sich sogleich eine große Familie mit vielen kleinen Papagenas und Papagenos aus.
Monostatos hat sich auf die Seite der Königin geschlagen, weil sie ihm die Hand ihrer Tochter versprochen hat. Mit ihr und ihren drei Damen dringt er heimlich in den Palast ein, fürchterliche Morddrohungen ausstoßend. Doch die Priester sind wachsam und verjagen die Verschwörer unter Donner und Blitz in die ewige Nacht. Pamina und Tamino aber werden von Sarastro unter Dankgebeten an Isis und Osiris in den Kreis der Eingeweihten aufgenommen.

Zum Werk und seiner Entstehung

Mozart und Schikaneder kannten sich bereits flüchtig aus Salzburg, wo dieser mit seiner damaligen Schauspielertruppe 1781 gastiert hatte. Schikaneder, oft ein wenig herablassend als fahrender Komödiant dargestellt, war durch und durch ein Mann des Theaters, ein Profi, würde man heute sagen. Er kannte sich aus in allen Fragen der Bühnenpraxis und vor allem der Publikumswirkung; darüber hinaus aber kann man ihn durchaus als gebildeten Menschen bezeichnen, denn seine Literaturkenntnisse rund ums Theater waren beträchtlich; sein lebenslanger Einsatz für Shakespeares Werke ist bekannt.
So ist denn auch das Libretto zur »Zauberflöte« ein überzeugendes Dokument eines Theaterfachmannes, das allen aktuellen Bedürfnissen und Anforderungen mehr als gerecht wurde: Es ist unterhaltend und kurzweilig, gibt den – nicht nur seinerzeit! – so beliebten Effekten der Theatermaschinerie, für die Schikaneders Theater auf der Wieden bekannt war, breiten Raum, kombiniert geschickt vielerlei Elemente unterschiedlichster Herkunft bis hin zu Anleihen bei Typen der Commedia dell'arte und mengt darunter auch noch eine gehörige Dosis an Weltanschauung, gleichsam Philosophie für den kleinen Mann. Schikaneder war gleich Mozart Mitglied einer Freimaurerloge; daraus erklärt sich die ägyptisierende Symbolik in Sarastros Priesterwelt, darauf deu-

Emanuel Schikaneder. Anonymer Porträtstich in Scherenschnittmanier

tet auch die so penetrante Frauenfeindlichkeit, die sich an manchen Stellen des Librettos klischeehaft breitmacht – sicher der einzige wirkliche Schwachpunkt des ganzen Werkes, während der von zahlreichen Interpreten bis heute immer wieder beschworene »Bruch« in der Handlung am Ende des ersten Aktes bei genauerer Betrachtung doch manches von seiner Problematik verliert (vgl. Attila Csampais wegweisenden Essay im Rowohlt-Opernbuch »Die Zauberflöte«). Es wäre kaum zu begreifen, daß Mozart, der doch sonst bei seinen Opern dezidiert und konsequent in Dramaturgie und Formulierung eingegriffen, sich auch – wie in den Erklärungen zur »Entführung« – als sachkundige Instanz ausgewiesen hatte, hier auf einmal kritiklos und in blinder Eile einen Text übernommen und komponiert hätte! Daß keine ausführlich die Entstehung kommentierenden Briefe von ihm vorliegen, hat seine Gründe allein in biographischen Umständen. Man darf mit Fug und

Recht annehmen, daß Mozart das Libretto in der uns (und ihm) vorliegenden Fassung gutgeheißen hat.

Also sollte man akzeptieren: Die Königin der Nacht war durch ihren sterbenden Gemahl um den gewaltige Macht verleihenden »Sonnenkreis« gebracht worden (sie erzählt es selber!), und sie beneidete folglich den Erben Sarastro. Zur – verständlichen – Rachsucht hat sie jedoch erst durch Sarastros Raub der Pamina gefunden. Hier paaren sich also verletzter Stolz und aufrichtige Mutterliebe. Sarastro wiederum ist Oberhaupt einer frauenfeindlichen Elite, die keineswegs der Gewalt und der Rache entsagt hat, wie er mehrmals hochtönend behauptet, ja die sich sogar Sklaven hält, Symbol aller Unterdrückung. Und daß er selber eine – unerfüllbare – Neigung zu Pamina fühlen könnte, ist zumindest durch ein paar Hinweise im Text angedeutet. Tamino kehrt zunächst recht deutlich den Prinzen hervor, zeigt aber erstaunlich wenig eigenen Willen. Papageno hingegen ist – sieht man von der ganz aus ihren Empfindungen lebenden Pamina ab – der einzige natürliche Mensch, der sich echte Regungen erlaubt und damit erstaunlicherweise auch zum Ziel gelangt: Seine Papagena erhält er zu guter Letzt allem »Versagen« zum Trotz; auf solche Zwangsläufigkeit des Schicksals hatte er zuvor selber schon hingewiesen. Begleiter und Diener des Prinzen jedoch wird er gegen seinen Willen nur auf Weisung der drei Damen, und ob die Segnungen des Eingeweihtseins so ein Gewinn gewesen wären, bleibe dahingestellt; er jedenfalls vermißt sie nicht.

Aus allen diesen Elementen baute Schikaneder eine äußerst abwechslungsreiche, farbige und bühnenwirksame Handlung mit so viel märchenhafter Atmosphäre, daß alles »Hinterfragen« spätestens in der lebendigen Aufführung verstummt – der »Zauberflöte« ist ihr Erfolg bis heute treu geblieben, und sie hält bis heute ständig Platz 1 der Repertoire-Statistik.

Mozarts Anteil an diesem Erfolg ist bekannt. Dabei ist es unzureichend, von einer »Deutschen Oper«, einem Singspiel, zu sprechen. Das eigentliche Wunder dieser Partitur ist vielmehr ihre völlig überzeugende, nahezu bruchlose Vielfalt der Mittel, die doch nie wie ein Stilgemenge wirkt. Ein Geheimnis dieser höheren Einheit liegt darin, daß z. B. Papageno sich zwar der Schlichtheit des Volksliedes bedient, jedoch keineswegs in dessen engen Grenzen gefangen bleibt; daß die Königin der Nacht zwar handfeste stilistische Anleihen bei der Opera seria macht, darin aber gleichzeitig echtes Gefühl zu äußern vermag und in ihrer Wut und Rachsucht dennoch nicht in leeren Formeln erstarrt. Und auch Sarastro verströmt keineswegs nur blutlosen Weihrauch, sondern

zeigt – wenn man so will: sympathischerweise – durchaus menschliche Regungen.
Mozart und Schikaneder hatten sich bereits 1781 anläßlich eines Gastspiels der Schauspieltruppe in Salzburg kennengelernt. In Wien trafen sich die beiden dann wieder, als Schikaneder das Theater auf der Wieden übernahm. Wann der Entschluß gefaßt wurde, die »Zauberflöte« zu schreiben, läßt sich nicht mehr rekonstruieren. Einen ersten Hinweis gibt ein Brief Schikaneders an Mozart vom 5. Oktober 1790, in dem er auf das Duett Papageno – Papagena Bezug nimmt; zu diesem Zeitpunkt also war die Partitur bereits in Arbeit.
Bekannt sind Schikaneders Quellen: vor allem Christoph Martin Wielands Märchensammlung »Dschinnistan« und daraus das Märchen »Lulu oder Die Zauberflöte«. Einige Elemente basieren darüber hinaus mit Sicherheit auf dem Libretto der 1789 an Schikaneders Theater uraufgeführten Oper »Oberon, König der Elfen«, das von Karl Ludwig Giesecke nach anderen Quellen (u. a. wiederum Wieland) eingerichtet wurde. Hier liegt die Wurzel für die lange Zeit unausrottbare Behauptung, Giesecke – ein Mitglied der Schikaneder-Truppe – sei in Wahrheit der »Zauberflöten«-Librettist.
Die eigentliche Kompositionsphase der Oper im Sommer 1791 wurde durch mehrere Umstände belastet und auch verzögert: Mozarts Frau Konstanze mußte sich in Baden bei Wien einer längeren Kur unterziehen; daß sie ihren Mann allein in Wien zurücklassen mußte, löste bei ihm Unbehagen aus. Dann ereilte ihn völlig überraschend und viel zu kurzfristig der an sich ehrenvolle Auftrag, für die Krönung Leopolds II. in Prag eine Festoper zu komponieren: »La clemenza di Tito«. Mozart schob diese Arbeit zusätzlich ein, in so großer Eile, daß (wahrscheinlich) sein Schüler Süßmayr die Routinekomposition der zugehörigen Rezitative übernehmen mußte. Eine Reise zur Uraufführung des »Titus« Ende August bedeutete weitere Verzögerung. Schließlich belastete ihn als weiterer überraschender Auftrag die Komposition eines Requiems für Graf Waldegg-Stuppach. Trotzdem konnte Mozart die Vertonung des »Zauberflöten«-Librettos am 28. September 1791 abschließen; als letzte Teile entstanden Ouvertüre und Priestermarsch, die beiden einzigen Instrumentalstücke.
Wie so oft (»Don Giovanni« in Prag!) liefen die Einstudierungsproben lange parallel mit der Kompositionsarbeit, und so konnte bereits am 30. September die Uraufführung im Theater auf der Wieden stattfinden, mit Mozart am Direktionsflügel und Schikaneder als Papageno; Konstanze hatte ihre Kur, schon für die Pragreise, unterbrochen.

Eine längere Reihe weiterer Vorstellungen dieser ersten Einstudierung ist belegt (bereits bis Ende November über 80!), die ersten beiden von Mozart geleitet; manchmal saß er auch im Orchester und trieb beispielsweise vom Glockenspiel aus seinen Schabernack mit Schikaneder. Auch berichtet er von anerkennenden Äußerungen prominenter Zeitgenossen, mit denen er im Theater war, etwa Antonio Salieri (13. Oktober 1791). Schikaneder studierte das gemeinsame Werk übrigens lange nach Mozarts Tod 1802 noch ein zweites Mal ein, nun am neuen Theater an der Wien.

Zur Musik

Ouvertüre: Eine direkte musikalische, d. h. motivische Beziehung zur nachfolgenden Oper hat die Ouvertüre nur durch die drei »Priesterakkorde«, die ihr vorangestellt sind und die auch im *Allegro*-Hauptteil noch einmal erklingen. Allerdings sind sie verschieden instrumentiert, denn zu Beginn ertönen sie gleichsam symphonisch im vollen Orchestertutti, also auch mit Streichern und Pauken, während sie später nur noch im reinen Bläserensemble gesetzt sind, also im rituellen priesterlichen Klanggewand.

Im übrigen bereitet die Ouvertüre mit rein instrumentalen Mitteln nur atmosphärisch auf die konfliktreiche Handlung der Oper vor: In der langsamen Einleitung (*Adagio*, ¢) erhalten alle Unsicherheiten, alles Suchen und Umherirren im Dunkeln beredten Ausdruck, es gibt keine fertigen, in sich geschlossenen Themen, die Musik verharrt viel eher in einem quasi vor-thematischen Zustand im Piano, aber gestört durch scharfe Tutti-Akzente, voll synkopischer Unruhe in den Mittelstimmen und voller chromatischer Trübungen, die nach Moll tendieren, ohne es wirklich zu erreichen.

Mit Beginn des *Allegro*-Hauptteiles aber hat man das Gefühl, festen Boden unter den Füßen erreicht zu haben: Die Tonart Es-Dur ist fixiert, ein markant rhythmisches, in Tonrepetitionen und Doppelschläge motivisch gegliedertes Thema wird allein vorgestellt und sogleich in der Art einer Fugenexposition kontrapunktisch eingeführt:

Allerdings gibt es auch hier wieder die widerborstigen Akzente, nun »gegen den Takt« auf unbetonter Zählzeit. Und nun entfaltet sich ein veritabler Sonatensatz mit Exposition, Durchführung, Reprise und Coda, zugleich also ein Stück absoluter Musik, allerdings monothematisch angelegt, denn auch im Seitensatz auf der Dominante ist das hüpfende Hauptthema mit seinem charakteristischen Doppelschlag allgegenwärtig, umgeben von milderen, weicheren Gegenlinien in den Holzbläsern.
Vor die Durchführung schiebt sich gliedernd der dreimalige Akkord, und dann beginnt ein konfliktreiches polyphones Spiel mit dem Haupteinfall, vom verhangenen b-Moll ausgehend zunächst zum imitatorisch verzahnten Tutti führend, danach mit den farblichen und rhythmischen Gegensätzen aus dem Seitensatz, zwischen Streichern und Bläsern aufgeteilt, spielend. Die Reprise ist vor allem zu Beginn durch allerlei durchsichtig registrierte Gegenstimmen angereichert und mündet in eine machtvolle Coda, mit auftrumpfenden Pauken- und Trompetenklängen, die den Sieg des Mächtigen hörbar voranündigen.

Arien

In keiner von Mozarts reifen Opern gibt es nebeneinander so individuelle, vielfältig voneinander unterschiedene Soloszenen wie in der »Zauberflöte«: zwischen schlichtem volkstümlichem Strophenlied, virtuosem Bravourstück und tiefsinniger, kontemplativer Seelenlyrik. Dies ist die Oper der persönlich gefärbten Monologe und Dialoge, der vertonten Wunschträume und Bekenntnisse. Dagegen fehlen, librettobedingt, die großangelegten psychologisierenden Ensembles: Die Ensembles gehen kaum über echte Dreistimmigkeit hinaus, denn auch bei höherer notierter Stimmenzahl treten oft Gruppen (Damen, Knaben, Priester) auf, die gemeinsam reagieren. Diese Tatsache schmälert nicht den musikalischen Reichtum, verlagert aber die Akzente ins Individuelle, abhängig von einer relativ kleinschrittigen Handlung, die gar keine langen zwischenmenschlichen Konfliktbewältigungen zuläßt, sondern ständig den Schauplatz wechselt. Es sprechen nicht viele Personen miteinander, sondern es werden vornehmlich Zwiegespräche geführt.

Prinz Tamino singt genaugenommen nur eine einzige Arie (Nr. 3); denn sein zweiter sängerischer Solo-Auftritt liegt eingebettet in einen längeren Handlungszusammenhang zwischen Ensemble-Szenen im ersten Finale (in Nr. 8, *Arioso*): Es ist sein liedhaft hymnischer Gesang »Wie stark ist nicht dein Zauberton«, der mit seiner Zauberflöte alterniert; gegen Ende des Gesanges ruft Tamino sehnsüchtig nach Pamina, er hört von ferne Papagenos Glockenspiel, so daß er über einige fragend lauschende Fermaten-Takte ins erregte *Presto* verfällt (»vielleicht sah er Pamina schon«) und fortstürzt, während diese Szene unvermittelt ohne Abschluß in die folgende mündet.

Taminos erster Solo-Auftritt ist allerdings eine modellhaft klassische Arie, in der zwar die äußere Handlung stillsteht, um so mehr jedoch eine innere, seelische Entwicklung vor sich geht (Nr. 3 »Dies Bildnis ist bezaubernd schön«, *Larghetto* Es-Dur, $^2/_4$). Es gibt kaum eine weitere Arie von Mozart, in der so exemplarisch psychologisierend durch die Musik, parallel zum Text und ihn vorausdeutend, die allmähliche Entfaltung und Bewußtwerdung eines Gefühls nachvollzogen wird. Zunächst befindet sich Tamino noch sozusagen im Ruhezustand der Ausgeglichenheit, klanglich symbolisiert durch die zwei einleitenden in sich ruhenden, gleichsam »statischen« Es-Dur-Akkorde. Und auch seine beiden ersten melodischen Phrasen, die einander im Sekundabstand sequenzartig folgen, verraten keine Spur von Beunruhigung, lediglich die jeweils anspringende Sexte (die Silben »Bild-« und »noch« akzentuierend) verrät allenfalls ästhetische, gleichsam neutrale Emphase:

Doch alsbald zeigt sich eine Regung in der mehrfachen, von den Geigen beantworteten Vorhaltsgeste »Ich fühl es«, und unversehens geht Tamino zum ersten Mal aus sich heraus, aus der anfänglichen, eher beherrschten Sexte bricht die gefühlvoll akzentuierte (sfp) Septime hervor (»Götterbild«). Die emotionale, aber noch gar nicht bewußte Bewegung klingt ab in einer melismatischen Melodiewendung (»Herz«), die gleich noch einmal, nun offensichtlich auch bewußter, variiert und gesteigert wird. Damit endet der erste Abschnitt, der das Erwachen des Liebesgefühls zum Gegenstand hat; drei Es-Dur-Akkorde besiegeln diesen neu erreichten Zustand.

Nun beginnt auf der Dominante B-Dur die Phase der inneren Beunruhigung und des Nachdenkens, Sich-Bewußtwerdens. Klarinettenterzen nehmen Taminos nächste Phrase voraus und münden in eine zweifache,

variierte Fragestellung (»Soll die Empfindung Liebe sein?«), beide Male harmonisch offen, und nun folgt – rein instrumental vorweggenommen in ganzen anderthalb Takten – das plötzliche Begreifen der Wahrheit: ein Crescendo vom p zum f, zweimaliges kurzes Stocken im Terzenaufstieg von Klarinetten und Fagotten – »Ja, ja, die Liebe ist's allein«, sogleich mehrfach nachdrücklich und mit ausdrucksvollem Doppelschlag markiert wiederholt.
Es folgt der dritte Teil, die dritte Stufe der Bewußtseinsentwicklung. Unruhe befällt Tamino, Sehnsucht nach der Geliebten – »O, wenn ich sie nur finden könnte!« –, und die Musik verändert von Grund auf ihren Charakter, Erregung vibriert fast greifbar in synkopischer Unruhe, in dynamischen Gegensätzen von Takt zu Takt, mit sehnsuchtsvoll zum Dominantseptklang hinaufstrebender Tonleiter. Wieder steht am Ende eine zunächst unbeantwortete Frage, das ratlose »Was würde ich?«, motivisch kleinteilig im Orchester zerfallend und als auskomponiertes Fragezeichen harmonisch unaufgelöst (Terz-Quart-Klang des Dominantseptakkords) abbrechend. Eine Generalpause dehnt die Ratlosigkeit ins Unerträgliche. Dann haben wir auf einmal wieder den festen Grund der Tonika Es-Dur unter den Füßen, jetzt allerdings vorwärtsdrängend, in vibrierender Bewegung rhythmisiert (Zweiunddreißigstel in der Viola-Stimme); Singstimme und erste Violine imitieren einander mit einer melodisch klingenden Geste (»Ich würde sie ...«). Und auf einmal kehrt neugewonnene innere Ruhe, die Gewißheit des gefundenen Weges, ein, die Rhythmik scheint fast stehenzubleiben, und Tamino gibt sich ganz der großen melodischen, viermal verschieden veränderten Gebärde hin: »und ewig wäre sie dann mein«. Drei Nachspieltakte fangen die Spannung auf und bauen sie zugleich ein wenig ab. – Das Bedeutende und auch für Mozart Neuartige, Zukunftsweisende dieser Arie ist ihr Prozeßcharakter, ihre seelische Tiefe, die der Musik keinen Raum mehr läßt für eine auch nur angedeutete selbständige Form, sondern vielmehr ihre neue und völlig eigene Formgestalt in konsequenter Abhängigkeit vom Text und seinem Gehalt gewinnt.

Pessimistisches Gegenstück zu diesem optimistischen Meisterwerk ist Paminas einzige Arie (Nr. 17 »Ach, ich fühl's, es ist verschwunden«, *Andante* g-Moll, $^6/_8$), die in ihrer Trostlosigkeit ergreifendste Offenbarung eines ausweglos verzweifelten Seelenzustandes, die Mozart jemals vertont hat, in seiner persönlichsten Tonart g-Moll. Und auch diese Arie opfert konsequent alle vorgegebenen Formmuster zugunsten einer radikalen Darstellung des menschlichen Inneren. Die musikalischen

Mittel, die hier eingesetzt werden, sind ebenso extrem wie überschaubar und ökonomisch, dabei überraschend in der Umdeutung ursprünglicher Bedeutung. Am auffälligsten ist das beim Einsatz der Koloratur in der Singstimme, die hier alles andere als virtuose äußerliche Kunstfertigkeit bedeutet, sondern viel eher die Flucht in die Sprachlosigkeit einer hoffnungslosen Seelenlage andeutet (»meinem Herzen zurück« und vor allem die ausdrucksvollen Melismen von »So wird Ruh' im Tode sein«). Hinzu kommt die äußerste Sparsamkeit im Begleitsatz, der im wesentlichen auf den stockenden $^{6}/_{8}$-Rhythmus ♫ ♩ | ♫ ♩ ♫ | ♩ reduziert ist (und sich hierin nahe berührt mit einem ähnlichen Phänomen im 2. Satz der großen g-Moll-Sinfonie KV 550). Wenige solistische Holzbläserlinien treten hinzu als Gegen- und Verbindungslinien und übrigens konsequent die warmen Farben des Klarinettenpaares aussparend. Dezente Chromatisierung erhöht vor allem im Mittelteil (B-Dur) den Leidensdruck und bricht nur zweimal in akzentuierte Schmerzensgebärde aus (»Sieh, Tamino«), modulierend über die beiden wie ein Aufschrei einsetzenden ungewöhnlichen Sept-Nonen-Akkorde (über g und a) zurück zur Grundtonart g-Moll. Ganz ähnlich wie am Schluß der Tamino-Arie gewinnt Mozart der ständigen Variierung der endgültigen Schlußworte (»So wird Ruh' im Tode sein«) immer neue Färbungen ab, einmal mit dem geradezu exemplarischen Einsatz des neapolitanischen Sextakkordes als fahlem Trugschluß, dann durch emphatisch überhöhte Intervallsprünge, schließlich durch eine winzige anrührende Kadenz der Stimme im freien, unbegleiteten Raum – endgültig allein gelassen! In vier Nachspieltakten äußert sich dann noch einmal im innigen Streicher-Bläserklang alles aufgestaute Gefühl, als verlöre Pamina für wenige Augenblicke die Beherrschung, bevor sie in Resignation versinkt.
Wie Tamino hat Pamina ebenfalls einen kleineren, in den größeren szenischen Zusammenhang eingebetteten Solo-Auftritt, dann nämlich, wenn sie ihm vor der gemeinsamen Schlußprüfung die Herkunft der Zauberflöte verrät (in Nr. 21, zweites Finale, *Andante*); die Musik zieht sich auf einmal ins geheimnisvolle Moll zurück, und der Sopranstimme tritt ein Solo-Fagott kontrapunktisch gegenüber (»Es schnitt in einer Zauberstunde ...«). Zwei kurze Tremolo-Takte symbolisieren gleich darauf »Donner, Sturm und Braus«, ehe sich Pamina wieder der gemeinsamen unmittelbaren Zukunft zuwendet (»Nun komm und spiel die Flöte an«).

Papageno ist der einfache »Mann aus dem Volk«, ein Naturwesen mit völlig intaktem Empfinden und Reagieren, der alle Regungen spontan

Figurine des Papageno. Stich von Pistrucci. Anfang des 19. Jahrhunderts

und unkompliziert ausspricht. Deshalb singt er auch keine Arien, sondern zwei Lieder mit jeweils mehreren Strophen: Zunächst stellt er sich Tamino (und uns allen) vor, indem er kurz seine berufliche Tätigkeit und vor allem, noch spaßhaft in eine spielerische Möglichkeit verkleidet, seine Sehnsucht nach Liebe, nach einem Mädchen, mitteilt. Das Lied »Der Vogelfänger bin ich ja« (Nr. 2 *Andante* G-Dur, $^2/_4$) wird völlig unverändert in allen drei Strophen vom Streichorchester begleitet, dem hin und wieder ganz dezente Hornquinten als Farbakzente zugefügt werden und in dem die Holzbläserfarben in Vor-, Zwischen- und Nachspiel mit Papagenos Panflötchen korrespondieren.
Papagenos zweite Arie, »ausgelöst« durch einen Schluck Wein aus Sarastros Keller, ist – bei gleicher formaler Anlage als dreistrophiges Lied – ein wenig stärker differenziert. Auch Papageno hat seine verwirrenden Erfahrungen hinter sich, und die Begegnung mit der – vorerst – unerreichbaren Papagena hat ihn ein wenig verstört (Nr. 20 »Ein Mädchen oder Weibchen ...«, *Andante* F-Dur, $^2/_4$). Und so variiert Mozart

behutsam von Strophe zu Strophe das begleitende Orchester: Der obligate (»konzertante«) melodisch-akkordische Part des Zauberglockenspieles wird in der zweiten Strophe zunächst dezent verziert; in der dritten übernehmen dann die zuvor im ersten Arienteil ausgesparten Bläser den Glockenspiel-Satz, und das Soloinstrument ist auf einmal frei für spielerische Arpeggien. Auch die Form ist ein wenig komplizierter als im Auftrittslied: Jede Strophe ist zweiteilig, mit einem ruhigen *Andante*-Teil zu Beginn und einem anschließenden ausgelassen-tänzerischen $^6/_8$-*Allegro* danach, das ansatzweise aus der Liedform ausbricht und mit mancher Wortwiederholung eher Arientendenz hat. Einen lärmenden instrumentalen Kehraus liefert dann die achttaktige Coda, in der am Ende das Glockenspiel verstummt – vielleicht tanzt Papageno hier ein paar Schritte und kann deshalb sein Zauberinstrument nicht mehr bedienen?

Sarastro verbreitet in seinen beiden Arien im zweiten Akt auf den ersten Blick seine weihevolle Aura und verströmt Milde und Weisheit. Es ist das Verdienst von Attila Csampai, als erster auf die Gebrochenheit und Doppelbödigkeit von Persönlichkeit und Handeln des Oberpriesters hingewiesen zu haben. So dient die erste seiner Arien (Nr. 10 »O Isis und Osiris«, *Adagio* F-Dur, $^3/_4$), ganz der »Image-Pflege« des auf Macht, Vorurteil und Frauenverachtung aufgebauten Männerbundes, dem er vorsteht. Zwei Bassetthörner im Orchester zeigen im Verströmen einer weltentrückten Klanglichkeit die geistige Welt des Freimaurertums an, die für Sarastros Priesterschar das Vorbild gab. Drei Posaunen und das Fagottpaar runden das dunkle, ansonsten holzbläserlose Timbre ab; auch bei den Streichinstrumenten fehlen die beiden hohen Geigenstimmen, es gibt nur erste und zweite Viola und Celli, keine Kontrabässe, eine ganz eigentümliche und in Mozarts Œuvre beispiellose Instrumentation! In schlichter Liedhaftigkeit ist Sarastro der Vorsänger, der Männerchor antwortet ihm, refrainartig seine letzte Phrase wiederholend. Die zweite Strophe beginnt melodisch verändert, kehrt jedoch in der Schlußzeile zum Melos des ersten Strophen-Endes zurück, ebenfalls vom Chor beantwortet. Die Einheit von Text und Musik ist perfekt; Klang, Harmonik, Melos und Worte stehen bruchlos im Dienst der verströmten Weltanschauung.

In den Umkreis dieser ersten Arie gehören übrigens zwei weitere Äußerungen der freimaurerisch beeinflußten Priesterwelt: Die eine – als reines Instrumentalstück in manchen Inszenierungen als Vorspiel zum

Figurine des Sarastro. Aquarell von Philipp von Stubenrauch für die »Zauberflöte« im Wiener Kärntnertortheater 1818. Wien, Historisches Museum der Stadt Wien

zweiten Akt eingesetzt – ist der Priestermarsch (Nr. 9 F-Dur, ¢), in seiner charakteristischen Farbigkeit fast eine Instrumentations-Studie: Hier dominiert vom ersten bis zum letzten Takt die Flöte, mit der ersten Violine oder in einigen Takten mit dem Bassetthorn parallel geführt. Der klangliche Unterbau ist dunkel getönt durch die Kombination von je zwei Bassetthörnern, Fagotten und Hörnern mit dem dreistimmigen Posaunensatz. Es handelt sich also um eine Komposition, die sich nahtlos in den Umkreis der übrigen Freimaurerwerke Mozarts einfügt:

Die zweite ist der Priesterchor (Nr. 18 »O Isis und Osiris«, *Adagio* D-Dur, ¢), der insgesamt dynamischer angelegt ist als der eher statisch in sich ruhende Marsch, unterstrichen noch durch die etwas reichere

Orchesterbesetzung mit zusätzlichem Trompeten- und Oboenpaar sowie zweiter Flöte.

Anders angelegt ist Sarastros zweite Arie (Nr. 15), die im Gegensatz zur ersten eine unmittelbare Reaktion auf das Geschehene darstellt: Er hat Monostatos dabei erwischt, wie er sich bei Pamina Liebe erpressen wollte und mit Mord drohte; offensichtlich weiß er auch vom Mordplan der Königin. Auf Paminas Bitte um Verzeihung für die Mutter reagiert Sarastro, wie man von ihm erwartet, milde und scheinbar gütig. Doch wird, wie Csampai gezeigt hat, ein Zwiespalt in dieser Arie hörbar, die Diskrepanz zwischen Sein und Schein, Sprechen und Handeln: »In diesen heil'gen Hallen kennt man die Rache nicht« (Nr. 15 *Larghetto* E-Dur, $^2/_4$). Sarastro hat bereits im ersten Akt Monostatos völlig willkürlich und grausam bestraft, und am Ende des zweiten wird er sich sehr wohl an der Königin rächen, die ihm allerdings auch nach dem Leben trachtet. Hinzu kommt seine an einigen Stellen vorsichtig ausgesprochene Neigung für Pamina, die ihm als Oberpriester jedoch nicht auszuleben gestattet ist und die er für einen anderen reservieren muß. Und so durchzieht die sogenannte »Hallen«-Arie denn auch ein Zwiespalt: Sarastro verkündet hochtönende Allgemeinplätze der Menschlichkeit in zwei musikalisch gleichen Strophen, sein vorhaltsseliges, lyrisch-sentimentales Melos aber verrät manches von seinem Inneren, von seiner Neigung zu Pamina:

Dieser Zwiespalt beherrscht sogar das knappe zweitaktige Vorspiel, das überraschend abrupt mit zwei Forte-Schlägen des Orchesters abgebrochen wird. Gegenüber der rituelleren ersten Arie dokumentiert sich mehr Weltlichkeit und »Normalmenschlichkeit« auch im Verzicht auf alle weihevollen Klangfarben im Orchester: Sarastro wird auf einmal von einer ganz »normalen« Instrumentalkombination begleitet, das Streichquintett ist wieder vollzählig, ergänzt durch die üblichen je zwei Flöten, Fagotte und Hörner – hier spricht eben der Privatmann Sarastro! Die wichtigste und prägende farbliche Rolle spielt hier übrigens die Flöte, die gleich zu Beginn apart an die Baßstimme gekoppelt wird und die ihr am Schluß eine selbständige melodische Linie entgegenstellen darf: Sie wiederholt nämlich die unmittelbar vorangehende

Gesangsphrase, während Sarastro in der Tiefe eine Art Kontrapunkt dazu beisteuert. Und schließlich fällt auch die ungewöhnliche, im Zusammenhang mit Freimaurer-Anlässen unübliche Grundtonart E-Dur auf, die zudem noch in krassem Kontrast zum vorangehenden d-Moll der Königin der Nacht steht.
Auch wenn man in der Deutung des Sarastro nicht so weit gehen möchte wie Csampai, so bleibt doch in diesen Passagen der Musik immer ein innerer Konflikt spürbar: das unauflösliche Dilemma des mächtigen Oberpriesters zwischen dem verkündeten Ideal und der unvermeidlichen menschlichen Schwäche.

Auch die Königin der Nacht singt, wie ihr Gegenspieler, zwei Arien und enthüllt in ihnen viele Facetten ihrer Persönlichkeit. Die erste (Nr. 4 Rezitativ und Arie »O zittre nicht, mein lieber Sohn« *Allegro maestoso* B-Dur, $^4/_4$), zugleich ihr machtvoller erster Auftritt, wird von einer programmatischen Orchesterpassage eingeleitet, die durch ein wohldosiertes und ausinstrumentiertes Crescendo ihr Herannahen illustriert. Es folgt ein kurzes Accompagnato-Rezitativ, das die unruhevoll drohenden Synkopen-Elemente der Einleitung wieder aufgreift, aber jedesmal vor dem Höhepunkt dynamisch und harmonisch abbiegt, wenn die Königin das Wort ergreift. Die eigentliche Arie, »Zum Leiden bin ich auserkoren«, ist zweiteilig, analog zu ihren beiden inhaltlich und emotional gegensätzlichen Textaussagen. Das *Larghetto* steht im gleichen g-Moll wie viel später Paminas ergreifende Todesklage, allein das schon ein unüberhörbarer Fingerzeig Mozarts, daß er die Leiden der Königin ernst nimmt, daß sie eben nicht nur heuchelt, um Tamino zu beeindrucken, wie immer wieder behauptet worden ist. Was sich in diesen Tönen äußert, ist echt empfundener Trennungsschmerz, freilich immer wieder unterbrochen durch die aufsteigende Empörung über Sarastros Untat, spontaner Ausdruck einer starken, kraftvollen, aber leidensfähigen Frau:

Im Mittelteil des Larghettos wird sie übermannt von der Erinnerung an die überfallene Pamina; das ist zum Ausdruck gebracht durch seufzend stammelnde Gesangsmelodik, »zitternd« nachschlagende Streicherfiguren und eine klagende Fagott-Gegenstimme voll dezenter Chromatik. Im übrigen sind Oboe und Fagott häufig als individuelle Farben parallel an die Singstimme gekoppelt. Danach zeigt sich der Tatmensch – die Königin ist nicht zum Leiden da, sondern zum Handeln, wie sie ja mit einigen Initiativen beweist, wenn sie auch erfolglos bleiben, weil ihr die wahre Macht fehlt. Diese Tatkraft wird im zweiten Teil der Arie ausgedrückt, der mit Rücksicht auf die halsbrecherischen Koloraturen wohlüberlegt *»Allegro moderato«* überschrieben ist. Die Singstimme steht nun konsequent im Vordergrund, während das Orchester sich überwiegend auf rhythmisch-harmonische Impulse beschränkt, ständig voll versteckter Synkopen-Unruhe. Zu einer kleinen Phase der inneren Besinnung kommt es lediglich bei den Worten »Und werd ich dich als Sieger sehen, so sei sie denn auf ewig dein«. Das Schlußwort hat kurz und bündig auftrumpfend das ganze Orchester – eine Siegesgewißheit, die sich nicht erfüllen wird.

In etwas anderer Verfassung, nämlich in die Enge getrieben, in der fast aussichtslosen Lage, in die sie der zu Sarastro übergelaufene Tamino gebracht hat, zeigt sich die Königin in ihrer zweiten Arie (Nr. 14 »Der Hölle Rache kocht in meinem Herzen«, *Allegro assai* d-Moll, $^4/_4$). Die Musik setzt umweglos, ohne Einleitung, Rezitativ oder langsamen Teil, im dämonisch schwirrenden d-Moll-Tremolo ein. Harte Tutti-Akzente und krasse Dynamik-Kontraste illustrieren die Worte, malen beredt der »Hölle Rachen« – selten hat Mozart so eine hektisch-erregte Dynamik vorgezeichnet. Es ist eine klassische Rache-Arie, die ihr Modell zwar in der Typisierung der Opera seria hat, jedoch unüberhörbar individuelle Züge angenommen hat – hier droht nicht eine überpersönliche herrscherliche Macht mit ihrer Rache, hier wütet die tief getroffene Herrscherin und Mutter der Pamina.

Mozart findet zu einem ganz ungewohnten melodischen Gestus, der sich vorwiegend auf Dreiklangsbrechungen und Tonleiterfigurationen beschränkt, ganz eng und dicht vom genau parallel geführten, über weite Strecken wirklich begleitenden, stützenden Orchester getragen. Anfänglich noch einigermaßen beherrscht, überschreitet die Stimme bald alle Grenzen, nimmt Zuflucht in »sinnlosen« Vokalisen und Koloraturen. Dann ein Atemholen, ein paar rauschende Zwischenspieltakte, und ein neuer Wutanfall ereignet sich (»Verstoßen sei auf ewig«), nun in fast besinnungslosem Wüten direkt gegen die Tochter gerichtet. Scheinbare Beruhigung, eher wie Geistesabwesenheit wirkend, liegt dann in einer seltsam zurückgenomnmenen Triolenkoloratur, die in eine fast spielerisch-übermütige Staccato-Koloratur mündet, ehe es zum letzten fürchterlichen Racheschwur kommt, der alle festen metrischen und melodischen Konturen der Arie endgültig sprengt (»Hört der Mutter Schwur«). Drei energisch auffahrende Orchestertakte genügen zum imponierenden Abgang in die Versenkung.

Monostatos als nächtliche Figur zwischen Sklaventum, unterdrückter Rasse und zeitweilig sich aufbäumender Macht- und Liebesgier, hat eine einzige, wenngleich ungemein effektvolle, fast exotisch schillernde Arie zu singen (Nr. 13 »Alles fühlt der Liebe Freuden«, *Allegro* C-Dur, $^{2}/_{4}$). Hier äußert sich ein von den täglichen Freuden des Lebens Ausgeschlossener, ein Gehetzter, Getriebener seiner Ängste und unterdrückten Lüste. So ist seine Musik denn auch von hektischer kleinteiliger Getriebenheit, und die edle Flöte, das Liebesinstrument dieser Oper, das auch Sarastro in seiner zweiten Arie begleitet, wird hier gleichsam verzerrt, karikiert zur Piccolo-Flöte, die ständig wispert (sempre pianissimo):

Das Orchester verfügt hier auch über das Klarinettenpaar, das jedoch nur im Hintergrund den Klang grundiert, während die Streicher fast pausenlos in Sechzehntel-Wiederholungen vibrieren. Das Ganze ist ein zweistrophiges Lied, jede Strophe mit einem ganz kurzen retardierenden Mittelteil, wo die Sechzehntel einen Moment pausieren, und einer variierten Reprise; alles ist, laut Mozarts Vorschrift, »so piano gesungen und gespielt, als wenn die Musik in weiter Entfernung wäre«. Und schon ist der ganze Spuk vorbei, klingendes Abbild von Angst, Unterdrückung und schlechtem Gewissen – wegen eines einzigen, verbotenen Kusses, zu dem es nicht einmal kommt!

Ensembles

Zum ersten Duett (Nr. 7) der »Zauberflöte« finden Pamina und Papageno zusammen, um gemeinsam ihre hohen Gedanken zur menschlichen Liebe zu formulieren, als Fazit ihres vorangegangenen Dialoges – als »Lehre« eine der zentralen Stellen der Oper. Bemerkenswert ist die völlig problemlose Annäherung des »naiven« Naturmenschen und der Königstochter, die sich auch in völliger musikalischer Übereinstimmung äußert (Nr. 7 »Bei Männern, welche Liebe fühlen«, *Andantino*

Es-Dur, $^{6}/_{8}$). Die Verknüpfung der beiden an sich so gegensätzlichen Welten äußert sich erkennbar im Ablauf der Komposition: Zunächst singen beide Stimmen nacheinander die fast gleiche liedhaft-schlichte Melodie, so daß aus zwei Hälften eine klassische Periode erwächst:

Die Fortsetzung erklingt dann gemeinsam im abgestimmten Zwiegesang eines weiteren Achttakters; das Orchester begleitet völlig untergeordnet. Es folgt eine zweite Strophe, die genauso gebaut ist, nur melodisch leicht ausgeziert. Doch dann schließt sich ein längerer Epilog an, der aus dem Schema des Strophengesanges ausbricht und ein wenig arioser anmutet, jetzt auch unter Einbeziehung der Holzbläserfarben (Klarinetten und Fagott). Und ganz am Ende schwingt sich die Sopranstimme Paminas zu zwei kadenzartig freien Melismen auf, so daß der Schluß fast hymnischen Charakter gewinnt.
Das andere Duett (Nr. 11) aber ist ein Unikum, fast so etwas wie eine Karikatur der frauenfeindlichen Priesterwelt: Tamino und Papageno müssen sich auf peinlichste Weise von zwei phrasendreschenden Priestern darüber belehren lassen, daß Frauen eigentlich Menschen zweiter Klasse sind und das Unglück des Mannes, wenn er nicht auf der Hut ist (Nr. 11 »Bewahret euch vor Weibertücken«, *Allegretto* C-Dur, ¢). Das kleine Allegretto, das Mozart diesen Dummheiten unterlegte, ist denn auch in seinem ersten Teil eine liedhafte Nichtigkeit, die das bedeutungsvolle Auftreten der Priester als naiv und borniert entlarvt, und am Schluß klingt es wie eine reine Parodie, im staccato-hüpfenden Geschwindmarsch-Rhythmus, zu dem sie dann auch abmarschieren.

Außerhalb der beiden Finali gibt es zwei in sich musikalisch abgeschlossene Terzette: Das eine (im zweiten Akt) ist ein verklärtes und zugleich jugendlich verspieltes Ensemble der drei Knaben, die meist als singendes Dreierkollektiv auftreten, zart von winzigen Motivflöckchen in Geigen und Bläsern begleitet (Nr. 16 »Seid uns zum zweiten Mal willkommen«, *Allegretto* A-Dur, $^{6}/_{8}$), duftig im zumeist ohne Kontrabaß durchsichtig registrierten Klanggewand.
Das andere Terzett (im ersten Akt) ist wesentlich weniger homogen, aufgrund seiner Handlungskonstellation, denn es ist und bleibt auch genaugenommen ein Duett, zunächst zwischen Pamina und dem sie

verfolgenden, aufgeregten Monostatos, als eine der eiligsten musikalischen Passagen der ganzen Oper (Nr. 6 »Du feines Täubchen, nur herein«, *Allegro molto* G-Dur, $^4/_4$). Biegsam folgt die Gesangsmelodik jeweils der handlungsorientierten Textaussage, vor allem in den Gefühlsregungen Paminas. – Dann stiehlt sich Pamina mittels einer Ohnmacht aus dem (musikalischen) Geschehen, und die Atmosphäre verändert sich auf einmal; denn nun erscheint Papageno: »Aha, da find ich Leute. Gewagt, ich geh hinein!« Ungemein keck und unternehmungslustig ist dieses pantomimische Hereinkommen vertont, und um so sinnfälliger klingt dann die Schrecksekunde (Fermate und Fermatenpause), wenn sich Papageno und Monostatos unversehens gegenüberstehen (Duett »Hu! Das ist der Teufel sicherlich!«). Die Musik scheint sich selber zu verscheuchen und zu verflüchtigen, wenn beide schließlich vor Angst davonlaufen – eine perfekte kleine szenische Miniatur am Gang der Ereignisse entlang und deshalb ohne formale Geschlossenheit.

Terzett singen quasi »von Natur aus« selbstverständlich auch immer die drei Damen, doch ihre Ensembles fügen sich jeweils in größere Zusammenhänge ein, stehen nicht isoliert. Übrigens singen sie keineswegs nur als Gruppe, sondern zeigen hin und wieder durchaus Individualität. Das wird besonders deutlich in der Introduktion (Nr. 1 »Zu Hilfe«), wenn sie, nach Taminos musikalisch so plastisch-eindrucksvoller Flucht voller Tremolo-Unruhe und aufgewühlter Dynamik, auf einmal beherzt das Geschehen auf der Bühne und in der Musik zum Stehen bringen. Und stilisierte punktierte Siegesfanfaren bekräftigen ihren Spruch unüberhörbar; gemeinsam feiern sie im wohltönenden Terzett ihren Sieg über das Untier. Doch dann wird differenziert: Auch die feenhaften drei Damen sind so etwas wie Menschen mit emotionalen Regungen; bei ganz sparsamer Streicherbegleitung bewundern sie zärtlich den »schönen Jüngling« und ziehen doch gleich wieder gemeinsam ihre Schlußfolgerung. Der Entschluß, davon ihrer Herrin zu berichten, fällt wieder im wohlgeordneten, wenngleich nun ein wenig spitz und wachsam klingenden Terzett: »Laßt uns zu unserer Fürstin eilen ...«; und wenn sie an ihre leidende Königin denken, klingen ihre Stimmen auf einmal ganz lyrisch gebunden (»vielleicht daß dieser schöne Mann die vor'ge Ruh' ihr geben kann«). Dann aber kommt es fast zum Streit, denn jede will allein bei Tamino bleiben und vertritt im recht geschwätzigen Nacheinander ihre eigene Interessenlage, mit ständig dichter aufeinanderfolgenden Störakzenten auf unbetontem Taktteil. Und wenn dann »jede für sich« überlegt, verzahnen sich die drei Stimmen im kurz-

atmigen Nacheinander und im parallelen Ablauf. Erst die ausgedehnte Zeremonie des Abschieds vom schlafenden Jüngling beruhigt und vereint die musikalischen Linien wieder zum Terzett (»Du, Jüngling, schön und liebevoll«). Alles in allem haben wir hier also das ausgedehnteste und vielschichtigste Terzett der »Zauberflöte« vor uns, dem lediglich als »Introduktion« Taminos Flucht und Ohnmacht vorangestellt sind.
Ein weiteres handlungsorientiertes Terzett ist jenes zwischen Pamina, Tamino und Sarastro im zweiten Akt, wenn – als recht schikanöse Prüfung – Tamino seiner Geliebten das »letzte Lebewohl« sagen muß (Nr. 19 »Soll ich dich, Teurer, nicht mehr sehn?«, *Andante moderato* B-Dur, ¢). Voll innerer Unruhe bewegt sich die Musik im Alla-breve-*Andante*, ständig vorangetrieben durch eine jeweils dem Baßschwerpunkt nachklappende Achtelfigur. Es ist eigentlich ein Abschiedsduett voll zarter verhaltener Wehmut, kommentiert von Sarastro, dessen Bemerkung »Wir sehn uns wieder« die beiden Liebenden offenbar gar nicht mitbekommen – wie sonst würde Pamina bald danach einen Selbstmordversuch begehen können!

Die beiden großen Finalszenen enthalten jeweils eine Vielzahl heterogener Einzelabschnitte in wechselnden Besetzungen, aber keine großen dramatischen Ensembles. Das erste Finale (Nr. 8) wird von einem abgeklärten Knaben-Terzett eröffnet (»Zum Ziele führt dich diese Bahn«), in schwerelos schwebender ¢-Bewegung, was unter anderem auf die fehlenden Kontrabässe zurückzuführen ist; Weihe verleihen dem Klang zusätzlich die gedämpften Posaunen und das in bemerkenswerter Ausnahme diesmal abgedeckte Paukenpaar (»coperti«). Erst wenn Tamino das Wort ergreift, beginnt die Musik ein wenig irdischer und handfester zu klingen, denn nun verstummen die Weihe-Instrumente, die Bässe setzen ein, und in der zweiten Violine pulsiert auf einmal eine Triolenbegleitung – Mozart charakterisiert und unterscheidet äußerst subtil mit den Mitteln seiner Orchesterpalette!
Dann folgt jenes lange und einzigartige »Recitativo accompagnato«, die Dialogszene zwischen Tamino und dem Sprecher, in der die Musik minutiös auf alle Regungen und Tonfälle der Personen reagiert. Zunächst, nach monologisierendem Solo des Prinzen, antworten ihm zweimal unsichtbare Stimmen markig »Zurück!«, als er die Tempelpforten öffnen will. Beim dritten Versuch komponiert Mozart dann einen eindrucksvollen »Aha«-Effekt, wenn statt des erwarteten erneuten »Zurück!« sich die Tür hörbar ins Weite öffnet, in ein ruhendes As-

Dur-*Adagio*. Dieses große instrumentale Rezitativ geht über alles hinaus, was bisher in der Gattung »Recitativo accompagnato« existierte – erst durch die Musik wird letztlich begreifbar, warum Tamino sich in diesen wenigen Minuten vom rachedurstigen Feind in einen fast willenlos Abhängigen Sarastros verwandelt. Von großer Bühnenwirksamkeit ist sein abschließender Dialog mit dem unsichtbaren Chor, der ihm – als fahle, fast unbegleitete Baßlinie – ein wenig Hoffnung macht. Und mit wie sparsamen Mitteln, dem aufsteigenden a-Moll-Dreiklang und einem nachfolgenden Dominantseptakkord über dem Tonika-Grundton, beschwört Mozart dann die Verlassenheit des Prinzen:

Wieder antworten die Priester, diesmal posaunengestützt.
Auf das anschließende Zauberflötensolo mit Arioso wurde an anderer Stelle hingewiesen (vgl. S. 260 f.); es mündet in eine viel diesseitigere Szene: Tamino und das Paar Papageno – Pamina suchen sich akustisch und verpassen sich (»Schnelle Füße«, 16. Auftritt). Aus dem Duett wird vorübergehend ein hektisches Terzett zusammen mit Monostatos, bevor sich Stimmung und Farbe – alles auf engstem Raum und ungeheuer temporeich – erneut wandeln: Papageno zähmt und verscheucht mit seinem Glockenspiel die Sklaven, die einen der zartesten und durchsichtigsten Männerchorsätze singen (»Das klinget so herrlich«). Wie im Märchen üblich, wird schnell die Moral verkündet (»Könnte jeder brave Mann / Solche Glöckchen finden, / Seine Feinde würden dann / ohne Mühe schwinden ...«), und schon signalisieren Pauken und Trompeten die Ankunft Sarastros und seines Gefolges in würdigen Triumphmarschtönen. Im nachfolgenden Dialog zwischen der zerknirscht unterwürfigen Pamina und dem auf Würde bedachten Sarastro unterscheidet Mozart äußerst genau zwischen den musikalischen Wendungen, die er beiden zuordnet: Pamina voll innerer Unruhe mit dezenter Synkopenbegleitung der Streicher, Sarastro volltaktig und melodisch strömend und mit seiner männlichen Stimmtiefe protzend (»Doch geb ich dir die Freiheit nicht«). Im Grund hat diese Passage viel Ähnlichkeit mit dem großen Instrumental-Rezitativ Tamino – Sprecher, nur bleibt das Tempo jetzt gleich.
Monostatos schleppt aufgeregt Tamino herein (19. Auftritt), und es entsteht eine kleine dramatische Turbulenz auch in der Musik, als sich

Prinz und Prinzessin verbotenerweise umarmen. Eine kleinteilige repetierte, vorschlagsbesetzte Motivfolge charakterisiert unnachahmlich den nervös-eilfertigen Mohren

und hebt ihn von seiner Umgebung ab. Die sadistische orientalische Züchtigung, die ihm von Sarastro verheißen wird, kommentiert das Gefolge zunächst ganz leise (sotto voce), fast ein wenig erschrocken über soviel Brutalität (»Es lebe Sarastro«). Mit ein paar knappen Rezitativsätzen setzt Sarastro dann die Prüfungen in Gang, und zum Aktschluß feiern alle Anwesenden im stürmisch-jubelnden *Presto* »Tugend und Gerechtigkeit«.

Auch das zweite Finale ist ähnlich komplex und abwechslungsreich angelegt (Nr. 21 *Andante* Es-Dur, ¢). Wieder leiten die drei Knaben die Handlung ein, vorgestellt im homogenen Bläsersatz:

Unruhe macht sich jedoch bald im Orchester in Form von synkopisch nachklappenden Achteln bemerkbar, als sie die verzweifelte Pamina entdecken, und der Gesang der drei Knaben fächert sich auf einmal in drei individuelle Linien auf. Pamina ist hörbar von Sinnen; die treffende Beobachtung der Knaben »Wahnsinn tobt ihr im Gehirne« ist an ihrer exaltierten Gesangslinie abzulesen:

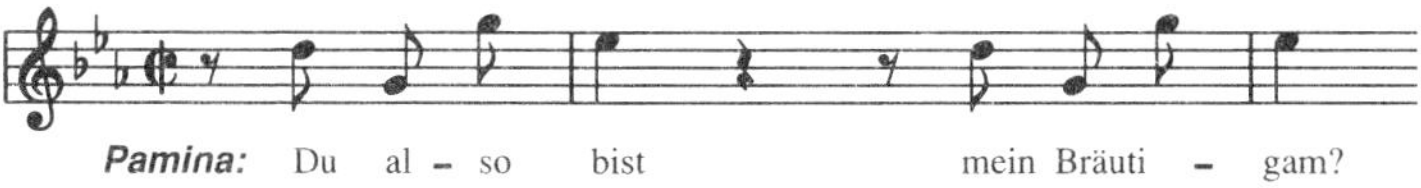

Wieder verbreiten, wie so häufig bei Paminas Auftritten, synkopische Begleitfiguren nervöse Unruhe, von der sich in beschwörendem Still-

stand die Einwürfe der Knaben abheben (»Holdes Mädchen«). Zuletzt zielt eine chromatisch-ansteigende Tonfolge zwanghaft suggestiv auf den Kulminationspunkt: den im letzten Moment verhinderten Selbstmord. Die Entspannung und Erleichterung ist danach ungemein sinnfällig in fast übermütigen Ländlerklängen, überlagert von Paminas überschwenglicher Freude (»Führt mich hin, ich möcht ihn sehen«). Gelöst und heiter, fast tanzend und walzerselig, endet die so dramatisch begonnene Szene.
Die Verwandlung der Bühne bringt auch einen großen Kontrast in der Musik mit sich: eine Komposition von größtem Ernst und höchster, fast akademischer Kunstfertigkeit eröffnet die nachfolgende Feuer- und Wasser-Szene, nämlich ein kontrapunktisches Meisterstück in Form einer ausgewachsenen Choralbearbeitung über einen Cantus firmus, den die beiden geharnischten Priester im Oktavabstand vortragen (»Der, welcher wandelt diese Straße voll Beschwerden, / wird rein durch Feuer, Wasser, Luft und Erden«), auf der Basis des Chorals »Ach Gott, vom Himmel sieh darein«. Dieses ernsthafte Stück ist sicher der zwingende tönende Beweis dafür, daß Mozart die freimaurerisch gefärbte Welt Sarastros ernst nimmt; es ist gewiß der musikalisch tiefsinnigste und gleichsam objektivste Moment in der »Zauberflöte«. Unmerklich wachsen aus dem Ende dieser Szene Taminos Worte »Mich schreckt kein Tod« hervor, und es kommt wieder Leben und Unruhe auf.
Einer der beglückendsten musikalischen Momente, ergreifend in seiner Schlichtheit und melodischen Ausdruckskraft, ist die Wiedersehensszene zwischen Tamino und Pamina; in ihre beiden einander antwortenden melodischen Phrasen – vor allem in Taminos Antwort! – hat Mozart alle Innigkeit und Zartheit gelegt, deren seine Tonsprache mächtig war:

Und unmittelbar daran schließt sich die intimste und zarteste Liebesszene aller Mozartopern; am Ende steigert sie sich hymnisch durch die kunstvoll kontrapunktisch eingefügten Stimmen der Geharnischten (»Ihr wandelt durch des Tones Macht«). Das zweimalige schlichte, arabeskenhaft verzierte Zauberflötensolo leitet die beiden dann durch Feuer und Wasser, dezent durch leise Blech- und Paukenakzente markiert – könnte das Nebeneinander von individueller Zweisamkeit und gleichzeitig präsenter »offizieller« Priesterwelt sparsamer und zugleich deutlicher ausgedrückt werden? Eine Duett-Phrase der Erleichterung, in Terzen und Sexten, kommentiert jede bestandene Prüfung, und ein kurzer Triumphchor des unsichtbaren Sarastro-Gefolges schließt sich effektvoll an.

Nun ereignet sich Papagenos Selbstmordversuch, und sogar seine sonst so volkstümliche Musik klingt auf einmal gehetzt und freudlos (29. Auftritt), voller Akzente und kleiner nervöser Tonfiguren. Am Ende wird sein Tonfall ganz larmoyant, und auch er bedient sich für wenige Takte der »ehrlichen« Trauertonart g-Moll – Mozart nahm also Papagenos Leiden ernst (»Nun wohlan«). Allerdings hört man dieser Passage doch ein wenig das Augenzwinkern an: Es wird schon gut gehen – etwa in den Einwürfen des Orchesters. Schlagartig ändert sich der Ausdruck nach dem rechtzeitigen Eingreifen der drei Knaben; zugleich kommt eine erwartungsvoll in die Zukunft deutende Triolenbegleitung in Gang, und Papagenos Glockenspiel darf dann endlich Papagena herbeirufen. Der Beginn des anschließenden Duetts von Papageno und Papagena ist einer der bezwingendsten heiteren musikalischen Einfälle Mozarts, als Ausdruck des den Atem verschlagenden Entzückens und Staunens (»Pa, pa, pa ...«). Allmählich steigert sich die Musik bis zum ausgelassenen lebenslustigen G-Dur-Schluß.

Und noch einmal folgt ein letzter krasser Kontrast: die unheimliche e-Moll-Verschwörungsszene der Königin, ihrer Damen und des Monostatos; der gespenstische Effekt wird gerade dadurch erreicht, daß die Musik auf alle demonstrativen Mittel verzichtet und, wie in mühsamer Beherrschung und kaum zu unterdrückender Erregung, Tempo und Dynamik durchgehend im *Moderato* und Piano zügelt (30. Auftritt). Winzige Akzente (mf) und unauffälliges Tremolo der Streicher deuten behutsam die unterschwellige Nervosität an. Erst ganz am Schluß genügen wenige wuchtige Forte-Takte, um den Untergang der Verschwörer herbeizuführen. Und die nachfolgenden wenigen Orchestertakte beweisen einzigartig Mozarts Meisterschaft in der Kunst feinster Übergänge auf engstem Raum: Drei auf- und abschwebende Violintakte lassen auf einmal die Sonne aufgehen und uns die vorangegangene Nachtszene vergessen. Wenige rezitativische Worte Sarastros und prächtige Chorklänge – zunächst weihevoll getragen (*Andante*), dann heiter beschwingt (*Allegro*), fast ausgelassen – beenden das Märchenspiel.

La clemenza di Tito (KV 621)
(»Titus«)

Opera seria in zwei Akten.

Libretto: Caterino Mazzolà nach Pietro Metastasio.
Uraufführung am 6. September 1791 in Prag.
Personen: *Tito Vespasiano*, römischer Kaiser (Tenor); *Vitellia*, Tochter des Kaisers Vitellius (Sopran); *Servilia*, Schwester des Sesto, Geliebte des Annio (Sopran); *Sesto*, Freund des Titus, Geliebter der Vitellia (Sopran); *Annio*, Freund des Sesto, Geliebter der Servilia (Sopran); *Publio*, Präfekt der Prätorianer (Baß); Chor.
Ort und Zeit der Handlung: Rom, zur Regierungszeit des Kaisers Titus (79–81 n. Chr.).
Orchesterbesetzung: 2 Flöten, 2 Oboen, 2 Klarinetten, 1 Bassettklarinette, 1 Bassetthorn, 2 Fagotte, 2 Hörner, 2 Trompeten; Pauken, Streicher.
Gliederung: Ouvertüre (Allegro C-Dur, $^4/_4$). – Akt I: 4 Arien, 3 Duette, 1 Terzett, 1 Quintett mit Chor, 1 Chor, 1 Marsch; Akt II: 7 Arien, 2 Terzette, 1 Sextett mit Chor, 2 Chöre.

Handlung: 1. Akt. Vitellia, die Tochter des von Titus Vespasianus entmachteten Kaisers Vitellius, beansprucht für sich den Thron aufgrund alter Rechte. Sie haßt Titus, weil er sie nicht zu seiner Gattin und Mitregentin gemacht hat, und verspricht dem jungen Römer Sextus (Sesto), seine Frau zu werden, wenn er Titus töte. Sextus ist mit Titus befreundet, aber blind vor Liebe zu Vitellia verspricht er, den Mord auszuführen. Seinem Freund Annius gibt Sextus die Zustimmung zur Heirat mit Servilia. – Titus ist beim Volk beliebt. Er begrüßt seine jubelnden Untertanen auf dem Forum und stellt ihnen Wohltaten in Aussicht. Danach teilt er dem verdutzten Sextus mit, er habe die Absicht, nun Servilia zu heiraten. Entsetzt gibt Annius diese Neuigkeit an seine Geliebte weiter, die treu zu ihm zu halten verspricht. Sie faßt sich ein Herz und geht sogar selbst zum Kaiser, um ihm ihre Neigung zu Annius zu offenbaren. Ihre Aufrichtigkeit beeindruckt Titus, er verzichtet zugunsten des Annius. Nun soll doch Vitellia Kaiserin werden, Titus läßt ihr durch Publius seinen Entschluß mitteilen. – Gleichzeitig macht sich Sextus auf, Vitellia zuliebe den Mord an Titus auszuführen. Vitellia will ihn noch im letzten Augenblick, angesichts der veränderten Situation, zurückhalten, doch zu spät: Das Kapitol brennt bereits! Vor dem kaiserlichen Palast findet Annius einen seltsam verwirrten Sextus vor; das Volk ist aufgebracht und verängstigt. Publius äußert seine Sorge um das Wohl des Kaisers. Verstört berichtet Sextus, Titus sei von einem Verräter erschlagen worden. Vitellia kann ihn gerade noch daran hindern, sich selbst vor allen als Täter zu bekennen. Empörung über die verbrecherische Tat breitet sich aus.
2. Akt. Titus aber lebt, und Annius bedrängt Sextus, sich dem Kaiser zu stellen und ihn um Verzeihung zu bitten. Doch zu spät: der Anführer einer Verschwö-

»Titus« in der Inszenierung von Jean-Claude Auvray und mit dem Bühnenbild von Mario Garbuglia am Stadttheater Basel 1984

rergruppe hat Sextus bereits verraten. So muß Publius ihm das Schwert abnehmen und ihn gefangensetzen. Gemeinsam mit den Römern danken die Boten befreundeter Völker den Göttern für die wunderbare Rettung des Kaisers, und Titus ist gerührt über soviel Zuneigung. – Sextus soll auf Beschluß des Senats in der Arena sterben. Annius kann Titus dazu bewegen, noch einmal mit Sextus zu sprechen, bevor er das Todesurteil unterschreibt. Zerknirscht tritt Sextus vor Titus und bittet um Verzeihung, doch nicht um Gnade. Wieder allein, fällt der Kaiser in tiefes Nachsinnen über die Sinnlosigkeit einer despotisch ausgeübten Macht und über Wert und Unwert einer erzwungenen, ohne Liebe erworbenen Treue der Untertanen. – Von Servilia dazu bewegt, faßt Vitellia den Entschluß, dem Kaiser zu gestehen, daß sie aus Rache und Enttäuschung Sextus zu seinem Mordplan angestiftet hat. Im Kolosseum wartet die Menge auf das Spektakel: die Verräter sollen den wilden Tieren vorgeworfen werden. Da stürzt Vitellia vor dem Kaiser nieder und gesteht ihm ihre schmähliche Schuld – sie allein sei verantwortlich und bereit, die Strafe zu erleiden. Titus aber gewährt ihr und allen seinen Feinden Gnade und läßt auch Sextus von den Ketten befreien. Alle danken den Göttern für ihren gütigen Herrscher Titus.

Zum Werk und seiner Entstehung

Die Daten zur Entstehung sind so knapp und spärlich wie der Zeitraum, den Mozart zur Verfügung hatte, um die Partitur zu vollenden. Offenbar erhielt er Mitte Juli 1791 aus Prag von den Böhmischen Ständen den definitiven Auftrag, eine Festoper zur Krönung Kaiser Leopolds II. zum böhmischen König zu komponieren. Der Festtag war auf den 6. September festgelegt worden, so daß nur sieben Wochen Zeit verblieben, und überdies kränkelte Mozart bereits. Genauere wissenschaftliche Recherchen haben allerdings ein etwas differenzierteres Bild der Entstehung zutage gefördert. So ist es bekannt, daß Mozart bereits im April 1789 aus Prag einen Opernauftrag angekündigt bekommen hatte, und es ist durchaus möglich, daß zu diesem Zeitpunkt bereits an Metastasios »Tito« gedacht wurde. Die Zusammenarbeit mit Mazzolà, der das Libretto »zur wirklichen Oper« (alla vera opera) – so Mozart – überarbeiten sollte, begann vielleicht schon im Mai 89, und es entstanden auch schon Skizzen sowie das Rondo der Vitellia (Nr. 23), das Josephine Duschek in Prag am 26. April 1791 sang. Danach erst erging, wie bekannt, der endgültige Auftrag zur Komposition durch den Prager Impresario Domenico Guardasoni. Die Secco-Rezitative wurden nicht von Mozart komponiert; allerdings ist es keineswegs gesichert, daß ihr Autor sein Schüler Franz Xaver Süßmayr ist, wie bisher angenommen.

»Titus« hat nie auch nur annähernd die Popularität der anderen späten Opern Mozarts erreicht. Dafür gibt es gewiß mehrere Gründe. Zum einen war die Gattung der Opera seria zwar durchaus noch lebendig, als repräsentative höfische Festveranstaltung, doch hatte ihr die Opera buffa längst den Rang abgelaufen, und auch das Deutsche Singspiel war aktuell. Beide aber hatten gegenüber der Seria erkennbare Vorzüge, die ihnen größere Lebendigkeit und größeren Erfolg sicherten, nämlich die größere Lebensnähe der Handlung und der auf der Bühne agierenden Personen. Der stereotype Seria-Ablauf von Rezitativen und Arien war einem farbigeren und auch spannenderen Wechsel von Arien und vor allem Ensembles gewichen, in denen sich die Handlung voranbewegte. Und die Musik beschränkte sich – vor allem durch Mozart! – nicht mehr nur auf die Demonstration seelischer Zustände und Affekte, sondern begleitete und kommentierte, insbesondere in den Ensembles, den Fortgang der Handlung. Mozarts unvergleichliche Kunst der psychologischen Charakterisierung mit musikalischen Mitteln reifte in der Buffa! Bereits »Idomeneo« bedeutete ja eine individuelle Weiterführung der

Seria-Schematik im Sinne der behutsamen musikalischen Individualisierung und durch den so gewichtigen Einsatz des Chores. Insofern ist »Titus« als Festoper fast eine Art Rückschritt – zur Gattung ereignet sich hier, viel weniger als im »Idomeneo«, eigentlich nichts Neues, wenn man davon absieht, daß Mozarts Kunst nun natürlich über alle Mittel ihrer höchsten Reife gebietet. Das allein scheint aber nicht zu genügen, um einer Oper wirkliches, dauerhaftes Leben einzuhauchen, wenn sie im übrigen, wie Stefan Kunze gezeigt hat, in ihrer Lebensferne und Statuarik eigentlich ein Anachronismus ist.

Hinzu kommt die seria-typische dramatische Schwäche des Metastasio-Librettos von 1734, das gleichwohl überdurchschnittlich berühmt und beliebt war und von zahlreichen renommierten Komponisten wie Antonio Caldarà (1734), J. A. Hasse (1735–37), Chr. W. Gluck (1752), N. Jomelli (1753) und P. Anfossi (1769) schon vertont worden war. Daß Mozart das »Statuarische« der Seria, ihre Langeweile, erkannt hat, bezeugt sein Bestehen auf einer wenigstens etwas theaterwirksameren Umarbeitung. Sie wurde dem theaterkundigen Mazzolà übertragen, einem Freund da Pontes, damals Hofdichter in Dresden. Innerhalb der Handlung liegt das Hauptproblem sicher in der fast unerträglichen und damit von vornherein spannungstötenden Güte des Helden, der nur milde reagiert, während um ihn herum – seria-typisch – eine Intrige nach der anderen angezettelt wird.

»Titus« ist aus diesen Gründen nie zu einem Bühnenerfolg geworden, selbst im mozart-enthusiastischen Prag nicht. Gleichwohl enthält die Partitur einen großen Reichtum charakteristischer später Mozart-Eingebungen, denen nur eben die sonst gewohnte dramatische und psychologisierende Unmittelbarkeit der Wirkung abgehen muß – es sind eher, wie einzelne kostbare Perlen, punktuelle konzertante Höhepunkte, die genausogut isoliert genossen werden können.

Zur Musik

Die Ouvertüre (*Allegro* C-Dur, $^4/_4$) würde ihre Wirkung mit Sicherheit auch als Kopfsatz einer Symphonie erzielen. Es handelt sich um einen ausgefeilten, in allen Farben des späten Mozart-Orchesters funkelnden Sonatensatz: mit zwei besonders stark kontrastierenden Themenkomplexen, von denen der erste – nach fanfarenartigem Vorspann – wiederum in sich gegensätzlich angelegt ist (a) und der zweite vom solistischen Holzbläsersatz lebt (b):

a (*T.* 8)

b (*T.* 29)

Nach einer durchsichtigen und zunächst piano verlaufenden Durchführung, die sich im wesentlichen mit den pausendurchsetzten Achteln des ersten Themas beschäftigt (Klammer im Notenbsp.), kehrt die Reprise dann mit großer Logik die Reihenfolge der Themen um: Erst erklingt der solistische Seitensatz, dann, als auftrumpfender Schluß und mit festlich rauschender Coda, der Hauptsatz.

Bei den Arien und Ensembles fällt das durchweg getragene Tempo auf, man könnte geradezu von einer »Andante-Oper« sprechen. Über alles ist makelloser Wohlklang ausgebreitet, es gibt nur ganz wenige etwas dramatische oder düstere Akzente. Einer ist gewiß die große Schrekkensszene am Ende des ersten Aktes beim Brand des Kapitols – eine machtvoll düstere Ensemble- und Chorszene in c-Moll: »Deh conservate, oh Dei« – »O Götter, bewahret« (Nr. 12, *Allegro*). Hier knüpft Mozart erkennbar an die monumentalen Chorauftritte im »Idomeneo« an.
Konzertante Höhepunkte, jedoch eher statisch als dramatisch, sind die beiden Soloszenen mit solistischen Holzblasinstrumenten: die Arie des Sesto, »Parto ma tu ben mio« – »Ich gehe, aber du mein Lieb« (Nr. 9), mit der Solo-Klarinette, und das Rondo der Vitellia, »Non più di fiori« – »Um aus Blumen« (Nr. 23), mit dem Bassetthorn. Beide Instrumente werden kantabel und koloraturenreich im Wettstreit mit der Singstimme eingesetzt und begleiten sie auch mit den typischen »dudelnden« Akkordbrechungen; die Nähe zum Klarinettenkonzert KV 622 ist unüberhörbar. Im Vitellia-Rondo kann man in einigen Passagen gar so etwas wie eine Vorahnung Verdischer Orchesterbegleitungen erkennen. Weitere bemerkenswerte Momente sind u. a. das zarte Duett Nr. 7 (»Ah perdona« – »Ach verzeih«), in dem mit ganz sparsamen Mitteln die innige Beziehung von Annio und Servilia gezeichnet wird, und das Terzett Nr. 14 (»Se al volto« – »Wenn du

je ...«) mit seinen solistischen Holzbläserstimmen im ersten Teil (*Andantino*):

Auch der folgende Chor, »Ah grazie« – »Ach, Dank« (Nr. 15, *Andante*), wird durch die Verhaltenheit in Tempo und Dynamik und durch seine schlichte, eingängige Melodik zu einem eigentümlich anrührenden Stimmungsbild der verinnerlichten Freude, nicht des Jubels, über Titus' Rettung.

In zwei der drei Arien des Titelhelden versucht Mozart Titus ein wenig heroisch zu zeichnen: So wird dessen letzte Arie, »Se all'impero« – »Wenn für die Herrschaft« (Nr. 20, *Allegro* B-Dur), zu einer eher offiziell-repräsentativen Seria-Nummer in gewohnter Dreiteiligkeit (ABA); auch die zweite Arie, »Ah, se fosse intorno al trono« – »Ach, wenn um meinen Thron« (Nr. 8), steht im *Allegro*-Tempo und beginnt mit einem sehr originellen Vorspiel und der ihr antwortenden ersten Gesangsphrase, indem über ostinat pochendem Achtelpendeln der Baß-Stimme die Melodie sich fast suggestiv zur Subdominante wendet:

Vier der Rezitative sind Accompagnati, original von Mozart; sie sind, verglichen mit denen der großen Buffo-Opern, alle relativ sparsam und konventionell gehalten.

Musik zu Schauspiel, Pantomime und Ballett

Chöre und Zwischenaktmusik zu »Thamos, König in Ägypten« (KV 345)

Drama von Tobias Philipp Freiherr von Gebler (1726–86)

Orchesterbesetzung: 2 Flöten, 2 Oboen, 2 Fagotte, 2 Hörner, 2 Trompeten, 3 Posaunen; Pauken, Streicher.
Gliederung: 5 Instrumentalstücke (nach den fünf Akten); Einleitungschor, Chor im fünften Akt (jeweils in zwei Fassungen).

Das Schauspiel »Thamos« wurde am 4. April 1774 im Wiener Kärntnertortheater aufgeführt. Der Dichter selbst bestellte die Musik bei Mozart, nachdem er sie sich zunächst bei einem anderen Komponisten hatte schreiben lassen (Johann Tobias Sattler); mit dem Ergebnis war er, beraten von Christoph Willibald Gluck, jedoch unzufrieden. Mozart komponierte die Stückfolge – seine einzige Schauspielmusik – wahrscheinlich 1779 in Salzburg, die beiden Erstfassungen der Chöre wohl schon 1773 in Wien. Später verwendete Johann Böhm die Musik für ein anderes Schauspiel, als seine Theatertruppe Deutschland bereiste. Mozart hörte diese Fassung 1790 in Frankfurt; er schätzte seine »Thamos«-Musik sehr. Man könnte sie als einen heimlichen Vorläufer seiner »Zauberflöte« betrachten, das ägyptische Kolorit des Schauspieltextes legt eine solche Verwandtschaft nahe. Die Chöre enthalten auch Solo-Passagen. Der d-Moll-Chor (Nr. 7) trat an die Stelle der ursprünglichen Schlußmusik zum fünften Akt; er beginnt zu geheimnisvollen gedämpften Klängen – Streicher (con sordino) und Pauken, Tremolo, Pizzicato der Bässe mit einem Solo des Oberpriesters, vgl. das Notenbeispiel S. 285. Von dieser chromatisch düsteren Beschwörungsszene mit ihren vorausgeahnten »Don Giovanni«-Klängen hebt sich dann wirkungsvoll das lichte D-Dur des anschließenden *Allegro*-Teiles ab.
Die Zwischenaktmusiken (Nr. 2 bis 6) stellen eine farbig-effektvolle Reihe von orchestralen Charakterstücken dar, die erkennbare programmatische Bezüge haben: Einige Einfügungen von der Hand Leopold Mozarts in der Partitur verweisen deutlich darauf, etwa in Nr. 3

(*Andante* Es-Dur) das direkte Nebeneinander von »Pherons falschem Charakter« (akzentuierte harte Tutti-Akkorde) und »Thamos' Ehrlichkeit« (ein zartes Oboen-Solo über gezupften Streichern),

das Ganze auf der Basis der Sonatensatzform. Nr. 4 ist von Mozart offensichtlich als Pantomime bzw. Melodram geplant, denn es finden sich in der Partitur eine Reihe szenischer Anweisungen und auch Textzeilen; dementsprechend flexibel reagiert die Musik auch auf die wechselnden Situationen. Nr. 7a, die später durch den Chor Nr. 7 ersetzt wurde, ist eine kleine, ungemein wilde theatralisch-stilisierte Gewittermusik im fahlen d-Moll. Wir haben also in den instrumentalen Passagen zu »Thamos« im Grunde Mozarts einzigen versteckten Beitrag zur Gattung Programmusik vor uns.

Umständehalber, d. h. wegen fehlender diesbezüglicher Aufträge und Anlässe, gibt es von Mozart ganz wenige Beispiele von Ballettmusiken oder Pantomimen; die **Ballettmusik zur Oper »Idomeneo« (KV 367)** ist die bedeutendste und vollständigste, sie wird im Zusammenhang der Oper vorgestellt (vgl. S. 142 f.).

Die **Ballettmusik zur Pantomime »Les petits riens« (KV 299b)** ist in Paris vor dem 11. Juni 1778 entstanden und in größeren Teilen nicht von Mozart. Wissenschaftliche Untersuchungen haben ergeben, daß von den 20 Nummern lediglich die spritzige und in ihrem Mittelteil farbig aufgefächerte Ouvertüre und sieben kurze, charakteristische Sätze von Mozart stammen sowie eine **Gavotte (KV 300)**, die möglicherweise zu diesem Zyklus gehört.

Anhang

Diskographie

Vorbemerkung

Für die diskographische Auswahl zur Vokalmusik von Mozart – denn um nichts anderes als eine Auswahldiskographie ohne Anspruch auf Vollständigkeit handelt es sich auch in Band 2 dieses Musikführers – gelten weitgehend die gleichen Vorbemerkungen, wie sie zur Instrumentalmusik in Band 1 gemacht wurden: Auch hier wirkt sich der veränderte Bewußtseinsstand der Interpreten im Zuge der historischen Aufführungspraxis aus, zumal es sich zumindest in einigen Fällen um die gleichen Dirigenten handelt. Insgesamt ist der Anteil solcherart reflektierter Interpretationsansätze bis jetzt jedoch etwas geringer, oder anders herum formuliert: Die Tradition der bisherigen philharmonischen und Belcanto-Ästhetik ist noch ziemlich ungebrochen.
Auch bei der vergleichenden Besprechung von geistlichen und Theaterwerken Mozarts tut man gut daran, eine Voraussetzung zu beachten: Niemand weiß heute, wie Mozarts Musik aufgeführt worden ist, weder Vertreter der Musikwissenschaft noch forschende Theaterpraktiker. Das gilt ganz besonders für die immer wieder explosive Tempo-Diskussion – auch hier gibt es lediglich interpretierbare Äußerungen und Indizien aus der Mozartzeit. Und so ist es kein Zufall, sondern vielmehr Anregung zum nachdenklichen Innehalten, wenn gerade die beiden aktuellen Protagonisten der historischen Aufführungspraxis auf dem Gebiet der Oper oft zu gegensätzlichen Ergebnissen gelangen: Arnold Östman zu seinen bisweilen aberwitzig schnellen und vor allem hörend nicht mehr nachvollziehbaren Tempi (in »Così fan tutte« und »Figaro«), Nikolaus Harnoncourt dagegen zu Extremen der Aggressivität und der besinnlich-lyrischen Langsamkeit (in »Idomeneo«, »Entführung aus dem Serail«, »Don Giovanni«, »Zauberflöte«).
Anders als bei den Instrumentalwerken sind bei den großen Opern Mozarts eine Reihe bedeutender historischer Aufnahmen verfügbar, inzwischen überwiegend in CD-Technik. Hier ist es insbesondere das Verdienst mancher kleineren Vertriebsfirma, singuläre historische Aufführungs-Mitschnitte und erste Studioproduktionen aus der Zeit der dreißiger und vierziger Jahre der interessierten Öffentlichkeit zugänglich gemacht zu haben. Hierher gehören die Glyndebourne-Einspielungen Fritz Buschs (Helikon) und die New Yorker Met-Aufführungen

Bruno Walters (FSM), aber auch bemerkenswerte Dokumente aus den frühen fünfziger Jahren wie etwa die beachtliche Mailänder »Così«-Aufnahme unter der Leitung des frühverstorbenen italienischen Hoffnungsträgers unter den Dirigenten, Guido Cantelli (FSM); schließlich auch die Salzburger Festspiel-Aufzeichnungen Wilhelm Furtwänglers (Helikon).

Ebenfalls »historisch«, vor allem aus aufnahmetechnischer Sicht, sind die ersten Produktionen aus der frühen Phase der monauralen Langspielplatte, beispielsweise Herbert von Karajans zu recht berühmte erste »Figaro«-, »Così«- und »Zauberflöte«-Aufzeichnungen mit den Spitzensängern der damaligen Wiener Staatsoper (EMI). Und es ist immerhin verblüffend, wie viel an Präsenz und Durchhörbarkeit solche Interpretationen durch die sorgsame Digitalisierung gewinnen.

Alle diese Tondokumente sind wertvolle und unverzichtbare Zeugnisse einer vergangenen glanzvollen Epoche der Mozart-Rezeption. Dennoch bleiben sie in erster Linie für einen relativ begrenzten Kreis von speziell Interessierten wichtig; im engeren Sinn konkurrenzfähig können sie jedoch nicht sein, wenn man sie mit neueren Stereo- und Digitalaufnahmen vergleicht: der jeweilige Stand der Aufnahmetechnik ist zu museal und damit auf die Dauer zu ablenkend. Es ist anzunehmen, daß die überwiegende Mehrheit der Tonträgerkäufer und -konsumenten eine Operngesamtaufnahme in erster Linie erwirbt, um das Werk kennenzulernen und es wiederholt zu hören, und erst in zweiter Linie wegen bestimmter Interpreten. Dabei ist es durchaus kein Widerspruch, daß bei der Auswahl dennoch der eine oder andere Sänger- und vor allem Dirigentenname ausschlaggebend sein kann. Für diesen Zweck aber ist eine technisch makellose Produktion immer die bessere Wahl, denn alle störenden Faktoren einer Schallplatte – interpretatorische Einseitigkeiten und besonders aufnahmetechnische Mängel – drängen sich bei mehrfachem Hören immer stärker in den Vordergrund.

Wer also wissen will, wie Fritz Busch den »Don Giovanni« interpretiert hat, der braucht die historische Aufnahme und läßt sich nicht von ihren zeitbedingten Schwächen irritieren; wer dagegen den »Don Giovanni« kennenlernen und immer wieder genießen will, greife lieber zu einer Einspielung seit der beginnenden Stereo-Phase (Ende der fünfziger Jahre). Man lasse sich hier auch nicht durch immer wiederkehrende Rezensenten-Meinungen in die Irre führen, die da behaupten, es gäbe etwa für den »Don Giovanni« überhaupt nur ein oder zwei diskutable Interpretationen (Busch und Walter) – kein bedeutendes Werk ist eindeutig und damit eindimensional!

Geistliche Musik

Wie nicht anders zu erwarten, dominieren im Angebot mit überwältigender Fülle die wenigen populären Messe- und Requiem-Vertonungen, allen voran die »Krönungsmesse« (KV 317), das c-Moll-Messefragment (KV 427) und das ebenso unvollendete Requiem (KV 626). Dabei ist die übergroße Häufigkeit gerade bei der Messe KV 317 ein wenig als unkontrollierte Modeerscheinung anzusehen, so reizvoll und eingängig das knappe Werk auch sein mag. Sie dominiert nämlich mit 21 Einspielungen (Stichtag Sommer 1990) bei weitem über ihre benachbarten Schwesterwerke, ohne sie doch künstlerisch zu übertreffen. Folglich ist eine klare Empfehlung für eine einzelne Aufnahme auch nicht möglich. Die historisierende Linie vertreten vor allem Nikolaus Harnoncourt mit seinem Concentus musicus Wien (Tel) und – ihm gegenüber in digitaler Aufnahmetechnik einen Schritt voraus und insgesamt noch einheitlicher und stilistisch überzeugender – Peter Neumann mit seinem Kölner Kammerchor (EMI). Dieses Vokalensemble vertritt gemeinsam mit dem Collegium Cartesianum einen durchaus zukunftsträchtigen Interpretationsansatz, der bei konsequenter Beachtung historischer Erkenntnisse und mit alten Instrumenten doch nie in Purismus erstarrt oder in verzerrende Extreme verfällt, wie es bisweilen Harnoncourts Art ist.
Der gepflegte philharmonische Ansatz des kultivierten Wohlklanges und der interpretatorischen Perfektion ist dagegen bei der »Krönungsmesse« mehr als reichlich vertreten; zu nennen sind hier als Auswahlvorschlag etwa Rafael Kubelik mit Chor und Orchester des Bayerischen Rundfunks München (DG) oder Neville Marriner mit seiner Academy of St. Martin-in-the-Fields (Decca). Noch deutlicher aus rückwärtsgewandter Sicht des 19. Jahrhunderts näherte sich Karajan in zwei Aufnahmen dem Werk (DG).
Die unvollendete c-Moll-Messe (KV 427) liegt zur Zeit in 10 Einspielungen vor; hier vertritt John Eliot Gardiner mit dem vorzüglichen Londoner Monteverdi-Chor ebenfalls sehr überzeugend die historische Linie (Philips), wiederum neben Harnoncourts persönlich akzentuiertem Ansatz (Tel); Marriner (Philips) hat gegenüber Karajans mystischer Religiosität (DG) den Vorzug größerer Klarheit und Durchsichtigkeit. Unter den älteren Dokumenten verdient Ferenc Fricsays Interpretation aus den beginnenden sechziger Jahren besondere Aufmerksamkeit durch ihre sehr persönliche und von glühender Intensität getragene Grundhaltung (DG).

Bei den übrigen Messen ist die Auswahl dagegen vergleichsweise spärlich. Peter Neumann mit seinen Kölner Ensembles (EMI) legte in ähnlich schlüssiger und lebendiger Deutung auch die Messen KV 139, 192, 194 und 337 vor (alle EMI, außer KV 194: Car). Herbert Kegels grundsolide Aufnahmen der Messen KV 49, 65, 66, 140, 167, 258, 259 und 262 mit den Rundfunk-Ensembles aus Leipzig (Philips) bestechen vor allem auch durch die Besetzung der Solo-Sopran-Partien (Mitsuko Shirai, Edith Mathis und vor allem Helen Donath; bei Philips).
Bei der sogenannten »Waisenhaus-Messe« (KV 139) fällt eine hochkarätig besetzte Einspielung unter Claudio Abbado (mit den Wiener Philharmonikern, dem Staatsopernchor und den Solisten Gundula Janowitz, Frederica von Stade, Wieslaw Ochman und Kurt Moll) aus dem Rahmen der ansonsten schmalen Auswahl (DG).
Das Requiem erfreut sich naturgemäß – nicht zuletzt wegen seiner legendenhaft überhöhten Entstehungsgeschichte – größter Beliebtheit bei den Interpreten (mit derzeit 33 Einspielungen), wobei mancher Dirigent es sogar mehrfach aufnahm: Karajan allein dreimal, ohne große Abweichungen vom Konzept; Giulini, Barenboim und Böhm je zweimal. – Drei mehr oder weniger unterschiedene Ansätze sind festzustellen: zunächst der traditionell klassisch-philharmonische der großen, bisweilen ins Mystisch-Romantische überhöhten Gebärde, vertreten durch die Karajan-Aufführungen (DG), durch Riccardo Muti (EMI) oder auch, noch inbrünstig-subjektiver, Leonard Bernstein (DG); dann das eher aus kirchenmusikalischer Tradition herauswachsende, auf Detailtreue und Homogenität achtende, gelegentlich etwas distanziert-spröde Konzept, vertreten etwa durch Helmuth Rilling mit seiner Gächinger Kantorei (CBS) oder durch Peter Schreier, hier als kapellmeisterlich versierter Leiter, mit dem Rundfunkchor Leipzig und der Staatskapelle Dresden sowie einem hervorragenden Solistenquartett (u. a. Margaret Price und Francisco Araiza; bei Philips); schließlich die Linie der historischen Aufführungspraxis mit Originalklang-Instrumenten und entsprechend stilistisch versierten Solisten: mit dramatisch-opernhaftem Zugriff und klanglicher Aggressivität Nikolaus Harnoncourt (Tel); Christopher Hogwood mit Chor und Orchester der Academy of Ancient Music und der vorzüglichen, glasklaren Solo-Sopranstimme Emma Kirkbys (Decca); schließlich insgesamt etwas lebhafter, aber sehr ähnlich im Gesamtkonzept John Eliot Gardiner mit den English Baroque Soloists und dem Monteverdi-Chor aus London sowie einem gut abgestimmten Solisten-Ensemble (Barbara Bonney, Anne Sophie von Otter, Hans Peter Blochwitz und Willard White; bei

Philips); ferner als äußerst konsequent artikulierende und phrasierende (Live-) Alternative die Version von Sigiswald Kuijken und dem Niederländischen Kammerchor sowie La Petite Bande (Acc) – in keiner anderen Aufnahme kommen die nachklappenden Streicher-Achtel des Beginns so präzise im staccato wie hier!
Das Problem der Requiem-Fassungen bzw. -Ergänzungen löste die Schallplatte bisher mehrheitlich traditionell, indem sie die Süßmayr-Version unverändert übernahm. Inzwischen tauchen aber zunehmend Alternativen auf: So stützte sich Harnoncourt auf die vorzügliche Neu-Instrumentierung von Franz Beyer, und Hogwood verwendete eine revidierte und zum Teil beträchtlich von der gewohnten Reihenfolge und Faktur Süßmayrs abweichende Fassung von C. R. F. Maunder.

Von den beiden Vespern KV 321 und 339 ist die erste nur auf Sammelveröffentlichungen auszugsweise mit dem »Laudate Dominum« für Solo-Sopran vertreten. Bei KV 339 gibt es eine überraschend vielseitige Auswahl, angeführt von Colin Davis' wohltemperierter und ausgefeilter Deutung mit einem von Kiri te Kanawa dominierten Solistenquartett und dem Londoner Symphony Chor und Orchester (Philips). Harnoncourt (Tel) dokumentiert wieder die historisch reflektierende Perspektive; Helmuth Rilling (Int) vertritt die ungebrochene Tradition der protestantisch orientierten Kirchenmusikpflege (wie übrigens auch beim Requiem und bei der Krönungsmesse).

Die beiden Litaneien KV 195 und 243 sind leider nur je einmal vertreten, allerdings doch auf hohem Niveau, mit Marriner (Decca) und Neumann (EMI).

Liturgische Einzelsätze finden sich darüber hinaus in manchen Sammelprogrammen berühmter Sänger. Als exemplarisches und zugleich populäres Einzelbeispiel sei die Solo-Motette »Exsultate, jubilate« (KV 165) angeführt, um deren Wiedergabe sich fast jede bekannte Sopranstimme von gestern und heute bemüht hat, so daß eine Auswahl kaum möglich wird, ist sie doch immer auch von persönlicher Vorliebe abhängig. Allerdings sticht die Aufnahme mit Emma Kirkby unter Christopher Hogwoods Leitung (mit der Academy of Ancient Music; bei Decca) durch ihre frappierende Virtuosität und glasklare Sauberkeit bei unkonventionell-historischem Stimmeinsatz aus dem Angebot erfrischend hervor.

Lieder

Liedsammlungen liegen vorwiegend von Sängerinnen vor, und man hat hier eine überraschende Stilvielfalt zur Auswahl. Drei Extreme seien stellvertretend genannt: Elisabeth Schwarzkopf (mit Walter Gieseking am Klavier; bei EMI) in ihrer unnachahmlich durchgefeilten, bisweilen die Grenzen zur gepreizten Manier überschreitenden Art (gekoppelt an eine Schubert-Auswahl); Helen Donath (mit ihrem Mann Klaus Donath am Flügel) in ungekünsteltem, lyrischem Sich-Verströmen (bei EMI; in einem gemischten Liedprogramm) und die ein wenig unterkühlte und zugleich in meisterhafter Stimmpräzision durchgeformte Interpretation von Mitsuko Shirai (mit Hartmut Höll am Klavier; bei Del).

Arien

Jeder Mozart-Sänger von internationalem Renomee versucht sich nach Möglichkeit auch an einem »Recital« aus dem nahezu unerschöpflichen Fundus von Mozarts Konzert-Arien. Häufig allerdings werden hier (auch) Arien aus den großen Opern aneinandergereiht. Interessanter sind dagegen die Sammlungen, die sich überwiegend auf das Konzertrepertoire beschränken: etwa Kathleen Battles klangschöne und adäquat begleitete Sammlung (Dirigent André Previn; bei EMI), Barbara Hendricks mit einer Anthologie geistlicher Arien (Dirigent Marriner / Academy of St. Martin-in-the-Fields; bei EMI) oder auch Kiri te Kanawas Auswahl (Dirigent György Fischer; bei Decca).

Opern

Die Diskographie von Mozarts Opern spiegelt recht genau die Häufigkeit ihres Erscheinens in den Spielplänen öffentlicher Opernhäuser wider: Während die frühen und ausgesprochenen Jugendwerke entweder überhaupt nicht oder nur einzeln vertreten sind, tauchen die späteren Meisterwerke in einer bisweilen ans Absurde grenzenden Vielzahl von Aufnahmen auf – absurd insofern, als die Anzahl an Einspielungen keineswegs ebenso vielen Interpretationskonzepten entspricht; vielmehr unterscheiden sich die meisten allenfalls in Nuancen voneinander.

Frühe Opern

Das geistliche Singspiel »Die Schuldigkeit des ersten Gebots« (KV 35) liegt immerhin in einer (vor-digitalen) Fassung unter der Leitung von Roland Bader und mit recht hochrangigen Solisten vor (u. a. Arleen Augér und Sylvia Geszty; bei Schwann); die Azione sacra »Betulia liberata« (KV 118) gibt es in einer Aufnahme mit hierzulande völlig unbekannter Besetzung mit Mailänder Ensembles und italienischen Solisten unter der Leitung von Carlo Felice Cillario (Con). Fehlanzeige ist dagegen zu vermelden bei »Apollo et Hyacinthus« (KV 38), aber auch bei »Ascanio in Alba« (KV 111), »Mitridate, re di Ponto« (KV 87), »Il sogno di Scipione« (KV 126), »Lucio Silla« (KV 135) und bei »Il re pastore« (KV 208). Möglicherweise wird im Zuge des Jubiläumsjahres 1991 hier noch die eine oder andere empfindliche Lücke geschlossen.

»La finta semplice« (KV 51) liegt in einer soliden und in manchen Zügen durchaus modellhaften Produktion mit dem Salzburger Mozarteum-Orchester unter Leopold Hager vor, mit durchweg bewährten und stilsicheren Solisten wie Helen Donath und Teresa Berganza (Orfeo). Bei »Bastien und Bastienne« (KV 50) kann man gar unter zwei Versionen wählen: zum einen ebenfalls eine Mozarteum-Aufnahme unter Leopold Hager mit Edith Mathis, Claes H. Ahnsjö und Walter Berry als recht komödiantischem Solistentrio (DG, 1976); zum anderen als reizvolle Alternative mit Solisten der Wiener Sängerknaben unter Uwe Christian Harrer (Philips, 1986), die dem spritzig-knappen Frühwerk eine zusätzliche individuelle Note der jugendlichen Naivität und Unbekümmertheit verleihen.

»La finta giardiniera« (KV 196) erschien 1990 in einer Produktion der Oper Brüssel, parallel zu einer dortigen allgemein stark beachteten Inszenierung und mit dem gleichen offenkundig hervorragend aufeinander abgestimmten und ebenso präzisen wie temperamentvollen Solisten-Ensemble – ein gehöriges Quantum Bühnenatmosphäre hat sich hier in die Aufnahme hinübergerettet (Helikon).

Das Fragment »Zaide« (KV 344) betreute wiederum der für derlei Spezialaufgaben bestens bewährte Leopold Hager mit dem Mozarteum-Orchester sowie einem etwas heterogenen Solisten-Ensemble, angeführt von Judith Blegen (Orfeo, 1983).

Idomeneo

Bei »Idomeneo« hat man die Auswahl unter beachtlichen sechs Versionen. Unter ihnen sind die beiden Mitschnitte von Festspielaufführungen allerdings eher von marginalem Interesse: Die Produktion von den Festspielen in Aix-en-Provence von 1963 unter Peter Maags Leitung (Helikon) wendet sich vor allem an Verehrer der Sängerin Theresa Stich-Randall (in der Rolle der Ilia); und John Pritchards erste Aufnahme (u. a. mit Gundula Janowitz und Luciano Pavarotti; bei IMS) entstand beim Glyndebourne-Festival.

Unter den Studio-Produktionen sind drei stilistisch recht eng verwandt; Colin Davis dirigierte das Werk 1968 in seiner klassisch ausgewogenen Art mit einem hierzulande relativ unbekannten, überwiegend britischen Sängerensemble und dem BBC-Orchester (Philips). – Karl Böhm standen 1979 die Dresdner Staatskapelle und ein exquisites Mozart-Ensemble mit Edith Mathis (Ilia), Peter Schreier (Idamante) und Wiesław Ochman (Idomeneo) zur Verfügung; das Ergebnis ist eine der nach wie vor hörenswerten und lebendigen Mozart-Interpretationen des 1981 verstorbenen Grazer Dirigenten (DG).

Kurz vor seinem Tod legte John Pritchard (Decca, 1988) seine erneute »Idomeneo«-Aufnahme mit den brillanten Wiener Philharmonikern vor, in der vor allem die Besetzung der vier Hauptpersonen sehr hörenswert ist: Luciano Pavarotti als König Idomeneo, ein überzeugendes und eigentlich in seiner inneren Logik überraschendes Rollenporträt, wenn man die Herkunft des Star-Tenors von der großen italienischen Oper bedenkt. Ihm zur Seite stehen Lucia Popp als lyrisch empfindsame Ilia, Edita Gruberova als furiose Elettra und vor allem die vitale Agnes Baltsa als Idamante – hier wird also dankenswerterweise einmal in der Besetzung auf die ursprüngliche Münchner Fassung zurückgegriffen, während Davis und Böhm Idamante als Tenor besetzen (Wiener Fassung).

Als Nikolaus Harnoncourts Neuaufnahme des »Idomeneo« 1980 herauskam, wirkte sie wie ein Fanal: erschreckend und überwältigend zugleich in ihrem unerbittlichen, aufgerauhten Zugriff, in ihrer konsequenten Ablehnung aller geglätteten Wohlklangsästhetik zugunsten eines historisch begründeten, möglichst »authentischen« Klangbildes und einer ungemein beredten Artikulation. In manchen Details kam dieser Zugang einer Neuentdeckung des Werkes gleich, wiewohl nicht zu übersehen ist, daß Harnoncourt bereits beim »Idomeneo« nicht vor einigen individualistischen Übertreibungen zurückschreckte: unmotiviert überdehnte Pausen, bisweilen Überartikulation und verzerrte Tempowahl. Insgesamt aber liegt hier eine nach wie vor sehr aktuelle, an- und aufregende Alternative zum übrigen, eher philharmonischen Angebot vor, zumal auch die Sängerleistungen durchweg hörenswert sind (etwa mit Trudeliese Schmidt als Idamante, hier also auch der Münchner Fassung folgend, und Werner Hollweg als Idomeneo). Als Chor und Orchester wirken die Züricher Ensembles mit, die Harnoncourt auch bei der gemeinsamen Realisierung dieser Produktion mit Jean-Pierre Ponelle am Züricher Opernhaus zur Verfügung standen (Tel).

Die Entführung aus dem Serail

»Die Entführung« ist zwar nicht so zahlreich im Katalog vertreten wie »Figaro«, »Don Giovanni« und »Zauberflöte«, aber trotzdem in genügender Auswahl. »Historische« Studio-Produktionen im engeren Sinne wie jene Fritz Buschs von »Don Giovanni«, »Così« und »Figaro« gibt es hier nicht; in Monotechnik produziert, aber klanglich noch durchaus konkurrenzfähig, sind Ferenc Fricsays (1954, DG) und Thomas Beechams Aufnahmen (1956, EMI). Fricsay gelang eine Interpretation von unbekümmerter theaternaher Vitalität, Klangkultur und Präzision, im Stil seiner bald darauf folgenden »Zauberflöte« ähnlich. Beecham wies sich mit seiner »Entführung« ebenfalls als einfühlsamer Mozart-Kenner aus.

Eugen Jochum trat dann 1966 die Stereo-Nachfolge Fricsays an, voll Gespür für die Farben dieser so nuancierten Partitur und mit dem Tenor-Glücksfall Fritz Wunderlich als Belmonte, dem die so lyrisch wie koloraturfest singende Erika Köth als Konstanze zur Seite stand (DG).

Im gleichen Jahr erschien auch die Aufnahme unter Joseph Krips mit den ungemein gut vorbereiteten Wiener Philharmonikern und einem recht ausgewogenen Ensemble, mit Anneliese Rothenberger als Konstanze, Nicolai Gedda als Belmonte, Gerhard Unger als Pedrillo, mit der jungen und seinerzeit noch überraschend soubrettenhaften Lucia Popp als Blonde und dem polternden Gottlob Frick als Osmin – insgesamt ein charakteristisches Dokument für den Mozartstil jener Zeit an der Wiener Staatsoper, den Krips maßgeblich im Repertoire mit verantwortete (EMI).

Karl Böhms Aufnahme von 1973 nähert das Singspiel in manchen Zügen – und nicht ausschließlich zu seinem Vorteil – durchaus der großen

Oper an, nimmt es in allen Belangen sehr ernst und stützt sich auf die kultivierte Dresdner Staatskapelle sowie einen wach und intelligent artikulierenden Belmonte (Peter Schreier), mit Arleen Augér als nobler und sehr sicherer Konstanze, einem eher herrenhaften Osmin (Kurt Moll) und einer soubrettenartig spitzen Reri Grist als Blonde (DG).
Colin Davis wiederum verließ sich 1978 auf das Meister-Ensemble der Academy of St. Martin-in-the-Fields und erzielte eine überraschend temperamentvolle und doch immer beherrscht durchgeformte Interpretation. Sein Belmonte war der sehr musikalische, nur eben leicht englisch gefärbte Stuart Burrows; leider fehlt es sowohl der Konstanze (Christiane Eda-Pierre) wie dem Osmin (Robert Lloyd) ein wenig an Bühnenpräsenz und Ausstrahlung. Dafür überrascht hier Curd Jürgens mit seinem Bassa Selim durch relativ geringes Pathos und verhalten-menschliche Züge – wunder Punkt fast aller anderen Aufnahmen ist gerade diese prekäre Sprechpartie, die in der Regel mit mehr oder weniger burgschauspielerischem Pathos zelebriert wird (Philips).
Die beiden jüngsten Produktionen schließlich stehen auf durchweg hohem Niveau und bieten zugleich eine geradezu exemplarische Zusammenfassung der beiden derzeitigen Interpretations-Alternativen. Georg Solti (1987) animierte die Wiener Philharmoniker zu gleichermaßen dramatischer wie inniger Intensität und fügte ein Star-Ensemble zu überraschender Homogenität: neben Gösta Winbergh (Belmonte) eine ebenso virtuose wie empfindsame Konstanze (Edita Gruberova), die beste Blonde überhaupt (Kathleen Batte), der man allenfalls vorwerfen könnte, daß sie die Rollengrenzen zur großen Sopranpartie hin sprengt; ein profunder Baß-Buffo (Martti Talvela) als Osmin (Decca).
Die »Gegenrichtung« vertritt wiederum Nikolaus Harnoncourt, der sich hörbar in alle Winkel und Details der Partitur versenkt hat und zahllose überraschende und un-erhörte Einzelheiten zutage fördert: vor allem in der geradezu bösartig orientalisch krachenden Ouvertüre und der Janitscharenmusik, aber auch in manchem lyrisch-ausdrucksvollen Verweilen und Sich-Versenken. Seinen Intentionen folgen alle Beteiligten mit großem Engagement: zum einen das zupackend artikulierende Züricher Opernhaus-Orchester, zum anderen mancher durchaus etablierte Sänger wie Peter Schreier (Belmonte), daneben Yvonne Kenny als Konstanze und Matti Salminen als Osmin in der fernen Frick-Nachfolge. Wolfgang Reichmann gibt einen sehr durchdachten, wachen Bassa, ohne jedoch den Staatsschauspieler ganz unterdrücken zu können (Tel).

Bei der »Entführung aus dem Serail« liegt also der seltene Fall vor, daß die beiden neuesten Interpretationen zugleich die besten sind und sich obendrein voneinander grundsätzlich unterscheiden – beide auf ihre Weise exemplarisch und dazu beim gleichen Schallplattenkonzern!

Der Schauspieldirektor

Den »Schauspieldirektor« (KV 486) gibt es in zwei Alternativaufnahmen: eher konventionell mit Karl Böhm, der Staatskapelle Dresden und vier stilversierten Solisten (Grist, Augér, Schreier, Moll; bei DG), und mit Nikolaus Harnoncourt und dem Concertgebouw-Orchester Amsterdam, wobei der Dirigent im Schlußgesang – gleichsam partiturgerecht als Laiendarsteller – sogar selber die Stimme erhebt (Tel).

Le nozze di Figaro

Die Angebotsvielfalt beim »Figaro« ist kaum noch zu überblicken, und, um das Ergebnis eines Vergleiches vorwegzunehmen, eine Auswahl ist auch nicht einfach zu treffen, weil die vorliegenden Einspielungen mehrheitlich auf recht hohem Niveau liegen.
Im engeren Sinn historisch sind hier drei Produktionen zu nennen, die deshalb nur in Spezialistenkreisen auf Interesse stoßen dürften: Zunächst Fritz Buschs prachtvolle und maßstabsetzende Ensembleleistung von den Glyndebourne-Festspielen 1934 (Helikon), des weiteren Bruno Walters New Yorker Aufführung aus der Metropolitan-Opera von 1937 als seltenes Dokument eines legendären Mozart-Dirigenten (FSM), und schließlich Furtwänglers Salzburger Mitschnitt von 1953, der manche Vorurteile von Schwerfälligkeit und Mozartferne korrigiert und insgesamt eine recht lebendige Aufführungsatmosphäre konserviert (Helikon).
Die Fülle der Studio-Aufnahmen von der beginnenden Sterofonie bis zu den jüngsten Digitalaufzeichnungen ist eindrucksvoll, wobei die Unterscheidung von »analog« und »digital« eher marginal erscheint und gegenüber der jeweiligen künstlerischen Qualität nicht ins Gewicht fällt.
So hat sich Erich Kleibers berühmte Interpretation von 1955 mit den ungemein präsenten Wiener Philharmonikern und dem damaligen hochkarätigen Wiener Staatsopernensemble bis heute ihre Lebendigkeit und Frische bewahrt; sie ist eine der Referenzaufnahmen des Werkes geblieben (Decca).

Carlo Maria Giulini hatte 1959 ein eher italienisch gefärbtes Solisten-Ensemble zur Verfügung: mit den fein aufeinander abgestimmten Damen Elisabeth Schwarzkopf (Gräfin), Fiorenza Cossotto (Cherubino) und Anna Moffo (als jugendlich zarte Susanna) sowie einem Eberhard Wächter (Graf) in seiner besten Zeit (EMI).
1960 erschien Ferenc Fricsays »Figaro«, der nach wie vor einer der dramatischsten und in allen Einzelheiten feinst abgestimmten Einstudierungen darstellt, mit liebevollster Orchesterbehandlung (Radio-Sinfonie-Orchester Berlin) und einem wirklichen Ensemble von Solisten: unter ihnen Irmgard Seefried als hochintelligente Susanna, Renato Capecchi als übersprudelnd komödiantischer Figaro und Dietrich Fischer-Dieskau als herrisch auftrumpfender und sängerdarstellerisch perfekter Graf – eine CD-Neuauflage ist überfällig und wird hoffentlich bald erscheinen (DG).
Otmar Suitners Version von 1964 ist die einzige deutschsprachige und damit unentbehrlich; Dresdner Staatskapelle und solistische Spitzenkräfte jener Zeit sorgen gemeinsam unter Suitners kräftig zupackender Leitung für pralle, bisweilen ein wenig vordergründige Dramatik (EMI). – Karl Böhm griff 1967 ebenfalls auf Dietrich Fischer-Dieskau als Grafen zurück, und im direkten Vergleich mit Fricsays sieben Jahre älterer Aufnahme werden Charakternuancen im Rahmen des gleichen Rollenkonzeptes erkennbar – Fricsay war offensichtlich der dramatisch ungleich wachere und scharfsinnigere Inspirator! Insgesamt aber ist dieser »Figaro« (mit Gundula Janowitz, Edith Mathis, Tatiana Troyanos sowie Hermann Prey in einer seiner Paraderollen als Figaro) sicher eine von Böhms schlüssigsten Mozart-Interpretationen für die Schallplatte (DG).
Colin Davis mit dem BBC-Ensemble und fast exotischen Sängerbesetzungen wie Jessye Norman als (stimmlich) etwas zu gewichtiger Gräfin und Mirella Freni als Susanna legte 1970 einen »Figaro« der klassischen Mitte ohne große dramatische Turbulenzen vor – eine ausgewogene typische Studioproduktion (Philips).
Herbert von Karajan nahm »Figaro« ein zweites Mal 1979 mit den Wiener Philharmonikern und Staatsopernbesetzung auf – nach einem ersten Studioexperiment ohne Rezitative von 1952, das in seiner unerbittlichen Präzision und mitreißenden Dramatik bis heute maßstäblich geblieben ist (EMI). Karajans zweite Interpretation widerlegt insgesamt eine Menge Pauschalvorurteile über seine angebliche Mozartferne – hier geschieht durchaus vitales, turbulentes Komödientheater, aber mit einer gehörigen Portion an großer Oper untermischt, was schon in der unge-

stümen und philharmonisch groß aufgespielten Ouvertüre unmißverständlich anklingt. Leider überließ er die Partie der Gräfin seiner Favoritsängerin der achtziger Jahre, Anna Tomowa-Sintow, die diese sensible Frauengestalt mit ausladendem Dauervibrato überfrachtet – der einzige wirkliche Schwachpunkt einer ansonsten gelungenen Aufnahme (Decca).

Unter den digitalen Produktionen der achtziger Jahre steht Bedeutendes neben Extremem und auch eher Mittelmäßigem. So ist Bernard Haitinks Glyndebourne-Produktion von 1987 trotz fein abgestimmter Ensemble-Leistung und sorgfältiger Orchesterbehandlung (Philharmonia Orchestra London) insgesamt doch zu behutsam und unentschlossen; drastische Komödien und boshafte Aggressivität sind seine Sache nicht (EMI).

Von anderem Theaterkaliber ist da Georg Soltis Interpretation von 1982 mit dem Philharmonia Orchestra London – hier herrscht ständige Spannung, werden alle Komödienimpulse spürbar. Auch die Solistenauswahl beweist dramaturgisches Einfühlungsvermögen und war ganz auf der Höhe der Zeit: Kiri te Kanawa als Gräfin auf dem Gipfel ihres Könnens, Lucia Popp als lyrisch-weibliche Susanna und Frederica von Stade als ausdrucksvoller Cherubino (eine interessante Parallelbesetzung zu Karajan 1979). Bei den Herren sind vor allem Thomas Allen als Graf und Samuel Ramey als Figaro hervorzuheben, auch diese beiden in Timbre und Charakteristik sorgsam aufeinander abgestimmt (Decca).

Neville Marriners »Figaro« von 1986 versteht die perfekte Spielkultur seiner Academy of St. Martin-in-the Fields zu nutzen und ist nicht nur inhaltlich, sondern auch in bezug auf Präzision und innere Stimmigkeit eine echte Fortsetzung seiner brillanten Erstlingsaufnahme von Rossinis »Barbier«. Seine Solistenauswahl setzt dabei durchaus eigene überzeugende Akzente, vor allem bei den drei individuellen Damen: Barbara Hendricks als weich timbrierte Susanna, Lucia Popp als vornehm lyrische und beseelt ausdrucksvolle Gräfin – gegenüber ihrer Susanna bei Solti ein überzeugender Beweis der Vielseitigkeit dieser eminent musikalischen Künstlerin! – und Agnes Baltsas ungestümer Cherubino voller Belcanto-Leidenschaft (Philips).

Riccardo Muti legt gegenüber Marriner noch mehr Temperament, Theaterleidenschaft und äußere Orchesterbrillanz vor, ohne jedoch immer ganz der Gefahr einer gewissen Starrheit im Perfektionismus, auf Kosten innerer Lebendigkeit, zu entgehen. Er animiert die Wiener Philharmoniker zu bestechender Hochform, macht zahllose Details der

Wunderpartitur hörbar und führt die illustren Sänger mit hörbarer Strenge: unter ihnen die Star-Soubrette unserer Tage, Kathleen Battle, als Susanna, und vor allem Margret Price als überwältigend souveräne, musikalische Maßstäbe setzende Gräfin (EMI).
Schließlich folgt Arnold Östmans historisierender »Figaro« (1988) mit dem Ensemble von Drottningholm auf alten oder nachgebauten Instrumenten. Er folgt hier dem gleichen eigenwilligen und streng durchgehaltenen Konzept seiner Erstaufnahme von »Così fan tutte«: mit vibratolosem, substanzarmem Streicherspiel und ungewohnt dominierenden, dunklen Bläserfarben. Und was bereits bei »Così« störend auffiel, wird beim »Figaro« zum Ärgernis: Dem historischen Prinzip werden fast alle Streicherfeinheiten der an solchen Details überreichen Partitur geopfert; und die häufig sehr überzogenen Tempi tun ein übriges, die Substanz des »Figaro« zu nivellieren und für das Ohr des Hörers unkenntlich zu machen (Decca).
Angesichts dieses Reichtums an Interpretationen liegt es natürlich reizvoll nahe, ein privates Wunsch-Ensemble zusammenzustellen, über alle Zeitgrenzen hinweg; für mich sähe ein dem Ideal nahekommender »Figaro« so aus: Dirigent Ferenc Fricsay mit den Wiener Philharmonikern; Graf: Fischer-Dieskau; Figaro: Renato Capecchi; Susanna: Lucia Popp; Gräfin: Margaret Price; Cherubino: Agnes Baltsa. Aus dieser Zusammenstellung gibt sich ganz natürlich eine engere Auswahl empfehlenswerter Aufnahmen: Kleiber (1955), Fricsay (1966), Solti (1982), Marriner (1986), Muti (1988).

Don Giovanni

Anders als bei allen übrigen Mozart-Opern stellt sich beim »Don Giovanni« natürlich sogleich die Frage nach der Darstellung des Titelhelden – keine der anderen Opern hat eine so zentrale Figur, um die sich alle übrigen gruppieren und auf die sie sich beziehen. Dennoch muß gesagt werden, daß dieses Problem vor allem eines der Bühneneinstudierungen ist, also des Zusammenwirkens von Szene und Musik, weniger jedoch eines der eindimensionalen Schallplatten-Wiedergabe. So kann es durchaus sein, daß eine Aufnahme, die zwar keinen herausragenden Giovanni aufbieten kann, trotzdem insgesamt zu überzeugen vermag. Und solche Beispiele sind gar nicht so selten. Im übrigen erweist sich auch hier wieder das Phänomen aller großen Bühnengestalten: daß sie mehrdimensional sind, ganz unterschiedlich, ja fast gegensätzlich angelegt werden können, daß es keine Idealverkörperung gibt und geben kann. Einem solchen Rezeptions-Irrtum saßen bis in jüngste Zeit ungezählte Kritiker auf, die beharrlich und unverbesserlich vom »idealen Don Giovanni« träumten und darüber meisterliche, aber anders akzentuierte Rollendeutungen mißverstanden oder nicht gelten ließen. Das vielleicht prominenteste Opfer dieser kritisierenden Einäugigkeit ist gewiß Dietrich Fischer-Dieskau, der nicht nur einer der größten Sängerdarsteller des 20. Jahrhunderts ist, sondern auch einer der herausragenden Giovanni-Darsteller, nur eben relativ fern von allen Rollenklischees.

Die historischen Aufnahmen des »Don Giovanni« entsprechen in etwa denen des »Figaro«: Fritz Buschs Glyndebourne-Produktion von 1936 zeigt die gleiche Ensemblekultur und den gleichen dramatischen Zugriff (Helikon), Bruno Walters New Yorker Mitschnitt aus der Met (FSM) ist ein einzigartiges Dokument seines schlüssigen, lyrisch-dramatischen Mozartstils, realisiert mit einem meisterhaften Ensemble und einem herausragenden Don Giovanni (Ezio Pinza), und Furtwänglers schwerblütige Salzburger Aufführung von 1954 lebt vor allem vom Nachruhm der epochemachenden Verfilmung dieser Einstudierung in der Felsenreitschule (Helikon). Sein mitreißender Giovanni, Cesare Siepi – rollenprägend für eine ganze Generation, als herrisch-genießerischer und Belcanto verströmender Titelheld –, begegnet uns dann in der frühen Studio-Produktion (1955) unter Josef Krips wieder, der das Wiener Mozart-Ensemble der fünfziger Jahre zur Verfügung hatte (darunter vor allem Lisa della Casa als Elvira, Hilde Güden als Zerlina, Anton Dermota als Ottavio und Walter Berry als Leporello). Gerade diese Aufnahme belegt jedoch, daß der so weit tragende Mozart-Ruhm dieses Dirigenten auch eine Komponente der Überschätzung in sich barg: manches geriet doch recht bieder und vordergründig bis konzeptionslos, etwa die blasse Ouvertüre (EMI).

Doch dann folgten zwei Studio-Produktionen, die beide bis heute Maßstäbe bleiben sollten: 1958 brachte Ferenc Fricsay seinen »Don Giovanni« und füllte die Partitur mit glühender, bisweilen fast verzehrender Leidenschaft; sein zwingender dramatischer Zugriff ist bis in die Winkel aller Rezitative zu spüren. Es ist bis heute nicht zu verschmerzen, daß der Ruhm dieses bedeutenden Dirigenten seinerzeit, wenige Jahre vor seinem tragisch-frühen Tod, noch nicht ausreichte, um ihm ein wirklich gleichwertiges Ensemble an die Seite zu stellen: Das Berliner Radio-Sinfonie-Orchester läßt bisweilen Grenzen erkennen, und auch die Sängerbesetzung blieb unausgeglichen. So trumpft Fischer-Dieskau als hochintelligenter und durchaus aggressiver Giovanni auf, der gleichwohl stimmlichen Charme verströmen kann; doch gerade seine beiden weiblichen Widerparte Anna und Elvira lassen manche Wünsche offen: Sena Jurinac als Anna forciert gelegentlich bis zur Schrillheit, und Maria Stader als Elvira erreicht ebenfalls nicht die besten Rollenbesetzungen anderer Aufnahmen. Dennoch: Fricsays bruchloses Konzept macht diese frühe Stereo-Produktion zu einem Ereignis (DG).

1959 erschien Carlo Maria Giulinis Londoner Einspielung mit dem vorzüglichen Philharmonia Orchestra und einem gegenüber Fricsay wesentlich ausgewogeneren Ensemble: meisterlich und kultiviert die beiden Damen Anna und Elvira, mit einer noch nicht abgesungenen Joan Sutherland und einer erstaunlich wenig gekünstelten Elisabeth Schwarzkopf; als italienisch ausgewogenes Männer-Ensemble die Herren Piero Cappucilli, Luigi Alva und Giuseppe Taddei und vor allem der unübertreffliche Eberhard Wächter auf dem Höhepunkt seiner jungen Karriere (sein Don Giovanni zeigt, im Verein mit dem von Fischer-Dieskau und Siepi betrachtet, die ganze erstaunliche Bandbreite dieser Paraderolle). Giulinis Konzept erscheint gegenüber Fricsay als das klassische, ausbalanciertere, ohne deshalb spannungslos zu sein (EMI).

Die weitere Chronologie der »Giovanni«-Einspielungen hat diese beiden Höhepunkte, die auch aufnahmetechnisch bis heute mithalten können, nicht wieder eingeholt, mit einer (bedingten) Ausnahme. So bemühte sich Colin Davis 1973 mit einem glanzvollen Ensemble um die Oper, ohne wirkliche dramatische Schlüssigkeit zu erreichen – dieses opus summum mit seinen untrennbar verflochtenen Anteilen von Komödie und Tragödie scheint dem ausgleichenden Naturell dieses Dirigenten doch recht fern zu liegen (mit Ingvar Wixell in der Titelpartie und einer Anna von Format: Martina Arroyo; bei Philips).

Auch die beiden Bemühungen Karl Böhms von 1966 (Prag) und 1977 (Salzburger Mitschnitt) verharren im Vorfeld des großen Dramas (beide DG); Böhms musikantisch-unbekümmerter Dirigierstil fand hörbar nicht die nötige Tiefendimension, hierin etwa Josef Krips vergleichbar (beide als »Mozart-Spezialisten« gerühmt – ein vielsagendes Symptom?). Immerhin enthält Böhms erste (Prager) Aufnahme Fischer-Dieskaus zweite Rollendeutung der Titelfigur als Pluspunkt; aber gerade hier zeigt sich die Bedeutung einer überragenden Dirigentenpersönlichkeit, wenn man die Konsequenz seines Giovanni unter Fricsay dagegenhält!

Eine gleichsam mittlere Linie kontrollierter Dramatik halten Georg Solti (1979, Decca) und Bernard Haitinks grundsolide Glyndebourne-

Aufführung von 1983 (EMI), während Herbert von Karajans erste (späte) »Don Giovanni«-Interpretation von 1987 den Zug zur großen Oper nie verleugnen kann: mit mächtig, bisweilen brutal auftrumpfendem Orchester (Berliner Philharmoniker) und einem insgesamt hochkarätigen, aber unausgeglichenen Sängerensemble. Samuel Ramey knüpft als Don Giovanni dabei durchaus erfolgreich an die Belcanto-Rollentradition auf der Linie Siepi–Wächter an; unter den Damen besticht die Elvira der Agnes Baltsa durch ihre jugendliche Strahlkraft, und Kathleen Battle vermag den Charme ihrer Bühnen-Zerlina überzeugend in das digitale Medium zu übertragen (DG).
Rafael Kubelik schließlich ist mit dem hier recht farblosen Orchester des Bayerischen Rundfunks insgesamt einer der schwerfälligsten Giovanni-Dirigenten, manches kommt wie mit Bleigewichten daher; ein Lichtblick dieser ansonsten recht überflüssigen Aufnahme ist Julia Varadys Donna Anna (Eurodisc/Ariola, 1985).
Lorin Maazels musikalisch überzeugende Produktion von 1979, entstanden als »Soundtrack« zum Losey-Film, leidet entschieden unter einer verfehlten Aufnahmetechnik, die das Orchester zur blassen und halligen Hintergrundkulisse der Sänger abwertet; das ist um so bedauerlicher, als hier ein exzellentes und recht individuelles Ensemble agiert, mit Kiri te Kanawa (Anna) in blendender Form und mit dem angenehm klischeefernen, aggressiven Ruggero Raimondi in der Titelpartie (CBS).
Für die Zukunft darf man auf die angekündigten Marriner- und Muti-Deutungen gespannt sein, die möglicherweise – auf dieser eher traditionellen Linie des großen Opernrepertoire- und Festspielbetriebes – doch Neues zu sagen haben könnten. Dagegen liegt seit kurzem Nikolaus Harnoncourts »Don Giovanni« vor. Dem Dirigenten gelingt das Kunststück, mit dem »modern« besetzten, ungemein wachen und klangvollen Amsterdamer Concertgebouw-Orchester dennoch zumindest ansatzweise »historisch« zu artikulieren. Man hat den Eindruck, daß hier jemand wirklich noch einmal die Partitur Takt für Takt neu durchdacht hat, mit dem Ergebnis eines schlüssigen und in zahllosen Details durchaus neuen Konzeptes. Und in der dramatischen Konsequenz und Unerbittlichkeit ist Harnoncourts Musizierstil in vielem Fricsays frühem »Giovanni« von 1958 nahe. Wie Fricsay hat er freilich auch ein insgesamt nicht wirklich zufriedenstellendes Ensemble. Neben dem kultivierten und engagierten Tenor Hans Peter Blochwitz (Ottavio) erscheint etwa der blasse und bisweilen larmoyant klingende Giovanni von Thomas Hampson. So bleibt das Fazit, daß diese wichtigste

Neuerscheinung zum »Don Giovanni« vorrangig eine Dirigenten- und Orchesterleistung ist (Tel, 1989).

Così fan tutte

Fast will es erscheinen, als sei Mozarts kunstvollste und realitätsfernste Opera buffa zugleich auch die empfindlichste, was ihre musikalische Darstellung betrifft. Das Angebot ist zwar sehr reichhaltig und verspricht noch weiter zu wachsen; und durch Wiederauflagen ist inzwischen auch ein Überblick möglich bis zurück zu den Anfängen der Schallplattenherstellung. Dennoch bleibt, bei aller Vielseitigkeit der Interpretationsbeispiele, ein ungelöster Rest – es gibt bei »Così fan tutte«, weit deutlicher als bei den übrigen großen Opern, keine wirklich herausragende Aufnahme.
Eher für den Spezialisten und Sammler sind eine Reihe früherer Einspielungen interessant: Als erste ist die Busch-Produktion aus Glyndebourne zu nennen, deren museales technisches Klanggewand einer weiteren Verbreitung denn doch im Wege steht, obwohl – allen äußeren Unzulänglichkeiten zum Trotz – ihr durchdachtes, in allen Proportionen ausgewogenes Konzept immer noch zu überzeugen vermag. Buschs dramatischer Spürsinn, seine handwerkliche Präzision und seine Kunst der Ensembleführung, verbunden mit seinem Instinkt für stimmige Tempo-Relationen, bleiben bis heute Maßstab (Helikon).
Karajans frühe, trotz Monotechnik verblüffend durchhörbare Aufnahme von 1955 (EMI) folgt einer ganz ähnlichen Linie und ist als Dokument aus der vitalsten Phase des großen Theaterdirigenten nach wie vor aktuell, wenngleich bei der Solisten-Auswahl manche Vorbehalte bleiben – gerade solche vom Konzept her überzeugende ältere Aufnahmen belegen sehr deutlich, daß das modische Gerede von der guten alten Zeit – »früher sang man besser!« – Unfug ist. Selbst in der so artifiziellen Singweise einer Elisabeth Schwarzkopf (Fiordiligi) machen sich unüberhörbar die Schwierigkeiten bei der Bewältigung der großen Mozart-Partien bemerkbar: Man vergleiche einmal den Anfang des Frauenduetts Nr. 4 in neuen und älteren Fassungen, und man wird feststellen, daß eigentlich keine Sängerin, sei sie noch so berühmt und teuer, diese so schlicht klingende Passage technisch und musikalisch makellos bewältigt. Lisa della Casa, Montserrat Caballé, Gundula Janowitz und Kiri te Kanawa – alle haben hier ihre hörbaren Probleme!
Karl Böhm hatte in seiner mit Karajan zeitlich parallelen Erstaufnahme

von »Così fan tutte« – ein extrem frühes Stereodukument (Decca) – das insgesamt ausgewogenere Ensemble: Neben Lisa della Casa (Fiordiligi) nun die jugendlich-leuchtende, hell trimbrierte Christa Ludwig als Dorabella und ihnen zur Seite Anton Dermota und Erich Kunz. Böhms spätere zwei Aufnahmen setzen technisch und auch durch die abweichende Besetzung jeweils eher in Nuancen andere Akzente, als daß sie sich grundlegend unterschieden: 1963 nahm er das Werk mit dem Londoner Philharmonia Orchestra auf und stützte sich nun u. a. auf die zunehmend manieriert singende Elisabeth Schwarzkopf sowie auf den Tenor Alfredo Kraus, der einen ganz anderen Mozartstil pflegte als Dermota. Insgesamt zeichnet sich dieses Sänger-Ensemble durch das bessere, flüssigere Italienisch aus, gegenüber dem doch arg »deutschen« Tonfall der vorhergehenden. Die Musik fließt wiederum in gebändigtem Temperament dahin, mit ausdrucksvoll, fast behäbig musizierter Ouvertüre (EMI).
Böhms dritte und letzte Annäherung geschah in Gestalt eines Mitschnitts der Salzburger Festspiele 1974 und geriet denn auch theaternäher und komödiantischer, ohne im Ensemble eine wirkliche Homogenität zu erreichen. Dazu war etwa die Damenbesetzung zu unausgeglichen, mit Gundula Janowitz, Brigitte Fassbaender und Reri Grist; ihnen zur Seite der intelligent, aber doch unsinnlich singende Peter Schreier, der spielfreudige Hermann Prey sowie Rolando Panerai als Alfonso (DG).
Erich Leinsdorfs Aufnahme von 1968 ist leider als mißglückt anzusehen, was sowohl auf die Solistenauswahl (Leontyne Price als Fiordiligi!) wie auf die aufnahmetechnische Seite zu beziehen ist: So hört man gleich in der Ouvertüre einen sehr deutlichen Schnitt! (RCA.)
Unter den neueren Aufnahmen ist diejenige von Wolfgang Gönnenwein vor allem deshalb bemerkenswert, weil sie die Oper deutschsprachig präsentiert und damit eine empfindliche Lücke füllt – wie will man Laien und vor allem Jugendliche und Kinder an dieses Meisterwerk heranführen, wenn man den Text nicht verstehen kann! Die Aufnahme von den Ludwigsburger Schloßfestspielen bietet insgesamt eine solide und recht theaternahe Ensembleleistung (EMI).
Colin Davis (1974) gebietet über eine etwas vom Gewohnten abweichende Besetzung (mit Montserrat Caballé, Janet Baker, Nicolai Gedda und Thomas Allan für die beiden Liebespaare) und liegt, seinem Musikernaturell gemäß, auf mittlerer, alle Extreme meidender Linie des gepflegten, ausbalancierten Miteinanders (Philips). In neuer Digitaltechnik folgt ihm auf dieser Linie der klassischen, bisweilen jedoch ein

wenig temperamentlosen Kultiviertheit Bernard Haitink mit seinem ausgewogenen Glyndebourne-Ensemble (EMI, 1987).
Riccardo Muti ließ 1983 seine Salzburger Einstudierung aufzeichnen, und ihm gelang insgesamt eine der überzeugendsten Deutungen des heiklen Werkes: voll fein herauspräparierter Orchesterdetails, immer wieder mit dem Mut zum großen orchestralen Zugriff, mit durchgehender dramatisch-temperamentvoller Hochspannung und lebendiger Bühnenatmosphäre. Sein Solistensextett ist eines der besten in neuerer Zeit, mit Margaret Marshall (Fiordiligi), der ungemein zupackenden Agnes Baltsa (Dorabella), Francisco Araiza und James Morris als lebhaft komödiantischem Liebhaberpaar, neben denen José van Dams Alfonso durch seine reservierte Seriosität ein wenig abfällt. Kathleen Battle ist eine jugendlich-lyrische Despina von hohen Graden (EMI).
James Levines Neuaufnahme von 1989 setzt dagegen nicht den erhofften markanten Akzent, sondern verharrt eher im Bereich gediegener, ausgeglichener Kapellmeistertradition, ohne wirkliche inspirierte Höhepunkte. Der Klang der Wiener Philharmoniker ist gepflegt und volltönend ohne Ecken und Kanten, und die Solisten bilden ein Ensemble der Belcantokultur im Sinne der großen Oper. Kiri te Kanawa reicht als Fiordiligi nicht ganz an eigene Maßstäbe früherer Mozartaufnahmen heran, wohingegen Hans Peter Blochwitz durch sein intelligentes und stimmlich bemerkenswertes Rollenporträt (Ferrando) herausragt. Wer eine »Così«-Interpretation der Mitte sucht – sozusagen eine repräsentative Repertoire-Aufführung auf Weltstadtniveau –, der wird mit dieser Produktion zufriedengestellt (DG).

Ein erfrischendes Ärgernis und Aha-Erlebnis zugleich bietet schließlich Arnold Östmans Aufnahme mit dem Drottningholmer Ensemble. Man kann ihr ohne Einschränkung Ausnahmerang zubilligen, denn Östman bricht mit so ziemlich allem, was man bisher gewohnt war: Er setzt ein Orchester mit historischen Instrumenten ein, also Holz- und Blechblasinstrumente der Mozartzeit bzw. deren Nachbauten, und er läßt seine darmbesaiteten Kurzhalsgeigen konsequent vibratolos agieren. Das Ergebnis sind völlig verschobene Klangproportionen, nämlich ungewohnt dominierende Bläserfarben von fremdartig dunklem Timbre, schmetterndes Blech und knallende Pauken. Ein Manko allerdings bleiben die fadendünnen Violinstimmen, die ärgerlich oft hinter den Bläserstimmen zur Unhörbarkeit verstummen – selbst wenn das historisch so sein sollte, so muß man eben dennoch eingestehen, daß die moderne Präsenz der Violinen erst die ganze motivisch-thematische

Vielfalt des Mozartschen Opernorchesters zur Geltung bringt. Schokkierend aber mögen Östmans oft rasante, manchmal extrem überzogene Tempi sein – die Ouvertüre beginnt etwa doppelt so schnell, wie man es gewohnt ist! Bei näherem Studium allerdings stellt man fest, daß der Dirigent sich insgesamt äußerst konsequent an die differenzierten Vorschriften der Partitur hält, insbesondere was die Abstufungen zwischen 4/4 und ¢, Andante und Allegro betrifft. Bedenklich wird diese Konsequenz immer nur dann, wenn entweder Sänger in ihren Koloraturen überfordert werden oder wenn das Ohr des Hörers nicht mehr mitkommt. Staunenswert aber ist insgesamt die Perfektion, mit der vor allem die Instrumentalisten im Orchester, aber auch alle Solisten zu Werke gehen. Und eine runde, sehr bühnennahe und dramatisch mitreißende Ensembleleistung ist das ganze ohne Zweifel (Decca).

Die Zauberflöte

Auch hier gibt es zunächst einige historische Dokumente, die mehrheitlich Live-Mitschnitte sind und insgesamt einen Nachweis über Leistungsfähigkeit und Stilwillen jener Jahre zwischen 1930 und 1950 bringen: Zu nennen sind Arturo Toscaninis vital-strenge Deutung von den Salzburger Festspielen 1937 (IMS), der Wilhelm Furtwänglers deutsch-schwerfällige Interpretation von 1951 an gleicher Stelle gegenübersteht (Helikon). Thomas Beechams Schallplatteneinspielung mit den Berliner Philharmonikern (1937, Cal) erlangte viel Ruhm nicht nur durch den eigenwilligen und in manchem Detail recht unorthodoxen Stil des Dirigenten, sondern auch durch die Besetzung (Tiana Lemnitz und Helge Rosvaenge) und durch die Tatsache seiner Pionierrolle (IMS).
Die Langspielplatten-Ära begann mit Herbert von Karajans kultivierter und dynamischer Interpretation von 1950 mit dem Wiener Staatsopernensemble jener Epoche (Irmgard Seefried, Anton Dermota, Wilma Lipp, Erich Kunz, Ludwig Weber – alle jung und hörbar engagiert), die sich übrigens weitgehend mit jener Furtwänglers von 1951 deckt! Der Klang hat sich trotz Monotechnik bis heute seine Lebendigkeit bewahrt (EMI, ohne Dialoge).
Karl Böhms Ersteinspielung von 1955 (Decca), ebenfalls mit dem Wiener Ensemble und Orchester, verblaßt auffällig neben der letzten monauralen und bis heute gültigen Studioproduktion unter Ferenc Fricsays Leitung (DG, 1955), eine vitale und dramatisch-komödiantische Interpretation, mit dem RIAS-Chor und -Orchester und einprägsamen Solisten: einer sehr lyrischen Pamina (Maria Stader) und einem

kultivierten, wenn auch leicht gaumigen Tamino (Ernst Haefliger), dem sehr durchdachten und musikalisch ausgefeilten Papageno (Dietrich Fischer-Dieskau), der brillanten Rita Streich als Königin der Nacht und dem soignierten Sarastro Joseph Greindls – alle auf der Höhe ihres Könnens und von Fricsays unerbittlicher Hand zum Ensemble geformt. Wie alle Aufnahmen Fricsays von Mozart-Opern blieb auch seine »Zauberflöte« bis heute maßstabsetzend, gegenüber den späteren (»Figaro«, »Don Giovanni«) ist lediglich ein kleiner Mangel an Tiefsinn zu konstatieren.
1964 und 1965 erschienen zwei wiederum sehr gegensätzliche Deutungen: zunächst Otto Klemperers lastend-düstere und strenge »Zauberflöte«, der trotz erstklassiger Solisten jeglicher komödiantische Charme fehlt, mit Gundula Janowitz und Lucia Popp als hervorragendem Mutter-Tochter-Gespann, Nicolai Gedda als Tamino und Walter Berry als Papageno (EMI, ohne Dialoge).
Karl Böhms Aufnahme von 1965 (DG) trat die Stereo-Nachfolge Fricsays an, ohne an die Vorgängerin heranreichen zu können: unbekümmertes, wohlklingendes und bisweilen ein wenig oberflächliches Volkstheater mit den Pluspunkten eines frühverstorbenen Jahrhunderttenors als Tamino (Fritz Wunderlich) und den fabelhaften Berliner Philharmonikern. Aber: Man vergleiche nur einmal Fischer-Dieskaus abermaligen Papageno mit jenem unter Fricsay, und man begreift die Bedeutung jenes brillanten Theatermusikers nur um so mehr!
1968/69 folgten Otmar Suitners (RCA) und Georg Soltis (Decca) Aufnahmen: die von Suitner mit der herrlich homogenen Dresdner Staatskapelle und einer Pamina von strahlender, natürlicher Jugendlichkeit und Stimmkultur (Helen Donath), zugleich mit Peter Schreiers erstem Schallplatten-Tamino – insgesamt eine unkomplizierte, spielfreudig-diesseitige Interpretation. »Philharmonischer« und zugleich konturenärmer klingt Soltis Aufnahme von 1969 mit den Wiener Philharmonikern, einem stimmgewaltigen Sarastro (Martti Talvela) und einem unbekümmert komödiantischen Papageno (Hermann Prey). Die Ouvertüre aber klingt pathetisch-gedehnt und gar nicht nach Wiener Vorstadt-Theater (Decca).
Wolfgang Sawallischs Aufnahme von 1972 wiederum merkt man durchgehend die Routine des Theaterpraktikers an, der Drama und Komödie glänzend ausbalanciert und dabei sein Orchester der Bayerischen Staatsoper zu sehr symphonischer und plastisch-durchhörbarer Spielkultur animiert. Sein Papageno (Walter Berry) ist einer der ausgefeiltesten und überzeugendsten überhaupt – ein gleichwertiger Gegentyp zu

Fischer-Dieskau. Seine Königin (Edda Moser) ist sehr seriös und geradezu hochdramatisch, dabei nahezu perfekt in ihrer stimmlichen Virtuosität. Leider klingt Anneliese Rothenberger als Pamina, obwohl musikalisch sehr genau, zu matronenhaft gereift und unsinnlich. Übrigens ist in dieser Produktion als Seltenheit das nachkomponierte Duett »Pamina, wo bist du!« (Papageno/Pamina) enthalten (EMI).

Karajans Reprise von 1980 bringt erwartungsgemäß wesentlich mehr »große Oper« als seine Erstproduktion 1950, läßt die Berliner Philharmoniker manchmal prächtig, manchmal zu prächtig auftrumpfen und ist auffällig unausgeglichen in ihrer Solistenriege: fraulich-lyrisch die Pamina von Edith Mathis, mit metallischem Glanz und bisweilen etwas starr der Tamino von Francisco Araiza; erstaunlich schlampig – vielleicht bewußt als Anlehnung an das historische Wiener Vorstadt-Vorbild? – der Papageno von Gottfried Hornik (DG).

James Levine konservierte 1980 seine Salzburger Einstudierung mit den Wiener Philharmonikern und bot eine solide, ausgeglichene Interpretation der Mitte ohne Extreme, Ecken und Kanten, aber auch ohne wirkliche Glanzlichter (RCA). – Auch Bernard Haitink liegt auf einer mittleren, gleichsam klassisch-wohltemperierten Linie mit seiner Münchner Aufnahme (Orchester des Bayerischen Rundfunks) von 1981 (EMI); alle Proportionen in Klang und Tempo sind ausgeglichen und sorglich aufeinander abgestimmt, mit einer anrührenden und musikalisch souveränen Pamina (Lucia Popp) und einem ein wenig heldischen Tamino (Siegfried Jerusalem), einem sehr, eigentlich zu seriösen Papageno (Wolfgang Brendel) und einer virtuosen und ziemlich kaltherzigen Königin (Edita Gruberova).

Geruhsam, kultiviert und eher ernsthaft als heiter klingt die »Zauberflöte« bei Colin Davis (1984, Philips), dem die Dresdner Staatskapelle zur Verfügung stand, mit rundem, detailreich durchsichtigem Klang bei bester Aufnahmetechnik. Der Tamino Peter Schreiers hat gegenüber 1968 (Suitner) an Reife und Phrasierungskultur gewonnen; ihm zur Seite steht als Pamina mit einer gleichwertigen ausgefeilten Gesangsleistung Margaret Price – ein eher mittelaltes, doch ungemein überzeugendes Paar! Kurt Moll als weihevoll sich verströmender Sarastro paßt gut zum Gesamtkonzept – insgesamt ist anzumerken, daß die Partie des Sarastro offensichtlich die am wenigsten voneinander abweichenden Rollenkonzepte zuzulassen scheint: ob Moll, Talvela (Davis/Solti/Levine), van Dam (Karajan), Adam (Suitner), Crass (Böhm), Frick (Klemperer) oder Greindl (Fricsay), allen ist die weihevolle Belcanto-Kultur ohne größere individuelle Akzente gemeinsam, bisweilen aber

auch ein Ansatz zu gepflegter Langeweile (Talvela, Moll, Crass, Adam, van Dam).
Außenseiter – wie könnte es anders sein – ist Nikolaus Harnoncourt (Teldec, 1988). Seine historisch artikulierende und durchdachte Deutung reiht sich an seine »Idomeneo«-, »Entführung«- und »Don Giovanni«-Aufnahmen, ohne sie an Überzeugungskraft ganz zu erreichen. Bei ihm wird man auf experimentelle Weise sogleich wieder einmal auf das nie gelöste (und wohl nie lösbare) Problem der Dialoge gestoßen: Er läßt sie in eingeblendeten Zwischentexten zusammenfassen, die Gertraud Jesserer ein bißchen betulich vorträgt. Doch unbefriedigender als die zahllosen Schauspieler-Doubles aller möglichen Produktionen ist das auch nicht und immer noch besser als Klemperers und Karajans Radikalkur, die Dialoge einfach zu streichen. Wohltuende Ausnahme ist hier Sawallisch, der seine Sänger selbst sprechen ließ und auf diese Weise das wohl überzeugendste Ergebnis erzielte.
Die »Zauberflöten«-Deutung unter der Leitung von Armin Jordan (Erato, 1990) hinterläßt eher zwiespältige Eindrücke: Vor allem fällt die mangelnde Orchesterkultur auf (»Ensemble Orchestral de Paris«), denn die Streicher erscheinen spröde und gegenüber den oft unmotiviert dominierenden Bläsern zurückgenommen (Vorspiel zur Tamino-Arie!); und auch die Tempo-Balance will nicht recht glücken, es fehlt die innere Ruhe bei oft grundlos überzogenen Metren. Positiv fallen Gösta Winbergh als Tamino, Hakan Hagegard als recht natürlicher Papageno und die fast makellose Köngin der Nacht (Sumi Jo) auf.
Als bislang neueste Aufnahme erschien schließlich Sir Neville Marriners Interpretation und bereicherte die »Zauberflöten«-Diskographie auf bemerkenswerte Weise. Die Produktion zeichnet sich durch eine gelungene klangliche Balance zwischen Stimmen und Orchester aus; das künstlerische Konzept wirkt durchdacht und konsequent durchgehalten. Auffällig ist das ständige Bemühen um lebendige Theaternähe, erkennbar in der oft geradezu drängenden Verzahnung von Musik und Dialogen, im Tempo der Dialoge selbst und im Einsatz vielfältiger Geräuscheffekte. August Everding betreute die nicht gedoubelten Sänger in allen gesprochenen Szenen, und hier liegt das grundsätzliche Problem dieser Neuaufnahme: Die Hauptpartien sind international und hochkarätig besetzt, aber fremdsprachig – mit Ausnahme von Papageno und Papagena –, was man dem Gesang mehr oder weniger, vor allem aber den Dialogen anmerkt. – Musikalisch überwiegen eindeutig die positiven Eindrücke: Marriner setzt markante Akzente und sorgt für

zwingende stilistische Einheitlichkeit; die Academy of St. Martin-in-the-Fields spielt brillant und durchsichtig und folgt dem Dirigenten in allen Nuancen, insgesamt vital und spielerisch zugleich, mit manchen ausgekosteten lyrischen Momenten des Verweilens. Und auch in der Führung der Solisten spürt man die Autorität des Dirigenten: Francisco Araiza gibt einen intelligent phrasierenden und dynamisch ausgefeilten Tamino, Kiri te Kanawa (Pamina) bietet lyrische Pianokultur und meistert sogar das extrem langsame Tempo ihrer g-Moll-Arie; Cheryl Studer ist eine fast perfekte Königin; Olaf Bär deklamiert und singt ähnlich präzise wie einst Fischer-Dieskau (unter Fricsay); Samuel Rameys Stimmkultur wird dagegen durch seinen Kampf mit der fremden Sprache beeinträchtigt. Fazit: dies ist sicher eine der besten »Zauberflöten«-Gesamtaufnahmen (Philips, 1990).

La clemenza di Tito

So wie Mozarts letzte Oper »Titus« im Repertoire nie recht hat Fuß fassen können, so spärlich ist auch die Ausbeute an Gesamtaufnahmen. Zur Zeit sind lediglich zwei Produktionen greifbar: Zum einen Colin Davis (1976, Philips) mit Chor und Orchester von Covent Garden, Stuart Burrows als Titus, Janet Baker als Vitellia, Yvonne Minton als Sesto, Frederica von Stade als Annio und Lucia Popp als Servilia. So ausgewogen und insgesamt hochwertig wie diese Solistenbesetzung ist auch der musikalische Gesamteindruck: von großer stilistischer Geschlossenheit und sorgfältiger Balance der klanglichen Proportionen, insgesamt im Charakter der gewissen Statuarik und der Noblesse dieser Opera seria angemessen.
Karl Böhms Interpretation mit Chor und Orchester der Dresdner Oper sowie namhaften Solisten (Peter Schreier, Julia Varady, Edith Mathis, Teresa Berganza) gehört nicht zu den inspiriertesten Taten des Dirigenten, der seine besten Momente ohnehin eher in lebendigen Theateraufführungen als im Studio hatte: Sein »Titus« wirkt eher distanziert und kühl, trotz respektabler Einzelleistungen (DG, 1978).

Schauspielmusik

Wie seine Aufnahmen der Opern produzierte Harnoncourt verdienstvollerweise auch Mozarts Musik zum Schauspiel »Thamos, König in Ägypten« (KV 345) in seiner individuellen historisch-vitalen Musizierart, manche schlummernde Kostbarkeit dem Vergessen entreißend (Tel).

Werkverzeichnis

Das Verzeichnis erfaßt die Vokalkompositionen Mozarts nach Werkgruppen und in der – meinst chronologischen – Reihenfolge ihrer Beschreibung in diesem Musikführer, mit Seitenangaben. Es ist bis auf wenige zweifelhafte Werke vollständig, nennt also auch nicht behandelte ephemere Stücke. Die Nummern des Köchelverzeichnisses (KV) sind jeweils in der üblichen alten Zählung und, in Klammern dahinter, mit den Ziffern des neuen, revidierten Werkkatalogs angegeben (Ludwig Ritter von Köchel: *Chronologisch-thematisches Verzeichnis sämtlicher Tonwerke Wolfgang Amadé Mozarts [...]*, 6. Aufl. bearb. von Franz Giegling, Alexander Weinmann und Gerd Sievers, Wiesbaden: Breitkopf & Härtel, 1964; ^{8}1983).

Messen und Requiem

Litaneien, Vespern

Oratorien, geistliche Singspiele, Kantaten

Kleinere Kirchenwerke

KV 33	Kyrie F-Dur	
KV 34	Offertorium »Scande coeli limina«	53
KV 44 (73u)	Antiphon »Cibavit eos«	
KV 47	Offertorium »Veni Sancte Spiritus«	53
KV 72 (74f.)	Offertorium »Inter natos mulierum«	54
KV 85 (73s)	»Miserere« a-Moll	54
KV 86 (73v)	Antiphon »Quaerite primum regnum Dei«	54
KV 89 (73k)	Kyrie G-Dur	
KV 90	Kyrie d-Moll	
KV 91 (186i)	Kyrie D-Dur	
KV 108 (74d)	»Regina Coeli« C-Dur	54
KV 117 (66a)	Offertorium »Benedictus sit Deus«	15, 53
KV 127	»Regina Coeli« B-Dur	54
KV 141 (66b)	»Te Deum« C-Dur	53
KV 143 (73a)	Rezitativ und Arie »Ergo interest«	53f.
KV 165 (158a)	Motette »Exsultate, jubilate«	54
KV 166f (Anh. 18)	Kyrie C-Dur	
KV 166g (Anh. 19)	Kyrie D-Dur	
KV 166h (Anh. 23)	Psalm »In te Domine speravi«	
KV 196a (Anh. 16)	Kyrie G-Dur	
KV 198	Offertorium »Sub tuum praesidium«	55
KV 222 (205a)	Offertorium »Misericordias Domini«	55
KV 223 (166e)	Osanna C-Dur	
KV 258a (Anh. 13)	Kyrie C-Dur	
KV 260 (248a)	Offertorium »Venite populi«	56
KV 273	Graduale »Sancta Maria«	56
KV 276 (321b)	»Regina Coeli« C-Dur	56
KV 277 (272a)	Offertorium »Alma Dei creatoris«	56
KV 322 (296a)	Kyrie Es-Dur	
KV 323	Kyrie C-Dur	
KV 341 (368a)	Kyrie d-Moll	
KV 343 (336c)	Zwei deutsche Kirchenlieder	
KV 422a (Anh. 14)	Kyrie D-Dur	
KV 618	Motette »Ave verum corpus«	56

Lieder mit Klavier, Mandoline oder Orgel

KV 52 (46c)	»Daphne, deine Rosenwangen«	
KV 53 (47e)	An die Freude (»Freude, Königin der Weisen«)	60
KV 147 (125g)	»Wie unglücklich bin ich nit«	60
KV 148 (125h)	Lobgesang auf die feierliche Johannisloge (»O heiliges Band«)	60
KV 149 (125d)	Die großmütige Gelassenheit (»Ich hab' es längst gesagt«)	
KV 150 (125e)	Geheime Lieb (»Was ich in Gedanken küsse«)	
KV 151 (125f)	Die Zufriedenheit im niedrigen Stande (»Ich trachte nicht nach solchen Dingen«)	
KV 152 (210a)	Canzonetta (»Ridente la calma«, »Der Sylphe des Friedens«)	
KV 307 (284d)	Ariette (»Oiseaux, si tous les ans«, »Wohl tauscht ihr Vögelein«)	60
KV 308 (295b)	Ariette (»Dans un bois solitaire«, »Einsam ging ich jüngst«)	60
KV 343	Zwei deutsche Kirchenlieder (»O Gotteslamm« und »Als aus Ägypten«)	62
KV 349 (367a)	Die Zufriedenheit (»Was frag ich viel nach Geld und Gut«)	60
KV 351 (367b)	»Komm, liebe Zither«	61
KV 386d (Anh. 25)	Sineds (Denis') Bardengesang auf Gibraltar (»O Calpe, dir donnert's am Fuße«)	
KV 390 (340c)	An die Hoffnung (»Ich würd' auf meinem Pfad«; Umdichtung von Daniel Jäger, 1799: »Ach, verschmachtet wär' ich lange«)	62
KV 391 (340b)	An die Einsamkeit (»Sei du mein Trost«; Jäger: »Dir, Einsamkeit, vertrau ich«)	62
KV 392 (340a)	»Verdankt sei es dem Glanz« (Jäger: »Mich locket nicht der Schall«)	62
KV 393 (385b)	Solfeggien	

Mehrstimmige Gesänge

Kanons

Szenen und Arien mit Orchester

Opern und Singspiele

Musik zu Schauspiel, Pantomime und Ballett

Texte des Meßkanons und des Requiems

(lateinisch/deutsch)

Missa

Kyrie

Kyrie eleison. Christe eleison. Kyrie eleison.

Gloria

Gloria in excelsis deo.
Et in terra pax hominibus bonae voluntatis.
Laudamus te.
Benedicimus te.
Adoramus te.
Glorificamus te.
Gratias agimus tibi propter magnam gloriam tuam.
Domine deus, rex caelestis, deus pater omnipotens.
Domine fili unigenite, Jesu Christe.
Domine deus, agnus dei, filius patris.
Qui tollis peccata mundi, miserere nobis.
Qui tollis peccata mundi, suscipe deprecationem nostram.
Qui sedes ad dexteram patris, miserere nobis.
Quoniam tu solus sanctus.
Tu solus dominus.
Tu solus altissimus, Jesu Christe.
Cum sancto spiritu, in gloria dei patris. Amen.

Credo

Credo in unum deum, patrem omnipotentem, factorem caeli et terrae, visibilium omnium et invisibilium.
Et in unum dominum Jesum Christum, filium dei unigenitum.
Et ex patre natum ante omnia saecula.
Deum de deo, lumen de lumine, deum verum de deo vero.
Genitum, non factum, consubstantialem patri, per quem omnia facta sunt.
Qui propter nos homines et propter nostram salutem descendit de caelis.
Et incarnatus est de spiritu sancto ex Maria virgine, et homo factus est.

Messe

Kyrie

Herr, erbarme dich unser. Christus, erbarme dich unser. Herr, erbarme dich unser.

Gloria

Ehre sei Gott in der Höhe.
Und auf Erden Friede den Menschen, die guten Willens sind.
Wir loben dich.
Wir preisen dich.
Wir beten dich an.
Wir verherrlichen dich.
Wir sagen dir Dank ob deiner großen Herrlichkeit.
Herr und Gott, König des Himmels, Gott allmächtiger Vater!
Herr Jesus Christus, eingeborener Sohn!
Herr und Gott, Lamm Gottes, Sohn des Vaters!
Du nimmst hinweg die Sünden der Welt. Erbarme dich unser.
Du nimmst hinweg die Sünden der Welt: nimm unser Flehen gnädig auf.
Du sitzest zur Rechten des Vaters: erbarme dich unser.
Denn du allein bist der Heilige.
Du allein der Herr.
Du allein der Höchste, Jesus Christus,
Mit dem Heiligen Geiste, in der Herrlichkeit Gottes des Vaters. Amen.

Credo

Ich glaube an den *einen* Gott, den allmächtigen Vater, Schöpfer des Himmels und der Erde, aller sichtbaren und unsichtbaren Dinge.
Und an den *einen* Herrn Jesus Christus, Gottes eingeborenen Sohn.
Er ist aus dem Vater geboren vor aller Zeit.
Gott von Gott, Licht vom Lichte, wahrer Gott vom wahren Gott.
Gezeugt, nicht geschaffen, *eines* Wesens mit dem Vater; durch ihn ist alles geschaffen.
Für uns Menschen und um unseres Heiles willen ist er vom Himmel herabgestiegen.
Er hat Fleisch angenommen durch den Heiligen Geist aus Maria, der Jungfrau, und ist Mensch geworden.

Crucifixus etiam pro nobis, sub Pontio Pilato passus et sepultus est.
Et resurrexit tertia die secundum scripturas.
Et ascendit in caelum, sedet ad dexteram patris.
Et iterum venturus est cum gloria judicare vivos et mortuos, cujus regni non erit finis.
Et in spiritum sanctum, dominum et vivificantem, qui ex patre filioque procedit.
Qui cum patre et filio simul adoratur et conglorificatur, qui locutus est per prophetas.
Et unam sanctam catholicam et apostolicam ecclesiam.
Confiteor unum baptisma in remissionem peccatorum et expecto resurrectionem mortuorum.
Et vitam venture saeculi. Amen.

Sanctus

Sanctus, sanctus, sanctus dominus deus Sabaoth. Pleni sunt caeli et terra gloria tua. Hosanna in exelsis!

Benedictus

Benedictus qui venit in nomine domini. Hosanna in excelsis.

Agnus dei

Agnus dei, qui tollis peccata mundi, miserere nobis.
Agnus dei, qui tollis peccata mundi, miserere nobis.
Agnus dei, qui tollis peccata mundi, dona nobis pacem.

Requiem

Introitus

Requiem aeternam dona eis, domine, et lux perpetua luceat eis.
Te decet hymnus, deus, in Sion, et tibi reddetur votum in Jerusalem; exaudi orationem meam, ad te omnis caro veniet.

Kyrie

Kyrie eleison. Christe eleison. Kyrie eleison.

Graduale

Requiem aeternam dona eis, domine, et lux perpetua luceat eis.
In memoria aeterna erit justus, ab auditione mala non timebit.

Gekreuzigt wurde er sogar für uns; unter Pontius Pilatus hat er den Tod erlitten und ist begraben worden.
Er ist auferstanden am dritten Tage, gemäß der Schrift.
Er ist aufgefahren in den Himmel und sitzet zur Rechten des Vaters.
Er wird wiederkommen in Herrlichkeit, Gericht zu halten über Lebende und Tote, und seines Reiches wird kein Ende sein.
Ich glaube an den Heiligen Geist, den Herrn und Lebensspender, der vom Vater und vom Sohne ausgeht.
Er wird mit dem Vater und dem Sohne zugleich angebetet und verherrlicht, er hat gesprochen durch die Propheten.
Ich glaube an die *eine*, heilige, katholische und apostolische Kirche.
Ich bekenne die *eine* Taufe zur Vergebung der Sünden. Ich erwarte die Auferstehung der Toten.
Und das Leben der zukünftigen Welt. Amen.

Sanctus

Heilig, heilig, heilig, Herr, Gott der Heerscharen. Himmel und Erde sind erfüllt von deiner Herrlichkeit. Hosanna in der Höhe!

Benedictus

Hochgelobt sei, der da kommt im Namen des Herrn! Hosanna in der Höhe!

Agnus dei

Lamm Gottes, du nimmst hinweg die Sünden der Welt: erbarme dich unser.
Lamm Gottes, du nimmst hinweg die Sünden der Welt: erbarme dich unser.
Lamm Gottes, du nimmst hinweg die Sünden der Welt: gib uns den Frieden.

Totenmesse

Introitus

Herr, gib ihnen die ewige Ruhe, und das ewige Licht leuchte ihnen.
O Gott, dir gebührt ein Loblied in Sion, dir erfülle man sein Gelübde in Jerusalem; erhöre mein Flehen, zu dir kommt alles Fleisch.

Kyrie

Herr, erbarme dich unser. Christus, erbarme dich unser. Herr, erbarme dich unser.

Graduale

Herr, gib ihnen die ewige Ruhe, und das ewige Licht leuchte ihnen.
In ewigem Gedenken lebt der Gerechte fort; vor Unglücksbotschaft braucht er nicht zu bangen.

Tractus

Absolve, domine, animas omnium fidelium defunctorum ab omni vincula delictorum.
Et gratia tua illis succurente, mereantur evadere judicium ultionis.
Et lucis aeternae beatitudine perfrui.

Sequentia

Dies irae, dies illa
Solvet saeclum in favilla:
Teste David cum Sibylla.

Quantus tremor est futurus,
Quando judex est venturus,
Cuncta stricte discussurus!

Tuba, mirum spargens sonum
Per sepulcra regionum,
Coget omnes ante thronum.

Mors stupebit et natura,
Cum resurget creatura,
Judicanti responsura.

Liber scriptus proferetur,
In quo totum continetur,
Unde mundus judicetur.

Judex ergo cum sedebit,
Quidquid latet, apparebit:
Nil inultum remanebit.

Quid sum miser tunc dicturus?
Quem patronum rogaturus,
Cum vix justus sit securus?

Rex tremendae majestatis,
Qui salvandos salvas gratis,
Salva me, fons pietatis.

Recordare, Jesu pie,
Quod sum causa tuae viae:
Ne me perdas illa die.

Quaerens me, sedisti lassus:
Redemisti crucem passus:
Tantus labor non sit cassus.

Tractus

Befreie, o Herr, die Seelen aller verstorbenen Gläubigen von jeder Fessel der Schuld.
Deine Gnade komme ihnen zu Hilfe, auf daß sie entrinnen dem Rachegerichte.
Laß sie genießen des ewigen Lichtes Glückseligkeit.

Sequenz

Tag der Rache, Tag der Sünden,
Wird das Weltall sich entzünden,
Wie Sibyll und David künden.

Welch ein Graus wird sein und Zagen,
Wenn der Richter kommt, mit Fragen
Streng zu prüfen alle Klagen!

Laut wird die Posaune klingen,
Durch der Erde Gräber dringen,
Alle hin zum Throne zwingen.

Schaudernd sehen Tod und Leben
Sich die Kreatur erheben,
Rechenschaft dem Herrn zu geben.

Und ein Buch wird aufgeschlagen,
Treu darin ist eingetragen
Jede Schuld aus Erdentagen.

Sitzt der Richter dann zu richten,
Wird sich das Verborgne lichten;
Nichts kann vor der Strafe flüchten.

Weh! Was werd' ich Armer sagen?
Welchen Anwalt mir erfragen,
Wenn Gerechte selbst verzagen?

König schrecklicher Gewalten,
Frei ist deiner Gnade Schalten:
Gnadenquell, laß Gnade walten!

Milder Jesus, wollst erwägen,
Daß du kamest meinetwegen,
Schleudre mir nicht Fluch entgegen.

Bist mich suchend müd gegangen,
Mir zum Heil am Kreuz gehangen,
Mög' dies Mühn zum Ziel gelangen.

Juste judex ultionis,
Donum fac remissionis
Ante diem rationis.

Ingemisco, tamquam reus:
Culpa rubet vultus meus:
Supplicanti parce, deus.

Qui Mariam absolvisti,
Et latronem exaudisti,
Mihi quoque spem dedisti.

Preces meae non sunt dignae:
Sed tu bonus fac benigne,
Ne perenni cremer igne.

Inter oves locum praesta,
Et ab haedis me sequestra,
Statuens in parte dextra.

Confutatis maledictis,
Flammis acribus addictis:
Voca me cum benedictis.

Oro supplex et acclinis,
Cor contritum quasi cinis:
Gere curam mei finis.

Lacrimosa dies illa,
Qua resurget ex favilla
Judicandus homo reus.

Huic ergo parce, deus:
Pie Jesu domine,
Dona eis requiem. Amen.

Offertorium

Domine Jesu Christe, rex gloriae, libera animas omnium fidelium defunctorum de poenis inferni et de profundo lacu.
Libera eas de ore leonis, ne absorbeat eas tartarus, ne cadant in obscurum.
Sed signifer sanctus Michael repraesentet eas in lucem sanctam, quam olim Abrahae promisisti et semini ejus.
Hostias et preces tibi, domine, laudis offerimus.
Tu suscipe pro animabus illis, quarum hodie memoriam facimus:
Fac eas, domine, de morte transire ad vitam, quam olim Abrahae promisisti et semini ejus.

Richter du gerechter Rache,
Nachsicht üb in meiner Sache,
Eh' ich zum Gericht erwache.

Seufzend steh' ich schuldbefangen,
Schamrot glühen meine Wangen,
Laß mein Bitten Gnad erlangen.

Hast vergeben einst Marien,
Hast dem Schächer dann verziehen,
Hast auch Hoffnung mir verliehen.

Wenig gilt vor dir mein Flehen;
Doch aus Gnade laß geschehen,
Daß ich mög' der Höll' entgehen.

Bei den Schafen gibt mir Weide,
Von der Böcke Schar mich scheide,
Stell mich auf die rechte Seite.

Wird die Hölle ohne Schonung
Den Verdammten zur Belohnung,
Ruf mich zu der Sel'gen Wohnung.

Schuldgebeugt zu dir ich schreie,
Tief zerknirscht in Herzensreue,
Sel'ges Ende mir verleihe.

Tag der Tränen, Tag der Wehen,
Da vom Grabe wird erstehen
Zum Gericht der Mensch voll Sünden;

Laß ihn, Gott, Erbarmen finden.
Milder Jesus, Herrscher du,
Schenk den Toten ew'ge Ruh. Amen.

Offertorium

Herr Jesus Christus, König der Herrlichkeit, bewahre die Seelen aller verstorbenen Gläubigen vor den Qualen der Hölle und vor den Tiefen der Unterwelt.
Bewahre sie vor dem Rachen des Löwen, daß sie nicht hinabstürzen in die Finsternis.
Vielmehr geleite sie Sankt Michael, der Bannerträger, in das heilige Licht, das du einstens dem Abraham verheißen und seinen Nachkommen.
Opergaben und Gebete bringen wir zum Lobe dir dar, o Herr.
Nimm sie an für jene Seelen, deren wir heute gedenken:
Herr, laß sie vom Tode hinübergehen zum Leben, das du einstens dem Abraham verheißen und seinen Nachkommen.

Sanctus

Sanctus, sanctus, sanctus dominus deus Sabaoth! Pleni sunt caeli et terra gloria tua. Hosanna in exelsis.

Benedictus

Benedictus qui venit in nomine domini. Hosanna in excelsis.

Agnus dei

Agnus dei, qui tollis peccata mundi, dona eis requiem.
Agnus dei, qui tollis peccata mundi, dona eis requiem.
Agnus dei, qui tollis peccata mundi, dona eis requiem sempiternam.

Communio

Lux aeterna luceat eis, domine, cum sanctis tuis in aeternum, quia pius es. Requiem aeternam dona eis, domine, et lux perpetua luceat eis, cum sanctis tuis in aeternum, quia pius es.

Sanctus

Heilig, heilig, heilig, Herr, Gott der Heerscharen. Himmel und Erde sind erfüllt von deiner Herrlichkeit. Hosanna in der Höhe!

Benedictus

Hochgelobt sei, der da kommt im Namen des Herrn! Hosanna in der Höhe!

Agnus dei

Lamm Gottes, du nimmst hinweg die Sünden der Welt: gib ihnen die Ruhe.
Lamm Gottes, du nimmst hinweg die Sünden der Welt: gib ihnen die Ruhe.
Lamm Gottes, du nimmst hinweg die Sünden der Welt: gib ihnen die ewige Ruhe.

Communio

Das ewige Licht leuchte ihnen, o Herr, bei deinen Heiligen in Ewigkeit, denn du bist mild.
Herr, gib ihnen die ewige Ruhe, und das ewige Licht leuchte ihnen bei deinen Heligen in Ewigkeit, denn du bist mild.

Literaturhinweise

Diese Literaturliste beschränkt sich auf eine knappe Auswahl älterer und neuerer Standardwerke. Ihre Ergänzung hat sie in den Literaturangaben im Band 1 dieses Musikführers. Angesichts der unübersehbaren Flut von Veröffentlichungen über Mozart und seine Werke sei nachdrücklich auf die regelmäßig erscheinenden Mozart-Bibliographien hingewiesen:

Mozart-Bibliographie [bis 1970]. Zsgest. von Rudolph Angermüller und Otto Schneider. Kassel [u. a.] 1976. (Mozart-Jahrbuch 1975).

Mozart-Bibliographie 1971–1975. Mit Nachträgen [. . .]. Kassel [u. a.] 1978.

Mozart-Bibliographie 1976–1980. Mit Nachträgen [. . .]. Kassel [u. a.] 1982.

*

Mozart-Jahrbuch. Hrsg. vom Zentralinstitut für Mozart-Forschung der Internationalen Stiftung Mozarteum Salzburg. Salzburg 1950 bis 1974; Kassel [u. a.] 1975 ff.

*

Wolfgang Amadeus Mozart: Neue Ausgabe sämtlicher Werke. In Verbindung mit den Mozartstädten Augsburg, Salzburg und Wien herausgegeben von der Internationalen Stiftung Mozarteum Salzburg. Salzburg 1954 ff. [Zit. als: NAW.]

Mozart. Briefe und Aufzeichnungen. Gesamtausgabe. Hrsg. von der Internationalen Stiftung Mozarteum Salzburg. Ges. und erl. von Wilhelm A. Bauer und Otto Erich Deutsch. 7 Bde. Kassel [u. a.] 1962–75. [Bd. 1–4: Texte, 1962/63; Bd. 5 und 6: Kommentar, 1971 (Joseph Heinz Eibl); Bd. 7: Register, 1975 (Joseph Heinz Eibl).]

Mozart und seine Welt in zeitgenössischen Bildern. Hrsg. von Maximilian Zenger und Otto Erich Deutsch. Kassel [u. a.] 1961. (NAW Bd. 10, Suppl. 32.)

Mozart. Die Dokumente seines Lebens. Ges. und erl. von Otto Erich Deutsch. Kassel 1961. (NAW Bd. 10, Suppl. 34.)

Köchel, Ludwig Ritter von: Chronologisch-thematisches Verzeichnis sämtlicher Tonwerke Wolfgang Amadé Mozarts. 6. Aufl. bearb. von Franz Giegling, Alexander Weinmann und Gerd Sievers. Wiesbaden 1964; ^{8}1983.

*

Abert, Anna Amalie: Die Opern Mozarts, Wolfenbüttel/Zürich 1970.

Angermüller, Rudolph: Figaro. München 1986.

Conrad, Leopold: Mozarts Dramaturgie der Oper. Würzburg 1943.

Croll, Gerhard (Hrsg.): Wolfgang Amadeus Mozart. Darmstadt 1977. (Wege der Forschung. Bd. 233.)

Da Ponte, Lorenzo: Mein abenteuerliches Leben. Die Memoiren des Mozart-Librettisten. Dt. Neufass. [...] von W. Klefisch. Reinbek bei Hamburg 1960.

Dent, Edward J.: Mozart's Operas. London ^{3}1955. [1. Aufl. 1913, ^{2}1947.] – Dt. Ausg.: Mozarts Opern. Berlin 1922.

Floros, Constantin: Zu Mozarts Sinfonik, Opern- und Kirchenmusik. In: Mozart-Studien. Bd. 1. Wiesbaden 1979.

Fricsay, Ferenc: Über Mozart und Bartók, Kopenhagen/Frankfurt a. M. 1962.

Goertz, Harald: Mozarts Dichter Lorenzo Da Ponte. Genie und Abenteurer. Wien 1985, München 1988.

Greither, Aloys: Die sieben großen Opern Mozarts. Versuche über das Verhältnis der Texte zur Musik. Heidelberg 1956. Neudr. 1970 [mit Pathographie]. ^{3}1977.

Honolka, Kurt: Papageno. Emanuel Schikaneder. Der große Theatermann der Mozart-Zeit. Salzburg/Wien 1984.

Kaiser, Joachim: Mein Name sei Sarastro. Die Gestalten in Mozarts Meisteropern von Alfonso bis Zerlina. München/Zürich 1984.

Kunze, Stefan: Don Giovanni vor Mozart. Die Tradition der Don-Giovanni-Opern im italienischen Buffa-Theater des 18. Jahrhunderts. München 1972.

– Mozarts Opern. Stuttgart 1984.

Lauener, Dorothea: Die Frauengestalten in Mozarts Opern. Zürich 1954.

Lert, Ernst: Mozart auf dem Theater. Berlin 1918.

Petersen, Jürgen: Die Hochzeit des Figaro. Frankfurt a. M./Berlin 1965. Dichtung und Wirklichkeit. 19.)

Rosenberg, Alfons: Die Zauberflöte. Geschichte und Deutung von Mozarts Oper. Zürich 1964.

Tenschert, Roland: Mozart. Ein Leben für die Oper. Wien 1941.
Ulybycheff, Alexander: Mozarts Opern. Leipzig 1848.
Walter, Bruno: Vom Mozart der Zauberflöte. Frankfurt 1956.
Werner-Jensen, Karin: Studien zur »Don Giovanni«-Rezeption im 19. Jahrhundert. Tutzing 1980.

Serie Musik Piper · Schott (Einzelbände mit vollständigem Text, Entstehungsgeschichte, Daten usw. von Kurt Pahlen, zu: »Così fan tutte«, »Don Giovanni«, »Die Entführung aus dem Serail«, »Le nozze di Figaro«, »Die Zauberflöte«).
rororo-Opernbücher (Einzelbände mit vollständigem Text, Materialien, Kommentaren, herausgegeben von Attila Csampai und Dietmar Holland, zu »Così fan tutte«, »Don Giovanni«, »Die Entführung aus dem Serail«, »Le nozze di Figaro«, »Idomeneo«, »Die Zauberflöte«).
Così fan tutte. Beiträge zur Wirkungsgeschichte von Mozarts Oper. Hrsg. vom Forschungsinstitut für Musiktheater der Universität Bayreuth. Bayreuth 1978.
Wolfgang Amadeus Mozart. Idomeneo 1781–1981. Essays, Forschungsberichte, Katalog (zur Ausstellung in der Bayerischen Staatsbibliothek 27. Mai bis 31. Juli 1981). München 1981.
Wolfgang Amadeus Mozart. Sämtliche Opernlibretti. Hrsg. von Rudolph Angermüller. Stuttgart 1990. (Reclams Universal-Bibliothek Nr. 8659 [10].)

Fotonachweis: Archiv für Kunst und Geschichte, Berlin: S. 115. – Bayerische Staatsbibliothek, München: S. 76. – Deutsches Theatermuseum, München: S. 93; 251. – Salzburger Festspiele, Pressebüro: S. 145. – Salzburger Museum Carolino Augusteum: S. 45. – Peter Schnetz, Basel: 279. – Staatsgalerie, Stuttgart: S. 195 (© VG Bild-Kunst Bonn 1990). – Verlagsarchiv: Frontispiz; S. 8 (W. A. Mozarts Silhouette in einem Schattenriß von Hieronymus Löschenkohl, um 1785); S. 33; 61; 121; 167; 174; 197; 225 (mit freundlicher Genehmigung der Adolf und Luisa Haeuser-Stiftung, Frankfurt a. M., und der Stadt- und Universitätsbibliothek Frankfurt a. M., Musik- und Theaterabteilung); 256; 264; 266; 286.